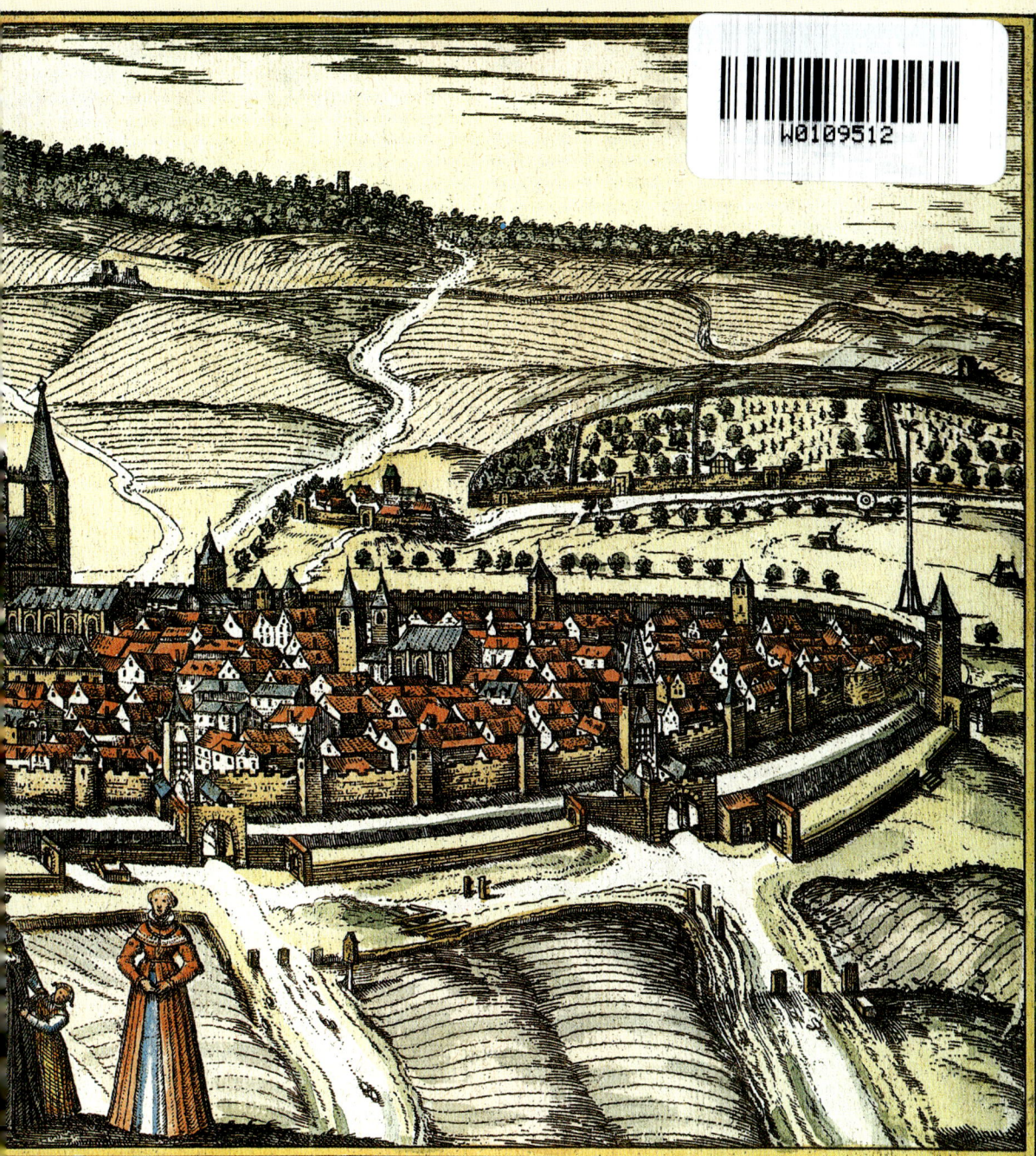

Älteste Ansicht von Halberstadt – 1581 - Erschienen in der „Contrafactur und Beschreibung von den Vornembsten Stetten der Welt" von G. Braun/ F. Hogenberg (Köln 1581-82 in 6 Teilen), Kupferstich koloriert, 41,8 x 22 cm.

Ansicht von Süden. Im Norden der Huy mit Sargstedter Warte, Huysburg und Paulskopfwarte. Westlich der Stadt der Liebfrauenberg mit Kapelle, das Johanniskloster und die Vorstadt, seit 1631 zerstört.

Von West nach Ost sind folgende Bauten zu erkennen: Im nördlichen Bereich Petershof, Liebfrauenkirche, Dom, Martinikirche, Wassertor. Im südlichen Bereich Johannistor, Andreaskirche, Harsleber Tor, Rathaus, Kühlinger Tor, Paulskirche, Breites Tor.

HALBERSTADT

Vom Bischofssitz zur Hansestadt

Skizzen zur Halberstädter Geschichte
mit einem Exkurs zur
Halberstädter Münzgeschichte

Herausgegeben von Adolf Siebrecht

Gefördert durch die Robert Bosch Stiftung

Zweite durchgesehene Auflage

Halberstadt 2003

Herausgeber:
Dr. Adolf Siebrecht, Bosch-Projektgruppe Halberstadt

Redaktion und Gestaltung: Uta Siebrecht M.A.

Umschlag: Uta Siebrecht/Halberstädter Druckhaus
Ausschnitt aus dem Gemälde „Halberstadt", um 1700, siehe Nachsatz.

Druck:
H⬤ Halberstädter Druckhaus GmbH, Osttangente 4, D 38820 Halberstadt

ISBN 3-00-009979-4

Inhalt

Exkurs

Grußwort

Das vorliegende Buch stellt für Halberstadt den Abschluß eines Projektes im Rahmen des großen Förderprogramms der Robert Bosch Stiftung „Orte deutscher Geschichte in den neuen Bundesländern" dar.
Die Halberstädter Projektgruppe unter Leitung von Dr. Adolf Siebrecht umfasste Hobbyhistoriker, vom Schüler über den Handwerker bis zum Rentner, und Fachleute, die ehrenamtlich und mit großem Engagement an dem Thema „Halberstadt – Vom Bischofssitz zur Hansestadt" arbeiteten.
Es ist das Verdienst der Robert Bosch Stiftung, daß zwischen 1998 und 2002 im Rahmen dieses Projektes und der damit verbundenen beachtlichen finanziellen Unterstützung bereits zahlreiche wichtige Vorhaben in Halberstadt realisiert werden konnten:
So wurde unmittelbar nach Abschluß der Ausgrabungen im Stadtzentrum von Halberstadt 1998 die Ausstellung „Verweht und Ausgegraben" im Städtischen Museum eröffnet. Es folgte dann im Rahmen des Ottonenjahres 2001 der Aufbau einer neuen ständigen Ausstellung im Städtischen Museum zum Thema „Bischof, Markt und Stadtentwicklung", wobei erstmals ein Multimedia-Projekt zum Einsatz kam. Unter Nutzung historischen Filmmaterials entstanden zwei Videofilme zur Halberstädter Geschichte vom 16. Jahrhundert bis zum Jahre 1945. Als eigenes gemeinsames Arbeitsziel des Städtischen Museums und der Projektgruppe konnte eine umfangreiche Tafelausstellung zum Thema „Halberstadt – Vom Bischofssitz zur Hansestadt" erarbeitet werden, die bisher im Dezember 2001 mit großem Erfolg in Halberstadts Partnerstadt Wolfsburg und im Februar 2002 in Osterode am Harz gezeigt wurde.

Alle diese Projekte hatten bestimmte Teilbereiche der Halberstädter Geschichte zum Inhalt und haben ganz im Sinne der Robert Bosch Stiftung auch dazu beigetragen, daß in der Halberstädter Öffentlichkeit immer mehr Interesse an solchen Themen geweckt wurde. Die Bürger setzten sich weit mehr als in früheren Jahren mit der Geschichte ihrer Stadt auseinander und sind wieder Stolz auf ihre Heimat. Mein großer Dank gilt daher der Robert Bosch Stiftung.

In dem Buch „Halberstadt - Vom Bischofssitz zur Hansestadt" sehe ich einen wichtigen Baustein für die Vorbereitung der Feiern im Jahre 2004, die anläßlich der vor 1200 Jahren erfolgten Gründung des Bistums Halberstadt begangen werden. Mögen die Leser durch dieses Buch angeregt werden Lust auf Halberstädter Geschichte und auf eigene Forschungen zu bekommen.

Hans-Georg Busch
Oberbürgermeister der Stadt Halberstadt
Dezember 2002

Vorwort zur ersten Auflage

Das Jahr 1997 war für alle Halberstädter ein sehr spannendes Jahr: im Areal des 1945 zerstörten und nicht wieder aufgebauten Stadtzentrums befanden sich riesige Baugruben, die umfangreichen Ausgrabungen des Städtischen Museums standen vor dem Abschluß, viele Baukräne drehten sich und die Konturen der neu entstehenden Bebauung des Stadtzentrums zeichneten sich ab. In dieser einmaligen Situation besuchte der Projektleiter der Robert Bosch Stiftung, Museumsrat Rüdiger Merten, Halberstadt. Er bot mir, damals Direktor des Städtischen Museums, an, Halberstadt mit in das umfassende Förderprogramm dieser Stiftung einzubeziehen. Das Förderprogramm „Orte deutscher Geschichte in den neuen Bundesländern" umfaßte bis dahin 15 Orte.

Heute kann ich nach über fünf Jahren rückblickend sagen, das war ein Glücksgriff für die Heimatforschung in Halberstadt. Viele Aktivitäten konnten Dank der großzügigen finanziellen Unterstützung durch das Förderprogramm der Robert Bosch Stiftung entwickelt und realisiert werden, angefangen von der Bildung der Halberstädter Projektgruppe, die unter dem Thema „Halberstadt vom Bischofssitz zur Hansestadt" arbeitete, bis hin zu den Aktivitäten, die der Oberbürgermeister der Stadt Halberstadt bereits in seinem Grußwort aufführte, dazu kommt abschließend die hier vorgelegte Publikation: „Halberstadt - Vom Bischofssitz zur Hansestadt". An diesem Buch haben zwanzig Autoren, darunter viele Mitglieder der Projektgruppe mitgearbeitet. Der Untertitel „Skizzen zur Halberstädter Geschichte" soll deutlich machen, daß hier keine abgeschlossene wissenschaftliche Darstellung vorgelegt wird. Die Autoren haben sich bemüht, viele Fragen zur Halberstädter Geschichte, zur Kunst-, Kultur- und Münzgeschichte von den Anfängen des Bistums am Anfang des 9. Jahrhunderts bis zum Ende des 15. Jahrhunderts verständlich darzustellen. Das vorliegende Werk ist für Halberstadt der krönende Abschluß des Förderprogramms. Der Robert Bosch Stiftung sei dafür auf das herzlichste gedankt. Mein Dank richtet sich aber auch an den Projektleiter, Herrn Merten, der unsere Arbeit immer unterstützte.

Es ist mir an dieser Stelle ein großes Bedürfnis allen Autoren herzlich zu danken. Weiter danke ich dem Städtischen Museum und dem Stadtarchiv für wertvolle Hilfe, ebenso dem Foto Studio Mahlke.
Das Halberstädter Druckhaus und seine Mitarbeiter gewährten diesem Projekt und mir eine konstruktive und fördernde Zusammenarbeit. Für die große Geduld, die verständnisvolle Hilfe und die qualitätsvolle Arbeit danke ich dem Druckhaus besonders.

Dr. Adolf Siebrecht
Dezember 2002

Vorwort zur zweiten Auflage

Am 13. Dezember des Jahres 2002 wurde die erste Auflage des vorliegenden Buches herausgegeben. Sie ist inzwischen vergriffen. Eine solche positive Resonanz auf die Arbeit der Mitglieder der Bosch-Projektgruppe hatte ich nicht erwartet. Das große und auch überregionale Interesse an diesem Band führte zu dem Entschluß, eine zweite Auflage herauszubringen. Diese ist durchgesehen und mit einer Ergänzung zum Geläut des Halberstädter Domes und dem Geläut der Martinikirche versehen worden.

Möge auch dieser Band wohlwollende Aufnahme finden. Besonders im Vorfeld der Feierlichkeiten anläßlich der vor 1200 Jahren erfolgten Gründung des Bistums Halberstadt soll dieser Band im Jahr 2004 den Halberstädtern und den vielen Gästen der Stadt wichtige Informationen zum Bischofssitz und zur Bischofsstadt Halberstadt bieten.

Mein besonderer Dank gilt wiederum der Robert Bosch Stiftung, den Autoren und dem Halberstädter Druckhaus.

Dr. Adolf Siebrecht
Halberstadt im Dezember 2003

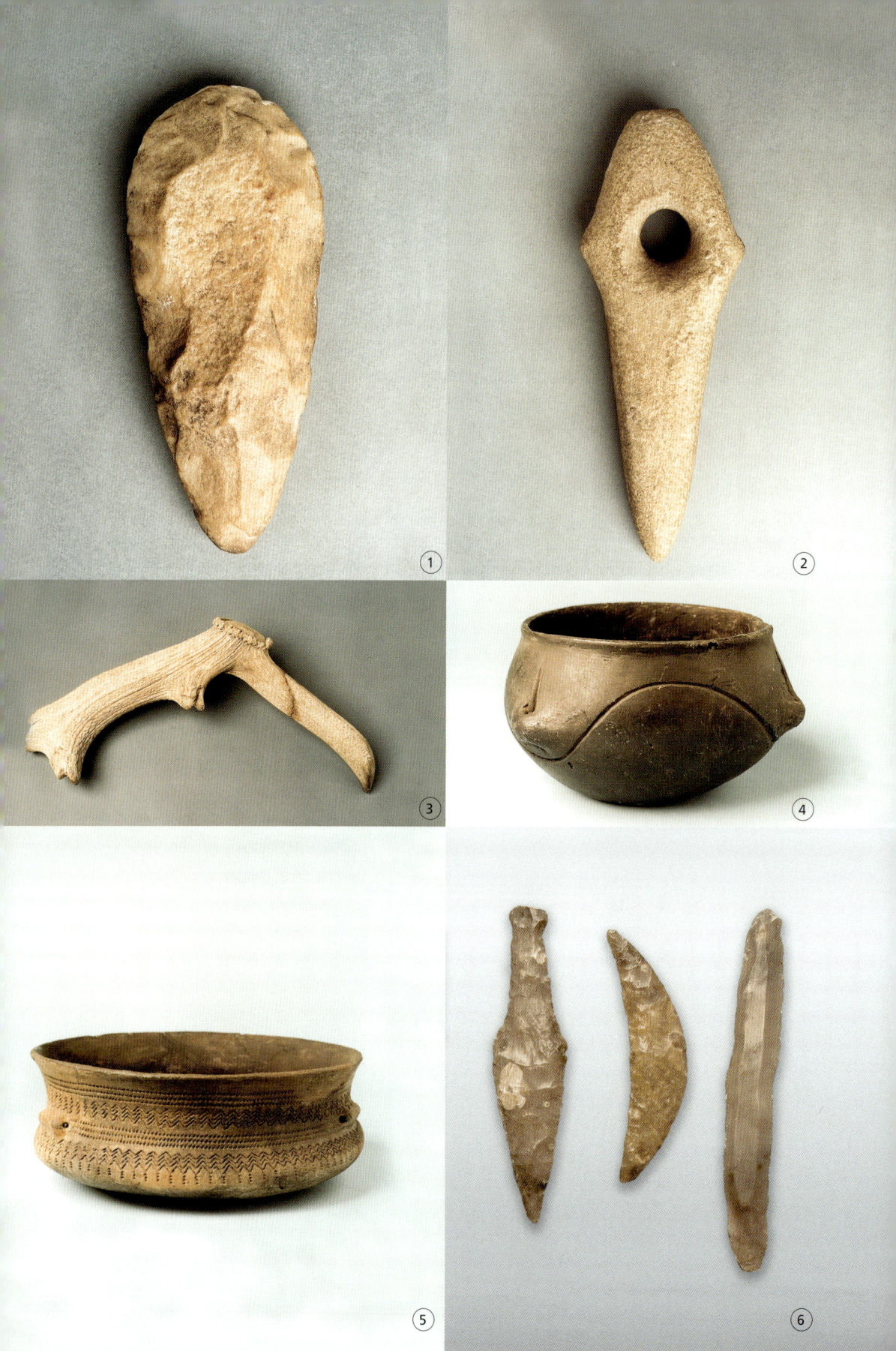

①

②

③

④

⑤

⑥

Adolf Siebrecht

Älteste Siedlungsspuren aus dem Halberstädter Raum

In den Sammlungen und Ausstellungen des Städtischen Museum Halberstadt befinden sich zahlreiche Funde aus längs vergangenen Zeiten. Sie stammen aus den Perioden der Ur- und Frühgeschichte, aber auch aus dem Mittelalter und der Neuzeit und umfassen eine Zeitspanne von über 200 000 Jahren. Diese Bodenfunde sind für die Erforschung der Besiedlungsgeschichte von großer Bedeutung, da sie über die ältere „schriftlose" Zeit Auskunft geben. Schriftliche Überlieferungen liegen in unserer Heimat erst seit dem 9. Jahrhundert nach Christus vor, aber auch für die darauf folgenden Zeiten helfen uns die Funde viele Fragen zu beantworten, wo die schriftlichen Quellen schweigen. Entdeckt werden diese Funde meist bei Bauarbeiten, vor allem aber bei wissenschaftlichen Ausgrabungen.

Aus dem nördlichen Harzvorland liegen viele Funde vor, die deutlich die Siedlungsgunst dieser Landschaft, wie fruchtbare Böden, Wald- und Wildreichtum, Wasser und günstige klimatische Bedingungen, zeigen. Bevorzugt waren Siedlungsplätze in der Nähe von Gewässern, vor allem am Holtemmetal. So wurden z.B. direkt in Halberstadt bandkeramische Hockergräber und Abfallgruben aus der Jungsteinzeit auf dem Domplatz und in der Nähe der Martinikirche gefunden. Diese haben ein hohes Alter von ca. 7 000 Jahren, verkörpern also die Hinterlassenschaften der „ältesten Halberstädter".

Spärlich sind Funde in der Umgebung aus den älteren Perioden der Urgeschichte, der Altsteinzeit und der Mittelsteinzeit, vertreten. Es liegen Werkzeuge der altsteinzeitlichen Jäger und Sammler vor, wie ein Faustkeil von Langenstein und grobe Quarzitwerkzeuge von Warnstedt an der Teufelsmauer. Sie haben ein Alter von rund 200 000 Jahren. Aus der Mittelsteinzeit besitzt das Städtische Museum z.B. eine Geweihhacke von Halberstadt-Klus und eine durchlochte Geröllhacke von Wehrstedt. Diese Gegenstände sind wichtige Hinweise auf eine beginnende Bodenbearbeitung in jener Zeit vor etwa 10 000 Jahren.

Abb. 1: Altsteinzeitlicher Faustkeil, Langenstein – Zwieberge.
Abb. 2: Mittelsteinzeitliche durchlochte Geröllhacke, Wehrstedt bei Halberstadt.
Abb. 3: Mittelsteinzeitliche Geweihhacke, Halberstadt – Klusberge.
Abb. 4: Gefäß der älteren jungsteinzeitlichen Linienbandkeramik, Halberstadt – Winterberg.
Abb. 5: „Prunkschale" von Ströbeck, jungsteinzeitliches Gefäß mit reicher Verzierung.
Abb. 6: Dolch, Sichel und Messer aus Feuerstein, Jungsteinzeit, Halberstädter Umgebung.

Mit der Seßhaftwerdung der Menschen vor etwa 7 000 Jahren, dem damit zusammenhängenden Ackerbau und der Viehzucht häufen sich die Funde aus jener Zeit, die als Jungsteinzeit bezeichnet wird. Große Teile dieser Funde waren ursprünglich Grabbeigaben, andere stammen aus den Abfallgruben der Siedlungen. Es wurden Tongefäße bzw. ihre Scherben, Werkzeuge und Schmuck aus Stein und Knochen, menschliche Skelettreste und auch Speiseabfälle wie Tierknochen und Getreidereste gefunden. Funde bestimmter Perioden der Jungsteinzeit weisen charakteristische Merkmale in Form, Verzierung und Bestattungssitten auf, die es ermöglichen, sie bestimmten ethnischen Gruppen zuzuordnen und diese wiederum zeitlich zu unterscheiden. Wichtige Fundplätze wie z.B. Gatersleben, Bernburg und Schönfeld, gaben diesen Gruppen ihren Namen. Charakteristische Gefäß- und Verzierungsformen wurden auch namengebend wie Bandkeramik, Schnurkeramik, Kugelamphoren und Glockenbecher. Nach ähnlichen Gesichtspunkten versuchten die Archäologen auch die folgenden Perioden, wie die der Bronzezeit und der Eisenzeit zeitlich zu gliedern. So bezeichnete man tassenförmige Tongefäße, die vor allem während der älteren Bronzezeit in Gebrauch waren, nach ihrem gehäuften Vorkommen um Halberstadt auch als „Halberstädter Tassen".

Vor etwa 3 500 Jahren begann die Metallverarbeitung. Bronze war jetzt das wichtigste Material für Schmuck, Waffen und Werkzeuge geworden. Den dafür erforderlichen Rohstoff (Kupfer und Zinn) fanden die damaligen Prospektoren im Harz und im Harzvorland. Vor etwa 2 800 Jahren wurde mit der Verhüttung von Eisen begonnen. Zu jener Zeit verbrannte man die Toten und barg die Asche der Verstorbenen in Urnen. Charakteristische

Urnen dieser Zeit hatten die Gestalt von Häusern und gaben dieser eisenzeitlichen Kultur ihren Namen: Hausurnenkultur. Wichtige Gräber jener Zeit sind z.B. von den Klusbergen bei Halberstadt, von Eilsdorf und von Schwanebeck bekannt.

Auch aus den folgenden Perioden der vorchristlichen Eisenzeit, der nachchristlichen römischen Kaiserzeit und der Völkerwanderungszeit liegen Funde vor, die eine kontinuierliche Besiedlung unserer Heimat erkennen lassen. Hervorzuheben sind die Funde aus den reich ausgestatteten Für-

Abb. 7: Das Füßchengefäß der Aunjetitzer Kultur (ältere Bronzezeit) gehört zu der Gruppe der sogenannten „Halberstädter Tassen", Halberstadt – Katzenplan.

Abb. 8: Typische Beilformen verschiedener Zeitstufen der Bronzezeit (Randleistenbeil, Absatzbeil, Lappen-beil und Tüllenbeil) aus dem Halberstädter Raum.

Abb. 9: Gesichtstürurne von Eilsdorf und Hausurne von Schwanebeck, Eisenzeit.

13

Abb. 10: Goldene Grabbeigaben aus den Fürstengräbern von Emersleben: Münzen, Armreif und Finger-ring der Römischen Kaiserzeit.

stengräbern von Emersleben aus dem 3. Jahrhundert nach Christus. Reiche Goldbeigaben und auch Funde provinzialrömischer Herkunft gehörten zu ihrem Inventar. Diese Gräber lassen eine beginnende soziale Differenzie-rung und weitreichende Handelsbeziehungen in jener Zeit erkennen. Neben wenigen reich ausgestatteten Körpergräbern findet man auf den Gräberfeldern jener Zeit zahlreiche nur ärmlich ausgestattete Gräber.

In Wehrstedt bei Halberstadt entdeckte man 1963 das größte sächsische Gräberfeld Mitteldeutschlands. Ausgegraben wurde es vom Städtischen

Abb. 11: Glasperlenkette aus dem Süd-Nord orientierten Grab 112, sächsisches Gräberfeld Wehrstedt.

Abb. 12: Eiserne Pfeilspitzen aus dem Süd-Nord orientierten Grab Stelle 7/1991, sächsisches Grä-berfeld Wehrstedt.

14

Museum Halberstadt und zuletzt 1999/2000 vom Landesamt für Archäologie Halle. Insgesamt durchforschten die Wissenschaftler eine Fläche von 10 000 m². Der jetzige Bearbeitungsstand läßt erkennen, daß sich neben 3 erhaltenen Urnengräbern Kreisgräben als Reste (Begrenzungen) von früheren Grabhügeln mit einem Durchmesser von ca. 7 m nachweisen ließen. Auch sie enthielten ursprünglich Urnengräber. Weiter wurden 49 Süd-Nord bzw. Nord-Süd orientierte Körpergräber und 237 West-Ost orientierte Körpergräber ausgegraben. Die Bestattungssitte und Beigaben, wie Glasperlenketten, Eisenmesser, Gürtelschnallen, Stockspitzen, Nadelbüchsen, Schmuck und Waffen weisen auf eine sächsische Bevölkerung hin. Dieser große Friedhof wurde im 7. Jahrhundert nach Christus begonnen und bis in das 9. Jahrhundert belegt. Er läßt deutlich den Übergang von der heidnischen zur christlichen Bestattungssitte erkennen: z.B. werden die Süd-Nord orientierten Körpergräber durch West-Ost orientierte Gräber überlagert und abgelöst. Damit befinden wir uns bereits in dem Zeitabschnitt, der mit den Anfängen von Halberstadt und der Herausbildung der heutigen Siedlungslandschaft im Nordharzvorland zusammenfällt.

Literatur:

Adolf Siebrecht, Ein frühmittelalterliches Gräberfeld von Halberstadt - Ost (Wehrstedt), In: Nordharzer Jahrbuch Band 5, Halberstadt 1975, S. 25-78.

Adolf Siebrecht, Halberstadt aus stadtarchäologischer Sicht, Halle 1992, S. 9-12.

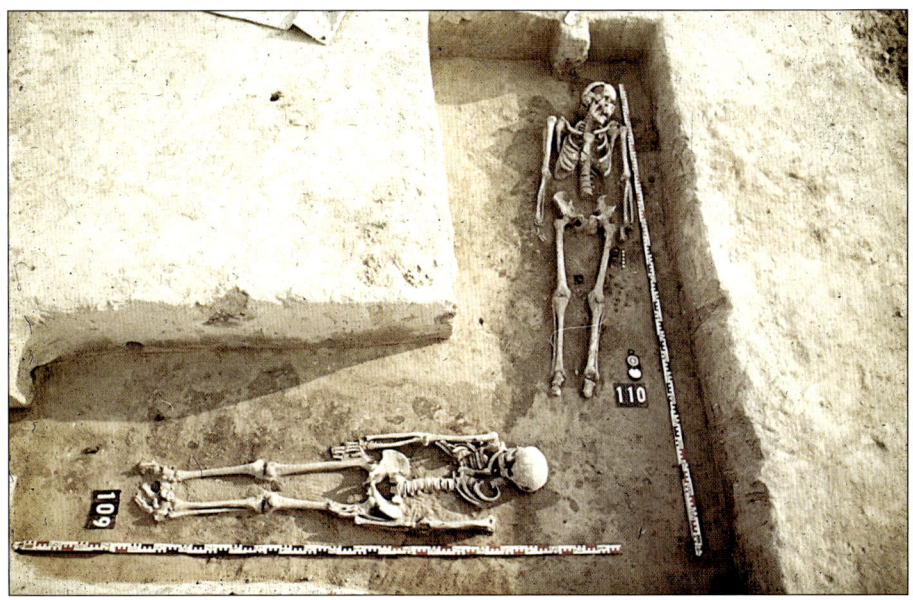

Abb. 13: Die West-Ost orientierte Bestattung 109 überlagert den Fußbereich der älteren Süd–Nord orientierten Bestattung 110, sächsisches Gräberfeld Wehrstedt.

Adolf Siebrecht

Der Name Halberstadt

Vielfältig und interessant sind die Deutungsversuche des Namens Halberstadt. Im Jahre 1910 hatte der Heimatforscher und Pastor an der St. Moritzkirche, Georg Arndt, den damaligen Forschungsstand zusammengefaßt. Der Name Halberstadt könnte abgeleitet sein von:

Albe-Ore-Stadt, da bei der Gründung des Bistums 804 dessen Ausdehnung bis zur Mündung der Ohre in die Elbe gereicht hätte;

Halverstadt, dem ursprünglichen Namen der Holtemme *Halver*;

Halbe Stadt, da die Stadt bis zum Tode Karls des Großen 814 nur halb fertig war. Auch die Bezeichnung *Hemipolis* = halbe Stadt war üblich, wie es in einer Legende überliefert ist. Sie berichtet, daß die Mutter von Bischof Burchard I. (1036-1059) nicht damit zufrieden war, daß ihr Sohn Bischof von einer „halben Stadt" werden sollte. Als sie in Halberstadt prachtvoll empfangen wurde soll sie ausgerufen haben: *„Das ist keine halbe Stadt, die ein so großes und glänzendes Gefolge aufweisen kann!";*

Allwehrstadt, einen Ort da sich alle wehren sollten, wenn ihnen jemand die wahre christliche Lehre rauben wollte.

Andere haben aus Gehässigkeit und Spottlust den Namen der Stadt von der „Albernheit" ihrer Bewohner ableiten wollen. Aber wir finden auch die Deutung *Stadt der Hälften*, da hier der thüringische und sächsische Dialekt gesprochen wurde.

Andere leiten die erste Hälfte des Namens von einem Personennamen ab. So wird Halberstadt als Ansiedlungsstätte eines *Albhero* erklärt, aus *Albherostette* wäre dann der Name *Halberstadt* entstanden. Der Name *Albhero*, *Alpher* und *Halver* bedeutet auch soviel als „Herr der Elfen", weist also auf eine alte heidnische Kultstätte hin mit der ja auch der Teufels- oder Lügenstein auf dem Domplatz in Zusammenhang gebracht wird. Schließlich entscheidet sich Arndt für die Deutung, daß der Name Halberstadt aus *Albherestette* abgeleitet ist, als Ansiedelungsstätte des *Albhere* oder *Alver*.

Gerhard Ruhe, Direktor des Städtischen Museums Halberstadt von 1953 bis 1964, hatte sich auch intensiv mit dieser Problematik beschäftigt. Er leitete 1956 den Namen Halberstadt von der im 10. Jahrhundert überlieferten Namensform *Alfurtestedt* ab = *Stätte aller* oder *vieler Furten*. Er meint, daß die Holtemme hier viele Nebenarme ausgebildet hatte und man die dörfliche Siedlung nur über die Furten dieser Nebenarme erreichen konnte. Ruhe lokalisierte *Alfurtestedt* im Bereich der Bakenstraße in der noch erhaltenen Altstadt dicht nordwestlich und unterhalb der Domburg. Seiner Auffassung folgten in den 80er Jahren Historiker, die sich ausführlich mit der mittelalterlichen Geschichte Halberstadts beschäftigten, wie z.B. 1980 Klaus Militzer und 1983 Gudrun Wittek.

Die im Gebiet des Holtemmetales durchgeführten archäologischen Untersuchungen ergaben klare Erkenntnisse über das frühere Überschwemmungsgebiet der Holtemme, aber keine Hinweise auf eine ältere Besiedlung. Siedlungsspuren, kenntlich an der sogenannten blaugrauen Keramik, weisen auf einen Beginn der Siedlungstätigkeit erst ab dem 13. Jahrhundert hin. Diese Beobachtungen wurden an der Südseite des Düsterngrabens, im Gebiet der Gröperstraße, am Johannesbrunnen / Voigtei und zwischen Abtshof, Bakenstraße, Seidenbeutel und Rosenwinkel gemacht.

Im Ergebnis umfassender Ortsnamenforschung erschien 1986 das Städtenamenbuch der DDR. Die Autoren legten für Halberstadt (814 Halberstad, 877 Alberstet, 946 Halverestat, 948 Alfurtested, 965 Halversted und 989 Halverstad in den Quellen genannt) folgende Deutung vor: *„Am wahrscheinlichsten liegt ein Flußname *Halvara im Erstglied vor (heute die Holtemme), vergleichbar mit der Halver und dem Ortsnamen Halverscheid, Kr. Altena (Westfalen): im 11. Jahrhundert Halvara. Dieser wäre eine r-Erweiterung zu einem indoeurop. *(s) kuelp-´schneiden, teilen`. Halberstadt wäre demnach die ´Stätte, Siedlung am geteilten Bach`"*. Dieser Deutung stimme ich auch im Ergebnis eigener langjähriger Forschungen zu.

Literatur:

Georg Arndt, Zur Heimatkunde von Halberstadt, Halberstadt 1910, S. 7-11.

Ernst Eichler / Hans Walter, Städtenamenbuch der DDR, Leipzig 1986, S. 127.

Klaus Militzer / Peter Przybilla, Stadtentstehung, Bürgertum und Rat, Göttingen 1980, S.16.

Gerhard Ruhe, Alfurtestedt, In: Zwischen Harz und Bruch, Heimatzeitschrift des Kreises Halberstadt - Harz, 1956, S. 48, 84 u. 133.

Adolf Siebrecht, Halberstadt aus stadtarchäologischer Sicht, Halle 1992, S. 31-40.

Gudrun Wittek, Die Entstehung der Stadt Halberstadt und ihre Entwicklung in der kommunalen Bewegung, ungedr. Dissertation, Magdeburg 1983, S.1ff.

Adolf Siebrecht

Wo lagen die Anfänge von Halberstadt?

Diese Frage kann nicht exakt beantwortet werden, da bisher die eindeutigen archäologischen Beweise fehlen. Aber wir besitzen Anhaltspunkte, die vielleicht eine grobe Lokalisierung dieser *Siedlung am geteilten Bach* ermöglichen.

Die Ortsnamensforschung weist deutlich auf das Holtemmetal als Siedlungsgebiet hin. Die intensiven stadtarchäologischen Forschungen des Städtischen Museums konnten aber im mittelalterlichen Stadtgebiet keine Anhaltspunkte für diese ursprüngliche Siedlung erbringen. Für den Bereich der bischöflichen Domburg, die sich unter dem heutigen Domplatz verbirgt, reichen die urkundliche Überlieferung und die archäologischen Befunde zwar bis in den Anfang des 9. Jahrhunderts zurück, es gibt aber keine Hinweise auf eine ältere und namengebende Siedlung Halberstadt. Das Gebiet um die Martinikirche herum tritt erst mit den Urkunden und den archäologischen Befunden seit dem 10. Jahrhundert in das Licht der Geschichte. Ältere Siedlungsspuren sind hier nicht nachzuweisen. Hinzu kommt, daß sowohl der Bereich der Domburg wie auch das Gebiet um die Martinikirche auf der südlichen Hochterrasse des Holtemmetales liegen, also somit für eine *Siedlung am geteilten Bach* nicht in Betracht kommen.

So bleibt eigentlich für die Beantwortung unserer Frage nur das Gebiet des Holtemmetales übrig. Betrachten wir das Holtemmetal im Halberstädter Raum, so fällt auf, daß wir sowohl südlich und nördlich der Holtemme markante Flußterrassen finden. Sie erheben sich bis zu 10 Meter über den Wasserspiegel der Holtemme und boten schon in urgeschichtlicher Zeit für den Menschen günstige Siedlungsbedingungen. Das lassen die hier geborgenen steinzeitlichen Funde z.B. unter dem Dom und südlich der Liebfrauenkirche erkennen. Dem heutigen Halberstädter fällt vielleicht auf, daß er bei den Straßen Am Berge, Grudenberg, Tränketor, Hoher Weg und Schützenstraße Steigungen überwinden muß, aber er weiß nicht, daß er sich hier auf dem südlichen Terrassenhang des Holtemmetales befindet. Nicht ganz so steil steigt der nördliche Terrassenhang in Richtung Friedhof und Huychaussee an. Zwischen diesen beiden Terrassenhängen erstreckt sich das Holtemmetal mit einer Breite von fast 800 Metern.

Das jahrhundertelange Einwirken des Menschen hat das ursprüngliche Geländerelief, über dem sich die mittelalterliche und später die heutige

Stadt herausbildeten, wesentlich verändert. Einen Eindruck von der ursprünglichen Geländesituation der Landschaft erhalten wir westlich der Stadt in Richtung Mahndorf und östlich in Richtung Groß Quenstedt. Hier sind deutlich die unveränderten Terrassenhänge des Holtemmetales zu erkennen. Aber auch der heutige Verlauf der Holtemme entspricht nicht mehr der ursprünglichen Situation. Der Fluß hat im Laufe des letzten Jahrtausends häufig sein Bett verändert, bis er in den Jahren um 1960 kanalisiert wurde. Früher waren auch noch viele Nebenarme vorhanden, die heute nicht mehr sichtbar sind. Gerhard Ruhe verdanken wir eine anschauliche Darstellung der alten Holtemmeniederung im Stadtgebiet von Halber-

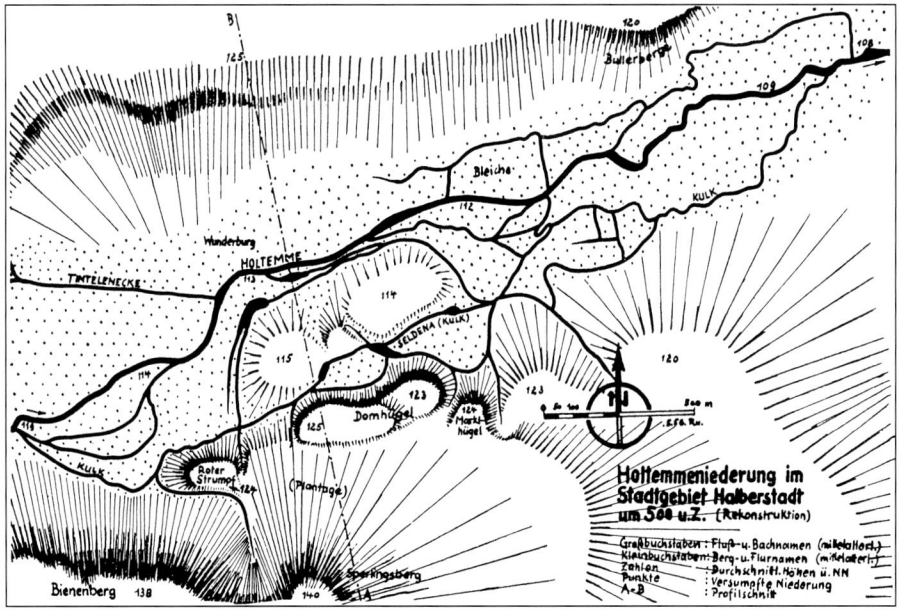

Abb. 14: Die Holtemmeniederung um 500 n. Chr., Rekonstruktion von Gerhard Ruhe 1956.

stadt (Abb. 14). Der sogenannte Kulkgraben war einer dieser Nebenarme, der noch vor 100 Jahren durch die Stadt floß. Heute ist er nicht mehr sichtbar, lediglich die Straßenbezeichnung Hühnerbrücke und das Fachwerkhaus Kulkmühle erinnern an ihn. Überhaupt lagen viele Wassermühlen an der Holtemme. Wassermühlen setzen aber die Möglichkeit der Regulierung des Wasserlaufes voraus. Westlich der Sternstraße in Halberstadt, befand sich eine noch in den Jahren um 1950 benutzte Flußbadeanstalt. Hier wurde die Holtemme aufgestaut und das Wasser in den Kulkgraben und den Mühlengraben geleitet. Das noch heute sichtbare Gelände der Flußbadeanstalt trägt die Bezeichnung Rabahne. Dieser Name erscheint schon in

Urkunden des 15. Jahrhunderts, wie es Georg Arndt nachwies. Eine Nachricht im Tagebuch des Domdechanten Matthias von Oppen vom Februar des Jahres 1606 läßt erkennen, daß die Rabahne eine wichtige wasserwirtschaftliche Bedeutung besaß. So hatten entgegen einer *„Übereinkunft die Müller der Stadt Bretter auf dem Schutze bei der Rabahne aufgesetzt, das Wehr dadurch um ein Viertel erhöhet und dadurch das Wasser haufenweise in die Stadt gebracht und den Kellern Schaden zugefügt"*. Aus den Kämmerei Rechnungen von 1663 bis 1718 geht hervor, daß die Stadt *ständig „Ausgaben an Bawkosten zu der Rabahne"* hatte. Arndt meint: *„daß unter der Rabahne das Wehr an der Badeanstalt verstanden werden muß. Sprachlich würde dann das Wort Rabahne von rap = schnell, hurtig abzuleiten sein und das schnell über den sog. Schutz ablaufende Wasser bezeichnen"*. Mit dieser „Rabahne" haben wir offensichtlich eine sehr alte wassertechnische Anlage vor uns, die an der Gabel zweier Flußarme der Holtemme (Holtemme und Kulkgraben) lag und deren Anfänge bereits in das 8. bzw. 9. Jahrhundert zurückreichen können. Diese Flußgabel liegt etwa 1000 Meter westlich der mittelalterlichen Stadtmauer von Halberstadt. In der Nähe dieser Flußgabel könnte das alte Dorf Halberstadt gelegen haben. Der heutige Halberstädter müßte diese *Siedlung am geteilten Bach* im südlichen und vor allem im südwestlichen Umfeld des heutigen Praktiker - Baumarktes bzw. der Tankstelle westlich der Sternstraße suchen.

Abb. 15: Das rekonstruierte Holtemmetal bei Halberstadt mit dem Stadtgrundriß von 1789.

Die dörfliche Altsiedlung Halberstadt muß schon längere Zeit bestanden haben, als östlich von ihr auf dem südlichen Terrassenhang des Holtemmetales im Jahre 804 der Missionsstützpunkt zu einem Bischofssitz mit dem Namen Halberstadt erhoben wurde. Der Name Halberstadt war jetzt auch für das Bistum namengebend geworden.

Auf das hohe Alter dieses ursprünglichen Dorfes *Halberstad / Halverstedt / Alberstet*, der *Siedlung am geteilten Bach,* weist die Namensendung -*stedt* hin, wie z.B. auch die Ortsnamen von Wehrstedt, Groß- und Klein Quenstedt am Holtemmetal oder Runstedt, Aspenstedt und Athenstedt am Huy. Alle diese Ortsnamen stehen mit einer hier lebenden sächsischen Bevölkerung in Zusammenhang, die im nördlichen Harzvorland auch archäologisch seit dem 7. Jahrhundert nachweisbar wird. Mit ihren materiellen Hinterlassenschaften, so vor allem den Grabbeigaben und ihren Bestattungssitten, tritt sie uns auf dem ausgegrabenen Gräberfeld von Wehrstedt bei Halberstadt entgegen und führt uns in die Anfangszeit des Bistums.

Literatur:

Georg Arndt, Zur Heimatkunde von Halberstadt, Halberstadt 1910, S. 60 f.

Gerhard Ruhe, Alfurtestedt, In: Zwischen Harz und Bruch, Heimatzeitschrift des Kreises Halberstadt-Harz, 1956, S. 48 f.

Adolf Siebrecht, Halberstadt aus stadtarchäologischer Sicht, Halle 1992, S. 11 u. 31-40.

Adolf Siebrecht

Die Gründung des Bistums Halberstadt

In der umfangreichen Literatur zu den Anfängen des Bistums Halberstadt finden wir immer wieder drei Jahreszahlen, die wichtige Etappen in der Frühzeit des Bistums markieren: 804, 814 und 827.

Im Jahr **804** soll Kaiser Karl der Große, nach endgültiger Unterwerfung der Sachsen, das Bistum Halberstadt gegründet bzw. den Missionsstützpunkt Halberstadt zum Bischofssitz erhoben haben. Das ist der gleiche Zeitraum, in dem auch weitere sächsische Bistümer, wie z.B. Bremen, Hildesheim, Minden, Paderborn und Verden entstanden. Erschwerend für die historische Forschung ist der Umstand, daß das im Jahre 804 ausgestellte Immunitätsprivileg zwar mehrfach in der Halberstädter Historiographie genannt wird, jedoch nicht mehr im Original erhalten ist. Seit Jahrzehnten wird daher diese Jahreszahl kontrovers diskutiert.

Im Jahr **814** bestätigt der Sohn Karls des Großen, Kaiser Ludwig der Fromme, die von seinem Vorgänger erteilten Privilegien für das Bistum Halberstadt: *"daß der ehrwürdige Herr Hildegrim, der Bischof der Kirche von Châlons, der zugleich auch Vorsteher der Halberstädter Kirche ist - die zu Ehren Christi und seines Erzmärtyrers Stephan am Fluß Holtemme im Harzgau erbaut wurde und deren Sprengel durch eine Bestimmung unseres frommen Vaters, des erhabenen Kaisers Karl, festgelegt wurde in den Gauen Derlingau, Nordthüringgau und Belkesheim, Harzgau, Schwabengau und Hosgau - zu uns kam und uns ein Privileg unseres heiligen und immer fromm zu verehrenden Vaters vorlegte, in dem geschrieben stand, daß er diesen Sitz immer seinem vollen Schutz und dem Schirm der Immunität unterstellt habe."* In diesem Privileg wird *"Hildegrim, der Bischof der Kirche von Châlons, der zugleich auch Vorsteher der Halberstädter Kirche ist"* als Leiter dieses Bistums sichtbar. Aber auch die Echtheit dieses Privileges ist in der Forschung nicht unumstritten.

Abb. 16: Der „Karlsteppich" im Halberstädter Domschatz (Ausschnitt), 2. Viertel 13. Jahrhundert. Kaiser Karl der Große wurde in Halberstadt als Gründer des Bistums und als Heiliger verehrt. Auf dem Wandteppich, aus Wolle gewirkt, mit einer Höhe von 1,58 m und einer Breite von 1,44 m, ist der Kaiser dargestellt, umgeben von vier antiken Gelehrten.

Im Jahre **827** stirbt Bischof Hildegrim von Châlons. Jetzt wird Thiatgrim Bischof von Halberstadt und übernimmt damit als erster Halberstädter Bischof das Pontifikat.

Die komplizierte Quellenlage führte zu den unterschiedlichen Aussagen vieler Historiker, die deshalb das Jahr 804, zum großen Teil das Jahr 814 und auch erst das Jahr 827 als Gründungsdatum für das Bistum Halberstadt nennen.

In der neueren Literatur hat sich offenbar das Jahr 804 als Datum für die Anfänge des Bistums Halberstadt durchgesetzt. Hildegrim war im Jahr 802 zum Bischof von Châlons sur Marne erhoben worden, das im Auftrag Karls des Großen für die Missionierung Ostsachsens zuständig war. Zu diesem Zeitpunkt war der militärische Widerstand der Sachsen bereits zusammengebrochen und Karl der Große konnte den Aufbau der Kirchenorganisation, vor allem durch die Gründung von Bistümern, weiterführen. Hildegrim war bereits mit seinem Bruder Liudger in der Missionierung Ostfalens und insbesondere Ostsachsens tätig. Als Bischof von Châlons trug er ab 802 die Hauptverantwortung für diese Missionstätigkeit, vermutlich für den Aufbau der Missionsstützpunkte Halberstadt und Osterwieck. Nach der Gründung des Bistums Halberstadt im Jahre 804 war er für den weiteren Aufbau der Kirchenorganisation in diesem Bistum zuständig. Nach damaligem Kirchenrecht war eine Anhäufung von mehreren Bistümern in der Hand eines Bischofs nicht möglich. So blieb Bischof Hildegrim von Châlons „nur" der Vorsteher der Halberstädter Kirche, wie er 814 in der Urkunde Ludwig des Frommen bezeichnet wird. Somit fielen in Halberstadt die Gründung des Bistums und die Ernennung des ersten Diözesanbischofs auseinander. Das bedeutet, das zwar im Jahr 804 die Bistumsgründung erfolgte, aber erst im Jahr 827 das Bistum Halberstadt in der Person des Thiatgrim einen ersten eigenen Diözesanbischof erhielt.

Die in den letzten Jahrzehnten in Halberstadt ergrabenen archäologischen Befunde unterstreichen die große Bedeutung der Anfangsjahre des Bischofssitzes. Dazu gehören die schon um 800 vorhandene große Missionskirche, die vor 809 durch Hildegrims Bruder Liudger gegründete Kapelle nördlich dieser Kirche, der 859 geweihte erste Dom, die am Gleimhaus ergrabenen und noch sichtbaren Fundamente des 9. Jahrhunderts sowie der mächtige Befestigungsgraben und die Größe der Domburg.

Die Ausdehnung des Bistums war beachtlich und entsprach etwa der des heutigen Bundeslandes Sachsen-Anhalt (Abb. 17). Es umfaßte die Osthälfte des Harzes, grenzte im Westen an die Oker, im Nordwesten an die Aller und die Ohre, im Norden reichte es bis zum Gebiet zwischen der Jeetze

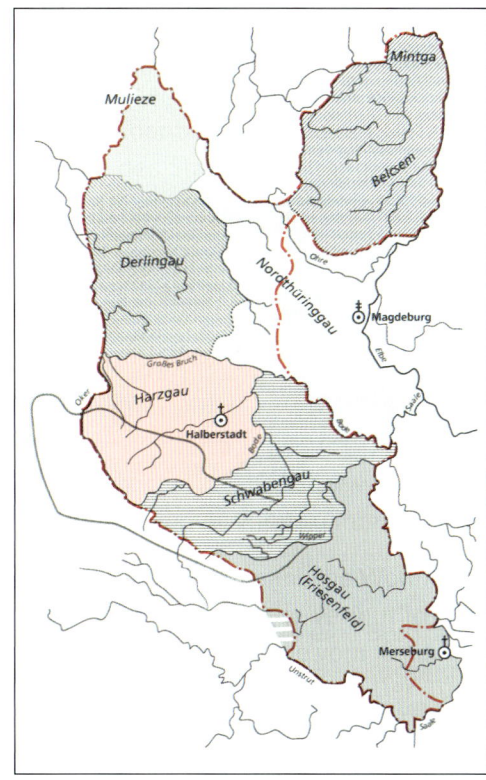

Abb. 17: Das ursprüngliche Bistum Halberstadt mit seinen Gauen (farbig abgesetzt) und den Gebieten, die Halberstadt mit der Gründung des Erzbistums Magdeburg (968) und des Bistums Merseburg (968) abtreten mußte (Punkt-Strich-Linie im Osten).

bei Salzwedel bis hin zur Alandmündung in die Elbe, im Nordosten und Osten grenzte es an die Elbe, im Südosten an die Saale und im Süden an die Helme und Unstrut. Die durch Elbe und Saale markierte östliche Grenze des Bistums bildete gleichzeitig die Ostgrenze des karolingischen Reiches gegen die hier siedelnden Slawen. Den 805 bzw. 806 erwähnten fränkischen Grenzkastellen bei Magdeburg und Halle kam zur Grenzsicherung dieses Raumes besondere Bedeutung zu. Das Bistum Halberstadt war das am weitesten nach Osten vorgeschobene Bistum des karolingischen Reiches und entsprechend groß war die Bedeutung der Bischöfe in jener Zeit und die ihres Sitzes in Halberstadt.

Literatur:

Peter Johanek, Der Ausbau der sächsischen Kirchenorganisation, In: Kunst und Kultur der Karolingerzeit Bd. 2, Paderborn 1999, S. 494 ff.

Gerhard Leopold / Ernst Schubert, Der Dom zu Halberstadt bis zum gotischen Neubau, Berlin 1984.

Stefan Pätzold, Sechs Urkunden zur früh- und hochmittelalterlichen Geschichte Halberstadts, In diesem Bd., S. 31 f.

Franz Schrader, Gestalt und Entstehung der mittelalterlichen Pfarrorganisation der Stadt Halberstadt und die Gründung des Bistums Halberstadt, In: Nordharzer Jahrbuch Bd. 14, Halberstadt 1989, S. 45–76, besonders S. 72.

Adolf Siebrecht, Halberstadt aus stadtarchäologischer Sicht, Halle 1992, S. 13-16.

PILGRIM · EBISOC · V · HAILENSTAT

THATGRIM · G · 82 · 840

Adolf Siebrecht

Die Bischöfe von Halberstadt[1)]

804	-	827	Hildegrim I., Bischof von Châlons sur Marne, Vorsteher der Halberstädter Kirche
827	-	840	Thiatgrim, 1. Bischof von Halberstadt
840	-	853	Haimo
853	-	888	Hildegrim II.
889	-	894	Agiulf
895	-	923	Sigismund
923	-	968	Bernhard
968	-	996	Hildeward
996	-	1023	Arnulf
1023	-	1036	Branthog
1036	-	1059	Burchard I.
1059	-	1088	Burchard II. (Buko)
1085			Hamezo, Gegenbischof
1089			Ditmar
1089	-	1102	Herrand
1089	-	1105	Friedrich I., Gegenbischof
1106	-	1123	Reinhard von Blankenburg
1123	-	1135	Otto von Schkeuditz
1136	-	1149	Rudolf I.
1149	-	1160	Ulrich (auch 1177-1180)
1160	-	1177	Gero v. Schochwitz
1177	-	1180	Ulrich (auch 1149-1160)
1180	-	1193	Dietrich von Krosigk
1193	-	1201	Gardolf von Harbke
1201	-	1208	Konrad von Krosigk
1209	-	1236	Friedrich II. von Kirchberg
1236	-	1241	Ludolf I. von Schladen

Abb. 18: Der erste Bischof von Halberstadt: Thiatgrim (827-840).
In der Propsteikirche St. Ludgerus in Essen-Werden befindet sich ein Bronzegitter von Johannes Niemeier (1985), das den Zugang zur Außenkrypta verschließt. Plastische Figuren erinnern an die hier bestatteten Heiligen: Hildegrim I. von Châlons sur Marne, Gerfrid von Münster, Thiatgrim von Halberstadt, Altfried von Münster und Hildegrim II. von Halberstadt.

1241 - 1252	Meinhard von Kranichfeld
1252 - 1255	Ludolf II. von Schladen (vom Papst nicht anerkannt)
1255 - 1296	Volrad von Kranichfeld
1296 - 1303	Hermann von Blankenburg
1304 - 1324	Albrecht I. von Anhalt
1325 - 1358	Abrecht II. von Braunschweig-Lüneburg
1324 - 1343	Giselbrecht von Holstein (Gegenbischof)
1346 - 1356	Albrecht von Mansfeld (Gegenbischof)
1357 - 1366	Ludwig von Meißen
1366 - 1390	Albrecht III. von Rikmersdorf (Berge)
1390 - 1400	Ernst I. von Honstein
1401 - 1406	Rudolf II. von Anhalt
1407 - 1410	Heinrich von Warberg
1411 - 1419	Albrecht IV. von Wernigerode
1420 - 1437	Johannes von Hoym
1437 - 1458	Burchard III. von Warberg
1458 - 1479	Gebhard von Hoym
1479 - 1513	Ernst II. von Sachsen (kath. Administrator)
1513 - 1545	Albrecht V. von Brandenburg
1545 - 1550	Johann Albrecht VI. von Brandenburg
1550 - 1551	Friedrich III. von Brandenburg
1553 - 1566	Siegismund II. von Brandenburg
1566 - 1613	Heinrich Julius von Braunschweig (Administrator)
1613 - 1615	Heinrich Karl von Braunschweig
1615 - 1616	Rudolf III. von Braunschweig (Administrator)
1616 - 1624	Christian von Braunschweig (Administrator)
1624 - 1628	Christian – Wilhelm von Brandenburg (Administrator)
1628 - 1648	Leopold Wilhelm Erzherzog von Österreich

Literatur:

Hermann Böttcher, Neue Halberstädter Chronik, Halberstadt 1913.

Gerhard Leopold / Ernst Schubert, Der Dom zu Halberstadt bis zum gotischen Neubau, Berlin 1984, S. 80, Nr. 45 und S. 115.

Gerlinde Schlenker, Geschichte Sachsen Anhalts in Daten, München/Berlin 1993, S. 221.

Berent Schwineköper, Handbuch der historischen Stätten Deutschlands Bd. 11, Provinz Sachsen Anhalt, Stuttgart 1987, S. 556.

Anmerkung:

1) Die hier vorgelegte Auflistung basiert auf den in der angegebenen Literatur mitgeteilten Daten. Korrigiert wurden z.B. die Daten von Bischof Bernhard, der bereits 923 sein Pontifikat antrat. Bischof Otto (1123-1135) wird von einigen Autoren als Otto (v. Kunitz ?) bezeichnet. Ich habe mich hier, wie auch bei den anderen Daten, an die Angaben von Böttcher angelehnt, der auf S. 47 Otto von Schkeuditz schreibt.

Abb. 19: Steinsarg Bischof Bernhards von Halberstadt (923-968). Der Sarkophag vom Initiator des ottonischen Domes hat eine Länge von 2,24 m, eine Breite von 0,72 m und besteht aus zwei Kalkstein-Monolithen. Er wurde bei den Ausgrabungen zwischen 1952 und 1954 im Hohen Chor des Halberstädter Domes gefunden und befindet sich jetzt wieder an der ursprünglichen Fundstelle.

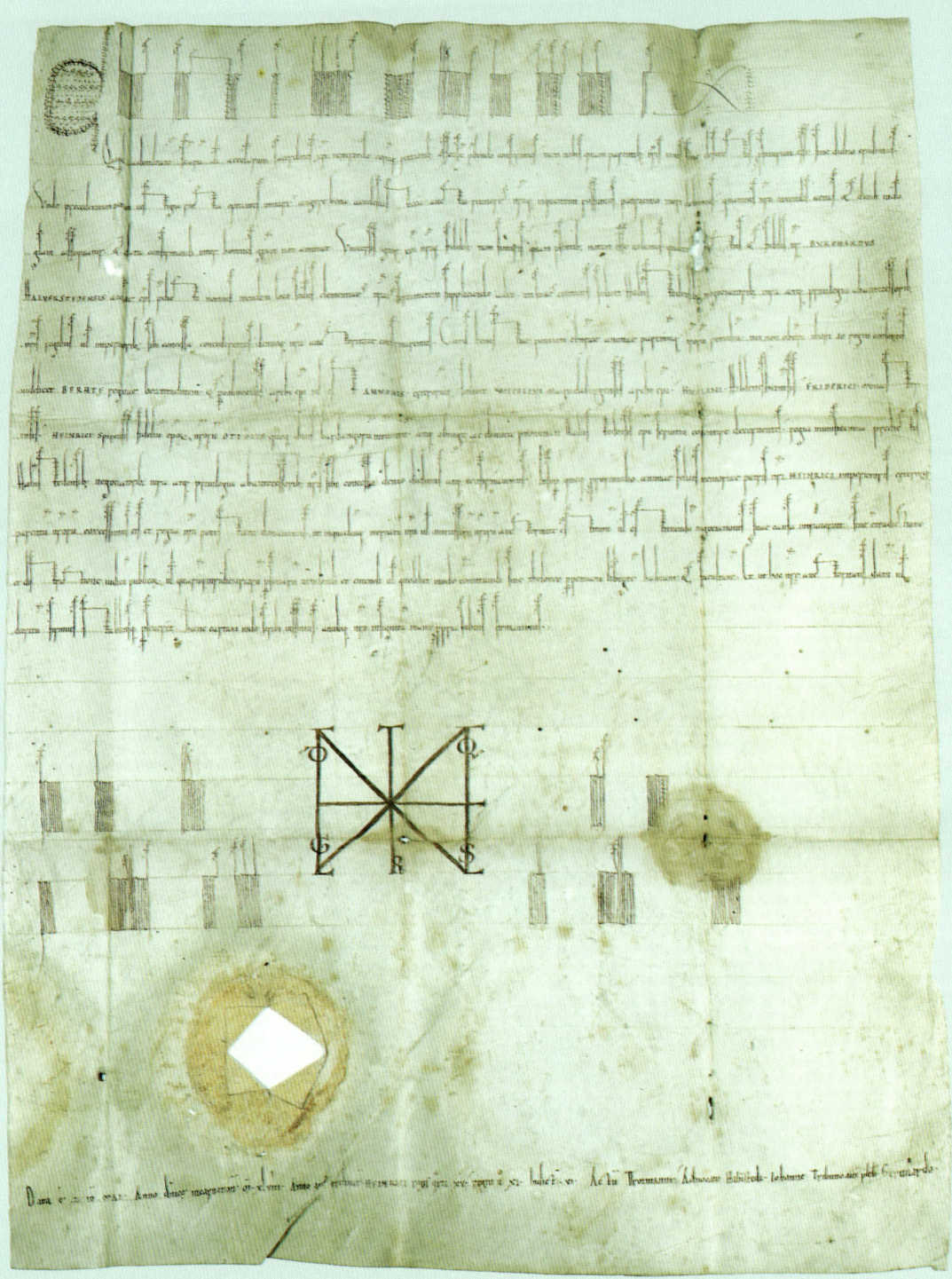

Stefan Pätzold

Sechs Urkunden zur früh- und hochmittelalterlichen Geschichte Halberstadts

Urkunden als Quellen der mittelalterlichen Geschichte

Über das frühe und hohe Mittelalter geben viele verschiedene Quellenarten Auskunft. Neben Sachquellen und Bodenfunden sind hier in erster Linie Schriftquellen zu nennen. Zu ihnen rechnet man beispielsweise die erzählenden Texte der Geschichtsschreibung und der mit ihr eng verwandten Hagiographie. Ferner treten Rechtstexte und Geschäftsschriftgut (Volksrechte etwa oder aber Güterverzeichnisse) sowie liturgisches, theologisches und sonstiges wissenschaftliches oder literarisches Schrifttum hinzu. Unter dem Geschäftsschriftgut kommt den Urkunden eine besondere Bedeutung zu. Denn während erzählende Quellen oftmals erlauben, einzelne Ereignisse in ihrem jeweiligen Zusammenhang zu sehen oder die Perspektive der Zeitgenossen kennenzulernen, ermöglichen erst die Urkunden durch ihre detaillierten Angaben, sich ein genaueres Bild von Personen, Orten und Rechtsgeschäften zu machen. Der Historiker (nicht jedoch der moderne Jurist) versteht unter einer Urkunde *„ein unter Beobachtung bestimmter Formen ausgefertigtes Schriftstück über Vorgänge von rechtserheblicher Natur"*[1]. Urkunden des Mittelalters richtig zu verstehen, ist allerdings keineswegs so einfach, wie man meinen könnte. Das liegt nicht allein nur daran, daß die Stücke im frühen und hohen Mittelalter vorwiegend in Latein abgefaßt wurden. Es hängt auch mit der hohen Zahl an Fälschungen zusammen, die man zu unterschiedlichen Zwecken herstellte. Die Unterscheidung der falschen von den echten Urkunden oder das Aufspüren von Verfälschungen (Interpolationen) sind daher die Hauptaufgaben der Urkundenlehre (Diplomatik). Dazu müssen die äußeren Merkmale (wie die Schrift, die Besiegelung oder der Beschreibstoff und andere materielle Gegebenheiten), die inneren Merkmale (das sogenannte Diktat, also der Wortlaut des Urkundentextes) und die Inhalte einer Prüfung auf Echtheit - und das heißt auf Kanzlei- und Zeitgemäßheit – unterzogen werden. Eine falsche Urkunde ist ein Stück, das nicht ist, was es zu sein vorgibt. Eine Urkunde beispielsweise, in der behauptet wird, ihr

Abb. 20: Diplom König Heinrich IV. für Halberstadt, Dortmund, 1068, Mai 14; Pergament, 66 x 49 cm, Stadtarchiv Halberstadt, Halb. A 2.

Aussteller sei Karl der Große, die aber von einer Hand des 14. Jahrhunderts geschrieben wurde, erweckt Mißtrauen. Das gleiche gilt für möglicherweise interpolierte Stücke wie das im folgenden übersetzte Diplom Ludwigs des Frommen von 814 (Nr.1). Als schwierig erweisen sich aber auch durchaus echte Stücke, wenn sie unklare Rechtsbegriffe enthalten, die einer der jeweiligen historischen Situation angemessenen Deutung bedürfen (siehe Nr. 5: Urkunde von 1105). In dieser Hinsicht ist jede Übersetzung eine Interpretation. Wer sich also daran macht, die früh- und hochmittelalterliche Geschichte von Bistum und Stadt Halberstadt zu erforschen, tut demnach gut daran, sich zunächst kritisch mit den Problemen der Quellen zu befassen. Im folgenden werden sechs Urkunden, die Halberstadt betreffen, in deutscher Übersetzung vorgestellt.

1. Ludwig der Fromme bestätigt der Kirche von Halberstadt die Immunität (Aachen, 814 September 2)[2]

„Im Namen Gottes, des Herrn, und unseres Erlösers Jesus Christus. Ludwig, durch Gottes ordnende Vorsehung, erhabener Kaiser. Wenn wir die Bitten der Priester und der Diener Gottes, die sie uns aus gutem Grund vortragen, erfüllen, meinen wir nicht nur, eine kaiserliche Gewohnheit fortzuführen, sondern glauben auch, daß uns solche Taten den Lohn himmlischer Vergeltung einbringen werden. Deshalb möge allen unseren aufmerksamen Getreuen, den gegenwärtigen wie den zukünftigen, bekannt sein,[3] daß der ehrwürdige Herr Hildegrim, der Bischof der Kirche von Châlons, der zugleich auch Vorsteher der Halberstädter Kirche ist - die zu Ehren Christi und seines Erzmärtyrers Stephan am Fluß Holtemme im Harzgau erbaut wurde und deren Sprengel durch eine Bestimmung unseres frommen Vaters, des erhabenen Kaisers Karl, festgelegt wurde in den Gauen Derlingau, Nordthüringgau und Belkesheim [?], Harzgau, Schwabengau und Hosgau [auch: Hassegau] - zu uns kam und uns ein Immunitätsprivileg [4] unseres <heiligen> [und] <immer fromm zu verehrenden> Vaters vorlegte, in dem geschrieben stand, daß er diesen Sitz immer seinem vollen Schutz und dem Schirm der Immunität unterstellt habe. Aus dem Streben nach Rechtssicherheit heraus bat uns nun der obengenannte Bischof, daß wir ihm von neuem Ähnliches zur Vermehrung unseres [himmlischen] Lohnes gewähren und bestätigen sollten. Seiner Bitte sind wir um Gottes Liebe willen nachgekommen und haben es uns angelegen sein lassen durch unsere Autorität alles zu bestätigen, um was er zu Recht und billigerweise gebeten hat. Wir gebieten und befehlen daher, daß es kein öffentlicher Richter und auch sonst niemand aufgrund einer richterlichen Amtsgewalt

oder irgendjemand von unseren Getreuen oder [denjenigen] der heiligen Kirche Gottes jemals wagen solle, diejenigen Kirchen, Orte, Felder oder übrigen Besitzungen, die [5] gegenwärtig mit Fug und Recht in den Gauen und Landstrichen, wo auch immer sie liegen mögen, zu besitzen scheint, oder was ihr hiernach aus göttlicher Liebe übertragen werden wird, zu betreten oder sich gar anzumaßen, Gericht abzuhalten, Strafgelder einzutreiben, sich Unterkunft zur Verfügung stellen zu lassen, die Leute der Kirche (ganz gleich, ob Freie oder Unfreie) zu Unrecht zu belangen, irgendwelche Abgaben oder ihnen nicht zustehende Summen zu fordern. <Darüber hinaus befehlen wir und gewähren als Vergünstigung, daß alle Bewohner der schon genannten Gaue> der genannten Kirche um der Liebe Gottes willen <ihre Zehnten getreulich abliefern sollen>, damit sie zu allen Zeiten zur Ernährung der Armen beitragen und den Unterhalt der dort Gott dienenden Diener Gottes vergrößern, auf daß es den Dienern Gottes, die dort Gott dienen, gefalle, die Barmherzigkeit des Herrn für uns, unsere Gattin, unsere Nachkommen und für den Bestand unseres ganzen Reiches, das uns von Gott gegeben wurde und das es zu erhalten gilt, beständig zu erflehen. Hinsichtlich des schon genannten Sprengels aber, der sich ringsumher über verschiedene Gaue erstreckt, möge es sodann niemand wagen, ihm irgendetwas zu entziehen oder vorzuenthalten. Darüber hinaus sei ihm [6] durch diese unsere Vollmacht erlaubt, mit Gottes Hilfe zu predigen und ohne Einschränkung seines Amtes zu walten. Und damit diese Vollmacht unter dem Schutz des Herrn in unseren und in zukünftigen Zeiten unangetastet bleibe, haben wir sie mit eigener Hand unterfertigt und befohlen, daß sie mit dem Abdruck unseres Ringes besiegelt wird. Gegeben am vierten Tag vor den Nonen des Septembers <im Jahr 814 der Fleischwerdung des Herrn>, in der 8. Indiktion, im ersten Jahr unserer Kaiserherrschaft, verhandelt in der Aachener Pfalz, in Gottes Namen Glück und Segen, Amen."

2. König Otto III. verleiht Bischof Hildeward Markt, Münze, Zoll und Bann in Halberstadt (Kirchberg, 989 Juli 4)[7]

„Im Namen der heiligen und unteilbaren Dreieinigkeit. Otto, durch die Gunst göttlicher Milde König. Wenn wir den Kirchen Gottes aus unserer königlichen Freigebigkeit heraus etwas zukommen lassen, hegen wir keinerlei Zweifel daran, daß es [unser] gegenwärtiges Leben verbessert und uns bei der Erlangung des Lohnes ewiger Glückseligkeit nützt. Deshalb sollen alle unsere aufmerksamen Getreuen, die gegenwärtigen wie die zukünftigen, wissen[8], daß wir - der frommen Bitte unserer geliebten Mutter, nämlich der erhabenen Kaiserin Theophanu, folgend und der Fürsprache

Abb. 21: Diplom Bischof Burchard I. (1036–1059) für die Kaufleute in Halberstadt, Halberstadt (ohne Jahr); Pergament, 25,5 x 35,5 cm, Landeshauptarchiv Sachsen–Anhalt, Rep. U 8, Lit. N, Nr.1.

unserer Getreuen, Hildebalds nämlich, des ehrwürdigen Bischofs der Wormser Kirche, und des Herzogs Bernhard, nachgebend – unserem lieben und treuen Hildeward, dem ehrwürdigen Bischof der Halberstädter Kirche, wegen seiner Liebe und zu unserem Seelenheil bewilligt haben, daß er an eben diesem Ort Halberstadt von nun an einen Markt besitzen und abhalten soll, daß er Münze, Zoll und den Gerichtsbann dort erhält und daß er und seine Nachfolger nunmehr solche Rechtstitel und Nutzungsrechte aus eben diesem Markt, der Münze, dem Zoll und dem Gerichtsbann besitzen und erhalten sollen, wie sie die übrigen Orte, Magdeburg [etwa] und andere, haben und besitzen, denen dasselbe aufgrund der Privilegien unserer Vorgänger, d.h. der Kaiser und Könige, bewilligt und übertragen wurde. Und damit die Übertragung dieser unserer Verleihung in Gegenwart und Vergangenheit unverbrüchlich Bestand hat, haben wir befohlen, daß diese deshalb ausgestellte Urkunde unserer Herrschaft mit dem Abdruck unseres Siegels besiegelt wird, und haben sie, wie man unten sieht, mit eigener Hand beglaubigt.
Monogramm des Herrn Otto, des ruhmvollsten Königs
Ich, Bischof und Kanzler Hildebald, habe sie anstelle des Erzbischofs Willigis beglaubigt.

Gegeben wurde sie am 4. Tag vor den Nonen des Juli, im Jahr 989 der Men-schwerdung des Herrn, in der zweiten Indiktion, im sechsten Herrschaftsjahr Ottos III., verhandelt in Kirchberg, Glück und Segen, Amen." (Abb. 34)

3. Bischof Burchard I. bestätigt den Halberstädter Kaufleuten den Besitz der ihnen von den Bischöfen Arnulf und Branthog übertragenen Wiesen (ohne Jahr [1036-1059])[9]

„Im Namen der heiligen und unteilbaren Dreieinigkeit. Burchard durch Gottes Gnade Bischof der Halberstädter Kirche. Alle aufmerksamen Christgläubigen, die zukünftigen wie die gegenwärtigen, sollen wissen[10], daß wir aus Liebe zu Gott sowie aufgrund der Fürsprache und Bitte unserer Getreuen den Halberstädter Kaufleuten, die dort ansässig sind und den Bischöfen des genannten Sitzes den gebührenden Zins für die Ausübung des Handels zahlen, einige Wiesen, in deren Besitz sie durch die Übergabe und Bewilligung unserer Amtsvorgänger, nämlich durch den Bischof Arnulf seligen Angedenkens und durch den vormaligen Diözesanherrn Branthog, gekommen sind, sowie auch jene, die im östlichen Teil der vorgenannten Siedlung und südlich des Flusses Holtemme gelegen sind, zu Weidezwecken und dauerhaftem Besitz übertragen, bewilligt und unverbrüchlich bekräftigt haben. Und damit die Gültigkeit dieser unserer Übertragung und Bewilligung im Hinblick auf die Zeit aller unserer Nachfolger umso fester und glaubhafter bekräftigt und gefestigt wird, haben wir befohlen, daß diese deshalb ausgestellte Urkunde mit dem Abdruck unseres Siegels versehen wird." (Abb. 21)

4. König Heinrich IV. bestätigt den Kaufleuten von Halberstadt die ihnen von seinen Vorgängern verliehenen Rechte und Privilegien und bewilligt zollfreien Handel auf allen königlichen Märkten (Dortmund, 1068 Mai 14)[11]

„Im Namen der heiligen und unteilbaren Dreieinigkeit. Heinrich, durch die Gunst göttlicher Milde König. Wir sind der festen Meinung, daß das, was wir zum Nutzen der heiligen Kirchen Gottes beitragen, indem wir Christi Priester ehren und ihren Bitten entsprechen, sowohl uns als auch unseren Vorfahren, den lebenden wie den toten, zugute kommen wird. Daher wollen wir den Fußstapfen der vorangehenden Ahnen auf dem rechten Weg folgen und sehen uns verpflichtet, die Kirchengüter zu vermehren, das Vermehrte zu bewahren und ihm, so gut wir können, unseren Schutz angedeihen zu lassen, damit wir in unserem jugendlichen Alter vor Gott den Ruhm der Freigebigkeit erlangen und unter den Menschen nicht das Ansehen verlieren, das

man genießt, wenn man Geschenktes bewahrt. Deshalb wollen wir, daß allen denen, die Christus und uns treu sind (und zwar sowohl den zukünftigen als auch den gegenwärtigen), bekannt sei, daß sich unser lieber und getreuer Burchard, der Bischof der Halberstädter Kirche (der zweite dieses Namens an eben diesem Ort) mit der Bitte an unsere Milde und Durchlaucht wandte, daß wir den Kaufleuten seiner Stadt, also denen von Halberstadt, die Rechte und Privilegien, die ihnen von unseren Vorgängern, den Königen und Kaisern, gewährt worden seien, bestätigen und mit unserer Autorität von neuem bekräftigen mögen. Dieser ehrenhaften Bitte zuzustimmen haben wir uns entschlossen zu unserem und unserer Vorfahren Seelenheil, um der Glückseligkeit unserer Gattin und Mitregentin, der Königin Bertha, willen, aufgrund der Fürsprache des Kölner Erzbischofs namens Anno und der übrigen, nämlich des Magdeburger Erzbischofs Werner sowie unserer getreuen Bischöfe Hezilo von Hildesheim, Friedrich von Münster und Heinrich von Speyer, ferner auch aufgrund der Fürsprache Ottos, des Herzogs der Leute aus dem Bardengau[12], und wegen des unerschöpflichen und frommen Dienstes des schon genannten Halberstädter Bischofs. Und so haben wir den bereits erwähnten Halberstädter Kaufleuten von neuem die Rechte und Privilegien gewährt und bekräftigt, die ihnen von unseren Vorgängern bewilligt worden waren. Darüber hinaus gewähren und schenken wir ihnen aufgrund unserer königlichen Macht um des Heils der Seele unseres Vaters seligen Angedenkens, des Kaisers Heinrich, und unserer übrigen Ahnen willen die dauernde Freiheit und das Recht, auf jedem beliebigen Markt, der durch unsere oder durch unserer Vorgänger Autorität eingerichtet wurde oder noch einzurichten ist und den sie um ihrer Geschäfte willen aufsuchen, ohne Widerspruch und Störung durch öffentliche Richter oder irgendwelche Personen mit richterlichen Befugnissen zollfrei Güter zu verkaufen und zu kaufen oder auf eine beliebige Weise zu tauschen. Und damit diese Gabe unserer Autorität und unser Beschluß umso fester und sicherer bestehen bleibe, haben wir diese Urkunde ausfertigen lassen und sie, nachdem sie mit unserem Ring versiegelt worden war, mit eigener Hand unterfertigt.
Monogramm des Herrn Heinrich, des vierten Königs
Ich, Kanzler Pibo, habe sie anstelle des Erzkanzlers Siegfried beglaubigt.
Gegeben wurde sie am zweiten Tag vor den Iden des Mai, im Jahr 1068[13] der Menschwerdung des Herrn, im 15. Jahr nach der Designation König Heinrichs IV., im elften Regierungsjahr, in der sechsten Indiktion, verhandelt in Dortmund, als Johann Halberstädter Vogt und Gerward Schultheiß[14] waren. " (Abb. 20)

5. Bischof Friedrich bestätigt den Bewohnern der Halberstädter Marktsiedlung die ihnen von seinen Vorgängern mündlich verliehenen Aufsichtsrechte über den Lebensmittelhandel, über die Gemeindeversammlung (bûrmal) sowie über Maße und Gewichte; darüber hinaus verleiht er
ihnen die Marktgerichtsbarkeit (1105)[15]

*„Im Namen der heiligen und unteilbaren Dreieinigkeit. Friedrich, durch
Gottes Gnade Bischof der Halberstädter Kirche. Es gehört zur Ausübung
unseres geistlichen Amtes, allen denen, die uns anvertraut sind und die
gerecht und gottesfürchtig leben wollen, aufmerksam unsere väterliche
Sorge zuteil werden zu lassen, sie durch das Wort des Lebens zur Gerechtigkeit zu führen, ihrem Mangel abzuhelfen, ihre Bitten gerecht und ver-
nünftig zu erfüllen und ihnen in allen Belangen nach Kräften immer mit
frommer Gottesfurcht beizustehen. Es ist nämlich unsere Pflicht, daß wir
uns - so, wie wir ja auch durch Gottes Fügung als Vorsteher eingesetzt
worden sind - darum bemühen, Helfer zu sein, soweit wir das mit seiner
Unterstützung können. Daher wollen wir, daß alle Christgläubigen, die
zukünftigen wie die gegenwärtigen, wissen, daß die Einwohner unseres
Ortes, genauer: die Bewohner der Marktsiedlung [cives forenses][17], mit
der demütigen Bitte an uns herangetreten sind und darum ersucht haben, daß
wir, die wir, wenn auch nur als Unwürdige, das Bischofsamt innehaben, die
Gemeinderechte und Statuten [iura et statuta civilia], die unsere Vorgänger, die Bischöfe dieses heiligen Sitzes, ihnen gegeben und nur mündlich
bestätigt haben, durch Wort, Urkunde und Siegel stärken und bekräftigen.
Da wir nun der Meinung sind, daß wir uns ihrem Willen und der Bitte nicht
verschließen dürfen, bestätigen und gewähren wir ihnen, daß sie selbst
über diese ganze Siedlung in ihrem Herrschafts- und Gerichtsbereich, wie
auch schon zuvor, sorgfältig die Aufsicht wahrnehmen sollen über die Prüfung
und die Beschaffenheit der Lebensmittel bei Verkauf und Kauf, sowie über
das, was sie in ihrer einfachen Volkssprache Gemeindeversammlung (bûrmal)[18] nennen, und daß sie für die Einheitlichkeit von Gewicht und Maß
sorgen, damit es vor Gott keine Abscheu hervorrufe. Falls es jedoch zu
einem Streit oder einer unerlaubten Verdächtigung hinsichtlich eines
unrechten Verkaufes oder Kaufes kommen sollte, mögen sie es selbst oder diejenigen, die sie mit dieser Aufgabe betrauen, richten und die Ordnung
wiederherstellen, indem sie es nach dem, was gerecht ist, beurteilen. Falls aber
ein zutiefst ungerechter Mann das Geschriebene hiernach zu brechen oder
ihnen mit Gewalt zu nehmen versuchen sollte, möge Gott ihm einen Teil
seines ‚Lebensbuches' nehmen, und er bleibe aus der Einheit der heiligen
Kirche ausgeschlossen. Und damit diese unsere Bestimmung für sie fest*

und unverbrüchlich durch alle Jahrhunderte hindurch gelte, haben wir diese Urkunde, die deshalb ausgefertigt wurde, mit dem Abdruck unseres Siegels bekräftigen und besiegeln lassen. Gegeben im Jahre 1105 der Menschwerdung unseres Herrn, in der 13. Indiktion." (Abb. 55)

6. Erzbischof Wichmann von Magdeburg berichtet dem Mainzer Domkapitel von der Zerstörung Halberstadts durch Heinrich den Löwen (1179)[19]

„Wichmann, durch Gottes Gnade Erzbischof der heiligen Magdeburger Kirche und vormals Kanoniker der Halberstädter Kirche, die es jetzt nicht mehr gibt, weil man sie – o weh! – in Asche verwandelt hat, [wünscht] dem Kapitel der Mainzer Kirche, allen Prälaten und dem ganzen Klerus und Volk dieser Kirche dauerhaftes Wohlergehen im Herrn. Überwältigt von Trauer und Wehmut wegen des schrecklichen und unerhörten Verbrechens, das der Herzog Sachsens an Gott und der Halberstädter Kirche begangen hat, bitten wir Euch, Mitleid mit den Gepeinigten zu haben und Euch schützend als Mauer vor das Haus Israel zu stellen und standzuhalten im Kampf für den Herrn. Denn der Herzog hat die Stadt Halberstadt dem Erdboden gleichgemacht, Feuer an das Kloster des heiligen Stephan sowie an alle Klöster und Kirchen gelegt [und] die vornehmen und ehrenhaften Kanoniker, die Knaben und Schüler sowie mehr als 500 Menschen beiderlei Geschlechts in den Flammen umkommen lassen – soviel hat man bereits gefunden, es kommen diejenigen hinzu, die noch zwischen den Trümmern der Häuser und unter der Asche verborgen sind. Die Gebeine der Heiligen, das Kreuz des Herrn und jeglichen Schmuck der Kirchen ließ er zu Asche werden, den Bischof, seinen Herrn, nahm er gefangen, hält ihn in Ketten und mit ihm den Propst der Halberstädter Kirche und andere Chorherrn, die er, mit Stricken gefesselt, fortschleppen ließ. Edle Damen und Jungfrauen gab er entblößt der Unzucht preis und stieß unsagbare Verwünschungen aus. So etwas ist seit Jahrhunderten Christen von Christen nicht angetan worden und daher beklagen wir, daß es in unserer Zeit begangen wurde, und [wollen], daß sich der gesamte Erdkreis darüber erregt, damit das Wehgeschrei über dieses beklagenswerte Unheil zum Himmel hinaufsteigt. Die Halberstädter Kirche ist eine Tochter der Mainzer Kirche und deshalb möge Eure Weisheit sorgfältig prüfen, was Ihr in dieser Sache unternehmen müßt, um mit Eifer Gerechtigkeit zu üben."

Anmerkungen:

1 So Ahasver von Brandt, Werkzeug des Historikers. Eine Einführung in die Historischen Hilfswissenschaften, Stuttgart u. a. (15. Aufl.) 1998, S. 82.

2 Ed.: Ernst Müller, Beiträge zu Urkunden Ludwigs des Frommen, in: Neues Archiv der Gesellschaft für ältere deutsche Geschichtsurkunde 48 (1930), S. 348-350. Diese Ausgabe ersetzt die Edition im Urkundenbuch des Hochstifts Halberstadt und seiner Bischöfe, hrsg. von Gustav Schmidt, Bd. 1, Leipzig 1883, S. 2 f.! Spätere Interpolationen sind vom ursprünglichen Wortlaut durch spitze Klammern (<...>) abgegrenzt; Zusätze des Übersetzers stehen in eckigen ([...]) Klammern.

3 Wörtl.: „Deshalb sei der Aufmerksamkeit aller unserer Getreuen [...] bekannt [...]". - Das mittellateinische Wort „industria" steht für ‚Fleiß' und ‚Eifer' sowie darüber hinaus auch für geistige Anstrengung und Regsamkeit, also Aufmerksamkeit und Klugheit.

4 'emunitates' ist eigentlich Plural. In der wissenschaftlichen Literatur ist in diesem Zusammenhang freilich nur von einem einzigen Privileg Karls des Großen die Rede, das sich überdies nicht erhalten hat; s. dazu Franz Schrader, Gestalt und Entstehung der mittelalterlichen Pfarrorganisation der Stadt Halberstadt, in: Jahrbuch für die Geschichte Mittel- und Ostdeutschlands 26 (1977), S. 36 (mit Anm. 238) (zugleich auch in: Nordharzer Jahrbuch 14 (1989), S. 66 f.).

5 Gemeint ist die Halberstädter Kirche.

6 Gemeint ist: dem Vorsteher der Halberstädter Kirche. So Müller, Beiträge, S. 335.

7 Ed.: Die Urkunden Ottos III. (Ottonis III. Diplomata), hrsg. von Theodor Sickel, (Monumenta Germaniae Historica [MGH], Diplomata regum et imperatorum Germaniae [DD], Bd. 2,2), 1893, Nr. 55 S. 460 f.

8 Wörtl.: „Deshalb soll die Aufmerksamkeit aller unserer Getreuen [...] wissen [...]." S. dazu auch oben Anm. 3 und unten Anm. 10.

9 Ed.: Urkundenbuch der Stadt Halberstadt, bear. von Gustav Schmidt, Bd. 1, Halle (Saale) 1878, Nr. 1 S. 1.

10 Wörtl.: „Die Aufmerksamkeit aller Christgläubigen [...] soll wissen [...]."

11 Ed.: Die Urkunden Heinrichs IV. (Heinrici IV. Diplomata), Teil 1: Die Urkunden von 1056-1076, hrsg. von Dietrich von Gladiss (MGH DD 6,1), 1941, Nr. 203 S. 259-261.

12 Gemeint ist Herzog Ordulf (Otto) von Sachsen (1059-1072), der wie alle Billunger im Bardengau reich begütert war. Der Bardengau erstreckte sich übrigens südlich der Elbe rechts und links des Flusses Ilmenau ungefähr in dem Gebiet zwischen den heutigen Städten Lüneburg und Uelzen. S. dazu: Ernst Schubert, Geschichte Niedersachsens vom 9. bis zum ausgehenden 15. Jahrhundert, in: Ders. (Hg.), Gesichte Niedersachsens, Bd. II,1: Politik, Verfassung, Wirtschaft vom 9. bis zum ausgehenden 15. Jahrhundert, Hannover 1997, S. 4, 28, 152 (Karte) und 179.

13 Tatsächlich steht im Urkundentext 'MXLVIII', also 1048, - ein Fehler, der auf einer Vertauschung der Reihenfolge der römischen Zahlzeichen für ‚zehn' (X) und ‚fünfzig' (L) beruht.

14 So Klaus Militzer/Peter Przybilla, Stadtentstehung, Bürgertum und Rat. Halberstadt und Quedlinburg bis zur Mitte des 14. Jahrhunderts, Veröffentlichungen des Max-Planck-Instituts für Geschichte 67, Göttingen 1980, S. 32 f.

15 Ed.: Urkundenbuch des Hochstifts Halberstadt und seiner Bischöfe, hrsg. von Gustav Schmidt, Bd. 1, Leipzig 1883, Nr. 4 S. 3 f.

16 Ernst Pitz, Europäisches Städtewesen und Bürgertum. Von der Spätantike bis zum hohen Mittelalter, Darmstadt 1991, S. 363.

17 Pitz spricht a.a.O. bereits vom 'Bürgerrecht'; vgl. dazu aber Klaus Militzer/Peter Przybilla, Stadtentstehung, Bürgertum und Rat. Halberstadt und Quedlingburg bis zur Mitte des 14. Jahrhunderts, Veröffentlichungen des Max-Planck-Instiutes für Geschichte 67, Göttingen 1980, S. 40 f.

18 Gemeint ist die Vollversammlung der berechtigten Bewohner der Marktsiedlung (*cives forenses*); so Militzer und Przybilla, a.a.O., S. 40. - Das wort „bûr" meint in diesem Zusammenhang übrigens nicht den „Bauern", sondern den „Nach-Barn", den Mitbewohner in einer Siedlung, also den Gemeindegenossen.

19 UB Hochstift Halberstadt 1, Nr. 287 S. 257 f. (zugleich auch: Urkundenbuch des Erzstifts Magdeburg, bearb. von Friedrich Israel und Walter Möllenberg, Bd. 1 (937-1192), Magdeburg 1937, Nr. 360 S. 474 f.

Adolf Siebrecht

Die Domburg

Dem Besucher des Domplatzes fallen gleich drei Besonderheiten auf: der große langgestreckte Platz, an seiner Ostseite der zweitürmige gotische Dom und an seiner Westseite die viertürmige romanische Liebfrauenkirche. Aber nur wenige Besucher wissen, daß sich vor Jahrhunderten unter dem heutigen Domplatz eine Burg befand. Diese Burg war der Sitz der Halberstädter Bischöfe mit ihrer Amtskirche, dem Dom bzw. seinen Vorgängerbauten. Daher sprechen die Historiker von einer Bischofsburg bzw. Domburg in Halberstadt. Übrigens hatten die anderen sächsischen Bischofssitze wie z.B. Hildesheim, Minden, Paderborn, Münster, Verden und Bremen zu ihrem Schutz gegen feindliche Überfälle, z.B. von der gewaltsam missionierten sächsischen Bevölkerung, auch eine Bischofsburg bzw. Domburg.

In den erhaltenen Urkunden finden wir zwar den Hinweis auf eine Burg, aber wir erfahren keine Einzelheiten. Auf eine Burg bzw. ihre Befestigungen weisen die Namen der Zugänge hin, wie Düsteres Tor (heute Unter den Zwicken), Tränketor oder Burgtreppe. Aber auch solche Straßennamen wie Düsterngraben und Lichtengraben deuten auf alte Befestigungsanlagen: im Norden der Düsterngraben, abgeleitet von dunkler Graben und im Nordosten der Lichtengraben, abgeleitet von dem hellen Graben (Morgensonne!). Offensichtlich wurde die Domburg nach Norden und Nordosten von wasserführenden Gräben geschützt, die mit den im Holtemmetal befindlichen Wasserläufen verbunden waren.

Stellen wir die Frage nach der zeitlichen Entwicklung, nach Umfang und Größe der Domburg wird die Beantwortung schwer. Im Jahre 804 war das Bistum Halberstadt durch Kaiser Karl den Großen gegründet worden. Die damalige politische Lage erforderte aber den militärischen Schutz des Bischofssitzes mit seinen Sakralbauten und der Residenz des Bischofs. Die Urkunden jener Zeit geben uns zwar Informationen zu den Kirchenbauten bzw. wichtigen kirchlichen Ereignissen, berichten aber nichts über die Befestigungen der Burg.

Abb. 22: Blick vom Grudenberg zum Drachenloch (Ausschnitt); Öl auf Pappe, 17,5 x 21 cm, Künstler unbekannt, 1. Hälfte 19. Jahrhundert, Städtisches Museum Halberstadt, K1/403.
1385 erwähnt als „dore by unser Frowen", ist der Rest der Toranlage zu erkennen, die den westlichen Zugang zur Domburg sicherte. Die Bezeichnung „Drachenloch" war im Zusammenhang mit dem mittelalterlichen Drachenspiel entstanden, das Bischof Sigismund (1552-1566) verbot. Der Name Drachenloch ist seit 1784 in den Stadtplänen zu finden.

Abb. 23: Der Domplatz, Blick von Südost nach Nordwest. Der Dom im Osten und die Liebfrauenkirche im Westen lassen die Ausdehnung und Größe der früheren Domburg erkennen.

Schauen wir uns das Areal des Domplatzes aus der luftigen Höhe eines Hubschraubers oder auch auf dem Stadtplan an, so fällt sofort sein markanter langgestreckter ovaler Grundriß ins Auge. Tatsächlich widerspiegelt dieser Grundriß den Abschluß mehrerer Entwicklungsetappen der Halberstädter Domburg über die nur die Ergebnisse der stadtarchäologischen Forschung Auskunft geben können. Diese begann 1952 im kriegszerstörten Halberstadt dicht nördlich der Schmiedestraße. Erstmals konnten hier die Profile der dort entlangführenden Befestigungsgräben und diese datierende Funde entdeckt werden. Weitere, immer mit Baumaßnahmen verbundene Untersuchungen der letzten Jahrzehnte, erbrachten viele Funde und Befunde, die eine Rekonstruktion der Entwicklungsetappen der Domburg ermöglichen. Zu den Funden gehören vor allem Bruchstücke von Tongefäßen. Diese Keramikbruchstücke sind für die Archäologen so etwas wie „Leitfossilien". Typische Rand- und Gefäßformen waren während einer relativ langen Zeitspanne üblich. Modische Einflüsse und technologische Veränderungen führten dann in zeitlichen Abständen zu einer anderen Herstellungsweise (Zusammensetzung des Tones, Brenntemperatur, Anwendung der Drehscheibe, Behandlung der Oberfläche, Verzierungselemente usw.). Entsprechend der Ablagerungen in den Befestigungsgräben ermöglichen diese Funde eine Datierung der jeweiligen Schichten, von den Archäologen auch Straten genannt. In der Regel liegen die älteren Funde in den untersten

Schichten, die jüngeren darüber. So ergibt sich für den Archäologen eine stratigraphische Gliederung des Profils und er kann an Hand dieser Funde und ihrer Lagerung Aussagen zu dem Alter des jeweiligen Befundes, z.B. dem angeschnittenen Befestigungsgraben machen. Wenn dann noch Überschneidungen der Gräben vorhanden sind, helfen diese zu erkennen, welcher Graben älter und welcher jünger ist. Die bisherigen Ergebnisse stellen sich wie folgt dar:

1. Schon um 800 war ein Befestigungsgraben (Spitzgraben) vorhanden, der etwa vom Gleimhaus in südlicher Richtung unter der Ostseite der heutigen Grünanlage bis zum „Domgang" verlief, nach Westen hinter die nördliche Bebauung der Schmiedestraße führte, dann unter dem Neubau der Sparkasse am Domplatz in Richtung südliches Querhaus der Liebfrauenkirche ging, wo er nach Norden abbog. Ein Lackprofil von diesem Graben ist in Originalgröße im Städtischen Museum zu besichtigen. Natürlich gehörte zu diesem Graben noch eine mächtige Wallanlage mit Palisaden, die aber nicht mehr nachweisbar ist. Wie die Domburg zur Nordseite befestigt war, konnte nicht erforscht werden. Das betrifft alle Entwicklungsphasen der Burg. Offensichtlich schützten hier Palisaden, aber auch der natürliche Geländeabfall und das versumpfte Holtemmetal diesen Bereich, hinzu kamen der bereits erwähnte Düstere Graben und der Lichtengraben. Die ebenfalls befestigten Zugänge zur Burg waren wohl schon das Tränketor im Norden, das Düstere Tor im Süden („Unter den Zwicken") und das Tor „Drachenloch" im Westen. Über den inneren Bereich dieser Burg können wir keine Aussage treffen, hier fehlen die archäologischen Untersuchungen. Vielleicht befand sich schon damals der Teufels- oder Lügenstein auf der Mitte des Platzes. Die überlieferte Sage führt uns ja in die frühe Zeit der Domburg. Ausgrabungen im Halberstädter Dom erbrachten den Nachweis für eine hier befindliche große Missionskirche die auch von Gräbern umgeben war. Bei Ausgrabungen am Gleimhaus konnten Sandstein- und Kalksteinfundamente älterer Bauten sowie die Reste eines Grubenhauses entdeckt werden. Vermutlich befand sich zu jener Zeit schon die bischöfliche Residenz, die *„curia episcopalis",* dicht nördlich der Missionskirche.

2. Um 900 war ein neuer Befestigungsgraben (Spitzgraben) entstanden. Wahrscheinlich hing sein Neubau mit einer Erweiterung der Domburg zusammen, denn im Jahre 859 weihte man den ersten Dom, vermutlich mit dem Domkloster. So brauchte man nach Osten und Süden mehr Platz. Der neue Graben verlief jetzt in etwa 15 Meter Entfernung parallel und außerhalb des alten Grabens. Mit dem Aushub wurde der erste Graben verfüllt und

Abb. 24: Bei Ausgrabungen auf dem Grundstück Westendorf 39 wurden 1995 in einem 20 m langen Süd-Nord orientierten Schnitt zwei Befestigungsgräben der Domburg entdeckt. Der nördliche Spitzgraben (rechts) ist in die Zeit um 900 zu datieren. Der hier nur zu einem Drittel erfaßte südliche Spitzgraben (links) setzt sich unter der heutigen Straße Westendorf fort. Er entstand zur Zeit von Bischof Arnulf (996-1023). Bei dem in den nördlichen Graben eingetieften Fundament mit einer Breite von 2,50 m handelt es sich um den Rest der 1133 erstmals erwähnten Mauer der Domburg.

darüber ein nicht mehr erhaltener Wall angelegt. Der Graben verläuft unter dem westlichen Teil des heutigen Hohen Weges in südlicher und dann in westlicher Richtung unter der nördlichen Bebauung von Schmiedestraße und Westendorf, ehe er hier in Höhe des Grundstücks Westendorf 39 (heutiger moderner Zugang zum Domplatz gegenüber der Straße „Klein Blankenburg") in nordwestlicher Richtung abbiegt und unter dem Kreuzgang der Liebfrauenkirche nach Norden weiterführt. Die bereits erwähnten Zugänge zur Domburg bestanden weiter und wurden sicher den neuen Anforderungen an die Befestigungstechnik angepaßt.

Auch hier erhebt sich wieder die Frage nach dem inneren Bereich der Domburg. Für den Ostteil der Domburg haben die Ausgrabungen im Dom Klarheit gebracht. Es wurden die Fundamente des ersten Domes gefunden, dessen feierliche Weihe im Jahr 859 erfolgte. Die erst 992 in den schriftlichen Quellen erwähnte bischöfliche Residenz lag nördlich davon, etwa im Bereich zwischen den Grundstücken Domplatz 34 und Domplatz 36 (Städtisches Museum). Auch dieser erste Dom war wiederum von zahlreichen Gräbern umgeben. Für den Westteil der Domburg erbrachten Ausgrabungen dicht südlich der Liebfrauenkirche den Nachweis eines Siedlungskomplexes, bestehend aus Grubenhäusern, in denen gewebt wurde. Diese Siedlung wurde am Ende

Abb. 25: Rekonstruktion der Domburg um 900, im Ergebnis der Forschungen vom Verfasser und Friedrich Kunkel, von letzterem und Ulrich Mund angefertigt.

des 10. Jahrhunderts aufgegeben als die Planungen für die Errichtung der Liebfrauenkirche (1005 geweiht) konkrete Gestalt angenommen hatten.

Basierend auf den Grabungsbefunden in Halberstadt, auf anderen Grabungsergebnissen, Erfahrungswerten und mit notwendiger Phantasie wurde für die Ausstellung im Städtischen Museum „Bischof, Markt und Stadtentwicklung - von der karolingischen Bistumsgründung bis zum ottonischen Marktrecht" eine Rekonstruktion erstellt. Sie veranschaulicht den Zustand der Domburg Halberstadt um 900. Wir erkennen links im Norden das 800 Meter breite Holtemmetal, die Befestigung der Domburg mit den Zugängen, den Siedlungskomplex im Westen und im Osten den karolingischen Dom.

3. Um 1000 erfolgte eine Erneuerung und Erweiterung der Domburg nach Westen. Noch unter der Amtszeit von Bischof Hildeward (968-996) fand im Jahre 992 die feierliche Weihe des zweiten Domes statt. Dieser Neubau erreichte fast die Größe des heutigen gotischen Domes. Er war notwendig geworden, da der karolingische Dom im Jahre 965 eingestürzt war. Die Weihe dieses Bauwerkes war ein großer Höhepunkt für den Bischofssitz Halberstadt. Es nahmen als Gäste des Halberstädter Bischofs der jugendliche Herrscher König Otto III., seine Großmutter Kaiserin Adelheid und sicherlich das zahlreiche herrschaftliche Gefolge daran teil. Mit Bischof Hildeward führten elf weitere Bischöfe und Erzbischöfe des Reiches die Weihe durch. Spätestens jetzt war Bischof Hildeward die Beengtheit der alten Burg bewußt geworden und vermutlich begann er schon mit Erweiterungen. Diese führte dann sein Nachfolger Bischof Arnulf (996-1023) mit großem Aufwand fort und benötigte für die Fertigstellung 21 Jahre. Nach seinem Tode schrieben dazu der Annalista Saxo (um 1150) und die Halberstädter Bischofschronik (um 1209) fast übereinstimmend: *„Derselbe ehrwürdige Bischof aber, der vieles Nützliche für seine Kirche veranlaßte, begann die Burg Halberstadt, die er von Alters her zerstört vorfand, im 2. Jahr seiner Weihe eifrig wiederherzustellen. Er vollendete sie später, nämlich im 23. Jahr seiner Weihe, in einer mit vielen Burgen nicht vergleichbaren Weise und besprengte sie am Freitag vor Weihnachten zur Ehre des allmächtigen Gottes und des heiligen Erzmärtyrers Stephanus, mit der bischöflichen Gewandung angetan, indem er sie umschritt, und segnete sie und verschaffte der Burg durch seine Verfügung ewigen Frieden und sicherte den heiligen Ort mit unauflösbarer Unabhängigkeit..."*. In diesen alten Überlieferungen wird keine Mauer erwähnt. Erst in einer Urkunde aus dem Jahre 1133 ist die Rede von einer Mauer der Burg. Wir können also davon ausgehen, daß Arnulf bei seinem feierlichen Umzug im Dezember 1018 das erweiterte Areal der Domburg mit ihren Gräben und Wällen geweiht hat. Die sogenannte „Burgmauer" im Düsterngraben und Lichtengraben hatte mit der Befestigung dieser Burg nichts zu tun. Es ist das Verdienst von Bischof Arnulf die Halberstädter Domburg, entsprechend

Abb. 26: Das Sonderpostwertzeichen „1000 Jahre Domplatz zu Halberstadt".

den gewachsenen Anforderungen im Rahmen des ottonischen Reichskirchensystems, so umfangreich erweitert und „modernisiert" zu haben. Seinen Aktivitäten verdanken wir das Areal einer größeren Domburg, die in ihrer Ausdehnung bereits die Dimension des heutigen Domplatzes erreichte. Das war auch der Anlaß dafür, daß im März 1996 das Bundesministerium für Post und Telekommunikation ein Sonderpostwertzeichen „1000 Jahre Domplatz zu Halberstadt" herausgab.

Auf der Westseite der Domburg hatte Bischof Arnulf mit dem Bau der Liebfrauenkirche begonnen, deren Fertigstellung und Weihe im Jahre

1005 erfolgte. Vermutlich wenig später begann Arnulf mit dem Neubau der bischöflichen Residenz, dem Petershof. Diesen führten seine Nachfolger, die Bischöfe Branthog und Burchard I. weiter. Bischof Burchard I. (1036-1059) konnte die neue bischöfliche Residenz, den Petershof, dann 1052 einweihen. In der Amtszeit von Bischof Burchard I. sollen auch in der Domburg 24 Kurien (Wohnhäuser) der Domherren errichtet worden sein. Deren Reste werden sich unter den Grundstücken der heute noch vorhanden Kurienbauten des Domplatzes verbergen.

Zum Innern der Domburg kann gesagt werden, daß wir auf der Ostseite den Nachweis für den ottonischen Vorgängerbau des heutigen gotischen Domes, einschließlich der südlich anschließenden Klausur haben, umgeben von vielen Gräbern. Für die Westseite haben wir die Hinweise auf den Vorgängerbau der heutigen Liebfrauenkirche, umgeben von vielen Gräbern. Hinzu kam die neue bischöfliche Residenz, der Petershof.

Mit Sicherheit besaß der damalige Domplatz noch nicht die großzügige Platzgestaltung unserer Tage. Die Ausgrabungen für die Glockengußgrube im Jahr 1999 ließen aber deutlich werden, daß sich westlich des Domes und seiner Klausurgebäude ein größerer Friedhof befand, der sich wohl bis fast zur Mitte des Platzes erstreckte. Für das Gebiet östlich der Liebfrauenkirche hatten wir bisher ebenfalls einen größeren Bestattungsplatz vermutet. Die Tiefbauarbeiten im August 2002 ließen aber erkennen, daß sich unter der kleinen Süd – Nord verlaufenden Straße die Reste der alten Friedhofsmauer befanden und dicht östlich davon ältere Siedlungsspuren liegen (vermutlich 11./12. Jahrhundert), die sich weiter in östlicher Richtung unter dem heutigen Domplatz fortsetzen.

Der Teufels- oder Lügenstein befand sich damals vermutlich mehr im mittleren Bereich des Platzes, ist dann für die Zeit des 18. Jahrhunderts auf dem Platz vor der Dompropstei nachzuweisen, bis er um 1870 seinen heutigen Platz dicht westlich der Domklausur erhielt.

4. Im Laufe des folgenden Jahrhunderts hatte sich eine neue Situation ergeben. Der östliche und südliche Bereich um die Domburg herum war das Siedlungsgebiet von Kaufleuten und Handwerkern geworden. Im südwestlichen, westlichen bis nördlichen Bereich um die Domburg erstreckte sich das vermutlich auch befestigte bischöfliche Vogteigebiet. Die schrittweise Besiedlung des Holtemmetales hatte begonnen. Das Gebiet der Domburg war jetzt also von Siedlungskomplexen umgeben, aber eine Abgrenzung nach Außen war noch notwendig. Etwa um 1100 erfolgte eine Erneuerung der Domburgbefestigung. Es wurde ein Befestigungsgraben mit einer breiten Grabensohle (Sohlgraben) angelegt, der aber nicht mehr die

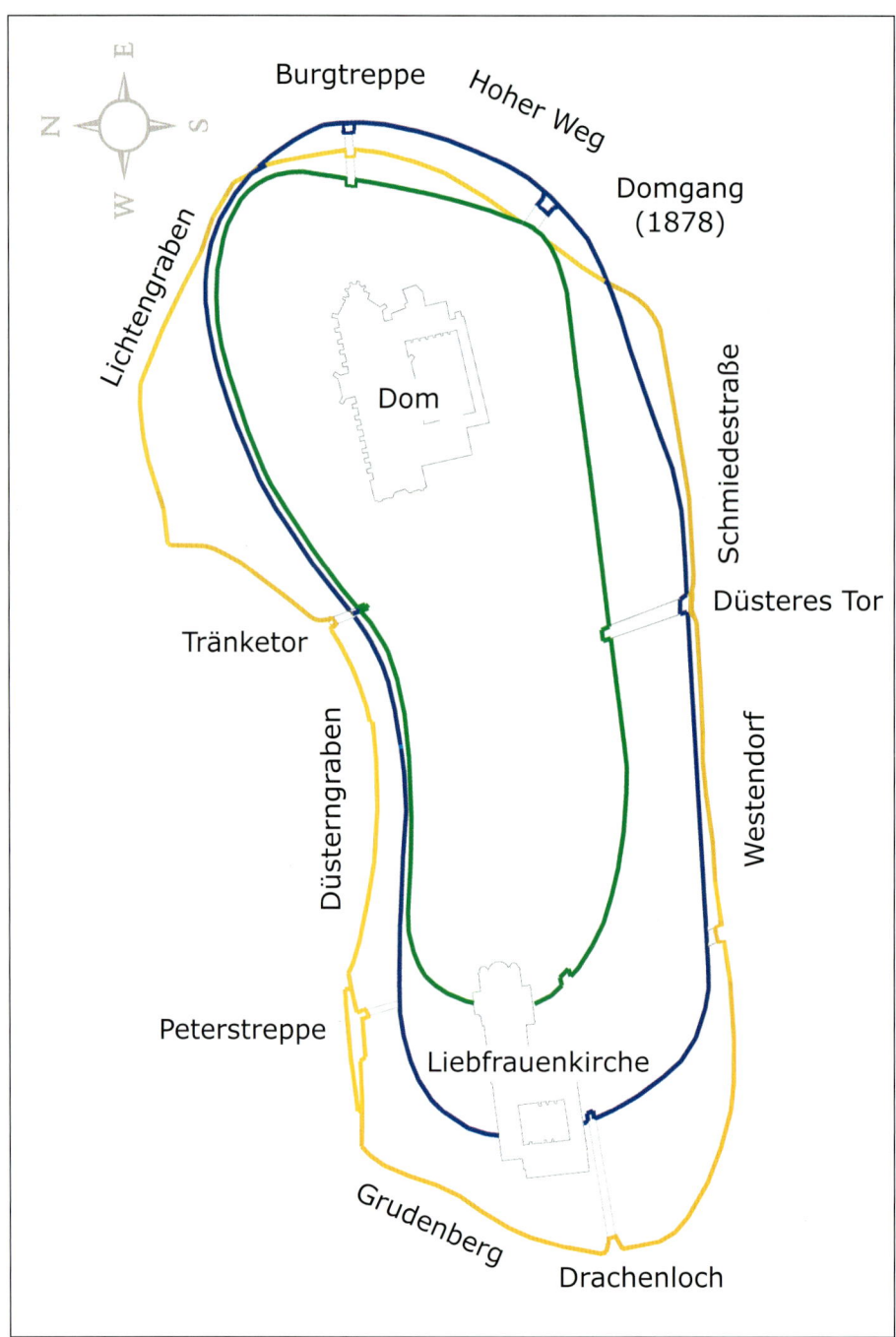

Abb. 27: Entwicklungsetappen der Domburg im Ergebnis der vielen Grabungsbefunde und der Vorarbeiten des Autors: In die Fläche des heutigen Domplatzareals (Gelb) wurden die Flächen der karolingischen (um 800) mit grüner und der ottonischen Domburg (um 1000) mit blauer Linie eingetragen. Die Tore werden erstmals erwähnt: Düsteres Tor 1361, Drachenloch 1385, Peterstreppe 1278, Tränketor 1339, Burgtreppe 1377.- Entwurf Friedrich Kunkel, Ausführung Reinhard Robbe.

Tiefe der älteren Spitzgräben erreichte. Vielleicht wurde zur gleichen Zeit mit dem Bau einer Mauer begonnen, denn diese wird bereits 1133 in einer Urkunde erwähnt: *„... wir schließen unter Androhung der Exkommunikation die weltliche Gewalt von allen Orten innerhalb des Mauerumganges und von allen Häusern der Geistlichen innerhalb und außerhalb aus ... Wenn aber, wie es meist zu geschehen pflegt, ein Duell stattfindet, soll es außerhalb der Immunität der Mauer stattfinden, damit nicht der geheiligte Ort durch blutiges Sakrileg verletzt wird"*. Fundamente dieser Immunitätsmauer wurden bei den Ausgrabungen auf dem Grundstück Westendorf 39 gefunden (Abb. 24). Ihr Verlauf läßt sich heute noch in den Grenzen zwischen den zum Domplatz gehörenden Grundstücken und den Grundstücken außerhalb davon am Hohen Weg, der Schmiedestraße und dem Westendorf verfolgen. Die Befestigung der Domburg wurde langsam in dem Maße bedeutungslos, wie sich die Stadt darum entwickelte. Der letzte Befestigungsgraben verfiel, wurde mit Siedlungsmüll verfüllt und übersiedelt. Die Mauer aber blieb und grenzte noch lange Zeit das bischöfliche Immunitätsgebiet der Domburg gegenüber der Bürgerstadt ab. Jetzt erhielt die Burg auch noch weitere Zugänge, neben den schon erwähnten wie das Tränketor, das Düstere Tor und das Drachenloch, auch als „Tor bei unserer lieben Frauen" bezeichnet. Neu waren jetzt die Peterstreppe nach Norden und die Burgtreppe nach Osten zum Hohen Weg.

Als im Jahre 1179 Heinrich der Löwe Halberstadt zerstörte, wurden auch große Teile der Domburg in Mitleidenschaft gezogen. In den Jahren danach setzten umfangreiche Baumaßnahmen ein, die auch den inneren Bereich der Domburg betrafen. Die Liebfrauenkirche erhielt allmählich ihre heutige Gestalt. Der bischöfliche Palast, der Petershof, wurde neu errichtet und die noch erhaltene Privatkapelle des Bischofs entstand. Heute befindet sich in ihr die Stadt- und Kreisbibliothek „Heinrich Heine". Schließlich wurde dann zu Beginn des 13. Jahrhunderts mit dem Bau des dritten Halberstädter Domes begonnen, der heute als das reinste Beispiel der deutschen Gotik gilt. Im Jahre 1386 stellte Bischof Albrecht (1366–1390) in einer Urkunde fest *„...so spreke we darop vor eyn recht, nachdeme dat de borch gevriet is, ere de stad to Halb bemuret wart, unde de sulve borch nu binnen der stad muren gheleghen...".* Die Domburg war nun von den Mauern der Stadt umgeben.

Literatur:

Gerhard Leopold / Ernst Schubert, Der Dom zu Halberstadt bis zum gotischen Neubau, Berlin 1984.

Ernst Nickel, Die Südbefestigung der Domburg Halberstadt, Jahresschrift für mitteldeutsche Vorgeschichte 38, Halle 1954, S. 244-256.

Adolf Siebrecht, Halberstadt aus stadtarchäologischer Sicht, Halle 1992, S. 42-59.

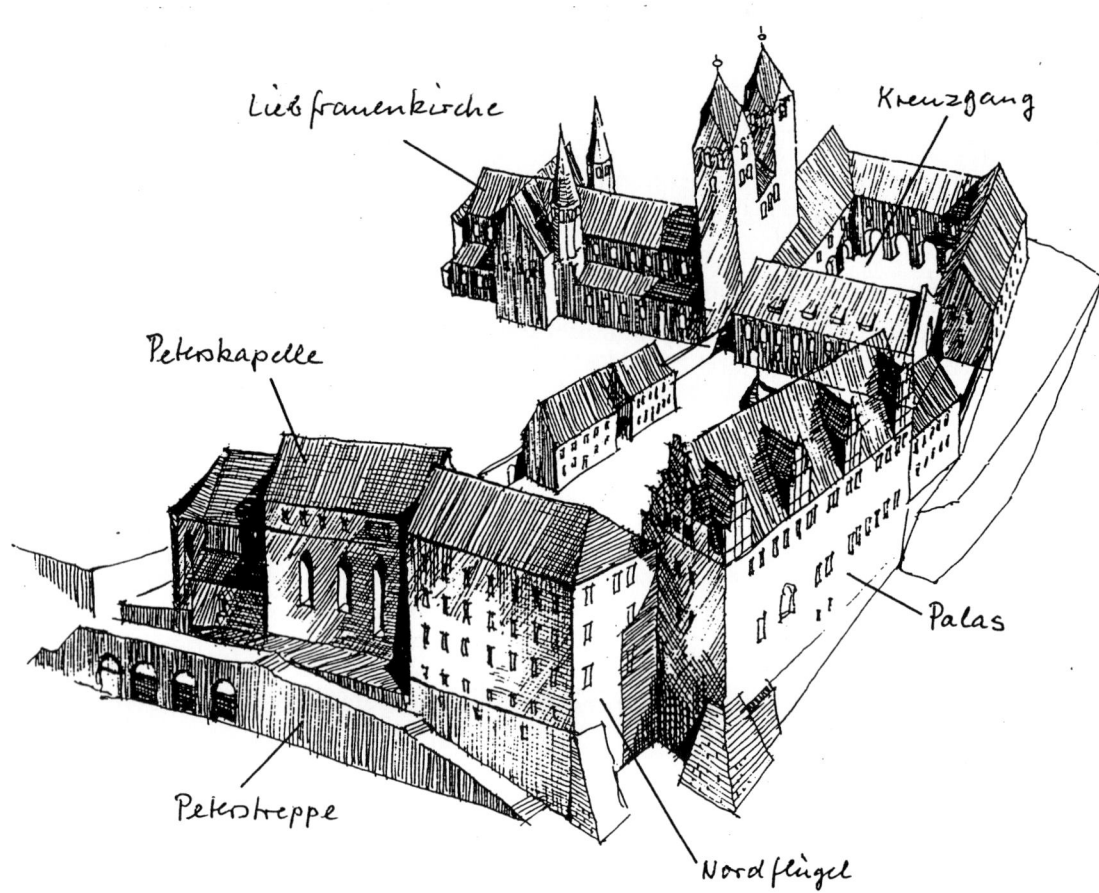

Liebfrauenkirche

Kreuzgang

Peterskapelle

Palas

Petestreppe

Nordflügel

Wolfgang Lauwigi

Der Petershof - Residenz der Bischöfe

Die Westseite des Domplatzes von Halberstadt nehmen zwei umfangreiche Gebäudekomplexe ein. Dies sind der Petershof und die Stiftskirche „Unserer Lieben Frauen" mit ihrem Kreuzgang, welcher vor den Westtürmen angeordnet ist und dessen sogenannter „Großer Remter" die Südfront des Petershofes bildet. Offensichtlich gehörten beide Komplexe zusammen. Sie bildeten die bischöfliche Pfalz bzw. Residenz. Die Liebfrauenkirche war Pfalzstiftskirche und Domnebenstift, wie man sie auch an anderen Bischofssitzen im Mittelalter einrichtete (z.B. in Trier und in Magdeburg).

Die halberstädter Bischofspfalz ist noch heute in ihren Grundzügen eine der wenigen in Deutschland fast vollständig erhaltenen bischöflichen Residenzen, welche sich in ihrer mittelalterlichen Konzeption trotz zahlreicher Um- und Neubauten sowie Kriegsverlusten im Laufe der über 900-jährigen Geschichte erhalten hat. U-förmig gruppieren sich die Gebäude um einen großen Hofraum. Dazu gehört an der Nordseite die Privatkapelle des Bischofs, die Peterskapelle. Vor deren Westgiebel befindet sich das wahrscheinlich älteste erhaltene Gebäude, der Wohnturm der Bischöfe aus dem 11./12. Jahrhundert. Im Winkel zwischen Kapellenwestfassade und Nordseite des Wohnturmes erstreckt sich die Erweiterung der bischöflichen Privaträume aus dem 11./12. und 16. Jahrhundert. Von diesem Nordflügel sind allerdings nur die Kellergewölbe erhalten. Die Westfront bildet in ganzer Länge der Palas oder Saalbau, d.h. der bischöfliche Repräsentationsbau. An der Südseite, als Dominante der ganzen Pfalzanlage, die bereits erwähnte viertürmige Liebfrauenkirche.

Lange Zeit stand der Petershof, eines der geschichtsträchtigsten Baudenkmale der Stadt, im Schatten von Dom und Liebfrauenkirche. Nach jahrelangem Leerstand waren die Gebäude unverkennbar vom Vandalismus gezeichnet. Erst die Entscheidung der Stadtverwaltung Halberstadt, die Gebäude für Verwaltungszwecke zu nutzen, brachten nach und nach wieder neues Leben in die alten Mauern.

Im ersten Bauabschnitt wurde der Südanbau, Baujahr 1869, für das Liegenschaftsamt und das Amt für Umwelt und Forsten der Stadt ausgebaut. Im

Abb. 28: Die Zeichnung von Ulrich Mund, Halberstadt, vermittelt einen Eindruck vom Ensemble Petershof und Liebfrauenkirche aus nordwestlicher Richtung. Das 1945 zerstörte südliche Torhaus ist hier ebenfalls dargestellt.

August 2000 konnte nach umfangreichen Umbauarbeiten die Stadtbibliothek „Heinrich Heine" ihre neuen Räume im Nordflügel und in der Peterskapelle beziehen. Sie gilt als eine der schönsten Bibliotheken Deutschlands. Es ist weiterhin vorgesehen, den Palas zu sanieren und für die Belange einer modernen Stadtverwaltung unter weitgehender Erhaltung der historischen Bausubstanz umzubauen. Im Kreuzgang hat das städtische Baudezernat seinen Sitz. Nach Abschluss der Sanierungsarbeiten im Petershof werden fast alle städtischen Behörden hier ihren Sitz haben. Damit erhält der alte Bischofssitz seine Funktion als Verwaltungssitz zurück.

Zur Vorgeschichte

Nach der um 804 erfolgten Erhebung Halberstadts zum Bischofssitz ergab sich die Notwendigkeit einer entsprechend ausgebauten bischöflichen Residenz. Die Umbauarbeiten der Missionskirche zur bischöflichen Kathedrale sind spätestens 859 beendet. Das Weihedatum des 1. Domes ist für dieses Jahr überliefert. Die eigentlichen bischöflichen Pfalzgebäude werden nicht erwähnt. Einen Hinweis auf die Lage der bischöflichen Wohnbauten könnte aus dem Musterplan für das Kloster St. Gallen abgeleitet werden. Hier liegt das Haus des Abtes am nördlichen Querhaus und hat darüber eine direkte Verbindung zur Kirche. Seit 902 hatte das halberstädter Domkapitel das Recht der freien Bischofswahl. Die erste Erwähnung fand die bischöfliche Wohnung an der Nordseite des Domes anläßlich der Weihe des ottonischen Domes 992 unter Bischof Hildeward. Wahrscheinlich wurde im Zusammenhang mit dem Domneubau die Bischofspfalz erneuert. Die Bischöfe hatten auch die Pflicht den Kaiser und seinem Hofstaat Unterkunft zu gewähren. Dementsprechend groß dürften die Pfalzgebäude dimensioniert gewesen sein. Entsprechende Pfalzanlagen sind u.a. in Paderborn, Bamberg und Worms ausgegraben worden oder aus der Überlieferung bekannt.

1060 brannte ein großer Teil der Stadt nieder. Auch die nördlich vom Dom gelegenen Johannis- und Paulskirche, welche der Missionar Liudger nach 800 begründete und die Hildegrim vollenden ließ, sowie eine weitere Kapelle daneben, vielleicht die Hauskapelle der Bischöfe, wurden schwer beschädigt. Man errichtete nach 1071 an deren Stelle als neue Privatkapelle die kreuzförmige Liudgerkapelle, obwohl die Bischöfe zu dieser Zeit bereits in den Petershof umgezogen waren.

Der Petershof von der Gründung bis zur Säkularisation

Bischof Arnulf ließ die Bischofsburg nach Westen erweitern und den ersten Bau der Liebfrauenkirche anstelle einer älteren Handwerkersiedlung errichten. Diese Siedlung konnte auf der Südseite der Liebfrauenkirche bei Grabungen unter dem jüngeren Friedhof der Kirche durch das Städtische Museum Halberstadt zu großen Teilen ausgegraben werden. Mit der Erweiterung der Domburg war auch die Erneuerung und Modernisierung der Befestigungsanlage verbunden. Der dazu gehörige Graben konnte bei Ausgrabungen 1974 und 1995 nachgewiesen werden. Bischof Arnulf (996-1023) weihte 1018 die erweiterte Domburg.

Das Liebfrauenstift ließ Arnulf als Domnebenstift errichten, inwieweit bereits Bischof Arnulf diesen, um 1005 begonnenen 1. Kirchenbau auch als Pfalzstiftskirche erbauen ließ und den Bau der neuen Bischofspfalz, des Petershofes, initiierte, wie Adolf Siebrecht es vermutet, muß offen bleiben bis Grabungen weitere Befunde liefern. Überliefert ist für Bischof Burchard I., daß er den Petershof und 24 Kurien für die Domherren errichten bzw. vollenden ließ. Bischof Burchard I. (1036-1059) war Mitglied der kaiserlichen Hofkapelle bevor er durch Kaiser Konrad II., dessen Kanzler er war, zum Bischof von Halberstadt erhoben wurde.

Die Verlegung der bischöflichen Residenz von der Nordseite des Domes zur Westseite des Domplatzes hat seine Vorgeschichte in der Reichskirchenpolitik Kaiser Ottos des Großen. Dieser hatte das Recht, die Bischöfe in ihre Ämter einzusetzen, das Investiturrecht. Dies gab ihm die Möglichkeit diese Ämter mit kaisertreuen Priestern zu besetzen. Meist waren dies Mitglieder der kaiserlichen Hofkapelle. Diese Bischöfe wurden mehr und mehr mit weltlichen Rechten ausgestattet, um ein Gegengewicht zu den nur auf eigene Machterweiterung zu Lasten der Zentralgewalt bedachten Reichsfürsten zu schaffen. In Folge dieser Politik wurden die Bischöfe selbst zu den mächtigsten Reichsfürsten.

Am Ende des 11. Jahrhunderts war der halberstädter Bischof gleichzeitig auch Gaugraf aller 6 Grafschaften seines Bistums. Um diese neue Macht auch nach außen zu demonstrieren, entstand in Halberstadt, wie auch in anderen Bischofssitzen, eine neue repräsentative Residenz, der Petershof. Von dieser Bischofspfalz haben sich Reste in dem Wohnturm westlich der Peterskapelle erhalten. Hier ist die endgültige Auswertung der bauarchäologischen Untersuchungen abzuwarten. Es wurde festgestellt, daß der Turm und die anschließenden Reste der Burgmauer, welche im Keller des Nordflügels noch erhalten sind, gleichzeitig errichtet worden sind. Bei dem Wohnturm dürfte es sich um den ältesten Wohnbau der Bischöfe im Petershof handeln. Im 16. Jahrhundert wird der Turm noch einmal besonders prächtig erneuert und ausgebaut.

Der Wohnturm stand unmittelbar hinter der Burgmauer im Burghof. Der Verlauf der Burgmauer in diesem Bereich läßt auch einen anderen Schluß zu: der Turm könnte der Rest eines älteren Nordflügels sein, welcher 1179 zerstört worden ist. Diese Anordnung der Bebauung im Innenraum der Burg finden wir auch bei den gleichzeitig errichteten Reichsburgen auf dem Kyffhäuser und der Lauenburg. Auch die weiteren Bauten, wie der Palasbau und die Peterskapelle sind mit einiger Sicherheit innerhalb des Burgmauerringes zu suchen. Die Reste dieser romanischen Kapelle, sie wird 1195 erstmals erwähnt, sind bei den bauarchäologischen Untersuchungen unter der gotischen Kapelle gefunden worden. Die romanische Kapelle lag nach diesen Befunden, so sie sich bestätigen, südlich im heutigen Hofbereich vor der gotischen Kapelle.

Burchard I. errichtete außer dem Petershof bereits 1038 eine weitere Residenz in der ehemaligen königlichen Jagdpfalz Huysburg. Diese hatte Bischof Arnulf 997 mit dem Jagdbann im Huy von Kaiser Otto III. als Lehen erhalten. Kurz nachdem Bischof Burchard II. 1059 den Bischofsstuhl bestiegen hatte, brannte 1060 ein großer Teil Halberstadts und der Domburg nieder. 1089 ist Bischof Thietmar verstorben, er stiftete sein Vermögen für den Neubau der Liebfrauenkirche. Ob der Neubau durch die Schäden, welche bei dem Großbrand 1060 an der Kirche entstanden sind, notwendig wurde oder ob man eine repräsentativere Kirche für die Pfalz haben wollte muß offen bleiben. 1146 weihte Bischof Rudolf den Neubau der Kirche.

Doch noch einmal zurück ins Jahr 1105. In diesem Jahr wird Reinhard Bischof von Halberstadt (bis 1122). Er ist die Seele des Widerstandes der Sachsen gegen Kaiser Heinrich V. Der Kaiser zerstörte daraufhin Halberstadt mehrfach zwischen 1113 und 1115. Er ließ unter anderem die Burgmauern einreißen. Inwieweit der Petershof in Mitleidenschaft gezogen wurde, ist nicht überliefert. In der 1. Hälfte des 12. Jahrhunderts wurde aber mit Sicherheit neben der Liebfrauenkirche auch an der Bischofspfalz gebaut. So errichtete man einen neuen Palasbau westlich vor der Burgmauer. Von diesem Bau könnte zumindest noch 1 Keller unter dem Renaissanceschloß stammen, wobei der nördliche Teil unter Umständen dem Neubau der Küche für das Schloß zum Opfer gefallen ist. Die Einwölbung der Keller erfolgte erst im Zuge des Schloßneubaues im 16. Jahrhundert. Ursprünglich hatten die Keller wohl eine Balkendecke.

Verursacht durch den streitsüchtigen Bischof Ulrich (von 1150 bis 1160 und 1178 bis 1180), der sich erst mit Kaiser Friedrich I. und dann mit Heinrich dem Löwen anlegte, wird Halberstadt 1179 fast total zerstört. Heinrichs Krieger retteten Bischof Ulrich aus dem brennenden Petershof und setzten ihn gefangen. Spuren dieser Katastrophe wurden bei Bauuntersuchungen an den Chorschranken in der Liebfrauenkirche gefunden. Hauptsächlich wohl Ulrichs unmittelbarer Nachfolger Dietrich von Krosigk (1180-1193) begann mit dem Wiederaufbau der Stadt. Am Dom waren die Bauarbeiten erst 1220 beendet.

Von der Wiederherstellung des Petershofes ist nichts überliefert. Aber während der Freilegung und den Bauarbeiten am Turm für die neue Bibliothek konnte in dessen 1. Obergeschoß ein Tympanon aus der Zeit um 1200 freigelegt werden. Die dazu gehörige Tür führte in den Nordflügel des Petershofes. Dieser wurde um diese Zeit vor der älteren Burgmauer und der Nordseite des Turmes als Erweiterung der bischöflichen Wohnung errichtet. Wobei noch nicht feststeht, ob dieser Flügel in einem Zuge errichtet worden ist und, wie oben vermutet, der Ersatzbau für eine ältere Bebauung war.

Für den Petershof fehlen bis ins 16. Jahrhundert Überlieferungen, welche auf bauliche Veränderungen schließen lassen. Folgende Räume wurden erwähnt, ohne daß heute eine räumliche Zuordnung möglich ist: 1350 wird ein Speisesaal erwähnt (*cenaculums*), 1404 das *aestuarium*, 1451 die Stube *hyemalis* und 1493 die obere Stube.

Das einzige erhaltene Gebäude aus gotischer Zeit ist die Peterskapelle. Deren Neubau könnte mit dem Abbruch der Liudgerkapelle an der Nordseite des Domes in Zusammenhang stehen. 1354 genehmigt das Domkapitel den Abbruch der bischöflichen Privatkapelle, um den Weiterbau des gotischen Domchores und des Querhauses zu ermöglichen. Man kann wohl mit einiger Sicherheit davon ausgehen, daß zu diesem Zeitpunkt die gotische Peterskapelle als Privatkapelle der Bischöfe wenigstens benutzbar oder auch fertiggestellt war.

Im 16. Jahrhundert wurde die bischöfliche Residenz umfassend im Zeitgeschmack der Renaissance erneuert. Eventuell begannen die Arbeiten bereits unter der Regierung Kardinal Albrechts von Brandenburg, der auch Erzbischof von Magdeburg, Mainz und Administrator des Hochstiftes Halberstadt war (1513 bis 1546). Er ist ein sehr baufreudiger prunkliebender Kirchenfürst gewesen. In Halle ließ Albrecht, etwa zeitgleich mit dem Petershof in Halberstadt, die „Neue Residenz" errichten. Beide Gebäude gleichen sich in den verwendeten Bauformen, wie Türrahmungen und Gewölbeformen. Wahrscheinlich begannen die Bauarbeiten am Nordflügel mit den Privaträumen des Bischofs. Im Kellergewölbe ist die Jahreszahl 1513 eingeritzt.

Die Nachfolger, Johann Albrecht VI. von Brandenburg und Erzbischof Friedrich III. von Brandenburg, ließen die Arbeiten fortsetzen. Davon zeugen zwei Wappentafeln am Palas und im Portal des Wendelsteines mit der Jahreszahl 1552. Erzbischof Siegismund von Magdeburg und Administrator von Halberstadt (1553 bis 1566) läßt zumindest den Saalbau nach 1554 vollenden. Die Gedenktafel im Portal des Treppenturmes ließ Siegismund nachträglich einsetzen. Das Renaissanceschloß ist anscheinend nie richtig fertig geworden. Die Administratoren von Ernst II. bis Siegismund, mit Ausnahme von Friedrich III., hielten sich kaum in Halberstadt auf. Da sie gleichzeitig Erzbischöfe von Magdeburg waren, residierten sie meistens in den erzbischöflichen Schlössern und Burgen in Halle.

Auch der erste evangelische Bischof Herzog Heinrich Julius von Braunschweig-Wolfenbüttel hält sich meistens im Schloß Gröningen auf. In Halberstadts Zentrum, am Holzmarkt, läßt Heinrich ein zweites schloßartiges Gebäude, die Kommisse, errichten.

Mit dem Ende des Dreißigjährigen Krieges kam auch das Ende für das Bistum Halberstadt. Als weltliches Fürstentum kam Halberstadt zu Kurbrandenburg. Der Petershof wurde kurfürstliches und später königlich-preußisches Schloß. Im Obergeschoß des Saalbaues residierte der Regierungspräsident als Vertreter des Landesfürsten. Im Erdgeschoß des Gebäudes hatte die Kriegs- und Domänenkammer ihren Sitz. Im Nordflügel befanden sich die Kanzleien der Regierung. Die Peterskapelle war schon 1629 an die Jesuiten übergeben worden. 1665 übernahm die Reformierte Gemeinde die Peterskapelle als Gemeindekirche.

Die weitere Geschichte des Petershofes in Daten
1648 im Ergebnis des 30-jährigen Krieges wurde das Bistum Halberstadt säkularisiert und kommt als weltliches Fürstentum zum Kurfürstentum Brandenburg.

1650 zog die fürstliche Regierung ein (Kriegs- und Domänenkammer)

1665 - 1848 gehörte die Peterskapelle der reformierten Gemeinde, der später die Liebfrauenkirche zugewiesen wurde.

1823 zog das Königliche Kreissgericht ein.

1869 Errichtung des Südanbaues anstelle einer Kurie als Bürohaus des Gerichtes. Abbruch des Nordflügels, der ehemaligen Wohnung der Bischöfe, bis auf die Keller. Auf den Kellergewölben wurde ein Gefängnisbau errichtet. Die Kapelle ist zum Schwurgerichtssaal ausgebaut worden.

1872 Errichtung des neuen Torhauses anstelle einer älteren Anlage.

1879 der Petershof wird Amtsgericht.

1911 nach Fertigstellung des neuen Landgerichtsgebäudes und Gefängnisses in der Richard-Wagner-Straße zieht auch das Amtsgericht in dieses Gebäude, im Petershof werden nach dem ersten Weltkrieg Notwohnungen eingerichtet.

8. April 1945 das Torhaus wird zerstört.

nach 1945 das Stadtarchiv wurde im Südanbau sowie im Saalbau untergebracht. Außerdem befanden sich später die Büros der kommunalen Wohnungsverwaltung im Petershof.

Im ehemaligen Gefängnis befanden sich bis 1990 Wohnungen, die Kapelle wurde durch eine Sekte (Mormonen) als Kirche genutzt, danach vom Städtischen Museum als Magazin, nach 1994 standen die Gebäude leer.

9. Juni 1998 wird als erstes Gebäude der Südanbau einer neuen Nutzung übergeben, hier sind verschiedene Ämter der Stadtverwaltung eingezogen. Gleichzeitig begann der Ausbau des Gefängnisses und der Kapelle für die Stadtbibliothek.

26. August 2000 Einweihung der neuen Stadtbibliothek im Nordflügel und in der Peterskapelle.

ab 2001 umfangreiche Baumaßnahmen am Palas, die im Oktober 2003 zum Abschluß kamen.

Beschreibung der einzelnen Gebäude des Petershofes

Der romanische Wohnturm

Das älteste erhaltene Gebäude des Petershofes ist der romanische Wohnturm vor dem Westgiebel der gotischen Peterskapelle. Er wurde vermutlich um 1100 erbaut. Der Turm und die anschließende Burgmauer, die vom Keller des Nordflügels noch sichtbar ist, sind zeitgleich errichtet worden. Der Turm und die anschließende romanische Peterskapelle bildeten wahrscheinlich eine Baugruppe, wie sie auch auf der Unterburg auf dem Kyffhäuser noch als Ruine erhalten ist und in der Pfalz Tilleda in Grundmauern nachgewiesen wurde. Darauf deuten die Reste einer Arkadenöffnung hin, die im 1. Obergeschoß des Turmes in der Ostwand freigelegt wurde.

Abb. 29: Der romanische Wohnturm dicht westlich der Peterskapelle von Süd-West nach dem Umbau.

Nach den Zerstörungen von 1179 erweiterte man die bischöfliche Wohnung nach Norden über die Burgmauern hinaus. In den davor liegenden Burggraben setzten man ein neues Gebäude, dessen Ausmaße bisher unbekannt sind. In die Nordwand des Wohnturmes brach man die notwendigen Durchgänge. Im Kellergeschoß des Turmes wurde ein breiter Treppenabgang geschaffen und mit einem Tonnengewölbe überwölbt. Die Burgmauer unter dem Turm ist durchbrochen worden, der Turm erhielt ein Rundbogenportal zu den Kellern des neuen Nordflügels.

Im 16. Jahrhundert erfuhr der Turm tiefgreifende Veränderungen. Neue Fensteröffnungen mit Renaissanceprofilierung sind in allen Geschossen eingebaut und ein einstöckiger Erker vorgesetzt worden. Die vermauerte Bogenöffnung im 1. Obergeschoß an der Südseite war der Zugang zu einem Erkervorbau, welcher im 19. Jahrhundert wieder abgebrochen worden ist. Der Raum im 2. Obergeschoß erhielt wahrscheinlich ein Holzpaneel. Die Dübelöffnungen für die Paneele sind noch vorhanden.

Ursprünglich hatte der Turm nur 2 Obergeschosse. Ein drittes Geschoß wurde um 1900 aufgesetzt. Die Zwischendecken waren Balkendecken. Im Zuge des Umbaues zur Stadtbibliothek wurde der Turm entkernt und zum Treppenhaus umgebaut. Die freigelegten Befunde wurden im Wesentlichen sichtbar belassen.

Der Nordflügel

Die Ausmaße des romanischen Nordflügels sind unbekannt. Auch der Grund für den Versatz zum Wohnturm konnte bisher nicht ermittelt werden. Zum älteren Bestand des Nordflügels dürfte der Kellerraum, welcher sich unmittelbar an den Turm anschließt, gehören. Allerdings stammt das Gewölbe aus dem 16. Jahrhundert. Die Jahreszahl 1523 ist in das Gewölbe eingeritzt. Wahrscheinlich erfolgte die Erweiterung des Nordflügels nach Westen Anfang des 16. Jahrhunderts. Aus dieser Zeit stammt der grosse tonnengewölbte Raum in Längsrichtung des Gebäudes, der jetzt von der Stadtbibliothek als Veranstaltungsraum genutzt wird. Nur die beiden Gewölbekeller sind vom Ursprungsbestand des Nordflügels übrig geblieben. Die darüber liegenden Geschosse wurden vor 1869 zugunsten eines Gefängnisneubaues abgebrochen.

Ursprünglich befanden sich über den Kellern drei weitere Geschosse. Das unmittelbar über den Gewölbekellern befindliche massive 1. Untergeschoß wurde in einem Bestandsplan von 1857 als Holzkeller bezeichnet. Das 1. Obergeschoß war teilweise aufgeführt in Fachwerk. Die Geschoßhöhe entsprach dem 1. Obergeschoß des Wohnturmes. Hier befand sich u.a. ein in den Plänen von 1744 und 1857 erwähnter Audienzsaal. Diesem Zweck könnte der Saal schon unter den Bischöfen gedient haben. Das 2. Obergeschoß war komplett aus Fachwerk aufgeführt. Hier dürften sich die eigentlichen Wohnräume der Bischöfe befunden haben. Dieses Geschoß entsprach in seiner Höhe dem 1. Obergeschoß, dem Saalgeschoß, des Saalbaues. Vom Nordflügel konnte man den Saalbau über das „Grüne Gemach" betreten. Der Durchgang ist vermauert erhalten, allerdings sind die heutigen Geschoßhöhen des Nordflügels andere als die des Ursprungsbaues und schneiden damit den alten Durchgang in halber Höhe.

Die Erbauungszeit der Obergeschosse des Nordflügels läßt sich nicht mehr ermitteln und geht aus den vorhanden Plänen nicht hervor. Bei den Umbaumaßnahmen zur Bibliothek kamen Reste von einem Renaissance- und von einem Barocktürgewände aus Werkstein zutage, welche als Füllmaterial in den Gefängnismauern verbaut worden waren.

Vor dem Nordflügel befand sich ein galerieartiger Fachwerkvorbau und im Winkel zwischen dem Wohnturm und dem Nordflügel ein Fachwerktreppenturm. Die letzten Spuren dieses Gebäudeteiles konnte man bis zur Sanierung der Wohnturmwestwand um 1960 an dieser Wand noch sehen. Der ehemalige Gefängnisbau ist heute der Kern der neuen Bibliothek. Nach dem Ausbruch der Innenwände erhielt das Gebäude ein Stahlkorsett. Dadurch sind große Räume entstanden, in denen die Buchbestände der Bibliothek übersichtlich angeordnet werden konnten. Im 1. Untergeschoß befindet sich die Kinderbibliothek. Hier sind auch drei der ehemaligen Gefängniszellen mit originalen Türen erhalten worden.

Die Peterskapelle

Diese Kapelle war die Privatkapelle der Bischöfe. Sie könnte bereits vor dem Bau des Petershofes bestanden und der neuen bischöflichen Residenz den Namen gegeben haben. Von der 1195 erstmals erwähnten romanischen Kapelle konnten bei den Umbauarbeiten unter der gotischen Kapelle Grundmauerreste freigelegt werden. Danach könnte es ein Saalbau mit eingezogenem Chorraum und Apside gewesen sein. Leider fanden keine ausgedehnteren Grabungen statt, so daß die Gestalt dieser frühen Kirche unklar bleibt. Die gotische Kapelle wurde im 14. Jahrhundert errichtet. Sie besteht aus einem dreijochigen einschiffigen Saal und einem eingezogenen zweijochigen Chorraum mit polygonem Schluß. Die rippenlosen Kreuzgratgewölbe des Saales ruhen auf figürlichen Kämpferkonsolen.

Das Chorgewölbe besitzt profilierte Rippen, welche auf kapitelllosen Säulen ruhen, die in Höhe der Unterkante der Maßwerkfenster auf Kämpfern enden, welche wiederum auf figürlichen Konsolen aufsitzen. Die spitzbogigen Fenster besaßen ursprünglich alle einfaches Maßwerk aus Mittelstab und einfachem Vierpass. Im Langhaus wurde dieses teilweise entfernt, wahrscheinlich beim Umbau zum Schwurgerichtssaal. Im Westen der Kapelle befand sich eine Empore, welche vom Nordflügel direkt zugänglich war. Unter der Empore im ersten Joch ist die Kapelle auf der Nord- und Südseite durch je ein gotisches Spitzbogenportal zugänglich. Ein

Abb. 30: Die gotische Peterskapelle von Süd-Ost mit dem dicht westlich davor befindlichen romanischen Wohnturm.

rundbogiges Renaissanceportal wurde nachträglich am östlichen Ende der Langhaussüdwand eingesetzt. An der Chornordseite befindet sich die ehemalige Sakristei.

Nach der Stadtansicht von 1700, welche im Treppenaufgang des Städtischen Museums im Spiegelpalais zu sehen ist, besaß die Kapelle bis 1700 noch ihren Dachreiter. Der Dachreiter stand über dem Triumphbogen zwischen Chor und Langhaus auf dem reich gegliederten Renaissancegiebel des Langhauses. Von der ursprünglichen Ausstattung ist nichts überkommen, weder von der in einem Stich überlieferten Barockausstattung mit umlaufenden Emporen noch von der Ausstattung des ehemaligen Schwurgerichtssaales. Während der Sanierung der Kapelle wurde im Chorpolygon lediglich das Fundament des gotischen Altars freigelegt. Auch wurden unter dem Kapellenfußboden barocke Grabgewölbe aber keine Bischofsgräber freigelegt. Die Kapelle ist heute der Lesesaal der Bibliothek.

Der Saalbau (Palas)

Die einstige Pracht dieses Renaissanceschloßgebäudes ist nur noch zu erahnen. Die Turmaufbauten und Zwerchhäuser, welche das Gebäude einst zierten und die auf alten Stadtansichten aus dem 16., 17. und 18. Jahrhundert zu sehen sind, wurden im 19. Jahrhundert Opfer preußischer Sparpolitik. Außerdem vergrößerte man ohne Rücksicht auf die Ansicht der Fassade die Fenster zum Hof.

In seiner ursprünglichen Fassung sind nur die beiden Untergeschosse des Erkers am Südende des Gebäudes erhalten, welcher ursprünglich einen wohl hölzernen Turmaufbau (Südturm des Saalbaues) trug. Ebenso sind die unteren Geschosse des Treppenturmes erhalten, dessen barockes zwiebelturmartiges Dach verschwunden ist. Der Saalbau ist nur teilweise unterkellert. Die unter dem Nordteil befindlichen Kellergewölbe waren die Vorratskeller der Küche und sind über einen breiten Treppenabgang mit mehreren Lichtnischen erreichbar. Einer dieser Keller war nur über eine Falltür in der Küche zu erreichen.

Weitere wesentlich kleinere Kellergewölbe befinden sich unter dem Nordteil der großen Hofstube. Sie sind nur über einen extrem schmalen Zugang neben dem Erdgeschoßeingang erreichbar. Die Keller haben nur schmale, sehr hoch angeordnete Luftschlitze. Hier liegt die Vermutung nahe, daß es sich um ehemalige Kerkerräume handelt. Beide Kelleranlagen sind nicht miteinander verbunden. Der Erdgeschoßeingang liegt neben dem Treppenturm. Durch dieses Portal betritt man die große mit einem Tonnengewölbe versehene Eingangshalle. Der Zugang ist teilweise in die Wand eingearbeitet. Wahrscheinlich ist er später in eine ältere Bausubstanz eingearbeitet worden, nachdem der ursprüngliche Eingang durch den Bau des Treppenturmes geschlossen werden mußte, d.h. ein Teil des Untergeschosses wurde von einem älteren Vorgängerbau übernommen.

Von dem Eingangsraum betrat man nach Süden die große Hofstube, den Speisesaal für das Gesinde des Schlosses. Heute durch nachträglich eingezogene Mauern in mehrere Räume aufgeteilt, war es ein zweischiffiger mit Kreuzgratgewölben überspannter Saal. Die Gewölbe ruhen auf zwei rechteckigen Pfeilern. Der Saal entstand wahrscheinlich im 14. oder 15. Jahrhundert. Ein gleichartiger Saal befindet sich ebenfalls stark verbaut im Erdgeschoss des Nordflügels der benachbarten Klausur der Liebfrauenkirche. Die Klausurbauten der Kirche stammen aus dem 14. Jahrhundert. Zum südöstlichen Joch des Saales öffnet sich das Untergeschoß des Südturmes des Saalbaues. Der Erdgeschoßraum des Turmes wird durch ein Sterngewölbe besonders hervorgehoben. Welche Funktion der Raum hatte ist bisher nicht bekannt. An der Nordseite des Saales befindet sich eine Wandnische in der ursprünglich wohl ein Wandschrank für das Geschirr eingebaut war. Am Südende des Saales führte ein heute verschütteter Treppenabgang wahrscheinlich zu einem vor dem Südgiebel liegenden Hof oder Garten. Die rundbogige Türleibung des Ausganges wurde bei den Sanierungsarbeiten des Südanbaues in dessen Keller gefunden. Etwa 5 Meter vor dieser Tür ist ein noch heute mit Wasser gefüllter ca. 10 Meter tiefer Brunnen freigelegt worden.

Kehren wir zurück zum Eingangsraum. Nach Norden betritt man einen ursprünglich zweijochigen ebenfalls mit Kreuzgratgewölben überspannten Raum, der später durch eine Trennwand in zwei Räume geteilt worden ist. Auch er dürfte ebenfalls in gotischer Zeit entstanden sein. Von hier gelangt man in die Küche des Schlosses. Sie liegt zwei Stufen tiefer als der vorherige Raum. Eine Baunaht in der Mauer zwischen dem Keller direkt unter der Küche und dem Treppenabgang zum Keller zeigt, daß die Küche später an ein älteres Gebäude angebaut worden ist. Die Küche hat einen eigenen Ausgang zum Hof direkt neben dem oben genannten Kellerabgang. Auch der Küchenraum ist heute in mehrere Räume aufgeteilt. Die Küche ist ein sechsjochiger kreuzgratgewölber Raum. Auf zwei rechteckigen Pfeilern ruht der Kaminabzug unter dem die Herde standen. Der Küchenkamin steht mittig an der Nordwand der Küche. Neben dem Kamin befand sich in der Nordostwand der Küchenbrunnen.

Vom Eingangsraum gelangt man über eine Treppe in den Treppenturm mit einer breiten repräsentativen Wendeltreppe ins Obergeschoß. Dieser Treppenturm dominiert die Front des Saalbaues. Aus der Erbauungszeit ist das große Renaissanceportal am Treppenturm erhalten. Bekrönt wird das Portal von einem Staffelgiebel, welcher durch Pilaster in verschieden große Felder geteilt wird. Im Mittelfeld ist die große Wappentafel Erzbischofs Sigismunds von Brandenburg zu sehen unter dessen Regentschaft der Saalbau vollendet worden ist. Darunter befindet sich eine Inschriftentafel mit den Titeln dieses Erzbischofs. Über dem Wappen steht die Jahreszahl 1552. Das Portal war wohl nur dem Bischof und seinen adligen Gästen als Zugang vorbehalten, das Gesinde mußte den heute vermauerten Seiteneingang nutzen. Durch dieses Portal gelangte man über den großen Wendelstein ins Obergeschoß. Hier befanden sich wahrscheinlich die Repräsentationsräume des Bischofs, unter anderem der große Festsaal, der wohl fast das gesamte Obergeschoß einnahm. Eine der Säulen, welche den durch das gesamte Obergeschoß laufenden Unterzug trugen, ist erhalten geblieben. Diese Säule ersetzte im Zuge eines Umbaues um die Mitte des 17. Jahrhunderts die ursprünglichen Holzstützen des Saales. In dieser Zeit könnte der große Festsaal in mehrere kleinere Säle aufgeteilt worden sein. Die ursprüngliche Raumaufteilung kann nur durch weitere Bauuntersuchungen während der laufenden Umbauarbeiten ergründet werden. Ein Bestandsplan von 1744 zeigt die Raumaufteilung aus barocker Zeit. Die Räume hatten Kamine und Kachelöfen. Die Fenster waren ursprünglich paarweise angeordnet und mit Kreuzstabprofil umrahmt. Am Treppenturm, dem Risalit (Unterbau des Südturmes) und an der Westfront des Gebäudes sind die Fenster aus dieser Zeit erhalten.

Über den Treppenturm gelangte man auch in das mehrgeschossige Dach, welches von zweigeschossigen Zwerchhäusern bekrönt wurde. Der Wendelstein endet in einem prachtvollen Sterngewölbe dessen Schlußstein eine bildliche Darstellung des Schutzheiligen des Bistums, des heilige Stephans, mit der Jahreszahl 1554 ziert. Das Dach war ursprünglich wesentlich steiler, es hatte eine Dachneigung von 60°. Im 19. Jahrhundert wurde der Dachstuhl abgebrochen und aus dem noch verwendbaren Material der vorhandene wesentlich flachere Dachstuhl errichtet.

Das Torhaus

Dieses Gebäude wurde 1872 errichtet und ist zu $^2/_3$ im zweiten Weltkrieg zerstört worden. Der Wiederaufbau ist vorgesehen. Das Torhaus ersetzte ein älteres Gebäude von dem keine Unterlagen und Abbildungen vorhanden sind. In der Mauer zwischen Torhaus und Wohnturm, welche den Schloßhof vom Vorplatz trennt, befindet sich ein gotisches Portal.

Die Peterstreppe

Die erste Erwähnung dieses Domburgzuganges von der Voigtei im unmittelbaren Bereich des Petershofes erfolgte 1278. Wo diese Treppe lag ist bisher nicht bekannt. Eventuell hängt dieser Treppenaufgang mit der Treppe im oben genannten romanischen Wohnturm zusammen, und dieser war nicht nur der Kellerzugang zum Nordflügel der bischöflichen Residenz. Da keine Grabungen in den Kellern des Nordflügels und auch nicht unter der Kapelle vorgenommen werden konnten, wird es vorläufig keine Antwort auf diese Frage geben. Die heutige Treppenanlage stammt aus dem 16. Jahrhundert und steht mit einiger Sicherheit mit dem Schloßaus- und umbau in Zusammenhang. Die Peterstreppe ist der aufwendigste Zugang zur Domburg und bildet mit dem darüber liegenden Petershof, der Peterskapelle und der Liebfrauenkirche ein imposantes Ensemble.

Literatur:

Arbeitsgruppe Altstadt / Architekten & Bauhistorische Gutachter Haupt + Schumacher Braunschweig: Halberstadt – Petershof – Nordflügel. Bauhistorische Untersuchungen 1998 / 2000 - Bericht.

PGI – Planungsbüro Geohydrologie Magdeburg: Geotechnischer Bericht zum Petershof in Halberstadt. Bibliotheksumbau Nordflügel und Kapelle - Bericht.

Frank Högg, Gefügeuntersuchungen zum Dachstuhl des Saalbaues des Petershofes in Halberstadt - Vortrag im Januar 2002.

Architekturbüro Hülsdell & Hallegger / Halberstadt: 1. Die Neue Stadtbibliothek „ Heinrich Heine" – Petershof Halberstadt und 2. Voruntersuchungen und Projekt zum Ausbau des Saalbaues - Bericht.

Wolfgang Lauwigi, Der Petershof, In: Nordharzer Jahrbuch Bd. 18/19, Halberstadt 1995, S. 69.

Wolfgang Lauwigi, Neue Erkenntnisse zur Baugeschichte des Petershofes, In: Zwischen Harz und Bruch, 3. Reihe Heft 20, Halberstadt 2000.

Valentin Arnrich

Burchard I. – der X. der Halberstädter Bischöfe

In diesem Jahr gedachten wir des Tages, an dem vor 1000 Jahren Burchard I., der X. Bischof von Halberstadt, in Nabburg, heute in der Oberpfalz, damals im Nordgau gelegen, geboren wurde.[1] Sein Vater gebot über den Nordgau und war der Markgraf Heinrich I. von Schweinfurt, seine Mutter Gerberga, die Gräfin von Kitzinggau. Über seine Mutter war Burchard mit König Karl III. von Frankreich verwandt. Diese Linie kann bis auf Karl den Großen und Pippin zurückgeführt werden. Verfolgt man die Verwandten Kaiser Konrads bis zum 6. Grad nach oben und unten, so ist Burchard auch unter diesen Verwandten.

Die wichtigste Quelle zum Leben des Bischofs Burchard sind die *Gesta Episcoporum Halberstadensium*, deren Burchard betreffende Teile schon 1871 als *Vita Burchardi* bezeichnet wurden.

Von seiner Kindheit und Jugend ist wenig bekannt. Einiges wird bei Winnigstedt, Leuckfeld und Abel überliefert. Burchard bekam seine Ausbildung an der berühmten Regensburger Klosterschule St. Emmeram. In St. Emmeram wurde Burchard von seinem Verwandten, dem Grafen Arnold von Vohburg gefördert, der später Prior dieses berühmten Klosters wurde. Aus dieser Zeit wird berichtet, daß er seinen Besitz nach dem Tode des Vaters (1017) an Arme verteilte und daß er einen Wassersüchtigen, der an einer Kirchtür lag, durch einen Kuß geheilt habe. Diese beiden Ereignisse, die typisch sind für Heiligenviten, scheinen mir Zutaten einer späteren Zeit zu sein, um das Bild Burchards als Heiligen abzurunden.

Nach seiner Ausbildung wurde er Mitglied der *Capella Regia*, dies waren die geistlichen Begleiter des Kaisers, welche auch für das Urkundenwesen zuständig waren. Diese Hofkapelle wird zum personalen Ausgangspunkt des ottonischen Reichskirchensystems, d.h. viele Bischofsstühle werden aus dieser Hofkapelle besetzt. Die Hofkapelle verliert Mitte des 11. Jahrhunderts im Investiturstreit ihre Bedeutung, bestand jedoch bis zum Jahre 1806.

Burchard macht Karriere, als er zum Bischof ernannt wird, bezeichnen ihn die Hildesheimer Annalen als *imperialis cancellarius*, also als kaiserlichen Kanzler, und die Magdeburger Annalen als *regis capellanus*, also als königlichen Kaplan, wobei Burchard zu diesem Zeitpunkt noch nicht die Priesterweihe

Abb. 31: Der 1710 angefertigte Grabstein von Bischof Burchard I. befindet sich seit 1810 in der Andreaskirche. Die Sandsteinplatte hat eine Höhe von 2,09 m, eine Breite von 1,07 m und eine Stärke von 0,25 m.

erhalten hatte, jedoch möglicherweise eine der niederen Weihen und somit zu den Klerikern zu zählen ist, was die Bezeichnung *regis capellanus* einigermaßen erklärbar macht.

In diese Zeit fällt die auch von Leuckfeld und Abel überlieferte Geschichte, wo bei einer Reichsversammlung in der Pfalz Werla zwei sächsische Adlige durch falsche Angaben in Not gerieten und zum Tode verurteilt wurden. Burchard konnte ihre Unschuld beweisen und die Herren vom Kaiser losbitten. So erwarb er sich Bewunderung und Dankbarkeit des sächsischen Volkes. Als dann der Halberstädter Bischof ernannt werden mußte, wird überliefert, daß Volk und Geistlichkeit wetteiferten, um Burchard beim Kaiser als Bischof von Halberstadt zu erbitten.

Aus seiner Zeit als Kanzler sind noch verschiedene Urkunden erhalten, die in der Rekognitionszeile Burchards Namen und Titel, sowie seine Zeichen zeigen. Der 9. der Halberstädter Bischöfe, Brantog, starb am 27. August 1036. Daraufhin ernannte Kaiser Konrad II. seinen Kanzler Burchard am 18. Oktober 1036 in der Pfalz Tilleda zum Bischof von Halberstadt. Die Hildesheimer Jahrbücher schreiben zu 1036: *„Herr Godehard, der Hildesheimer Bischof, weihte am 18. Dezember, am Sonnabende vor des Herrn Geburt, in Halberstadt Bruno, den Mindener und Burchard, den Halberstädter Bischof zu Priestern."*

Eine durchgehende Überlieferung der Weihedaten der Bischöfe hat die *Gesta Episcoporum Halberstadensium* nicht bewahrt. Richtig sind die Daten für Brantog und für Burchard mit Weiheort und Konsekrator überliefert. Beider Weihetag war der Stephanustag, der auch heute noch der 26. Dezember ist. Bestätigt wird die *Gesta* durch die Hildesheimer Jahrbücher: *„... Dann am Feste des heiligen ersten Märtyrers Stephan hat der Halberstädter Bischof die Bischöfliche Weihe vom Mainzer Metropoliten Bardo und seinen Suffraganen in Ehren zu Heiliganstedi empfangen".*

Die Mutter Burchards war enttäuscht, als sie hörte, ihr Sohn aus mächtigem und edlen Hause, sei Bischof einer nur halben Stadt geworden. Burchard besucht seine Mutter mit einem großen Gefolge von Adeligen und Dienstmannen der Halberstädter Domkirche. Als diese nun die große Zahl sah, war sie beruhigt, denn eine Stadt, *„die eine so große Zahl an Dienstmannen hat, kann keine halbe Stadt sein".*

Zu Beginn seines Wirkens als Bischof schreiben die *Gesta*: *„Da er nun in den bischöflichen Stuhl kam, da richtete er auf alle geistige Zucht, tröstete die Armen und Waisen, trachtete für das Recht und betete stets für die Stadt und das Volk."*

In einer erhaltenen, undatierten Urkunde, die vermutlich zu Beginn seines Episcopates ausgestellt wurde, bestätigte Burchard den in Halberstadt ansässigen Kaufleuten gewisse Wiesen, die sie von den Bischöfen Arnulf und Brantog zur Weidenutzung erhalten hatten. Burchard bestätigte also alte Rechte, was durchaus förderlich für die Entwicklung der Stadt war.

Im Bistum führte Bischof Burchard umfassende Reformen durch, bzw. war offen für allgemeine Entwicklungen, die in der gesamten Kirche bestehende Strukturen veränderten.

Zur Verwaltung des Bistums standen dem Bischof mehrere Kleriker zur Seite. Eine der Aufgaben war die Assistenz bei allen liturgischen Handlungen an der Domkirche. Diese Kleriker lebten in klösterlicher Gemeinschaft am Dom. Das Institut Domkapitel wird schon im 4. Jahrhundert eingerichtet, erlangte aber erst seit der Zeit der Karolinger an Bedeutung. Die Domherren lebten nach der Aachener Regel und erlangten im 12. Jahrhundert das Recht, den Bischof zu wählen. Vom 10. bis zum 13. Jahrhundert entwickelten sich die Domkapitel zu eigenständigen Korporationen.

Das Aufgeben des gemeinsamen Lebens war eine Station dieser Entwicklung. Burchard förderte diesen Prozeß, indem er 24 Kurien für die Domherren bauen ließ und gleichzeitig ihre Einkünfte erhöhte. Als seine Residenz errichtete er 1052 ein Bischofshaus am heutigen Petershof, welches 1179 durch Herzog Heinrich den Löwen zerstört wurde.

Abb. 32: Zeichnung des Siegelabdrucks von Bischof Burchard I. (1036–1059).

Im 11. und 12. Jahrhundert festigte sich in der Kirche aber auch ein Reformgedanke mit einer großen Erneuerungsbewegung, die sich nicht zuletzt an den monastischen Reformbewegungen von Gorze und Cluny festmachen lassen. Da die Aachener Regel als zu lax empfunden wurde, sollte versucht werden, die apostolische, d.h. die gemeinsame Lebensweise, beizubehalten. Dazu sollte die Regel verschärft werden. Dies versuchte man zuerst auf der Lateransynode von 1059 und später bei den Gregorianischen Reformen durchzusetzen. Auf der Lateransynode hielt Hildebrand, der Archidiakon der römischen Kirche und spätere Papst Gregor VII. eine von *„Hohn triefende Rede"* über das luxuriöse Leben der Kanoniker, die dem Laster des Eigenbesitzes frönten und sich Essenportionen von Zyklopen auftischen ließen. Wie sich die Reformbewegung in der Halberstädter Kirche auswirkte, wäre eine eigene Untersuchung wert. Es entstanden regulierte Chorherrenstifte, aber das Domkapitel hat nicht mehr im Sinne einer klösterlichen Gemeinschaft zusammengelebt. Elemente dieses gemeinsamen Lebens, z.B. gemeinsames Chorgebet und Gottesdienstfeier zumindest zu bestimmten Zeiten, hat man an den Domkapiteln jedoch bis heute nicht aufgegeben.

Innerhalb der Verwaltung des Bistums bildeten sich Gruppen von Amtsgeschäften heraus, es waren Gerichts- und Verwaltungssachen, die nicht das gesamte Bistum betrafen, sondern nur einen Sprengel und auf kleineren Synoden für den betreffenden Teil erledigt wurden. Der Bischof übte die Jurisdiktion noch selbst aus. Die Sendsprengel (Send – Synode) bekamen mehr Gewicht, und der Bischof konnte mit wachsender Fülle seiner Aufgaben ihre Verwaltung nicht mehr wahrnehmen. So übertrug er diese Aufgaben an Archidiakone, die eine aus der bischöflichen abgeleitete Gewalt ausübten. Unter der bischöflichen Gewalt entstand damit eine neue Verwaltungs- und Gerichtsinstanz, neben den bischöflichen trat der archidiakonale Bann. Dieser Vorgang begann im 10. Jahrhundert im Westen Deutschlands und erreichte im 11. und 12. Jahrhundert Ostsachsen und Thüringen.

Im Bistum Halberstadt deckten sich die Sendsprengel mit den bischöflichen Urpfarreien. Karlotto Bogumil weist in diesem Zusammenhang auf eine Nachricht der *Gesta* hin, die bisher wenig Beachtung fand. Bischof Burchard hat demnach verschiedenen Priestern einzelner Kirchen in verschiedenen Teilen der Diözese den bischöflichen Zehnt von der Dotation und noch eine Geldzahlung gewährt. Da diese Schenkung aus dem Eigentum des Bistums an Kirchen im gesamten Bistum erfolgte, kann es sich nicht um eine persönliche Seelgerätstiftung des Bischofs handeln. Man kann vielmehr eine vom Bischof ausgehende umfassende Verwaltungsordnung vermuten. Die neue Regelung der Einkünfte der Kirchen setzt eine Lösung der Filialkirchen und der Urkirchen als Mutterkirchen voraus. Durch diesen bischöflichen Eingriff in die Pfarrorganisation wurden die bisher von den Urpfarreien abhängigen Kirchen selbständig und damit erst rechtlich zu Pfarrkirchen. Waren die alten Pfarreien mit ihren Großsprengel aufgelöst, so mußte nun die Aufsicht über das Niederkirchenwesen von einer neuen Instanz übernommen werden, den Archidiakonen. Bischof Burchard führte also mit einer geplanten Maßnahme das System der Archidiakonate in der Diözese ein. Zumeist erhob er die Urpfarreien zu Archidiakonatskirchen. Diese Neuordnung des Pfarrsystems ist zwischen den Jahren 1036 und 1051 durchgeführt worden. Diese Maßnahmen erforderten auch eine neue Regelung der Einkünfte der neuen Pfarreien. So griff Burchard auch in die Zehntverhältnisse der Diözese ein u.a. auch in die des Hassegaus. Dieses Gebiet war aber vom Kloster Hersfeld missioniert und betraf die späteren

Archidiakonatssprengel Wiederstedt, Eisleben, Kaltenborn und den Oster-
bann. Dies wurde nun zur Quelle eines langjährigen Streites zwischen
dem Kloster Hersfeld und Bischof Burchard, der erst nach dem Tode des
Bischofs beigelegt werden konnte. Lampert von Hersfeld erkannte, daß
diese Maßnahmen *per occasionem episcopalis regiminis* (durch Veranlassung der bischöflichen Regierung) geschahen. Somit ließ der Zusammen-
stoß nicht auf sich warten, der Lampert zu der ungerechten Beurteilung
des Bischofs in seinen Annalen bewog, die ich später kurz zitieren möchte.
Auf der Synode von Ravenna im Jahre 967, als Kaiser Otto I. seinen Plan
zur Gründung des Erzbistums Magdeburg verwirklichte, war der Halberstädter Bischof nicht anwesend. Aus diesem Grunde trat das Privileg nicht
gleich in Kraft, man wollte auf das Eintreffen des Halberstädter Bischofs
warten, damit er selbst die „Stadt aus Pflicht und Gehorsam" lösen würde.
Nach 1½ Jahren trafen Bischof Hildeward mit dem Mainzer Erzbischof
Hatto ein. Glaubt man den Magdeburger Annalen, so übergab Hildeward
„bereitwillig und fröhlichen Sinnes" das für die Errichtung des Erzbistums
geforderte Gebiet, allerdings tat er das nicht, bevor er nicht mit anderen
Gebieten entschädigt wurde. Trotz aller Bereitwilligkeit und des fröhlichen Sinnes war die Gründung des Erzbistums eine Quelle zähen Grenz-
streites, der sich Jahrzehnte bis in die Zeiten Burchards hinzog. Die Quedlinburger Annalen berichten für das Jahr 1022 von einem scharfen Zusam-
menstoß zwischen Erzbischof Gero und Bischof Arnulf vor Kaiser Heinrich II.,
ohne daß über die Beilegung des Streites etwas gesagt würde.
Die *Gesta Archiepiscoporum Magdeburgensium* berichten zur Amtszeit
Erzbischof Hunfrieds (1023-1051), daß unter ihm wie auch unter seinen
Vorgängern mehrfach Auseinandersetzungen mit Halberstadt aufflamm-
ten. Vor Kaiser Heinrich III. und allen versammelten Großen des Reiches
habe der Halberstädter Bischof eine förmliche Klage eingebracht. Entschieden wurde gegen Magdeburg, obwohl Hunfried zu den *familiaris*
Heinrich III. gehörte. Nun mußte der Erzbischof einige Pfarrkirchen mit
22 Dörfern, sowie Güter in den *villae Nettorf* (Wüstung bei Rohrsheim)
und Upplingen an Halberstadt abgeben. Der Klage führende Bischof war
Burchard I., die Auseinandersetzung bei Hofe hat vor 1049 stattgefunden.
Seit dem scheint der Grenzstreit beigelegt, jedenfalls schweigen die Quellen
von solch großen Auseinandersetzungen. Außerdem fängt dann mit
Burchard II. eine Epoche an, in der sich die ostsächsischen Bischöfe zu
gemeinsamen Unternehmungen gegen die salische Zentralgewalt zusam-
menfanden und solche Streitigkeiten nur störend gewesen wären.
Im Rahmen des Ausbaues des bischöflichen Haupthofsystems errichtete
Burchard I. an dem Ort des heutigen Klosters Huysburg einen Hof und

eine Kapelle. Das *Chronicon Hujesburgense* erzählt die Geschichte so: *„Bischof Burchard I. machte sich in diesem Jahre auch etwas zu thun/ und damit ein stets wehrendes Gedächtnis seiner Verrichtung. Nemlich er hatte in dem hiesigen Hujwalde/ so ohnweit Halberstadt auf dessen Nord-Seithe lieget/ eine Bischöfliche Curie, auf welche er sich zuweilen begab. Weiln er aber solche wegen der Einsamkeit zur Devotion und Gebeth sehr convenabel fand/ so fing er an bey solche eine Capelle in die Ehre der Jungfrau Marien und des hl. Sixti zu stiften trug auch bey deren Erbauung mit eigenen Händen Steine und Kalck zu/ welche hernach Gelegenheit gegeben hat/ dass sein Nachfolger Bischof Burchard II. dabey 1084 ein berühmtes Benediktiner- Closter vor Mannes-Persohnen gestiftet hat."* Als Burchard gefragt wurde, warum er dieses Werk mit solchem Eifer betreibe, gab er zur Antwort, an diesem Ort wird später einmal der Gottesdienst auf das ehrenvollste aufgenommen. Die Kapelle wurde von Burchard und dem Magdeburger Bischof Engelhart (1052-1063) eingeweiht. Die Aussage, daß an diesem Ort der Gottesdienst auf das ehrenvollste aufgenommen würde, bestätigt der *Annalista Saxo*, der für das Jahr 1070 die Gründung des Klosters Huysburg durch Bischof Burchard II. beschreibt. Er schreibt: *„Der Ort liegt hoch und auf ihm war ein Hof des Halberstädter Bischofs und mit dem bischöflichen Hause zusammenhängend eine Kapelle, welche der ältere Bischof Burchard fromm erbaut und von der er in prophetischem Geiste vorausverkündigt hatte, daß dort einst in ehrenvollster Weise Gottesdienst eingerichtet werden werde."* Und das ist bis auf den heutigen Tag so.

Ab und zu erhob sich die Frage nach der genauen Lage des bischöflichen Hofes oder der Kapelle. Außergewöhnlich bei der Anordnung der Gebäude der Huysburg ist, daß der nördliche Klausurflügel sich in der Verlängerung der Ost-West-Achse der Kirche direkt im Anschluß an die Apsis befindet. Warum das so ist (ob man vielleicht auf Vorgängerbauten Rücksicht genommen hat o.ä.) konnte bis heute nicht endgültig geklärt werden. Ebenso sind die Lage und die Ausdehnung des bischöflichen Hofes oder der Burg nicht bekannt. Bei den Bauarbeiten, die durch die Benediktiner 1994 begonnen wurden, fand man mehr Substanz der ersten Bauepochen, als man vorher vermuten durfte. Nach einem Bericht des Landesamtes für Denkmalpflege Halle erlaubt die Befundlage die Rekonstruktion von drei romanischen Kirchenbauten. Nach den Befunden läßt sich eine doppelgeschossige Kapelle vor dem Bau der jetzigen Basilika rekonstruieren. Dabei handelt es sich um den ersten massiven Sakralbau auf der Huysburg. Die Kapelle läßt sich mit den oben erwähnten schriftlichen Überlieferungen der *Gesta* und des *Annalista Saxo* in Verbindung bringen. Zusammenfassend läßt sich sagen, daß alle Untersuchungen zu dem Ergebnis kamen, daß auf der Huysburg ein Kirchbau festzustellen ist, der als bischöfliche Eigenkirche aus der Mitte des 11. Jahrhunderts, also als die Kapelle Burchards I. zu erklären ist.

Auf einen weiteren Aspekt in Zusammenhang mit Burchard I. möchte ich kurz eingehen, nämlich Burchard I. als Heiliger. Über den Sinn der Heiligenverehrung und die Blüten, die sie trieb (bedenkt man nur den Umgang mit Reliquien), ist genug an anderer Stelle gesprochen und geschrieben worden, so daß ich mich nur auf Burchard beschränke. Es fällt auf, daß Bischof Burchard in den Halberstädter Quellen sehr gelobt wird, so daß Böttcher in seiner Neuen Halberstädter Chronik 1913 zu dem Urteil kam: *„Wenn nur die Hälfte davon stimme, er ein wahrer Engel gewesen sein muß."* In den Hersfelder Annalen des Lampert wird Burchard allerdings sehr geschmäht: *„Dieser (Abt Meginhar) hatte, wie schon erwähnt, einen langwierigen Streit mit Burchard, dem Bischof von Halberstadt, wegen der Zehnten in Sachsen, welche jener dem Herveldischen Kloster entriß und unter dem Vorwand seines bischöflichen Rechts sich selbst zueignete. Da nun gegen diesen seinen Frevel weder Reichs- noch Kirchengesetze etwas vermochten, und der Abt, so oft er seine Klage vor Gericht gebracht, nur tauben Ohren gepredigt hatte, so ließ dieser ihm zuletzt kurz vor seinem Ende durch den Pfalzgrafen Friderich melden, daß er zwar, da er ihm an Kräften nicht gewachsen, seine Sache verliere, daß es aber Gott an Kräften zum Schutze des Rechts nicht fehlen werde; daher sollten sie beide bereit sein, innerhalb weniger Tage ihre Sache vor dem Richterstuhle Gottes, des gerechtesten Richters, vorzubringen; dort würde siegen, nicht wer mächtiger, sondern wessen Sache gerechter sei. Und der Erfolg bestätigte seine Worte. Denn nur wenige Tage waren seit dem Entschlafen des Abtes verstrichen, und siehe, der Bischof, der wegen der erwähnten Angelegenheit eine Synode anberaumt und sich schon das hatte bringen lassen, um dorthin zu eilen, stürzte, von der göttlichen Züchtigung getroffen, plötzlich zu Boden, wurde in sein Schlafgemach zurückgebracht, versammelte schnell seine Priester zu sich und beschwor sie bei Gott, daß sie dem Kloster Herveld seine Zehnten wiedererstatten und allen Streit über diese Sache für immer abbrechen möchten; sie sollten wissen, daß für alle, welche das Nämliche versuchten, die Sache eben so unglücklich ausfallen würde, wie sie für ihn ausgefallen sei, welcher für diese ungerechte Forderung jetzt Gott selbst als einen so strengen Rächer kennen lerne. Und als die Bischöfe von Magadaburg und Hildinesheim angelangt waren, um ihn zu besuchen, gestand er mit großem Wehklagen, daß er schon empfinde, wie er nach der Vorhersagung jenes trefflichen Abtes vor den Richterstuhl Gottes gezogen und Rechenschaft von ihm gefordert werde, weil er Hand an fremdes*

Eigenthum gelegt; und er bat sie flehentlich, daß sie Boten nach Herveld senden und inständig um Verzeihung für das Begangene bitten lassen möchten. Und nicht lange hernach zerplatzten ihm seine Eingeweide und er starb eines jämmerlichen Todes. Auch sein Erzpriester Uoto, von welchem angereizt er vornehmlich in diese Wildheit entbrannt, und welcher der heftigste Förderer und Betreiber dieses ungerechten Anspruchs gewesen war, starb in dem nämlichen Jahre eines plötzlichen Todes ohne Beichte und ohne heiliges Abendmahl, wie die gemeine Rede ging, von dem Teufel erwürgt. An die Stelle des Abts Meginher trat am 8. November Ruothard, ein Mönch aus der Corbeiischen Zucht, welcher einst in dem Kloster Corbei zum Abt eingesetzt war, aber später gewisser Verbrechen, wie man glaubt, mit Unrecht beschuldigt, die Abtei verloren, und etliche Jahre in verschiedenen Klöstern ohne Amt zugebracht hatte. Auf den Bischof Burchard folgte Bucco, Propst von Goslar, welcher, erschreckt durch den noch frischen Untergang seines Vorgängers, sich der Anfeindungen des Herveldischen Klosters enthielt. Er drohte jedoch sehr häufig, Großes thun zu wollen, kam aber nicht über die Worte hinaus."

Ob Lambert von Hersfeld uns ein zuverlässiger Gewährsmann ist, darüber hat sich die Forschung gestritten. Sicher kann man Leopold von Ranke folgen, der 1854 in seinen Abhandlungen über fränkische Reichsannalen Lambert als nicht ganz unparteiisch beurteilt, weil dieser auf die Form der Darstellung mehr Wert gelegt hat, als auf genaue kritische Forschung. Da sich in keiner anderen Quelle ein ähnlicher Hinweis finden läßt, kann man davon ausgehen, daß Lambert in seinem Bericht über das Verhältnis zu Bischof Burchard sehr stark Partei für sein Kloster ergriffen hat.

Desweiteren fällt die Verwechslung Burchards mit seinem Nachfolger Bischof Burchard II. (Bucco) auf. Bis zum heutigen Tag erscheint ein liturgischer Kalender, in dem ein Gedenktag im April für den seligen Bischof Burchard von Halberstadt angegeben ist. Gemeint ist Bucco. Klar ist, daß Bucco der politisch bedeutendere Bischof war, Burchard I. aber der bedeutendere Bischof im Sinne eines Hirten der Diözese, was ja seine Aufgabe war. Es läßt sich nirgends ein Hinweis finden, daß oder wo Bucco als Heiliger verehrt worden wäre. Festgemacht wurde die Verehrung eines Heiligen an der Hervorhebung des Grabes und an den jährlich zu begehenden Feiertagen. Im *Missale Magentium* (Mainz 1493) werden für den 11. Oktober Orationen für die Messfeier zu Ehren des heiligen Burchard überliefert. Somit ist der jährlich zu begehende Feiertag für Mainz nachweisbar. Zum Erzbistum Mainz gehörte Halberstadt als Suffraganbistum.

Für den 18. Oktober 1059 überliefern die *Gesta* folgendes: „*Der verehrungswürdige Herr Burchardus machte als Bischof seiner Kirche immer Fortschritte, soviel er konnte, und wachte über die ihm anvertraute Herde mit* ganzer Kraft durch das Wort und Beispiel eines heiligen Lebens. Deshalb also wurde er im 23. Jahr seiner Weihe, im dritten Jahr aber der Regierung Heinrichs IV., am 18. Oktober, aus der vergänglichen in die unvergängliche Welt geholt und entschlief selig im Herrn, beweinenswert nicht nur für die, die unter seiner Herrschaft lebten, sondern auch für das ganze Vaterland. Sein Leib aber wurde in der Kirche in Halberstadt nach Osten hin mit gebührender Ehre beigesetzt." Der Ort der Beisetzung ist der Dom. Nach dem Stadtbrand im April 1060 verlegte Bucco das Grab in die Kirche St. Jacobus „vor dem Tore", die später die Kirche des Burchardiklosters (Abb. 33) wurde. Winnigstedt überliefert uns seine Grabinschrift, die aus einer späteren Zeit stammt: „Nicht weit von dieser Stadt/ Sanct Burchard sein Begräbnis hat/ In der Closter-Kirche, nicht offenbar/ verborgen unter dem Altar./ Inclitus a naburg Dominus Burchardus habebat/ Huius+ exculti Sceptra Sacrata soli" (der erlauchte Herr von Nabburg, Burchardus, hatte das geweihte Zepter auch dieses gepflegten Landes). Hier erhalten wir einen Hinweis auf die Hervorhebung des Grabes: verborgen unter dem Altar. Ein Grab unter dem Altar kam aber nur einer Person zu, die als Heiliger verehrt wird.

Abb. 33: Die Kirche des von Bischof Burchard I. (1036-1059) gegründeten Burchardiklosters. Im Mittelalter noch St. Thomas- oder St. Jakobikloster genannt, bezeichnete man es seit dem 17. Jahrhundert nur noch als Burchardikloster. Im Jahre 1810 wurde es aufgehoben. Das Kloster lag außerhalb der mittelalterlichen Stadt. Die Kirche ist der älteste in Halberstadt erhaltene romanische Bau. Er besteht aus einer kreuzförmigen dreischiffigen Pfeilerbasilika mit geradem Chorabschluß. Mit dem am 5. September 2000 gestarteten „John-Cage-Orgelprojekt" rückt die in den vergangenen Jahrhunderten stark beschädigte und vergessene Kirche wieder in den Blickpunkt des Interesses.

Weitere Hinweise erhalten wir aus den Inschriften des erhaltenen Grabsteines, der 1710 gefertigt wurde und in der Burchardikirche errichtet, seit 1810 in der Andreaskirche bewahrt wird. Nach einer falschen Auslegung einer der seitlichen Inschriften kommt Döring zu dem Schluß, daß die Gebeine und der Grabstein schon 1710 in die Andreaskirche kamen. Zu diesem Zeitpunkt bestand dafür aber kein Grund, der bestand erst 1810, als das Burchardikloster aufgelöst wurde.

Die Inschriften des Grabsteines (Abb. 31) stammen aus verschiedenen Zeiten. In allen Inschriften, die den Namen Burchards enthalten, steht ein S. vor dem Namen, also *sanctus* = Heiliger. Die Inschriften der unteren und rechten Seite sprechen von dem Altar, der das Grab Burchards hervorhebt. Die Inschrift der linken Seite berichtet von der Öffnung des Grabes und der ehrenvolleren Fassung der Gebeine im Jahre 1710, bei der Errichtung des Grabsteines. Die Inschrift der unteren Seite möchte ich ganz zitieren: *„Der bischöfliche Nachfolger hat Burchard den Altar errichtet: Der Altar lehrt, die Wunder erweisen, dass er ein Seliger ist. Was die Kritiker beschmutzen, berichten die Schriften der Chroniken."* Also: der Altar lehrt und die Wunder erweisen, er ist ein Seliger. Wie wir sehen konnten, gibt der Grabstein Burchards genügend Auskunft über die Verehrung Burchards als Heiligen. Welche Kritiker gemeint sind, über die auch berichtet wird, konnte ich nicht feststellen. Möglich wären Auseinandersetzungen in der Zeit der Reformation und Gegenreformation. Da auch die Chroniken angesprochen werden, ist es wahrscheinlicher, daß damit Lampert von Hersfeld gemeint ist und seine Kritik in den Hersfelder Annalen. Von den erwähnten Wundern berichten ebenfalls die *Gesta*, die ich der Vollständigkeit halber zitieren möchte: *„Er habe durch Göttliche Erleuchtung seinen Sterbenstag vorher gewußt-deswegen er sich dazu mit solchen Wercken bereitet / und als er an selbigen Tage plötzlich weggerückt/ und in die Sammlung aller Heiligen gesetzet worden/ so habe Gott oft die Würdigung seines Knechtes bey seinem Grabe mit vielen Zeichen und Wundern bewiesen/ so dass Blinde sehend/ Lahme gehend/ Stumme redend worden wären/ welche Zeichen hernach um des Geizes der Clerisey willen aufgehöret."* Desweiteren sind 15 Urkunden aus der Zeit von 1212 bis 1430 erhalten, die den Hinweis *Sanctus Burchardus* enthalten. Darunter ist eine päpstliche Ablaßurkunde aus dem Jahre 1253 von Papst Innocenz IV. Diese Urkunde spricht vom Kloster, welches zu Ehren des heiligen Burchards des Bekenners, dessen Körper dort ruht, gegründet wurde.

Man kann also feststellen, daß sich an Hand der überlieferten Quellen und Monumente die zumindest lokale Verehrung Burchards als Heiligen nachweisen läßt.

In einer politisch wie kirchenpolitisch wirren Zeit wurde ein aus hohem Hause stammender Mann, der zudem noch kaiserlicher Kanzler war, Bischof in Halberstadt. Für die Mission und die Sicherung der Reichsgrenze war Halberstadt ein wichtiges Bistum, aber eben doch im Norden und am Rande gelegen. Nun ließ sich Burchard nicht in das politische Ringen um Macht einbinden, wie es verschiedene seiner Vorgänger und Nachfolger taten, insbesondere sein unmittelbarer Nachfolger Bucco, die mehr als Politiker und Landesherren agierten. Burchard war zuerst Bischof, also geistlicher Leiter des Bistums, er führte Reformen im Bistum auch gegen die offizielle Kirchenpolitik durch, von denen er sich das Beste für die Zukunft der Halberstädter Kirche versprach, oder er stellte die Weichen dazu. Das tat er zudem mit einer tiefen und vorbildhaften persönlichen Frömmigkeit, die auch nicht von vorn herein von einem Kirchenfürsten der damaligen Zeit zu erwarten war.

Literatur:

Valentin Arnrich / Ernst Dausch, Heiliger Burchard I. (1000-1059) Bischof von Halberstadt, Peda Kunstführer Nr. 471/2000, Passau 2000.

Karlotto Bogumil, Das Bistum Halberstadt im 12. Jahrhundert, Mitteldeutsche Forschungen Bd. 69, Köln/Böhlau 1972, S. 187 - 191.

Chronicon Hujesburgense, Meibom, Rerum Germanicorum, Tom. II. , Helmstedt 1688.

Oscar Döring, Beschreibende Darstellung der älteren Bau- und Kunstdenkmäler des Kreises Halberstadt Land und Stadt, Halle 1902, S. 428.

Gesta Episcoporum Halberstadensium, In: Georg H. Pertz, Auspiciis Societatis Aperiendis Fontibus rerum Germanicarum Medii Aevi, Scriptorum XXIII, 1879, S. 92 - 114.

Jahrbücher des Lambert v. Hersfeld, übers. L. F. Hesse; Annalista Saxo, übers. Ed. Winkelmann; Jahrbücher von Hildesheim, übers. Ed. Winkelmann; Magdeburger Annalen, übers. Ed. Winkelmann, In: Die Geschichtsschreiber der deutschen Vorzeit, Bd. 43, Leipzig 1893, Bd. 54, Leipzig 1894, Bd. 53, Leipzig 1893, Bd. 63, Leipzig 1895, Auf CD: Quellensammlung zur mittelalterlichen Geschichte I u. II Pentzel Verlag GbR, heptagon GbR, Berlin 1998/1999.

Kurt-Ulrich Jäschke, Die Älteste Halberstädter Bischofschronik, Mitteldeutsche Forschungen Bd. 62/1, Köln/Böhlau 1970, S. 176 - 179, 195 ff.

Barbara Pregla / Reinhard Schmitt, Neue Befunde zur Klosterkirche Huysburg und ihre Vorgängerbauten, In: Denkmalpflege in Sachsen-Anhalt, Heft 2, Halle/Saale 1996, S. 110 ff.

Dirk Schlochtermeyer, Bistumschroniken des Hochmittelalters. Die politische Instrumentalisierung von Geschichtsschreibung, Paderborn/Schöningh 1998, S. 89 ff.

Urkundenbuch der Stadt Halberstadt, hg. v. Gustav Schmidt (Geschichtsquellen der Provinz Sachsen und der angrenzenden Gebiete) Bd. 7, Halle 1878 und 1879.

Anmerkung:

1 Dieser Beitrag wurde am 13.12.2000 als Vortrag vor dem Geschichtsverein und den Mitgliedern der Bosch-Projektgruppe in Halberstadt gehalten.

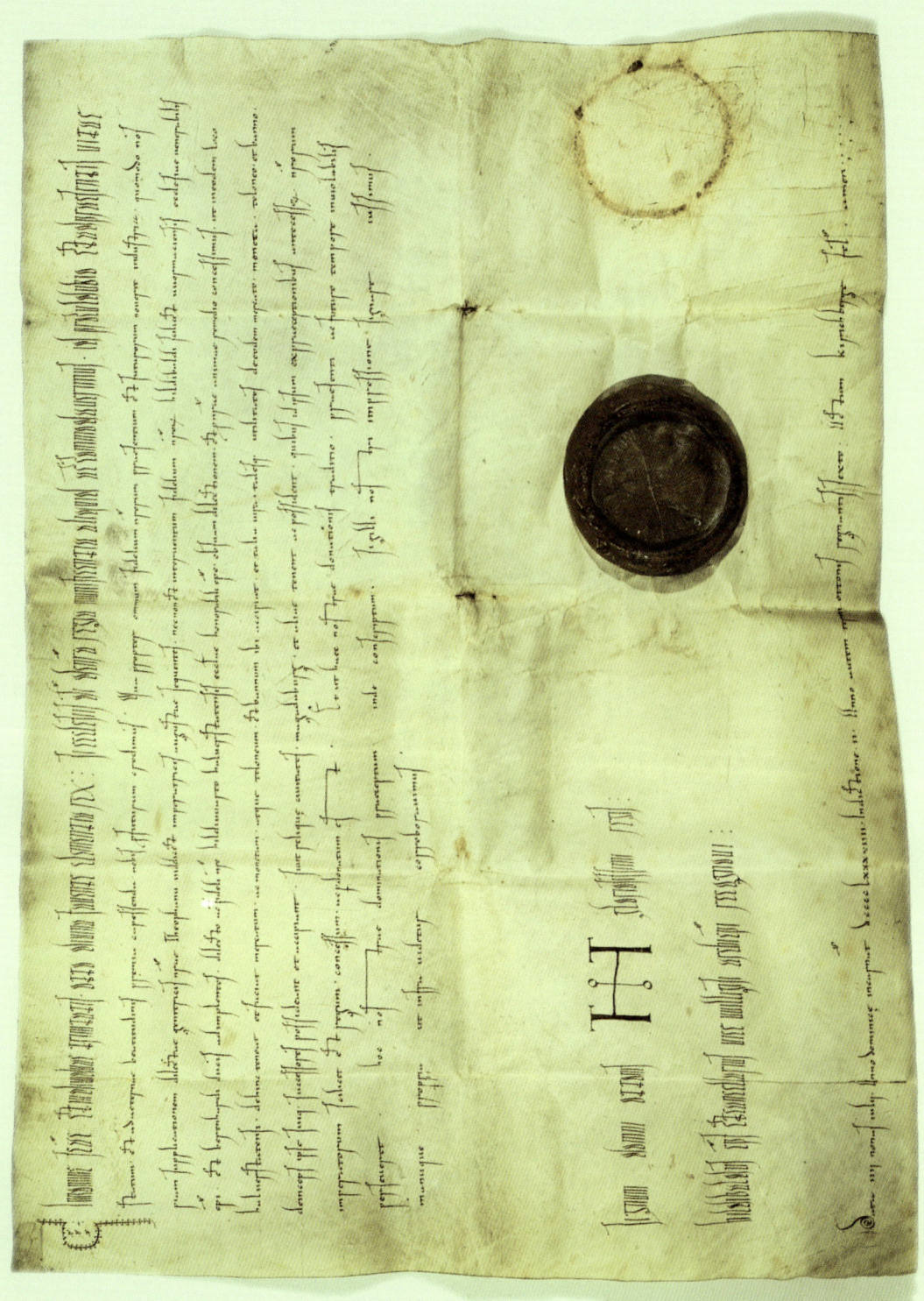

Gudrun Wittek

Das Halberstädter Marktprivileg vom 4. Juli 989

Am 4. Juli 989 übertrug Otto III. dem Bischof Hildeward von Halberstadt *"mercatum ac monetam atque teloneum et bannum"*[1]. Diese Rechtsübertragung wird gewöhnlich unter der Bezeichnung Marktrechtsprivileg zusammengefaßt. Dieses Privileg war bei weitem keine Selbstverständlichkeit. War es doch bis zu diesem Zeitpunkt der Quedlinburger Äbtissin Mathilde und ihrer Mutter, der alten Kaiserin Adelheid, gelungen, Osterwieck dem eigentlichen Bischofssitz Halberstadt vorzuziehen. Das war im Interesse der Reichsabtei Quedlinburg geschehen, der nicht daran gelegen sein konnte, im Halberstädter Bischof einen sie dominierenden Nachbarn zu haben. Erst als es der verwitweten Kaiserin Theophanu gelang, ihre Schwiegermutter Adelheid vom kaiserlichen Hof zu verdrängen, war das Halberstädter Privileg möglich. Theophanu war alleinige Regentin als das Privileg im Namen Ottos III. ausgestellt worden ist. Formal war Otto III., obwohl noch ein Kind, der Aussteller der Urkunde. Daß Theophanu die treibende Kraft war, wird daran erkennbar, daß - laut Urkundentext - die Ausstellung vor allem auf ihre Intervention erfolgt sei. In der Tat war das Privileg geeignet, Halberstadt auf eine Höhe mit Magdeburg und anderen Bichofssitzen zu heben. Vor allem hat es die spätere Stadtherrschaft des Bischofs juristisch begründet und den Ort Halberstadt mit guten Entwicklungschancen ausgestattet. Den Bischöfen von Halberstadt kam von nun an das Recht zu, Markt abzuhalten. Es ist anzunehmen, daß es sich dabei zunächst um einen reinen Fernhandelsmarkt gehandelt hat. Ferner ist davon auszugehen, daß bereits vor der Marktrechtsverleihung in Halberstadt Wanderhandel vorhanden war. Erzbischofsitze wie Magdeburg und Köln haben nie ein dem Halberstädter vergleichbares Marktprivileg erhalten, besaßen aber schon frühzeitig einen regen Marktverkehr. Die archäologischen Funde in Halberstadt lassen den Gedanken zu, daß auch hier schon zunächst unprivilegierter Handel ansässig war. Das Privileg könnte eine Verstärkung dargestellt haben. Welches Ausmaß der Handel erlangt hatte, könnte durch die Verzahnung der vergleichenden Analyse schriftlicher Quellen mit der wissenschaftlichen Auswertung der archäologichen Funde der letzten zehn Jahre nachvollzogen werden. Welche Rechte wurden mit der Urkunde den Halberstädter Bischöfen verliehen,

Abb. 34: Diplom König Otto III. für den Bischof Hildeward von Halberstadt (968–996), Kirchberg, 989, Juli 4; Pergament 43,5 x 59 cm, Landeshauptarchiv Sachsen - Anhalt, Rep. U 5, Tit. II, Nr. 4, vgl. Beitrag Pätzold, S. 33, Nr. 2.

was ist unter diesen Rechten zu verstehen und wie wurden sie verwirklicht?

„mercatus" - das Marktrecht: Da *mercatus* im 10. Jahrhundert nicht zwingend als Markt, sondern mehr im Sinne von Marktverkehr oder Marktbetrieb zu übersetzen ist, der nunmehr in Halberstadt stattfinden darf, ist die Frage zu stellen, wie dieser ausgesehen hat. Außerdem gab es in der Forschung über viele Jahre den Streitpunkt, wann und wo der Halberstädter Markt eingerichtet worden ist. Meine jüngsten aus friedensgeschichtlicher Sicht realisierten Untersuchungen[2] verstärken die Annahme, daß die frühmittelalterlichen Märkte in ihrem Grundriß so nicht ausgesehen haben, wie wir sie heute noch in ihrer spätmittelalterlichen Form kennen. Die Stadtentstehung ist weitaus dynamischer verlaufen, als oft vermutet. In dieses Bild gehört die Erkenntnis, daß es in Halberstadt zunächst keinen an einen bestimmten Platz gebundenen Markt bzw. Märkte gegeben hat. Es erscheint demnach unsinnig, in Halberstadt für das 10. Jahrhundert und den Beginn des 11. Jahrhunderts einen solchen Platz archäologisch zu suchen.

Dieser Eindruck wurde unabhängig von mir durch die jüngsten Grabungsergebnisse auf dem Holzmarkt bestätigt. Holzmarkt und Fischmarkt sind vermutlich Schöpfungen des ausgehenden 12. und des 13. Jahrhunderts und wurden mit großer Wahrscheinlichkeit erst nach der Zerstörung Halberstadts durch Heinrich den Löwen 1179 in der heute noch sichtbaren Gestalt angelegt.[3] Demnach ist der Standpunkt, der Halberstädter Bischof hätte den heute noch existierenden Markt im 10. Jahrhunderts planmäßig angelegt, nicht zu halten. Als weiteres Indiz für die Mobilität der frühen Märkte in Halberstadt steht der Urkundentext des Privilegs. Aus ihm geht hervor, daß der Bischof von jetzt an Markt / Marktverkehr[4] *„halten und gründen"* (*teneat et faciat*) darf. Dieser Text könnte für Abhalten des Handels irgendwo *in loco* Halberstadt stehen, so daß dann mit der Ausbildung einer Gewohnheit allmählich auch die räumliche Fixierung folgen konnte. Diese erste räumliche Fixierung dürfte um die Mitte des 11. Jahrhunderts anzusetzen sein. Das Marktprivileg ist auch im überlokalen Zusammenhang von Bedeutung gewesen. Es hat dazu beigetragen, spätere zusätzliche Marktgründungen der näheren oder weiteren Umgebung zu verhindern.

„bannus" - der Bann: Vom Recht des Markthaltens abgesehen, wurden dem Bischof der Bann, die Münze und der Zoll übertragen. Es handelt sich dabei um Rechte, die den Ortsherrn gänzlich zum Marktherrn und damit in späterer Folge auch zum Stadtherrn aufsteigen ließen. Die wichtigste Voraussetzung für die Herrschaft war dabei der Bann. Bei ihm handelt es sich um die sogenannte hohe oder Blutgerichtsbarkeit, d.h. um die Entscheidung über Tod und Leben. Ferner gehörte die niedere Gerichtsbarkeit dazu. Die hohe Gerichtbarkeit wurde, da Geistliche grundsätzlich kein Blut vergießen durften, durch den Großvogt ausgeübt. Dieses Amt wurde durch einen Edelfreien, also einen Adligen, wahrgenommen. Zunächst hat offenbar kein Bedarf bestanden, einen extra Amtsträger für die niedere Gerichtsbarkeit einzusetzen. Zu wenig Anlaß mag es dafür gegeben haben. Erst mit der kräftigen Entwicklung der Marktsiedlung war der Bedarf da. Wir finden seit etwa der Mitte des 11. Jahrhunderts einen *tribunus plebis*, später *sculthetus* genannt, als herrschaftlichen Amtsträger, der vor allem für die Marktgerichtsbarkeit zuständig gewesen ist. Später wird das Schultheißengericht wohl, wie es in Magdeburg der Fall gewesen ist, auch für Liegenschaftsangelegenheiten, also Kauf, Verkauf von Immobilien, deren Belastung mit Hypotheken, für die Eintragungen in das Stadtbuch, die Einweisung in die rechten Gewere u.a. verantwortlich gewesen sein. Den Schultheißen zur Konkurrenz treten, seit Beginn des 12. Jahrhunderts nachweisbar, Gemeindevertreter, die Burmeister, hervor, bis dann seit dem 13. Jahrhundert ein bürgerlicher Richter die niedere Gerichtsbarkeit in die Hand bekam. Die niedere wie hohe Gerichtsbarkeit sollte seit dem 12. Jahrhundert zum Kampfobjekt zwischen Bischof und heranwachsender Stadt werden. Im 10. Jahrhundert aber ging es vor allem erst einmal um die Wahrung des Marktfriedens, d.h. um die Sicherheit der Marktbesucher beim Kommen, Gehen und Aufenthalt. Dafür war in Halberstadt der Großvogt, in Magdeburg der Burggraf zuständig. Die mit der hohen Gerichtsbarkeit verbundene Sicherheitsgarantie für Kaufleute und andere Marktbesucher machte Halberstadt als Marktort attraktiv. Wie aber zu dieser Zeit in Halberstadt Gericht gehalten wurde, welche Gerichtsfälle es gegeben hat, liegt völlig im Dunkeln. Wichtig ist der Tatbestand des Friedens beim Kommen, Gehen und Aufenthalt wenigstens in der Marktzeit. Künftig sollte es in diesem Zusammenhang immer von neuem um die Suche nach möglichst effektiven Formen des Friedensschutzes gehen. Die größten Fähigkeiten dabei haben die Bürger entwickelt und so schließlich mit Recht die Friedenshoheit über Halberstadt erworben. Schließlich ist noch hervorzuheben, daß die Gerichtsbarkeit eine nicht zu unterschätzende Einnahmequelle darstellte, von der außer den jeweiligen Amtsträgern auch der Bischof kräftig profitieren konnte.

„teloneum" - der Zoll: Das Zollrecht war direkt an die hohe Gerichtsbarkeit gebunden. Die Erhebung von Zoll erhielt erst in Verbindung mit der Gewährung von Schutz eine Legitimation. Markt- bzw. handelsbezogene Halberstädter Zölle sind aus dem 10. Jahrhundert nicht überliefert. Es muß sie dennoch gegeben haben. Das Beispiel von Merseburg legt nahe, daß wenigstens eine allgemeine Friedensabgabe, gewöhnlich *freda* genannt,

erhoben worden ist. Hinzu dürften die handelsbezogenen Zölle gekommen sein. Um einen solchen Zoll scheint es sich bei dem *rectum censum pro mercatorio usu*, den die Kaufleute am Anfang des 11. Jahrhunderts an den Halberstädter Bischof zu entrichten hatten, zu handeln. Allerdings werden direkte Zollbeamte in Halberstadt erst relativ spät erwähnt. Bann und Zoll begründeten in Verbindung mit dem Marktrecht die sogenannte Marktimmunität (siehe Anm. 1).

„moneta" - die Münze: Schließlich wurde dem Bischof und dem Domkapitel mit dem Münzrecht ein wichtiger wirtschaftsbestimmender Faktor in die Hände gelegt. Abgesehen davon, daß über Schlagschatz und Münzverrufung viel Geld zu machen war, entschied Münzpolitik nicht selten über die Prosperität des Marktes. Einerseits können wir feststellen, daß die Halberstädter Bischöfe lange Zeit von ihrem Münzrecht nicht Gebrauch gemacht haben.[5] Die Gründe dafür sind nicht bekannt. Aber dann ist festzustellen, daß Münzpolitik wichtiger als aller innerer Streit genommen wurde. Während jeder Vakanz des bischöflichen Stuhls, während jedes Schismas, stützte das Domkapitel die Münze, so daß weiter geprägt wurde und die Münzqualität stabil blieb, bis schließlich Anteile an der Münze in die Hand der Bürgerschaft gelangten und die Münzqualität überregional durch eine städtische Münzkonvention abgesichert wurde.[6] Ohne gute Münze gab es kaum einen ertragreichen Handel.

Bleibt noch die Frage, inwiefern und für welche Zeit es sinnvoll ist, nach einem frühen Halberstädter Marktplatz, und so den eigentlichen Ansatz der späteren Stadt zu suchen. Diese Frage geht Geschichte und Archäologie gleichermaßen an. Hierzu einige konkrete Vorstellungen aus der Sicht des Historikers:
1. In Halberstadt einen festen Marktplatz des 10. oder des beginnenden 11. Jahrhunderts zu finden, ist nach neuesten Untersuchungen wenig wahrscheinlich. Aber spätestens Ende des 12. Jahrhunderts wird es ihn gegeben haben. Wo er gelegen haben kann, kann über vergleichende historische Untersuchungen ermittelt werden.
2. Die ersten Märkte haben binnen des sogen. *locus* Halberstadt stattgefunden. Fraglich ist, was unter *locus* zu verstehen ist. Es wäre somit zuerst erforderlich, über den Vergleich der Urkunden für Halberstadt aus dem 10. Jahrhundert die Bedeutung des Wortes *locus* zu erschließen, und zu versuchen, die Grenzen des *locus* näher zu bestimmen. Damit wäre der geographische Rahmen abgesteckt, und wir hätten zugleich die Stadtgrenzen der künftigen Bischofsstadt. Sie könnten mit den von Franz Schrader ermittelten Grenzen der Pfarrsprengel verglichen werden.
3. Durch weiträumige, auf Halberstadt ausgerichtete Untersuchungen war

die Schlußfolgerung möglich, daß die ersten Märkte nicht an einem bestimmten Platz stattgefunden haben, sondern unter dem Druck der jeweiligen Bedürfnisse abgehalten worden sind. Somit könnte es auch verschiedene marktbezogene Siedlungsansätze gegeben haben.

Zur Ermittlung der frühstädtischen Strukturen könnten im nächsten Schritt die innerhalb des *locus* genannten Gebietes wirkenden Friedenszonen ermittelt werden. Die Graduierung und jeweilige Beschaffenheit von Frieden ergab sich z.B. aus der Art der Befestigung, dem Grad der Heiligkeit (bei Kirchen und Klöstern) oder dem besonderen Bodenrecht. Die Markierung der einzelnen Friedenszonen wird über die Anwendung der im Mittelalter üblichen Formel *"befrieden und bewahren"* möglich. Der Marktfrieden und der mit ihm verknüpfte Personenfrieden benötigten eine besondere Art von Schutz und eine verkehrsgerechte Lage. Diese Bedürfnisse sind in Beziehung zu den zu ermittelnden Friedenszonen und deren Friedensinhalt zu setzen. Ein solches Vorgehen ist möglich, weil im unfriedlichen Mittelalter dem Frieden zumindest in befestigten Anlagen, auf Märkten und in Städten der allerhöchste Rang eingeräumt worden ist. Somit könnte für Halberstadt ein für die Archäologie zu nutzender Raster der einzelnen Friedenszonen erstellt werden.

4. Die letzten zehn Jahre haben zahlreiche, sehr interessante Grabungsergebnisse gebracht, die der wissenschaftlichen Auswertung bedürfen. Der genannte Raster könnte die Bewertung der Funde durch die Archäologen unterstützen. Die Zusammenarbeit von Geschichte und Archäologie könnte so Einblicke in die an schriftlichen Quellen arme frühe Stadtgeschichte Halberstadts gewähren.

Anmerkungen:

1 = „Marktverkehr sowie Münze und dazu Zoll und Gerichtsbarkeit". Die Übertragung ins Deutsche ist problematisch. So ist „mercatus" nicht einfach mit „Markt" zu übersetzen. Denn das Wort „mercatus" ist für das 10. Jahrhundert vieldeutig. Auf gar keinen Fall dürfen wir uns darunter einen Marktplatz von heutigem Zuschnitt vorstellen, sondern eher Marktverkehr, der sich damals auf einem verlagerbaren Handelsplatz oder auch an mehreren Plätzen innerhalb der Ortsgrenzen von Halberstadt abgespielt hat. Dieser Handel konnte dabei über das Recht, eine Münzstätte einzurichten, mit eigenem Stempel Münzen zu prägen und diese auch wieder einzuziehen, die Münzqualität zu bestimmen, beeinflußt werden. Dieses Recht wird durch das Wort „moneta" wiedergegeben. Mindestens ebenso wichtig wie das Münzrecht war das Recht der Zollerhebung „teloneum". Im Kontext der Urkunde erstreckt es sich nicht auf allgemeine, sondern ausschließlich auf den Marktverkehr bezogene Schutzabgaben. Deshalb steht der Zoll in Verbindung mit „bannus"/„bannum", der Rechtssetzung und der Rechtssprechung für den Ort Halberstadt.

2 Gudrun Wittek, Frühe urbane Ordnungssätze am Beispiel von Halberstadt, Quedlinburg, Magdeburg, Halle und anderer Städte (im Druck).

3 Diese Auskünfte verdanke ich Herrn Dr. Adolf Siebrecht, Direktor des Städtischen Museums Halberstadt i.R.

4 D.h., daß künftig alle, die sich zu Kauf oder Verkauf in Halberstadt aufhielten, dort nicht wegen irgendwelcher anderer zuvor wo auch immer aufgerichteter Rechtsverpflichtungen belangt werden durften. Über die Marktimmunität wurde somit anderes Recht ausgeschaltet und ein eigener Frieden aufgerichtet und gestaltet.

5 Vgl. Bernd Kluge, Die Anfänge der Münzprägung in Halberstadt, In: Nordharzer Jahrbuch Bd. 14, Halberstadt 1989, S. 17-18, bes. S. 19.

6 Gudrun Wittek, Die Halberstädter Bürger und ihre kommunalen Rechte und Freiheiten in der Zeit von 1250 bis zum Ende des 14. Jahrhunderts, In: Jahrbuch für Regionalgeschichte und Landeskunde Bd. 17, T. II, 1990, S. 88 f.

Adolf Siebrecht

Zu den Anfängen der Stadt Halberstadt

Mit der Bistumsgründung im Jahre 804 war der Name des alten sächsischen Dorfes Halberstadt auf den neuen Bischofssitz auf dem Domplatz und auf das Bistum übergegangen. Uns interessiert nun die Frage, wann und wo sich in der Nähe dieser Bischofsresidenz eine Siedlung herausbilden konnte, deren Entwicklung zur späteren Stadt Halberstadt führte. Zur Beantwortung dieser Fragestellung geben uns die wenigen erhalten gebliebenen Urkunden (siehe S. 31 ff.) erste wichtige Hinweise, die durch Ergebnisse der stadtarchäologischen Forschung Ergänzung finden.

1. Beschäftigen wir uns zunächst mit der Frage nach dem Alter der Siedlung. Eine Urkunde steht für diese Entwicklung am Anfang. Sie wurde erst 185 Jahre (!) nach der Gründung des Bistums ausgestellt. Am 4. Juli des Jahres 989 erhielt der damalige Halberstädter Bischof Hildeward (968-996) aus der Hand des jugendlichen Herrschers, König Otto III., ein bedeutsames Privileg, das wir auch als die „Geburtsurkunde" der Stadt Halberstadt bezeichnen können. Dem Bischof war das Markt-, Münz- und Zollrecht sowie der Bann für den Ort Halberstadt verliehen worden. Der uns besonders interessierende Text der in lateinischer Sprache geschriebenen Urkunde lautet übersetzt: „...*bewilligt haben, daß er an eben diesem Ort Halberstadt von nun an einen Markt besitzen und abhalten soll, daß er Münze, Zoll und den Gerichtsbann dort erhält und daß er und seine Nachfolger nunmehr solche Rechtstitel und Nutzungsrechte aus eben diesem Markt, der Münze, dem Zoll und Gerichtsbann besitzen und erhalten sollen, wie sie die übrigen Orte, Magdeburg (etwa) und andere, haben und besitzen...*"
(siehe Text der Urkunde S. 33, Nr. 2).
Jetzt wird der sich östlich der Domburg entwickelnde Siedlungskomplex, der „Ort", mit dem Namen Halberstadt bezeichnet. Nur 47 Jahre später stellt der 10. Halberstädter Bischof Burchard I. (1036–1059), vermutlich zu Beginn seines Amtsantritts, eine Urkunde für die Halberstädter Kaufleute aus. Der uns interessierende Text lautet übersetzt: „...*daß wir aus Liebe zu Gott sowie aufgrund der Fürsprache und Bitte unserer Getreuen den Halberstädter Kaufleuten, die dort ansässig sind und den Bischöfen des genannten Sitzes den*

Abb. 35: Zeichnung des Abdrucks vom ältesten Stadtsiegel Halberstadts aus dem Jahre 1223. Das Siegel zeigt noch kein einheitliches Stadtwappen, sondern den an erster Stelle stehenden Patron des Domes und des Bistums Halberstadt, den heiligen Stephan. Die Umschrift lautet: „SIGILLVM. BVRGENSIUM IN HALBERSTAT".

gebührenden Zins für die Ausübung des Handels zahlen, einige Wiesen, in deren Besitz sie durch die Übergabe und Bewilligung unserer Amtsvorgänger, nämlich durch den Bischof Arnulf seligen Angedenkens und durch den vormaligen Diözesanherrn Branthog, gekommen sind, sowie auch jene, die im östlichen Teil der vorgenannten Siedlung und südlich des Flusses Holtemme gelegen sind, zu Weidezwecken und dauerhaften Besitz übertragen, bewilligt und unverbrüchlich bekräftigt haben" (siehe S. 35, Nr. 3).

Dem Inhalt dieser Urkunde können wir entnehmen, daß schon zur Zeit der Vorgänger von Bischof Burchard I., von Bischof Branthog (1023-1036) und seines Vorgängers Bischof Arnulf (996-1023), hier Kaufleute ansässig waren. Diese erhielten von Bischof Burchard I. ein weiteres Gebiet östlich der Siedlung und südlich der Holtemme zur Weidenutzung. Wenn wir uns die wichtigen Daten näher ansehen, dann wird deutlich wie schnell das Privileg von 989 umgesetzt wurde bzw. daß es schon auf vorhandene Strukturen aufbauen konnte: 989 erfolgte die Verleihung des Marktprivilegs, nach dem Tod von Bischof Hildeward im Jahre 996, also 7 Jahre nach der Privilegsverleihung, gewährte sein Nachfolger Bischof Arnulf mündlich den Kaufleuten, die hier erstmals genannt werden, wichtige Rechte. Diese Rechte wiederum bestätigte Bischof Branthog im Jahre 1023 auch wieder mündlich, ehe dann Bischof Burchard I. die oben zitierte Urkunde 1036 ausstellte. Drei weitere Urkunden beleuchten das rasante Entwicklungstempo. In einer undatierten Urkunde von Bischof Burchard II. (1059-1088), vermutlich in dem Anfangsjahr seines Pontifikats 1059 ausgestellt, spricht er von der Ehrenstellung des Marktes und des Rechtes der Kaufleute (UB Halberstadt I, Nr.2, Halle 1878). Auf seinen Wunsch bestätigte am 14. Mai des Jahres 1068 König Heinrich IV. in Dortmund den Kaufleuten von Halberstadt, die ihnen von seinen Vorgängern verliehenen Rechte und Privilegien und bewilligt zollfreien Handel auf allen königlichen Märkten (siehe S. 35, Nr. 4). 37 Jahre später, im Jahre 1105 bestätigt der Halberstädter Bischof Friedrich (1090-1106) den Bewohnern der Halberstädter Marktsiedlung die ihnen von seinen Vorgängern mündlich verliehenen Aufsichtsrechte über den Lebensmittelhandel, über die Gemeindeversammlung sowie über Maße und Gewichte; darüber hinaus verleiht er ihnen die Marktgerichtsbarkeit (siehe S. 37). Erstmals wird mit dieser Urkunde die Marktsiedlung genannt *„daß die Einwohner unseres Ortes, genauer die Bewohner der Marktsiedlung mit der demütigen Bitte an uns herangetreten sind"*.

Fassen wir zusammen: 7 Jahre nach der Verleihung des Marktrechtes werden 996 in Halberstadt erstmals Kaufleute urkundlich faßbar; 63 Jahre danach spricht um 1059 Bischof Burchard II. von dem Markt und den Kaufleuten und wiederum 9 Jahre später werden 1068 den Halberstädter Kaufleuten durch den König wichtige Rechte und Privilegien bestätigt. 37 Jahre darauf spricht Bischof Friedrich in einer Urkunde des Jahres 1105 von den Bewohnern der

Marktsiedlung. Diese können jetzt, 116 Jahre nach der Verleihung des Marktrechtes an den Bischof, in vielen Dingen selbständig und vom Bischof unabhängig agieren und auch schon städtische Rechte wahrnehmen.

2. Kommen wir nun zur Beantwortung der Frage, wie sich der 989 genannte Ort Halberstadt entwickelte und wo er sich befand. Zunächst können wir davon ausgehen, daß sich im Schutz und der Nähe der Domburg ein Siedlungskomplex herausgebildet hatte, den Handwerker und Kaufleute bewohnten, die bereits in vielfältiger Weise für den Bischof und die Bewohner der Domburg tätig waren. Dieser Siedlungsprozeß nahm einen längeren Zeitraum in Anspruch. Seine Entwicklung ist auch im engen Zusammenhang mit der Entwicklung der Domburg, der zunehmenden Bedeutung der Halberstädter Bischöfe, des Anwachsens der im Dienste des Bischofs stehenden Geistlichkeit und der vielen anderen Bewohner und in der Domburg Beschäftigten zu sehen. Schließlich waren das ja auch die Auftraggeber und Konsumenten für die Handwerker und Kaufleute. Offensichtlich war das Privileg König Otto III. in gewisser Hinsicht die „juristische Bestätigung" eines schon bestehenden Zustandes, d.h. eine Ansiedlung von Handwerkern und Kaufleuten, ein Ort mit dem Namen Halberstadt, war schon vor 989 vorhanden. Der Bedarf an reger Handelstätigkeit, das Interesse an der Ausübung eines Marktes und an dem Gewinn daraus ließen die königliche Genehmigung wünschenswert erscheinen. Der Herrscher und seine Administration entsprachen mit dem Privileg von 989 den Wünschen Bischof Hildewards.

So hatte es seit der Bistumsgründung 185 Jahre bis zur Erwähnung des Ortes Halberstadt im Jahre 989 gedauert. Die schon besprochene Urkunde von Bischof Burchard I. aus dem Jahre 1036 gibt uns wichtige topographische Hinweise zu Lage dieses Ortes: *„im östlichen Teil der vorgenannten Siedlung und südlich des Flusses Holtemme gelegen"*. Weitere wichtige Hinweise verdanken wir der archäologischen Forschung, denn Funde des 9. und 10. Jahrhunderts häufen sich östlich der Domburg und des heutigen Hohen Weges. Dieser „Ort" entwickelte sich vom südlichen Nebenarm der Holtemme, später auch als „Kulk" bezeichnet in südlicher Richtung bis auf die Hochfläche der Terrasse. An exponierter Stelle dieser Hochfläche befand sich vermutlich eine Kirche, wahrscheinlich ein Vorgängerbau der heutigen Martinikirche. Das Martinspatrozinium dieser Kirche weist auf einen fränkisch bestimmten Bischof und somit auf ein hohes Alter hin. Es ist durchaus möglich, daß die Gründung der ältesten Martinikirche bereits unter Bischof Hildegrim II. (853-896) für fränkische Kaufleute erfolgte.

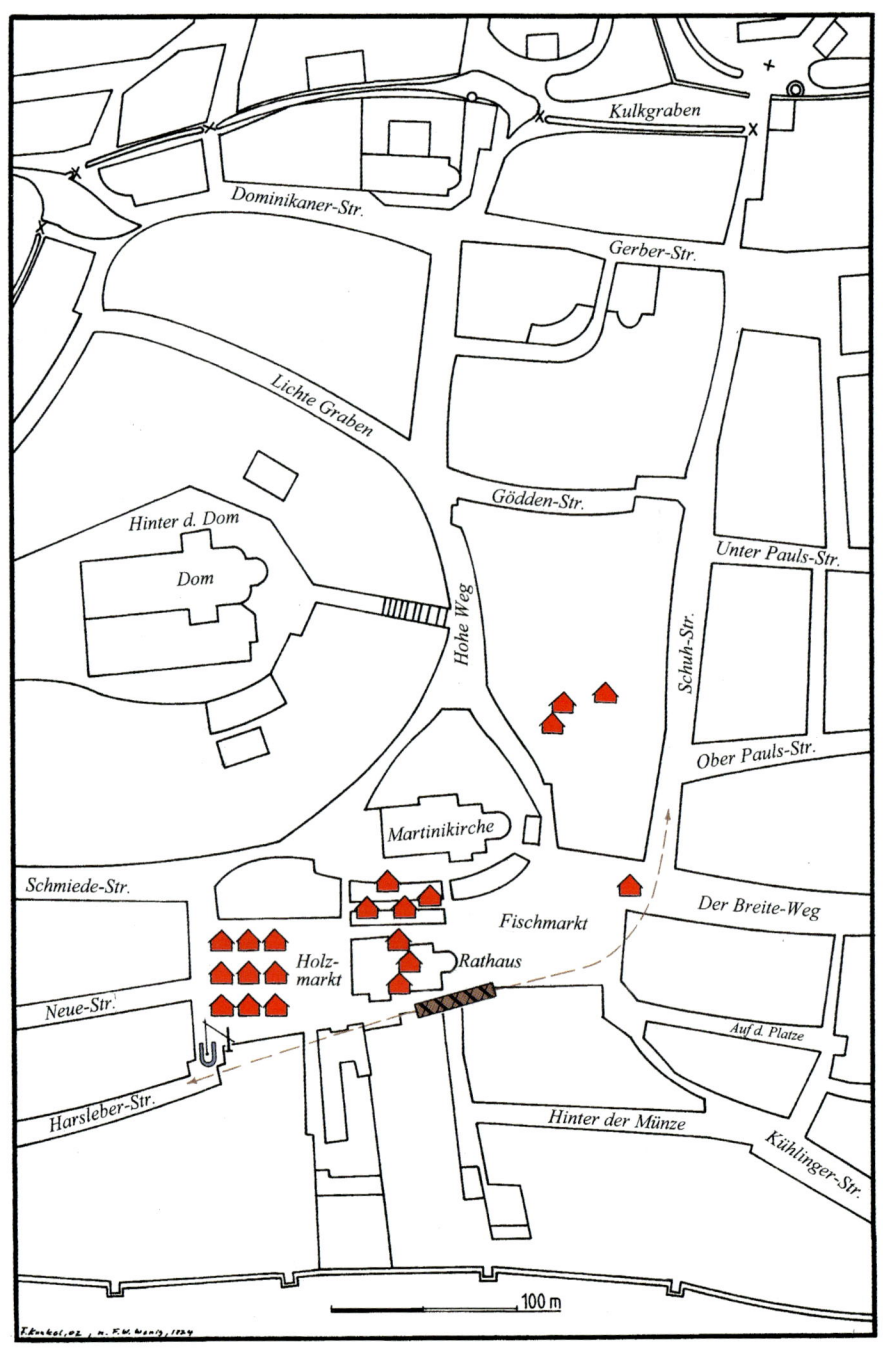

Abb. 36: Auf den Stadtplan von F. W. Wenig (1824) wurden schematisch die bisher archäologisch nachgewiesenen Fundstellen von Grubenhäusern des 10./11. Jahrhunderts (rot) eingetragen. Der Plan zeigt, daß sich zu dieser Zeit auch Grubenhäuser an der Stelle des Holzmarktes und des Rathauses befanden. Die Fundstelle eines Holzbrunnens (blau) aus der Zeit um 1100 sowie eines Befestigungsgrabens (braun) runden den Eindruck vom damaligen Siedlungsbild ab. Zeichnung: Friedrich Kunkel.

Abb. 37 u. 38: Nordöstlich der Martinikirche zeichneten sich im Planum der Grabungsfläche des Jahres 1993/1994 die Verfärbungen von zwei sich überschneidenden Grubenhäusern des 10. Jahrhunderts ab. Diese werden wiederum von einer Ofenanlage des 12. Jahrhunderts überlagert. Nach erfolgter Ausgrabung war deutlich die gut erhaltene und noch 1,00 m in den gewachsenen Boden eingetiefte Hausgrube des vorderen Grubenhauses zu erkennen.

Im näheren und weiteren Umfeld der Martinikirche wurden bei den Ausgrabungen Reste von Grubenhäusern gefunden, den Wohn- und Arbeitsstätten der Bewohner des 10. bis 12. Jahrhunderts. Leider zerstörte die spätere hochmittelalterliche Bebauung mit ihren Kellern viele dieser älteren Befunde. Nach Westen bildeten die Befestigungsanlagen der Domburg eine wichtige Grenze, nach Süden die Südseite des Fischmarktes und nach Osten die späte-

Abb. 39: Der 1997 entdeckte in West-Ost Richtung führende Spitzgraben wurde in einer Baugrube dicht östlich der Krebsscheere in Süd-Nord Richtung angeschnitten (vgl. Abb.36). Seine Breite betrug 9,25 m, die Tiefe der Grabenspitze 4,50 m. Dieser Graben ist ein wichtiger archäologischer Nachweis für die Befestigung der Marktsiedlung des 10./11. Jahrhunderts, über die in den schriftlichen Quellen nichts berichtet wird.

Abb. 40: Halberstadt um das Jahr 1000. Diese Rekonstruktion entstand im Ergebnis der Forschungen des Verfassers und von Friedrich Kunkel. Sie wurde von letzterem und Ulrich Mund angefertigt.

re Schuhstraße. Vermutlich war dieses hier umschriebene Gebiet auch durch ein Graben- und Wallsystem geschützt. Zumindest konnte an der Südseite des Fischmarkts 1997 ein West-Ost verlaufender Befestigungsgraben, ebenfalls ein Spitzgraben, nachgewiesen werden, der vermutlich schon um 1000 vorhanden war. Plätze, wie der Holz- oder der Fischmarkt, waren zu jener Zeit noch nicht vorhanden. Sie entstanden vermutlich erst im Zusammenhang mit dem Wiederaufbau der 1179 schwer zerstörten Stadt im Laufe des 13. Jahrhunderts. Die Rekonstruktion im Städtischen Museum zeigt uns die Situation der Domburg und Marktsiedlung in der Zeit um 992. Im Vordergrund blicken wir aus der Vogelperspektive aus südöstlicher Richtung auf die befestigte Marktsiedlung mit dem Vorgängerbau der Martinikirche und den archäologisch und urkundlich für diese frühe Zeit nicht nachgewiesenen Toranlagen im Westen und Osten. Die Siedlung schmiegt sich schutzsuchend an die Domburg, die sich in westlicher Richtung anschließt. Nördlich davon sehen wir das Holtemmetal. In der Domburg erkennen wir den 992 geweihten ottonischen Dom mit der Klausur und dem bischöflichen Palast. Wir sehen die befestigten Zugänge zur Domburg, im Süden das Düstere Tor, im Westen das Tor „Drachenloch" und im Norden das Tränketor.

3. Über die weitere Entwicklung geben die zahlreichen Urkunden und viele archäologische Quellen Auskunft. Neben dem Bereich der Domburg, für den der Dom die zuständige Pfarrkirche war, bilden sich nun in Wechselwirkung mit der räumlichen Entwicklung und der damit verbundenen Zunahme der Bevölkerung neue Siedlungskomplexe heraus. Diese lassen sich an Hand der mittelalterlichen Pfarrorganisation und ihrer Pfarrbezirke lokalisieren.

Für den älteren Ort Halberstadt war die bereits erwähnte Martinikirche die zuständige Pfarrkirche. Ihr Pfarrbezirk markiert den ältesten Abschnitt der räumlichen Entwicklung Halberstadt dicht östlich der Domburg. Er grenzt im Norden an den Kulkgraben, im Westen an die Domburg, im Osten an die Schuhstraße und im Süden an den Breiten Weg. In der späteren Entwicklung bildete dann die Stadtmauer südlich der alten Kühlinger Straße die Grenze dieses Pfarrbezirkes. Die nächste Pfarrkirche war um 1030 entstanden. Zu dieser Zeit wurde das Johannisstift an der Stelle errichtet, wo sich heute der jüngere jüdische und der katholische Friedhof dicht nördlich des oberen Abschnitts der Sternstraße befinden. Ihr Pfarrbezirk umfaßte das bischöfliche Vogteigebiet, welches die westliche Hälfte der Domburg umschloß. Es grenzte im Osten an den Johanniesbrunnen und etwa an die heutige Gerhart-Hauptmann-Straße, im Süden bis an die Stadtmauer in der Plantage, im Westen etwa bis zur heutigen Araltankstelle an der Sternstraße und im Norden bis zur Holtemme am Schwanenteich. Der Straßenname Voigtei errinnert noch heute an das unter bischöflicher Hoheit stehende und von Vögten des Bischofs verwaltete Gebiet.

Entsprechend der weiteren räumlichen Entwicklung östlich der Marktsiedlung und des Pfarrbezirkes von St. Martini entstand 1085 das Paulstift. Die Paulskirche wurde 1945 teilweise zerstört und 1969 gesprengt. Sie befand sich etwa an der Stelle der heutigen Grundschule „Am Paulsplan". Der Pfarr-

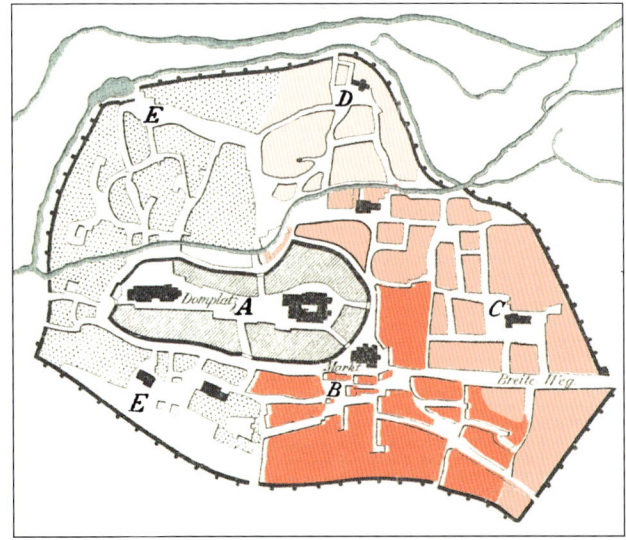

Abb. 41: Dieser 1896 von W. Varges vorgelegte Plan läßt die Entwicklung der Siedlungskomplexe des mittelalterlichen Halberstadt erkennen, die sich wiederum mit den Pfarrbezirken in Übereinstimmung bringen lassen. Die archäologischen Untersuchungsergebnisse stimmen mit dieser Entwicklung überein:
A = Domburg, B = Pfarrbezirk von St. Martini (ältere Altstadt), C = Pfarrbezirk von St. Paul (jüngere Altstadt), D = Pfarrbezirk von St. Moritz (Neustadt), E = Pfarrbezirk von St. Johann (Vogteigebiet).

bezirk von St. Paul grenzte im Westen an die Schuhstraße, im Süden an den Breiten Weg, im Osten an die Stadtmauer in der Nähe der Schützenstraße und im Norden an den Kulkgraben. Im Zuge der weiteren Stadtentwicklung wurde am Ende des 12. Jahrhunderts das Holtemmetal aufgesiedelt und hier mit der Moritzkirche eine weitere Pfarrkirche errichtet, die erst unter Bischof Gardolf (1193-1201) erwähnt wird. Der Pfarrsprengel von St. Moritz grenzte im Süden an den Kulkgraben und damit an den von St. Martini. Im Westen grenzte er an den Pfarrbezirk von St. Johann, etwa an der Linie Voigtei-Johannesbrunnen und im Norden an die Stadtmauer.

Die wichtigsten Etappen der räumlichen Entwicklung zur Stadt Halberstadt lassen sich deutlich an Hand der entstandenen Pfarrbezirke ablesen: vom Pfarrbezirk von St. Martini um 1000, über den Pfarrbezirk von St. Johann um 1030 und von St. Paul um 1085 bis zu dem jüngsten Pfarrbezirk von St. Moritz um 1200. Wie die archäologischen Befunde erkennen lassen, war dieses hier grob umschriebene Siedlungsgebiet bereits durch ein Graben-Wall-System geschützt, das später durch die Stadtmauer abgelöst wurde.

Einschneidende Ereignisse jener Zeit waren zwei schwere Zerstörungen. Im Jahr 1060 kam es zu einem gewaltigen Stadtbrand, der große Teile des Pfarrbezirkes von St. Martini zerstörte und vermutlich die damalige St. Martinikirche beschädigte. Auch die Domburg und vor allem der 992 geweihte zweite Dom trugen so schwere Schäden davon, daß die Weihe des wiederhergestellten Domes erst elf Jahre später, im Jahr 1071, erfolgen konnte. Aber noch schwerer waren die Zerstörungen des Jahres 1179. Im

Abb. 42: Zeichnung des Siegelabdrucks von Bischof Ulrich (1149-1160, 1177-1180) aus dem Jahre 1156.

Abb. 43: Das Bildnis von Herzog Heinrich dem Löwen auf der Unterseite des Deckels eines Reliquiengefäßes. Es war seit 1188 im Kapitell der Mittelsäule des Marienaltars verborgen, der sich im Dom von Braunschweig befindet.

Ergebnis von tief greifenden Meinungsverschiedenheiten und häufigen militärischen Konflikten zwischen dem Halberstädter Bischof Ulrich und dem Braunschweiger Herzog, Heinrich dem Löwen, kam es schließlich zum Kampf um Halberstadt. Am 23. September des Jahres 1179, eroberten die Truppen Heinrich des Löwen die Stadt. Halberstadt wurde völlig zerstört. Dem Magdeburger Erzbischof Wichmann (1152-1192) verdanken wir einen Bericht über das Ausmaß der Zerstörung, den er unmittelbar nach diesem Ereignis schrieb und empört dem Mainzer Domkapitel mitteilte: *„… der Herzog hat die Stadt Halberstadt dem Erdboden gleichgemacht, Feuer an das Kloster des heiligen Stephan sowie an alle Klöster und Kirchen gelegt und die vornehmen und ehrenhaften Kanoniker, die Knaben und Schüler sowie mehr als 500 Menschen beiderlei Geschlechts in den Flammen umkommen lassen – soviel hat man bereits gefunden, es kommen diejenigen hinzu, die noch zwischen den Trümmern der Häuser und unter der Asche verborgen sind"* (siehe Wortlaut dieses Briefes S. 38). Erzbischof Wichmann war ein guter Kenner von Halberstadt, vermutlich erhielt er hier seine Ausbildung, ist hier 1136 als Domherr und 1146 als Dompropst bezeugt, ehe er 1149 Bischof von Naumburg und 1152 Erzbischof von Magdeburg wurde.

Nach einer längeren Phase der Lähmung setzte offensichtlich in den Jahrzehnten um 1200 in Halberstadt ein enormer wirtschaftlicher Aufschwung und damit verbunden eine rege Bautätigkeit ein. Letztendlich entstand in jener Zeit der Stadtgrundriß, wie er bis zur verhängnisvollen Zerstörung am 8. April 1945 erhalten geblieben war.

Im Jahre 1199 wurde erstmals eine Mauer am Breiten Tor erwähnt. Die Ummauerung der sich nun neu herausbildenden Stadt erfolgte im Laufe des 13. Jahrhunderts und war bis zur Mitte des 14. Jahrhunderts abgeschlossen. Hier sei noch einmal an die Aussage des Halberstädter Bischofs Albrecht III. (1366-1390) aus dem Jahre 1386 erinnert *„nachdeme dat de borch ghevriet ist, ere de stad to Halberstadt. bemueret wart unde de sulve borch nu binnen der stad mueren gheleghen is"*.

Literatur:

Karl Goedicke, Siegel, Wappen, Farben und Fahnen der Stadt Halberstadt, In: Zeitschrift des Harzvereins, 1879, S. 463.

Stefan Pätzold, Sechs Urkunden zur früh- und hochmittelalterlichen Geschichte Halberstadt, in diesem Band Seite 31 - 39.

Gustav Schmidt, Urkundenbuch Hochstift Halberstadt I, Leipzig 1883, Nr. 287, S. 257.

Franz Schrader, Gestalt und Entstehung der mittelalterlichen Pfarrorganisation der Stadt Halberstadt und die Gründung des Bistums Halberstadt, In: Nordharzer Jahrbuch, Band 14, Halberstadt 1989, S. 45 ff.

Adolf Siebrecht, Halberstadt aus stadtarchäologischer Sicht, Halle 1992, S. 59 ff.

Matthias Springer, Erzbischof Wichmann von Magdeburg, ein geistlicher Fürst der Stauferzeit, In: Erzbischof Wichmann (1152-1192) und Magdeburg im Hohen Mittelalter, Stadt-Erzbistum-Reich, Katalog zur Ausstellung, hrsg. v. Matthias Puhle, Magdeburger Museen, 1992, S. 2 ff.

Udo Glathe

Das Halberstädter Wappen

Wappen entstanden zur Zeit der Kreuzzüge, obwohl schon bei germanischen Stämmen der vorfeudalistischen Zeit Banner- und Schildfiguren festzustellen sind. Doch mit der Verbesserung der Rüstung des mittelalterlichen Kämpfers wurden Wappen als erkennbare Zeichen notwendig. Diese sind geometrisch oder stark stilisierte farbige Flächen und Figuren. Da sie eine optische Wirkung haben müssen, also auch von Weitem erkennbar sein sollten, wurden helle mit dunklen Farbtönen kombiniert. Nachdem die adligen Krieger und ihre Lehnsherren die Wappen zu erblichen Abzeichen gemacht hatten und diese damit juristische Bedeutung erlangten, lassen sie sich seit dem 14. Jahrhundert auch in den Siegeln der Geistlichen und der Bürger nachweisen. Ein Wappenrecht, das allein auf den Adel beschränkt war, gibt es in der heraldischen Tradition nicht. Auch Bürger und die freien Bauern waren waffenfähig, d.h. sie durften Waffen tragen und wurden damit zu militärischen Aufgaben herangezogen. So traf für sie die notwendige Erkennbarkeit im Schlachtgewühl ebenfalls zu, und Abzeichen auf Schild und Rüstung waren bei ihnen unerläßlich. Diese Entwicklung war nicht nur auf Deutschland beschränkt und so sind Wappen zu einem europäischen Kulturgut geworden. Die Kenner der unterschiedlichen Wappen, die sie auch in Sammlungen und Registraturen (Wappenrolle) zusammenstellen, wurden Herolde genannt. Damit ist die Wissenschaft von den Wappen die Heraldik.

Die mittelalterlichen Truppenkontingente wurden in kleinere Abteilungen eingeteilt „Banner", „Fähnlein" oder „Haufen" genannt, die in verschiedenen „Treffen" zusammengefaßt wurden. Im Gefecht orientierten sich die einzelnen Kämpfer an den Feldzeichen ihres Verbandes, den Bannern. Um eine Ordnung zu erzielen, zeigten diese unterschiedliche Bilder auf ihren Tüchern. Die Kampfbanner zeigten anfänglich einfache Motive, die auch nur in zwei maximal drei Farben bestanden. Die Tücher wurden farblich geteilt, gestreift, quadriert oder geflammt und konnten als Figuren Löwen, Adler, Schwerter oder Rosen usw. zeigen.

Unter den Kampfbannern (Abb. 46) sammelte sich gewöhnlich die Ritterschaft eines Territoriums oder eines Territorialherren. Das brauchten nicht

Abb. 44: Bannerträger mit der Halberstädter Sturmfahne, kolorierter Holzschnitt von Jakob Köbel aus dem Fahnenbuch, Nördlingen 1540, 29,5 x 19,0 cm, Städtisches Museum Halberstadt.

Abb. 45: Fahnen von Bistümern und Klöstern am Anfang der Züricher Wappenrolle.

nur die weltlichen Gebiete zu sein. Gerade die Bischöfe als geistliche Reichsfürsten hatten die Aufgabe, große Kampfaufgebote dem König bzw. Kaiser für das Heer zur Verfügung zu stellen. So führte auch jedes Fürstbistum ein eigenes „Sturmbanner". In der „Züricher Wappenrolle" (Abb. 45) aus dem 13. Jahrhundert sind einige der Banner der geistlichen Territorien Süddeutschlands aufgeführt. Wenn es diese für die Fürstbischöfe von Augsburg, Bamberg, Konstanz und Passau gegeben hatte, so konnten die norddeutschen wohl nicht dahinter zurückstehen. Es kann angenommen werden, daß das Hochstift Halberstadt, dessen Bischof Hildeward 989 mit der Verleihung der hohen Regalien (Heer- und Blutbann) aus der Hand König Otto III. den Fürstenstand erhielt, auch ein Sturmbanner führte. Es war ein weißrot gespaltenes Tuch. Bei Spaltungen zeigt die Teilungslinie zwischen den Farben von oben nach unten. Im Gegensatz dazu führte das Erzbistum Magdeburg ein rot-weiß geteiltes Bannertuch und seine Teilungslinie führt von links nach rechts. Auch ist die Stellung der Bannerfarben genau vorgeschrieben. Sie orientiert sich nach der Stellung zum Bannerstab. Das ist wichtig zu wissen, denn das Fürstenbistum Augsburg zeigte ein rot-weiß gespaltenes Banner.

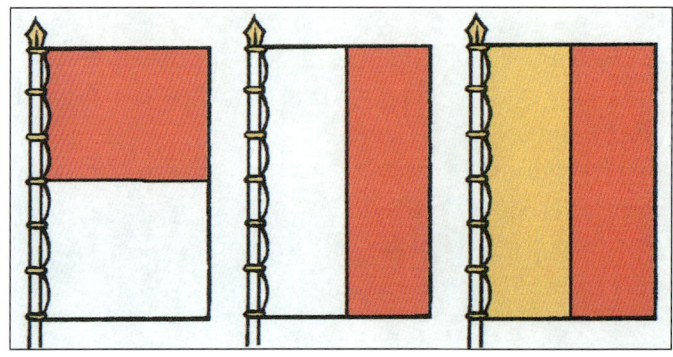

Abb. 46: Beispiele für Kampfbanner altsächsischer Bistümer, von links nach rechts: Erzbistum Magdeburg, Bistum Halberstadt und Bistum Hildesheim.

94

Die geistlichen Territorien nahmen relativ spät Landeswappen an. Sie setzten in der Regel ihr altes, wohl allgemein bekanntes Bannerzeichen in einen Wappenschild. Damit war ein allgemeingültiges und juristisch akzeptables Stiftszeichen entstanden, das nun auch auf Siegeln und Münzen Anwendung finden konnte. Es sei hier allerdings zu beachten, das in der Heraldik die Farben weiß und gelb durch die Tinkturen Silber und Gold ersetzt werden. Das Halberstädter Stiftswappen wird deshalb wie folgt beschrieben: Gespalten von Silber vor Rot. Der erste Fürstbischof, der das Stiftswappen in seinem Amtssiegel verwendetete, war Albrecht II. von Braunschweig (1325-1357). Es kann damit gesagt werden, daß das Fürstbistum Halberstadt seit dem frühen 14. Jahrhundert ein eigenes Wappen führt. Schon Bischof Hermann von Blankenburg (1296-1303) zeigt sein Familienwappen im Siegel, doch erst unter Albrecht II. war es dann üblich geworden, auch das Stiftszeichen, den silber-rot gespaltenen Schild, in das Amtssiegel mit aufzunehmen. Seine Nachfolger im Amt, auch die evangelischen Administratoren, verwendeten bis zur Auflösung des Hochstiftes dieses Wappen. Kurbrandenburg übernahm bei der Eingliederung der Landmasse in sein Territorium ebenfalls das halberstädtische Territorialzeichen.

Die Städte als politische Kräfte des Mittelalters brauchten einen gut organisierten Schutz für ihr Gemeindewesen. Das waren zum einem Mauern und Türme und zum anderen eine funktionierende Bürgerwehr. Unterstanden die Städte eigenen Landesherren oder waren sie gar Reichsstädte, dann mußten sie in der Regel auch Militäraufgaben erfüllen. So kämpften die Bürgerwehren ebenfalls unter eigenen Bannern.

Abb. 47: Zeichnung des Siegelabdrucks Bischof Albrecht II. von Braunschweig mit der Darstellung des Halberstädter Stiftswappens.

Um eine Erklärung für frühe heraldische Objekte geben zu können, müssen Siegeldarstellungen beachtet werden. Sie sind oft die einzigen Hinweise auf solche Zeichen. Leider haben sie den Nachteil, daß farbliche Gestaltungen von Wappen nicht ermittelt werden können, da die Siegelstecher Figuren oder Flächen nur durch Erhöhungen oder Vertiefungen ausdrücken konnten. Es ist hier aber zu bedenken, daß nicht immer die Siegelbilder auch zu Wappen wurden. Bei Halberstadt ist das sehr gut zu ver-

Abb. 48: Zeichnung des Siegelabdrucks der Nachbarschaft des Breiten Weges mit der Darstellung des Stadtwappens, 1430.

Abb. 49: Zum ersten Mal findet sich auf dem Siegel von 1536 das aufrecht stehende Wappenschild der Stadt in Verbindung mit dem knieend dargestellten St. Stephanus. Lacksiegel 193, Stadtarchiv Halberstadt.

stehen, da die Stadt anfänglich den Heiligen Stephanus auf ihren Siegeln zeigte (Abb. 35). Auch bei der Schwesterstadt Quedlinburg ist dieser Fakt zu beobachten. Nur bei Aschersleben entwickelte sich aus dem Stadtsiegel auch das Stadtwappen - die Stadtmauer mit dem Esche-Baum.

Für Halberstadt erscheint im 15. Jahrhundert (1430) beim Siegel „der Nachbarschaft des Breiten Weges" (Abb. 48) neben einer Torturmarchitektur die erste Stadtwappendarstellung in der noch heute bekannten Form.

Halberstadt als Stadt des Bischofs hatte als Banner die bischöflichen Farben geführt, doch zur Unterscheidung in mehrfacher Teilung. So entstand die Streifenflagge, die auch noch heute gezeigt wird. Mit dem Stadtwappen verhielt es sich fast ebenso. Auch hier benutzt man den bischöflichen Schild. Da Wappen aber auch einen juristischen Anspruch erfüllen, sollten sie allerdings in einmaliger Gestaltung Verwendung finden, um einer Verwechslung mit einer anderen Partei vorzubeugen. Im Falle Halberstadts hätten das Hochstift und die Stadt nun die gleichen Wappen geführt. Da bekam der städtische Schild zur Unterscheidung einen Doppelhaken aufgelegt. Gleichzeitig damit wurde eine dritte Tinktur - Schwarz - eingeführt. Es kann dieser Doppelhaken als „Gemerke" angesehen werden – eine Figur, die sich gut merken läßt. Andere Städte mit solchen Gemerken sind z.B. Hannover mit dem Kleeblatt, Halle mit Mond und Stern oder Mühlhausen mit dem Mühleisen. Seit wann dieser Doppelhaken für Halberstadt in Gebrauch ist, kann nicht genau bestimmt werden. Es wird allgemein angenommen, daß es schon zu Ende des 14. Jahrhunderts gewe-

Abb. 50: An der Ostseite des alten Rathauses befand sich ein gotisches Portal, das in Richtung Fischmarkt zeigte, aber durch einen jüngeren Anbau verdeckt war. Auf dem Schlußstein dieses Portals war die hier abgebildete Darstellung zu sehen, von der sich heute Abgüsse im Kreuzgang der Liebfrauenkirche und im Städtischen Museum befinden. Wir sehen in der Mitte das von zwei Engeln gehaltene Stadtwappen: den gespaltenen Schild mit aufgelegtem Doppelhaken, die bisher älteste bekannte Darstellung des Halberstädter Wappens, durch eine Inschrift in das Jahr 1398 datiert.

sen ist, denn das gotische Rathaus soll im Jahr 1400 etwa fertig gestellt worden sein und hier gab es einen Schlußstein mit dem Stadtwappen (Abb. 50). Auf einem Siegel wird das Zeichen im Jahre 1430 gezeigt. Als „Gemerke" fand der Doppelhaken auch Aufnahme in die Stadtflagge. Zur Erklärung des Doppelhakens kann folgendes gesagt werden: Zuerst ist festzustellen, daß es sich um die heraldische Figur des Doppelhakens handelt und nicht, wie oft erklärt wird, eine „Wolfsangel" darstellt. Doppelhaken sind im Wappengebrauch häufig verwendet worden. So haben auch die Städte Hadmersleben und Sangerhausen solche Figuren. Die Grafen von Galen führen sogar drei Doppelhaken in ihrem Familienwappen. Bei der Studie von Steinmetzzeichen in Kirchen lassen sich ebenfalls Doppelhaken in den unterschiedlichsten Variationen finden. Es kann damit der Schluß gezogen werden, daß diese Figur in früher Zeit und in unserer Region ein wohlbekanntes Symbol war. Der Doppelhaken stellt die Figur eines alten Runenzeichens dar, der Sun-Rune, die als Sonnenzeichen und damit als Figur des Lichtes und der Kraft zu verstehen ist. Runenzeichen waren mit der Einführung des Christentums nicht aus dem Volksgebrauch verschwunden, das Gegenteil ist festzustellen, die Kirche hat sogar einigen Runen christliche Inhalte gegeben (z.B.: Sun-Rune = Kraft, Man-Rune = Priester, Hagal-Rune = Heil und Segen).

Abschließend kann dem Halberstädter Stadtwappen beschieden werden, daß es sich um ein relativ altes Stadtzeichen handelt und Ende des 14. Jahrhunderts mit den bekannten Teilen und Figuren entstanden ist. Es ist auf der Basis des Stiftswappen gebildet worden und zeigt die Stadt dem Bischof untertan. Als Gemerke wurde ein Doppelhaken eingebracht, der als Symbol der Stärke zu werten ist. Halberstadt führt zu besonderen Anlässen ein Vollwappen mit Helm, Helmdecken und Helmzier. Dieses Vollwappen ist aus Repräsentationsgründen schon im 14. Jahrhundert entstanden, was für Stadtwappen sehr selten ist. Zur genauen heraldischen Erklärung muß es wie folgt beschrieben werden:

Abb. 51: Diese runde Wappentafel (Durchmesser von 1,43 m) aus dem Jahre 1560 befindet sich wieder im Rathaus und zeigt das Halberstädter Vollwappen.

Der Schild ist gespalten von Silber vor Rot und belegt mit einem schrägen schwarzen Doppelhaken. Auf dem Helm mit rot-silbernen Decken steht ein silber-rot gespaltener hoher Hut mit Pfauenfederbusch, der beseitet wird von je einer goldenen in der Hutkrempe stehenden Turnierlanze, deren Bannertuch das Stadtwappen zeigt.

Literatur:

Karl Goedicke, Siegel, Wappen, Farben und Fahnen der Stadt Halberstadt, In: Zeitschrift des Harzvereins Wernigerode 1897, S. 463 - 474.

Walter Leonard, Das große Buch der Wappenkunst, München 1978.

Viktor Schobinger, Züricher Wappenrolle, Zürich 1993.

W. Spohr, Heimatsagen und Bilder aus der Geschichte Halberstadts, Quedlinburg 1917.

Thomas Fricke

Zur Verfassungsgeschichte Halberstadts

Im frühen Mittelalter gab es keine Gesetze oder Vorschriften über die Selbstverwaltung von Dorfgemeinden, weshalb die Gemeinde ihre Verwaltung selbst organisieren mußte. Die Gemeinde entschied vornehmlich über wirtschaftliche Fragen. Dazu gehörten die Nutzung des Gemeindelandes, der Weiden, Wälder und Gewässer. Weiterhin sorgte die Gemeinde für die Erschließung und den Schutz der Gemeindeflur durch die Anlegung von Wegen, Stegen, Brücken, Dämmen und Wehren. Die unabhängige Gemeinde organisierte ihre Verwaltung in der Gemeindeversammlung, welche in Niederdeutschland als *Burding*, *Bursprache*, *Burmal* und *Burstelle* bezeichnet wurde. Die Versammlung fand im Freien, meist unter der Dorflinde am Thie statt. In Halberstadt tritt zuerst der Ausdruck *Burmal*, später die Bezeichnung *Burding* auf. Sie wurde auf dem Markt abgehalten. Den Vorsitz führten der oder die Gemeindevorsteher, die Burmeister oder Burrichter. Derselbe hat dafür zu sorgen, daß die Beschlüsse und Anordnungen der Gemeinde eingehalten werden. Zuwiderhandelnde zog er zur Verantwortung vor die Gemeindeversammlung, welche sich in diesem Fall zum Gerichtshof konstituierte. Die Selbstverwaltungsrechte über die Stadt wurden dem *Burding* wahrscheinlich schon 1105 anerkannt, obwohl das Stadtrecht erst 1184 erwähnt wird. Im Jahre 1105 bestätigte Bischof Friedrich den Bürgern Rechte, die scheinbar vorher nur mündlich verliehen waren. Bei diesen Rechten handelte es sich um die Aufsicht über Maß und Gewicht, über den Verkauf von Lebensmitteln und die Aufsicht über Betrug beim Kauf. Außerdem wurden ihnen die Bürgerrechte anerkannt. Mit dieser Urkunde wurden den Halberstädtern die gleichen Rechte gegeben wie sie Konrad II. 1038 den Quedlinburgern verlieh. Anders als die Dorfgemeinden sind die Städte geschaffen, um den Feinden einen festen Widerstand zu leisten und den Bewohnern des Umlandes bei feindlichem Einfall einen sicheren Zufluchtsort zu bieten. Sie sind nicht mehr einfache Ortschaften, sondern öffentliche, staatliche Einrichtungen. Sie werden daher in den Urkunden als öffentliche oder königliche Orte bezeichnet. Die Stadt untersteht als „wehrhafte Örtlichkeit" dem König

Abb. 52: Die Hilariuslaterne mit der eingearbeiteten Jahreszahl 1568, hat eine Höhe von 0,85 m und einen Durchmesser von 0,65 m. Städtisches Museum Halberstadt, C4/134.

oder seinem Stellvertreter, dem Grafen. Der Graf ist der Kommandant der in seinem Amtsbezirk (Sprengel) liegenden Städte. Befinden sich in seinem Sprengel mehrere Reichsfestungen so kann er in den anderen Städten Vizegrafen einsetzen. Er hat aber auch die Möglichkeit in allen Städten Unterbeamte einzusetzen und selbst nur die Oberaufsicht wahrzunehmen. Bekleidet ein Graf in einer Stadt das Amt des Kommandanten, so wird er als Burggraf bezeichnet. Ein Burggraf hat keine Sonderrechte. Er ist wie jeder andere Graf auch im Besitz der Gerichtshoheit und des Heerbannrechts. Später wurden Grafschaften oder Grafenrechte auch an hohe Geistliche verliehen. Da ein Bischof, ein Abt oder eine Äbtissin die Grafenrechte nicht selbst ausüben konnten, wurden dieselben von dem Immunitätsbeamten, dem Edelvogt wahrgenommen. Die Edelvögte haben die Kommandanturgeschäfte selten selbst ausgeführt. Sie setzten in der Regel Untervögte oder Stadtvögte ein. Als später mehrere Grafschaften in einer Hand vereinigt wurden, und die Grafen sich zu Landesfürsten umbildeten, folgten sie diesem Beispiel und setzten gleichfalls in den einzelnen Grafschaften Vögte ein. Der Stadtkommandant konnte in dem ihm unterstellten Ort zunächst nur über militärische Sachverhalte entscheiden. Er hatte für die Instandhaltung der Festungswerke, Wälle, Mauern, Tore und Brücken zu sorgen und die Stadt- und Umlandbewohner zum Mauerbau heranzuziehen. Dem Stadtkommandanten stand ferner der Oberbefehl über die Stadtbesatzung zu. Er bestimmte die Wachen und war der Anführer des städtischen Aufgebots. In den Städten, wo die Bürger von der Wache an den Toren befreit waren, oder sich von dieser Pflicht durch Zahlung einer Wachsteuer losgekauft hatten, stellte er die Torwächter an. Weiterhin konnte er als Oberhaupt der Stadt das Amt des Stadtrichters übernehmen. Als solcher übte er nicht nur Kriminalgerichtsbarkeit, sondern auch die Zivilgerichtsbarkeit aus. Ihm unterstand ferner das Gewerbewesen und der Marktverkehr. Vielfach zieht er auch den Wortzins ein. An der Spitze der Burgwardsstadt Halberstadt stand ursprünglich ein königlicher Beamter. Schon im Jahr 989 wurde dem Kommandanten Halberstadts die Gerichtsbarkeit genommen. Durch das Privileg Ottos III. ging die Gerichtshoheit an den Bischof über, der dieselbe den Edelvogt wahrnehmen ließ. Neun Jahre später wurde mit der Verleihung des Heerbannrechts auch das Kommando über die Stadt an den Bischof übergeben. Der frühere Burggraf wurde ein bischöflicher Beamter und Untergebener des Edelvogtes. Mit dieser Unterordnung hängt vielleicht zusammen, daß der Titel *Burggraf* verschwindet, und die Bezeichnungen *praefectus* und *tribunus plebis* auftreten. Dem Stadtkommandanten standen in Halberstadt dieselben Rechte zu, wie sie von derartigen Beamten in anderen Städten ausgeübt wurden. Er übte das

Oberkommando in der Stadt aus und hatte für die Instandhaltung der Festungswerke und die Ordnung auf den Straßen zu sorgen. Welchen Einfluß der *praefectus* oder *tribunus plebis* auf die Kommunalverwaltung ausübte, ist unbekannt. Je mächtiger und reicher die Städte und Stadtgemeinden wurden, desto mehr trat städtischerseits das Bestreben hervor, einen Einfluß auf die Besetzung des Amtes des Stadtkommandanten zu gewinnen. Teils verlangen die Städte, daß der Stadtvogt aus den Bürgern genommen wird, teils suchen sie das Recht, den Vogt selbst wählen zu dürfen. Allmählich beschränken sie die Kompetenzen des Vogtes immer mehr, drängen denselben aus der Kommunalverwaltung und nehmen ihm seine militärische Macht. Dem Vogt bleibt schließlich nur richterliche Bedeutung. Er wird zum Stadtrichter. Auch in Halberstadt wurde das Amt des Präfekten immer mehr beschränkt. 1239 steht ihm die Aufsicht über die Befestigungswerke nicht mehr zu. In einer Urkunde erteilt die Stadtgemeinde dem Bonifatiusstift das Recht einen Wasserabfluß durch die Stadtmauer zu brechen. 1250 wird der Stadtgemeinde die Aufsicht über die Straßen übertragen. Der Charakter des Amtes der Stadtkommandantur tritt immer mehr vor dem „Schultheißentum" (Schultheiß = Gemeindevorsteher) zurück. In der Mitte des 13. Jahrhunderts übte demnach die Stadtgemeinde schon eine gewisse über die Kompetenz der Landgemeinde gehende Selbstverwaltung aus. Als Organe dieser Selbstverwaltung diente das *Burmal* oder *Burding*. Zwei Burmeister führten, wie in der Landgemeinde, die Beschlüsse der Gemeinde aus und sorgten für die Aufrechterhaltung der Verordnungen der Bürgerschaft. Die Stadtverwaltung übernahm also die Aufsicht über die Erhaltung der Straßen und der Festungswerke. Die Stadtgemeinde führte ferner die Aufsicht über den Verkauf von Lebensmitteln, und über Maß und Gewicht. Zur Deckung der Kosten des Stadthaushalts wird früh eine Steuer, *collecta et exactica*, von den Bürgern erhoben. Die ersten Anfänge der Finanzverwaltung sind im 13. Jahrhundert vorhanden. Der Rat erscheint in der Stadt Halberstadt um die Mitte des 13. Jahrhunderts. Die erste urkundliche Erwähnung eines Rathauses finden wir im Jahre 1241. Als Aussteller einer Urkunde tritt der Rat zuerst im Jahre 1261 auf. Er tritt in der Stadt Halberstadt als etwas ganz Neues auf. Er ist weder aus einem Schöffenkolleg hervorgegangen, noch hat er etwas mit den Burmeistern oder den im Privileg von 1105 erwähnten und bewilligten Richtern zu tun. Die Zeit des Auftretens stimmt mit dem Erscheinen des Rates in den übrigen Städten Niedersachsens und Thüringens annähernd überein. Die Institution des Rates tritt in Deutschland zuerst am Ende des 12. Jahrhunderts auf. Sie ist etwas Neues, daß sich ganz allmählich im Land einbürgern, und sich mit den alten ländlich - städtischen Verfassungsformen verbinden mußte. Es ist daher erklärlich, daß der Rat zuerst in neugegründeten Städten (Lübeck 1188 / Hamburg 1190) erscheint. An etwas Vorhandenes knüpft der Rat nicht an. Alle Versuche denselben aus einem anderen Institut abzuleiten sind hinfällig. In der Zeit von 1241 bis 1289 war die Anzahl der Ratsherren (*consules*) nicht festgelegt. In den nur dürftig vorliegenden Urkunden, welche nur selten die Namen der Ratsherren enthalten, werden 1266 neun, 1275 acht und 1288 zwölf *consules* erwähnt. Ein Bürger- oder Ratsmeister ist nicht vorhanden. Ratsfähig waren nur die Patrizier. Die Länge der Amtsperiode ist nicht bekannt. Wiederwahl war aber gestattet. Der Sitz der Ratsherren war das Rathaus, *domus consulum*, oder Gemeindehaus, *domus communis civitatis*, welches am Martinihof lag. Bei der Verwaltung der Stadt stehen dem Rat die alten Gemeindebeamten und Burmeister zur Seite. Dieselben sind nicht zu niederen Beamten oder Boten herabgesunken, sondern sie verwalten die Einkünfte der Stadt, hauptsächlich den Schoß, *collectio et exactio*, eine Vermögenssteuer, welche sich die Bürger zum Besten der Stadt auferlegt haben. Außerdem führten sie die Aufsicht über den Lebensmittelhandel. Die Burmeister nehmen an der Ratssitzung teil. Der Rat hat im Laufe der Zeit immer mehr Rechte von der Gemeindeversammlung (Burding) und anderen Institutionen erworben. Während die Gemeindeversammlung nach früheren Urkunden an allen Verwaltungsakten teilnahm, wird sie am Ende des 13. Jahrhunderts nur noch berufen, wenn es sich um den Verkauf von Stadtgut oder um die Befreiung von Stadtpflichten und Stadtlasten handelte. Nachdem in der Mitte des 14. Jahrhunderts die sechs Vorsteher der Nachbarschaften vollständig in den Rat eingegliedert wurden, hört die Berufung des Burdings auch in den oben angeführten Fällen auf. Der engere oder eigentliche Rat bestand in der Regel aus acht Ratsherren - 1326 wurden neun *consules*

Der Halberstädter Stadtrat um 1325

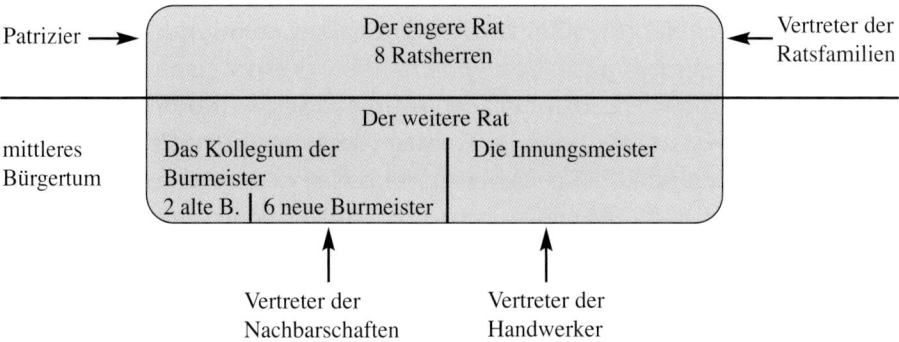

erwähnt. Der weitere Rat bestand aus den *consules*, den Innungsmeistern, welche die Vertretung der einzelnen Handwerkergilden repräsentierten, und den zwei Burmeistern. Die Handwerker, die nicht einer der berechtigten Innungen angehörten, und die Bürger, die nicht zu den ratsfähigen Familien gehörten, hatten keine Vertretung im Rat. Um 1325 wurde eine weitere Verfassungsänderung vorgenommen, die besonderen Vertretern der Gemeinheit Zutritt zu den Ratssitzungen gewährte. Die Stadt wurde um 1325 in sechs Verwaltungsbezirke gegliedert, welche man als Nachbarschaften bezeichnete. Diese sechs Stadtteile erhielten die Namen von den Hauptstraßen, die in ihnen lagen. Es gab die Nachbarschaften von dem *Bredewege*, der *Kuligstrate*, der *Herlingstrate*, der *Smedestrate*, dem *Honwege* und von dem *Schohove*. Die Nachbarschaften dienten zu Verwaltungs- und Militärzwecken. An der Spitze der Nachbarschaften steht ein Burmeister und mehrere Vorsteher. Die Anzahl der Vorsteher war nicht in allen Nachbarschaften gleich. In einzelnen Stadtvierteln werden zwei, in anderen vier erwähnt. Die sechs Burmeister der sechs Viertel bilden die Vertreter der Gemeinde. Sie erhielten um 1325 Zutritt zu den Ratssitzungen. Im Rat bildeten sie mit den zwei vom Rat gewählten Burmeistern das Kollegium der Burmeister. Seit 1336 wird dieses Kollegium neben den Ratsherren und den Innungsmeistern als Aussteller der städtischen Urkunden erwähnt. Die Vorsteher der Nachbarschaften haben im Rat die Interessen der „Gemeinheit" wahrzunehmen. Beim Aufstand von 1423 erscheinen sie als eine den Rat kontrollierende Behörde. Der weitere Rat bestand Ende des 14. Jahrhunderts aus den acht Ratsherren, von denen einer das Bürgermeisteramt bekleidete und aus den Geschworenen des Rates, den acht Burmeistern und den Innungsmeistern. Am Anfang des 15. Jahrhunderts wurde der Rat weiter vergrößert. Neben den Ratsherren, Bur- und

Der Halberstädter Stadtrat um 1425

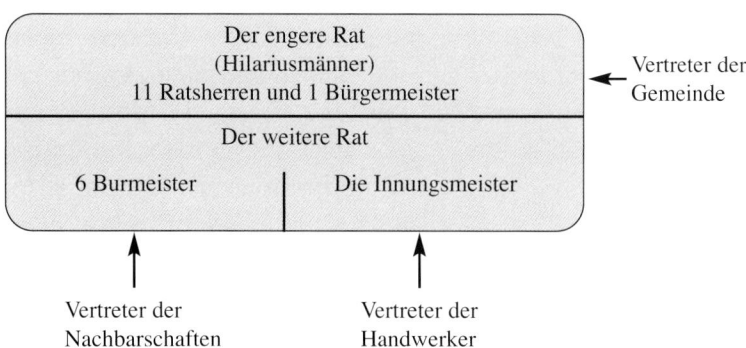

Innungsmeistern gehörten jetzt noch weitere 46 Geschworene zum Rat. Am Ende des 14. Jahrhunderts erscheint der Rat vollständig als regierender Herr mit den Bürgern als Untertanen. Die Gemeindeversammlung wird nur noch einberufen, um Verordnungen des Rates entgegenzunehmen. So sind alle Kompetenzen des Stadtkommandanten als auch des Burdings auf den Rat übergegangen. Der Rat vereinigte nun öffentliche und kommunale Rechte in sich. Die Halberstädter Schicht von 1423 veränderte die alte Verfassung Halberstadts. An die Spitze Halberstadts trat der „neue Rat". Im neuen Rat saßen 14 Personen, zwei mehr als üblich. Ihnen standen außer den Innungsmeistern auch die erwähnten Sechsmänner, 46 Geschworene aus den Nachbarschaften, als Mitregenten zur Seite. Diese 46 bestanden wahrscheinlich aus den sechs Nachbarschaften der Altstadt zu je sechs Mann und den zwei Nachbarschaften der Neustadt zu je fünf Mann. Nachdem die Rädelsführer des Aufstandes am 19. August 1425 hingerichtet wurden, mußten der Rat und die Gemeinde einer Reform des Rates zustimmen. Wie in Aschersleben und Quedlinburg, sollten ab sofort zwölf Bürger zu Ratsherren gewählt werden. Diese Wahl fand am Hilariustage statt wo sich die neuen Ratsherren in einem Umzug durch die Stadt zeigten (Abb. 53). Die Ratsherren wurden nun Hilariusmänner genannt. Wahlfähig waren alle Mitglieder der Innungen und der Gemeinde. Die Wahl wurde nicht von der gesamten Bürgerschaft, sondern von den sechs Burmeistern und Innungsmeistern vollzogen. Bei Stimmengleichheit entschied das Los. Nach einem Jahr schieden zehn Ratsherren aus dem Rat aus. Zwei Ratsherren blieben im Amt um die Neuen einzuweisen. Es wurden jährlich also nur zehn Ratsherren neu gewählt. Nach einer Frist von zwei Jahren konnte eine Wiederwahl stattfinden. Ebenso wählten die Bur- und

Abb. 53: Die Ratsveränderung am Tage St. Hilarii. Dargestellt ist der am Wahltag St. Hilarii = 13. Januar stattfinde Umzug. Die neugewählten Ratsherren ziehen hinter der Hilariuslaterne über den Fischmarkt. Im Hintergrund die Ostseite des Rathauses. Das Gemälde des Berliner Künstlers Georg Barlösius wurde 1905 für den Ratssitzungssaal in der Dompropstei geschaffen, 1945 zerstört.

Innungsmeister einen Bürgermeister aus den zwölf Ratsherren. Das Kollegium der Burmeister wurde auf sechs reduziert. Es blieben also nur die sechs Vorsteher der Nachbarschaften unter den Ratsgeschworenen. Die anderen beiden Burmeister traten ganz in den Rat ein. So führen ab 1425 immer zwei der zwölf Ratsherren den Nebentitel „Burmeister". Es gibt nach der neuen Ratsordnung also zwei Burmeister im Rat, und sechs Burmeister unter den Geschworenen der Stadt. Als 1486 die Macht der Stadt durch Administrator Ernst gebrochen war, wurde der Stadt die Pflicht auferlegt, alljährlich die Bestätigung des Bischofs einzuholen. Im gleichem Zuge verlor der Rat viele Rechte, die der Bischof wegen Geldnot an den Rat verpfändet hatte. Darunter auch die Vogtei, die Bischof Albrecht III. 1371 an den Rat verpfändete.

Literatur:

Willi Varges, Verfassungsgeschichte der Stadt Halberstadt im Mittelalter, In: Zeitschrift des Harzvereins, 29. Jg. Wernigerode 1896, S. 81 - 158.

Hermann Boettcher, Neue Halberstädter Chronik. Von der Gründung des Bistums im Jahr 804 bis zur Gegenwart, Halberstadt 1913.

Dieter Pötschke

Mittelalterliches Rechtsleben in Halberstadt

Bei meinen Studien zu den frühen Beziehungen von Halberstadt zu Goslar in rechtlicher Hinsicht stieß ich im Urkundenbuch von Halberstadt[1] und im Goslarer Stadtrechtsbuch[2] auf eine Reihe interessanter Rechtsfälle. Davon sollen einige hier vorgestellt werden. Der wissenschaftliche Hintergrund besteht in der Frage, ob Halberstadt einst ein eigenes Stadtrecht herausgebildet hatte oder ob es dieses einfach von Goslar übernommen hat.[3]
Halberstadt war im Mittelalter nicht nur dem dortigen Bischof untertan, sondern besaß als Stadt auch volle Rechte im Sinne eines Stadtrechtes. Über das alte Halberstädter Recht, das uns bereits im Jahre 1184 als *Lex fori* in der schriftlichen Überlieferung begegnet, ist in den Akten und Urkunden leider nicht viel überliefert. Wir wissen nur, daß Halberstadt das Recht der bedeutenden Kaiserstadt Goslar nach 1330 unverändert übernommen hat. Schon sehr früh verbünden sich beide Handelsorte, um gemeinsam mit anderen Städten ihre Interessen auf dritten Märkten zu vertreten. Diese gemeinsamen Interessen führten dann zu Städtebünden wie auch der Hanse.
In Halberstadt galt ursprünglich wohl sächsisches Landrecht, jedenfalls war in der Stadt sächsisches Recht bei Streitigkeiten maßgebend.[4] Noch im Jahre 1443 bezieht man sich auf das *recht der sassen*. Unabhängig davon mischte sich der Bischof in innerstädtische Angelegenheiten „seiner" Stadt. So bestimmte Bischof Volrad im Jahre 1291, daß kein Weber in Halberstadt, der nicht in der Kaufmannsinnung ist, Tuch schneiden darf. So war es auch in Goslar geregelt. Im folgenden wollen wir uns mit bekannten Rechtsfällen in Halberstadt beschäftigen. Dabei wurden manchmal auch die Goslarer Ratsherren um Rat gefragt.
In Halberstadt gab es des öfteren Streit mit den sehr selbstbewußt auftretenden Angehörigen des Templerordens. Der Templerorden wurde einst von Rittern aus der Champagne/Frankreich 1118/1119 als Gemeinschaft auf der Straße von Jaffo nach Jerusalem (heute Israel) gegründet, um die Pilger zu schützen. Damit zählt er zu den geistlichen Ritterorden. Man nannte sie nach ihrer Unterkunft im königlichen Palast in Jerusalem, einem Tempel, einfach Templer. Sie waren damit Vorbild für andere geistliche Ritterorden, wie dem 1190 gegründeten Deutschen Orden.[5]

Abb. 54: Sekretsiegel der Stadt Goslar, 1373 März 20, braun, Wachs, Durchmesser ca. 4,4 cm, Stadtarchiv Goslar, Urkunde Stadt Goslar 363.

Die Templerbrüder begegnen uns in Halberstadt schon seit dem Beginn des 13. Jahrhunderts. Sie traten als Günstlinge der Halberstädter Bischöfe sehr selbstbewußt auf. So kam es bald zum Streit mit dem Burchardi-Kloster.[6] Da aber der Streit vor dem Gericht nicht entschieden werden konnte, mußte Goswin, der Probst des Burchardi-Klosters, die Probe des glühenden Eisens über sich ergehen lassen. Er bestand die Probe auch, wie Bischof Friedrich in einer entsprechenden Urkunde bezeugte. Es muß sich um einen bedeutenden, grundsätzlichen Streit gehandelt haben, da in der Urkunde des Bischofs 43 Zeugen aufgeführt werden, u.a. die Grafen von Regenstein, Wernigerode und Valkensten. Bei der Probe mit dem glühenden Eisen[7] (auch Feuerordal genannt) trägt der Beweisführer in der Hand ein glühendes Eisen über 9 Schritte oder er schreitet über 9 glühende Pflugscharen. Die verbrannten Stellen werden verbunden und nach einigen Tagen besichtigt. Wenn sie nicht eitrig geworden sind, so ist der Beweisführer unschuldig. Diese Feuerprobe zählt neben ähnliche Prüfungen zu den sogenannten Gottesurteilen.[8] Der Sinn dieser Urteile besteht darin, daß Gott als Hüter des Rechts nicht duldet, daß in einem weltlichen Rechtsstreit der Schuldige frei gesprochen wird. In unserem Fall hat der Abt übrigens die Feuerprobe als Beweisführer überstanden.

In einem Ort wie Halberstadt, mit dem Sitz des Domkapitels, der Templer und vieler Klöster, kam es zwangsläufig auch zum Streit der Geistlichkeit mit der Stadt. So gerieten sich einst das Kapitel zu St. Bonifatius und die Stadt ins Gehege. Die Angehörigen des Kapitels wollten zum Ablauf ihres Wassers – wahrscheinlich ging es um ihre Fäkalien – ein Loch in der Stadtmauer anbringen. Nach langem Streit erteilte der Rat im gleichen Jahr den Kanonikern die Erlaubnis dazu. Allerdings mussten sie sich dazu verpflichten, für etwaigen Schaden aufzukommen.

Allmählich gelang es den Bürgern von Halberstadt dem Bischof etliche Rechte abzunehmen. So behielt sich die Stadt zunächst das Recht vor, im gesamten Stadtgebiet, also auch auf der Vogtei, Wein und Bier zu verkaufen. Der Bischof aber glaubte, daß sie sich diese Rechte einfach nur angemaßt hatte, nicht aber tatsächlich besaß. Daher verklagte er die Bürger. Diese aber brachten hervor, daß sie diese Gerechtigkeit besaßen und bestätigt bekommen hätten. In Folge verzichtete Bischof Volrad auf seine Klage gegen die Stadt und gestattete den Bürgern bei Weinverkauf auf der Vogtei soviel vom Faß zu nehmen wie beim Verkauf auf dem Markte.[9] Bei der entsprechenden Urkunde handelt es sich um die älteste Halberstädter, in lateinischer Sprache verfaßte Urkunde, von der auch eine deutsche Übersetzung überliefert ist.

Manchmal mußte der Bischof die Chorherren[10] an ihre Pflichten erinnern, und auch dies wurde schriftlich festgehalten. So kam es des öfteren vor, daß die Angehörigen von St. Johann an für die Kirche wichtigen Tagen vor der Messe arbeiteten, die Kirche nicht besuchten und Bäder nahmen. Eben dieses verbot ihnen Bischof Volrad im August 1284.[11]

Einst hatte in Halberstadt ein Ratsmann einen anderen beschimpft (*he dede dem andern rades kumpan eyn unwontlik antwerde*).[12] Zurückhaltend antworten die Goslarer auf eine entsprechende Anfrage, was denn das Goslarer Stadtrecht dazu meine: *„In einigen Städten kann man dem nachgehen, in anderen nicht. Wisset, gute Freunde, nach unserem Stadtrechte gilt: Wer in Hass und mit Vorsatz dem anderen etwas tut oder über ihn spricht oder etwas erdichtet, so daß an sein Leben oder an seinem Gut Gerüchte gehen, es aber nicht beweisen kann, der soll dem Kläger 30 Schillinge und dem Vogt 60 Schillinge kleine Pfennige geben"*.

In einem anderen Falle hatte ein Bürger seiner Frau sein Haus vermacht.[13] Dies konnten ein Richter und glaubwürdige Leute bezeugen. Einige Zeit später verkaufte der Bürger das Haus ohne die Zustimmung seiner Frau. Sie verklagte ihn daher, aber die Halberstädter Ratsherren wußten keinen Rat. So wandten sie sich an den Rat zu Goslar. Diese antworteten wieder zurückhaltend: *„Wenn in Goslar ein Mann einer Frau sein Haus vermacht hätte und wenn man dieses mit Richter und Dingleuten beweisen kann, dann hätte er nach Goslarer Recht das Haus nicht ohne Einwilligung der Frau verkaufen dürfen"*. Mit anderen Worten, nach Goslarer Stadtrecht wäre der Verkauf nicht rechtsgültig. Es ist davon auszugehen, daß diese Entscheidung in Halberstadt übernommen wurde.

Aber auch über Verkehrsunfälle[14] mußte der Rat in Goslar entscheiden.[15] Bei einem Unfall war eine Frau von einem Wagen gefallen bzw. von den Pferden totgetreten worden. Der Fahrer des Wagens wurde verurteilt, den „Freunden" (gemeint sind wohl die Verwandten) der Frau Wergeld zu geben. Die Goslarer wurden nun befragt, ob dies rechtens sei und wie hoch das Wergeld zu dieser Zeit eigentlich sei. Sie antworteten: *„Das wisset, daß der Frau das halbe Wergeld nach unserem Stadtrecht zusteht. Und zwar sind das 9 Pfd. Pfennige, dies ist soviel wie neun Mark."*

Eigentum und Erbe bieten schon im Mittelalter am häufigsten Gelegenheit zum gerichtlichen Streit und werden daher im Sachsenspiegel und in den Stadtrechten detailliert geregelt. Aber auch geschlossene Verträge bedürfen natürlich eines Rechtsschutzes.

Einst besaßen zwei Bürger in Halberstadt gemeinsam eine Mühle.[16] Dazu hatten sie einen Vertrag geschlossen. Dieser sah vor, daß, wenn ein Teil der Mühle zum Verkauf stehen würde, der andere ein Vorkaufsrecht haben sollte. Diesen Vertrag bekannten sie vor dem Rat, so daß beide Seiten an den Vertrag auch gebunden waren. Nun verkaufte aber der eine vertragschließende Bürger einfach seinen Teil der Mühle ohne den anderen zu fragen. Dagegen klagte nun der andere Bürger vor dem Rat. Dieser fragte in Goslar an, worauf dieser folgendes mitteilte. Der Dritte muß dafür vom Verkäufer entschädigt werden *alse recht were*. Außerdem muss der Verkäufer den (Gerichts-)Boten bezahlen. Dieser Fall ähnelt sehr stark dem Streit um die Mühle auf dem Bossleber Berge[17] bei Halberstadt, der im Jahre 1497 beigelegt wurde.[18] Hinrik Franken und Nycolaus Wulf besaßen gemeinsam diese Mühle. Franken hatte seinen Teil der Mühle dem Rat der Stadt Halberstadt ohne Einverständnis von Wulf vermacht. Das obige Urteil ergibt nach Goslarer Recht eine klare Rechtslage. Aber es kam anders: In einem Vergleich hat Wulf gestattet, seinen Teil an die Stadt zu vermachen und den Rat mit dem Wulfschen Teil belehnt. Wenn dies der zugrundegelegte Fall ist, so ist das Goslarer Urteil vor 1497 verfaßt worden und war an den Rat der Stadt Halberstadt gerichtet.

Insgesamt sind 98 Rechtweisungen von Goslar an Halberstadt überliefert. Dies zeigt eines deutlich: Andere Orte übernahmen nicht nur mehr oder weniger den Text des Goslarer Stadtrechts. Vielmehr wandten sie sich in einer Vielzahl von konkreten Rechtsfällen an den Goslarer Rat wegen der Auslegung ihrer Statuten oder um Auskunft in konkreten Rechtsfällen zu erhalten.

Anmerkungen:

1 Viele Halberstädter Urkunden liegen gedruckt vor in: Gustav Schmidt, Urkundenbuch der Stadt Halberstadt, 2 Bd., Halle 1878-79 (abgekürzt UB).

2 Wilhelm Ebel, Das Stadtrecht von Goslar, Göttingen 1968 (abgekürzt Ebel).

3 Vgl. Dieter Pötschke, Halberstadt im Mittelalter und das Goslarer Stadtrecht, In: Harz-Zeitschrift 2002.

4 W. Varges, Verfassungsgeschichte der Stadt Halberstadt im Mittelalter, In: Harz-Zeitschrift 29 (1896), S. 81-158, S. 416-497.

5 Die erste Kommende der späteren Ballei Sachsen wurde im Jahre 1219 in dem bei Halberstadt gelegenen Langeln begründet, vgl. Urkundenbuch der Deutschordens-Commende Langeln und der Klöster Himmelpforten und Waterler in der Grafschaft Wernigerode, bearb. von Eduard Jacobs (= Geschichtsquellen der Provinz Sachsen 15), Halle 1882.

6 Im Jahre 1214, vergleiche UB 1, S. 23, Nr. 19.

7 Zum glühenden Eisen vgl. Sachsenspiegel Landrecht 1. Buch, Art. 39.

8 H. Nottarp, Gottesurteilstudien. Göttingen 1956. (vgl. auch Wolfgang Schild, Das Gottesurteil der Isolde. Zugleich eine Überlegung vom Verhältnis von Rechtsdenken und Dichtung, In: Hans Höfinghoff, u.a. (Hrsg.), Alles was Recht war. Rechtsliteratur und literarisches Recht. Festschrift für Ruth Schmidt-Wiegand zum 70. Geburtstag Essen 1996, S. 55-77).

9 UB 1, S. 114, Nr. 133.

10 St. Johannis war seit Anfang 12. Jahrhunderts geistliches Stift regulierter Chorherren, vgl. UB 1, S. 531.

11 UB 1, S. 121, Nr. 186.

12 Ebel S. 213 Nr. 44 Reihe A.

13 Ebel S. 203 Nr. 6 Reihe A.

14 An dieser Stelle sei auf die Vorfahrtsregelungen im Sachsenspiegel hingewiesen, die dort im 2. Buch des Landrechtes, Art. 59, 3 und im 2. Buch der Landrechtes Art. 56,1 geregelt werden und sich im wesentlichen auf Königsstraßen beziehen. Unlängst wurde das Original der ältesten pommerschen Verkehrsordnung

aus dem Jahre 1522 aufgefunden, vgl. Dieter Pöschke, Neue rechtshistorische Erkenntnisse zum Rügischen Landrecht aufgrund der wiederaufgefundenen Originalhandschrift des Matthäus Norman aus dem Jahre 1522, In: Baltische Studien, Neue Folge 82 (1996), S. 63-78.

15 Ebel S. 203 Nr. 3.

16 Ebel S. 205 Nr. 16.

17 Bosleve, Bossenleve, Busseleve – Wüstung nordöstlich von Halberstadt mit dem 1237 nach Halberstadt verlegten Stift St. Bonifatii (Mauricii).

18 UB 2, S. 425 Nr. 1211.

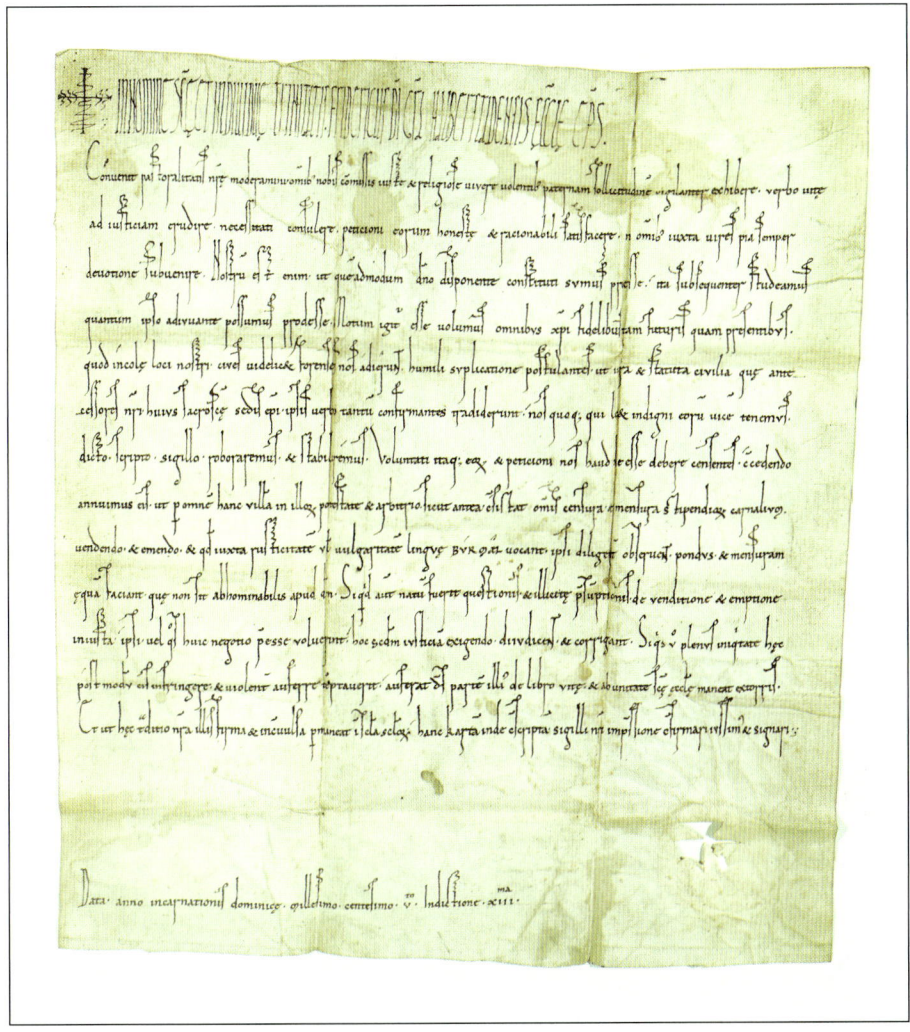

Abb. 55: Diplom Bischof Friedrich I. (1090 – 1106) für die Bewohner der Halberstädter Marktsiedlung. Halberstadt 1105; Pergament, 49 x 44 cm, Stadtarchiv Halberstadt - Halb. A 3; vgl. Beitrag Pätzold, S. 37.

Thomas Fricke

Die Halberstädter Schicht 1423-1425

Im 15. Jahrhundert fanden in vielen Städten Aufstände statt, die sich gegen die herrschenden Ratsfamilien richteten. So kam es auch in Halberstadt zu solchen Aufständen, die in der Halberstädter Schicht 1423 ihren Höhepunkt fanden. Zur Vorgeschichte: 1409 oder 1410 versuchte Matthias von Hadeber mit Hilfe der Innungen gewaltsam Änderungen in der Stadt vorzunehmen. Seine Gegner, darunter auch Gebhard von Ammendorf, kamen seinen Plänen jedoch zuvor. Das Eigentum der Hadebers wurde mit Beschlag belegt und ihr Haus für 170 Mark verkauft. Die Hadebers konnten fliehen. Im Exil bedrohten sie die Stadt mit Fehdebriefen. Bischof Albrecht IV. von Wernigerode, ein Bruder des letzten Wernigeröder Grafen, nahm für den Rat Partei. Seine Macht reichte allerdings nicht aus, um die Bürger zu schützen. Außerdem erhob die Familie Hadeber vor dem Westfälischen Femgericht Klage, welche zur Vorladung der Stadt vor den kölnischen Freigrafen Johann Groppe führte. Da aber solch ein Prozess immense Kosten verursachen würde, rief der Rat den Rat in Braunschweig um Hilfe an. So kam es mit Hilfe des Braunschweiger Rates am 31. Oktober 1412 zu einem vorläufigen Abkommen. Die Familie Hadeber erhielt ihre beschlagnahmten Güter zurück. Der endgültige Vertrag wurde am 15. September 1413 geschlossen. In ihm wurde beschlossen, daß die Stadt bis Ostern 1414 in drei Raten 830 rheinische Goldgulden als Endschädigung zahlen sollte. Der Vertrag mit den Hadebers wurde bestätigt, so daß sie Ostern 1414 wieder in die Stadt gezogen waren. Sie traten bis 1423 nicht mehr in Erscheinung. Einige Wochen nach diesem Vertrag wurde auch die Vorladung vom Kölner Freigraf zurückgezogen. Während dieser Jahre kam es auch noch zu anderen Tumulten in der Stadt. Ein Teil der alten Ratsherren sah anscheinend in der Rückkehr der Hadebers nur den Anfang neuer Zwietracht. Gegen die schon genannte andere Partei der Ratsherren, darunter Gebhard von Ammendorf, bezog die Bürgerschaft oder mindestens ein großer Teil derselben, wie der Stadthauptmann Hermann Windholt, Partei. So kam es am 10. August 1413 am Laurentius Tage zu starkem Tumult. Die Ratsherren hielten sich nicht mehr sicher und flohen. Die Bürgerschaft zog unter

Abb. 56: Der „Lange Matz" vor seiner Urteilsverkündung am Wassertorturm. Szene (IV. Aufzug, siebenter Auftritt) aus „Der Lange Matz", ein historisches Schauspiel über die Halberstädter Schicht von 1423 – 1425, in vier Aufzügen von Bert Brennecke, für das Halberstädter Heimatfest 1958 im Auftrage des Rates der Stadt Halberstadt geschrieben.

Führung des Stadthauptmannes mit aufgerichteten Bannern vor die Häuser der Ratsherren um sie gefangenzunehmen. Als man sie nicht mehr vorfand, stürmte man die Häuser, zerstörte und plünderte. Ihr Besitz wurde beschlagnahmt. So gab Ammendorf an, daß bei ihm ein Schaden von 1000 Goldgulden entstanden sein soll. Die Vertriebenen suchten Hilfe beim Bischof Albrecht IV. von Wernigerode. Dieser bezeugte ihnen, daß sie zu Unrecht vertrieben und enteignet worden waren. Er verlangte auch besondere Sühne, weil unter dem neuen Regiment Eingriffe in Privilegien des Stifts und der Geistlichkeit erfolgt waren. In der Stadt wurden nach der Vertreibung Schandlieder über Gebhard von Ammendorf gesungen, in welchen er beschuldigt wird, sich am Geld der Stadt vergriffen und mit der Geistlichkeit gemeinsame Sache gemacht zu haben. Ammendorf und seine Mitverbannten versuchten ebenfalls durch Befehdung der Stadt zu schaden und klagten vor dem Westfälischen Femgericht, vor dem königlichen Gericht und dem geistlichem Gericht des Konstanzer Konzils. Die Kosten die dadurch entstanden, beziffern die Ammendorfs auf 2000 Goldgulden. Aus diesem Grunde hielt es die Stadt für sinnvoll, die Bündnisse mit den Nachbarstädten Magdeburg, Braunschweig, Quedlinburg und Aschersleben am 17. November 1415 zu erneuern. In ihnen wurde vor allem Hilfe für den Fall von Unruhen in einer der Städte zugesagt. So sollten die Bündnisstädte versuchen, in Unruhen zu vermitteln, wie bei dem Konflikt der Hadebers und der Stadt Halberstadt, wo der Rat von Braunschweig vermittelte, denn auswärtige Prozesse waren eine teure Angelegenheit. Zwar besaß die Stadt seit 1399 das von Papst Bonifazius verliehene Recht *jus non evocandi* nicht an auswärtige Gerichte geladen werden zu müssen, aber da die gesamte Bürgerschaft sich im Anklagezustand befand und die oben genannten Gerichte zu den höchsten weltlichen und geistlichen Instanzen gehörten, und weil Rat und Richter der Stadt dieselbe Partei darstellten, war dieses Recht hinfällig. Bei dem geistlichen Gericht des Konstanzer Konzils sollte am 22. April 1417 das Urteil gesprochen werden, aber es gelang dem Dompropst Friedrich Hake, welcher sich mit seinen Brüdern dort befand, auf Fürbitte des Rates und mit der Zustimmung der Ammendorfs einen Aufschub des Urteils bis Pfingsten zu bewirken. Die Stadt hoffte, bis dahin eine Aussöhnung mit den Ammendorfs zustande zu bringen. Die Stadt hielt es also auch in diesem Fall für besser, Frieden mit den so Verhaßten zu schließen, da die Stadt durch die Unruhen wirtschaftlich stark geschwächt wurde. Nach langen Verhandlungen erreichte Graf Heinrich von Wernigerode am 30. April 1417 eine vorläufige Einigung. Diese war besonders schwierig, da der Bischof auch Klage gegen die Stadt, und die Stadt wiederum gegen die Geistlichkeit Klage erhoben hatte, wegen der Beeinträchtigung von Rechten.

Über die Streitigkeiten sollte eine Kommission aus acht Personen entscheiden, die zur Hälfte aus vom Bischof ausgewählten Domherren und Stiftsmannen bestand und zur Hälfte aus Ratsmitgliedern von Quedlinburg und Aschersleben, die der Rat auswählte. Diese Kommission sollte die Klageschriften von Rat und Bischof entgegennehmen und diese von der jeweils anderen Partei in drei Wochen beantworten lassen. Nach weiterer zehn Wochen hatte sie das Urteil zu fällen. Wie das Urteil im genauen ausgefallen ist wissen wir nicht, daß aber eine Einigung erzielt wurde läßt sich daraus schließen, daß der Bischof Johann von Hoym, der nach dem Tod des Bischofs Albrecht am 14. September 1419 zu seinem Nachfolger gewählt worden war, 1420 die Privilegien der Stadt bestätigte. Besser sind wir über die Aussöhnung mit den vertriebenen Ratsherren informiert die ebenfalls der Graf von Wernigerode erreichte. So fand am 21. Mai und am 12. Juli die Versöhnung mit den Ammendorfs statt. In diesen Verträgen wurde beschlossen, daß sie ihre Güter zurückbekommen, und daß sie das Recht haben, Schuldforderungen einzuziehen. So kamen die Ammendorfs mit einen Teil der Mitvertriebenen 1417 oder 1418 wieder in die Stadt. Ihnen wurde allerdings unter Androhung einer Strafe von 10 Silbermark verboten, sich in den Rat wählen zu lassen. Sie durften das Rathaus und auch kein Amt der Innung betreten. In einer späteren Klage machten sie aufgrund dieser Beeinträchtigung eine Forderung von 2000 Rheinische Gulden geltend. Es kam auch noch zu anderen Reibereien zwischen der Stadt und den Ammendorfs. Aber die Urkunden schweigen über die Vorkommnisse bis 1423. Durch Fehden, welche der Stadt 2000 Goldgulden kosteten, und durch schlechte Verwaltung wurde die Stadt mit neuen Schulden belastet. Zusätzlich zu den Ratsmitgliedern wurden auch noch die Vertreter der Nachbarschaften, die Sechsmänner, verpflichtet, das Wohl der Stadt im Auge zu haben. Dieser neue Rat beschloß nun auf den Vorschlag der Burmeister die Erhöhung des Schoßes, eine Einkommens- und Besitzsteuer, die die Haupteinnahmequelle der Stadt war. Die reich begüterten Ratsfamilien waren gegen diese hohe Besteuerung. Wahrscheinlich empfanden die Patrizier es als eine Dreistigkeit, daß das „gewöhnliche Volk" sich erlaubt Entscheidungen gegen den eigentlichen Rat zu beschließen. Aus diesem Grunde kam es zu neuen Spannungen zwischen diesen sozialen Schichten. Dadurch ist eindeutig die Bildung von zwei Parteien zu beobachten. Die eine Partei stellten die Vertreter der Nachbarschaften, unter denen sich unzweifelhaft die Brüder Matthias und Hans von Hadeber befanden, und die andere Partei stellten die Ratsfamilien dar. Bei den Verhandlungen um die Erhöhung des Schoßes mußten sich die Ratsherren allerdings geschlagen geben. In dieser Zeit nahm auch die Unzufriedenheit der Partei des Bürgertums, die sicherlich demokratische Ziele hatte, gegenüber den Privilegien der Geistlichkeit zu. Dies zeigt, daß die alten Streitigkeiten aus dem 14. Jahrhundert, die sogenannten Pfaffenkriege, noch immer nicht beigelegt waren. Diese resultierten aus den sozialen Unterschieden zwischen dem Adel und dem „gewöhnlichen" Volk. Es gab sicherlich eine gewisse Willkürherrschaft seitens des Domkapitels, obwohl diese in der Stadt stark eingeschränkt war. Das Volk dagegen trachtete nach den bedeutenden Privilegien des Domkapitels: So empfanden sie es als ungerecht, daß die Geistlichkeit von Abgaben und Steuern befreit war und sogar noch welche verlangte. Die unterlegene Partei der Ratsherren beschloß, die aufgezwungene Abgabe nicht zu zahlen und falls es zu einem Aufstand kommt ihn gewaltsam, mit Hilfe des Stadthauptmannes Ludolf von Marenholt und dessen Söldner, zu unterdrücken. An der Spitze der Partei standen einer der drei Bürgermeister Volkmar Lobeck, der Kämmerer Henning von Adersleben, der Reitherr Hermann von Quenstedt, die Ratsherren Busse Bertram und Heinrich Zacharias, und Gleichgesinnte wie Gebhard von Ammendorf und die Familien Hullingerode, Bredeweg, Tanstedt, Tange und Hornung. Die Sitzungen fanden erstmals am 11. September, im Rathaus oder im Weinkeller statt. Die Kosten dieser Sitzungen wurden vom Kämmerer Henning Adesleve aus der Stadtkasse bezahlt. Dies zeigt die Machtbesessenheit und Uneinsichtigkeit der Patrizier, die die schon sichtbaren Spannungen nur noch mehr provozierten. Von den um die Mitte des November 1423 stattgefundenen Verhandlungen erhielt aber die andere Partei Kunde. Die Sechsmänner verlangten daraufhin Aufklärung und Sicherheit von dem Bürgermeister. Die Bürgerschaft war sicherlich beunruhigt über die heimlichen Treffen der Patrizier. Sie konnte sich auch denken wieso diese sich trafen, nämlich um ein Komplott gegen die Bürgerschaft zu schließen, die ihnen zu stark geworden war. Am 18. und 22. November hatte die Partei der Ratsfamilien wieder eine geheime Besprechung in denen sie sich eidlich verpflichteten, die Pläne gegen die Nachbarschaften – sie wollten die Sechsmannen entmachten und neue an deren Stelle setzen – durchzuführen. Die andere Partei erfuhr davon. Sie versammelten sich, wobei sehr viele Schuhknechte dabei waren. Sie verlangten die Anführer der anderen Partei, um sie vor Gericht zu stellen. Als die Abgesandten das Rathaus leer vorfanden, kam es zum Tumult. Vier Ratsherren, Volkmar Lobeck, Henning von Adersleben, Busse Bertram und Heinrich Zacharias wurden eingesperrt. Die anderen flohen aus der Stadt. Die Wut der Menge zeigte sich auch darin, das sie die Häuser der Verschworenen plünderten. Der Bischof Johann von Hoym ritt am 23. November von Gröningen, seinen Wohnsitz, nach Halberstadt, um den Streit zu schlichten. Er fand das Breite Tor verschlossen vor. Er bat darum die Gefangenen in seiner Gegenwart zu verhören und ihnen nichts anzutun. Ihm wurde daraufhin über die Mauer zugerufen er möge Heim ziehen und der Seinen warten, was sie in der Stadt zu tun hätten, würden sie auch ohne ihn ausrichten. Hierin zeigt sich das neu gewonnene Selbstbewußtsein der Halberstädter Bürgerschaft, welches nicht mal vor der hohen Geistlichkeit Halt machte. Das zeigt auch, daß sie ihre neu gewonnene Freiheit um jeden Preis verteidigen wollten, und die Ohnmacht des Bischofs in solch einer Situation nichts unternehmen zu können. Am Abend des selben Tages verurteilte man die Gefangenen ohne Verhör und Gericht zu halten. Der neue Rat und die Geschworenen sahen es als erwiesen an, daß sie am Aufstand und dadurch an einer eigenmächtigen Gewalttat mitgewirkt hatten. Öffentlich wurden die vier vor dem damaligen Roland vom Scharfrichter enthauptet. Die Leichen warf man wieder in ihren vorigen Kerker und begrub sie am nächsten Morgen in einer großen Grube auf dem Martinikirchhof, gegenüber dem Hauptportal der Kirche, als ehrlose Leute. Ihr Gut wurde von der Stadt mit Beschlag belegt. Ihre Häuser und Höfe wurden besetzt und die Familien aus der Stadt verbannt. Das oben genannte Selbstbewußtsein zeigt sich auch in diesem willkürlichen Racheverhalten

Abb. 57: „Die Halberstädter Schicht", Gemälde von Walter Ebeling und Pia Janotta, 1954. Dargestellt ist die Situation am Abend des 23. November 1423. Matthias von Hadeber, der „Lange Matz" argumentiert bei der Verurteilung der gefangenen Ratsherren, die dann hingerichtet wurden. Öl auf Leinwand, 3,00 x 2,20 m, früher Diesterweg Grundschule, jetzt Städtisches Museum Halberstadt.

der Bürgerschaft. Von demokratischen Grundsätzen kann man hier nicht mehr reden. Allerdings wissen wir ja nicht, welche Gründe für dieses Urteil sprachen und ob die Berichte die ja schließlich auch von Patriziern stammen nicht in irgendeiner Weise die Ereignisse verfälscht darstellen. Um die schon erwähnten schlechten Finanzen aufzubessern bemächtigte man sich des Vermögens der Geflohenen. Aber auch die, die der Beteiligung und Sympathie für verdächtig gehalten wurden, belegte man mit Geldzahlungen von 100, 200 und 300 Mark. Es wird berichtet, daß Einigkeit in der Stadt herrschte. Dies erklären sich die meisten Geschichtsschreiber des 19. Jahrhunderts durch ein Schreckensregiment. Alle acht Burmeister, nicht etwa neu gewählte Männer, unterzeichneten, daß sie in ihren Verfahren gegen den alten Rat nach Gesetz und Recht gehandelt und dieselben bei Zwietracht und Aufruhr ertappt hätten. Es war in dieser Zeit schon zu vielen derartigen Kämpfen zwischen Rat und Gemeinde, Patriziern und Innungen in den Niederdeutschen Städten gekommen. So zum Beispiel zu dem Aufstand der Braunschweiger Schicht 1374 und die Lübecker Unruhen von 1408, die jedoch ohne Blutvergießen endeten. Die oben genannte Einigkeit in der Stadt muß meiner Meinung nach nicht unbedingt ein Grund für eine Schreckensherrschaft sein, im Gegenteil, die Regierung hatte den Rückhalt des Volkes. War es eine Regierung, die vielleicht die Unter- und Mittelschicht entlastete und ihnen mehr politische Rechte zusicherte? Eine Regierung die aber auch die Willkürherrschaft des Klerus, also des Domkapitels einschränkte? Die Geflüchteten zogen in die Städte Quedlinburg, Aschersleben, Magdeburg, Braunschweig und die anderen Städte mit denen Halberstadt Bündnisse hatte, und klagten über die Ungerechtigkeiten, die ihnen widerfahren waren. Die Städte schickten Gesandte, um zu vermitteln. Außerdem erfolgten Drohbriefe der einzelnen Stadträte an den Rat zu Halberstadt, die alten Verhältnisse wieder herzustellen. Der fehlende Rückhalt der neuen Stadtregierung bei den anderen Städten läßt sich durch die guten Verbindungen der Geflohenen erklären. Das Patriziat der anderen Städte wollte, da es wußte welche Gefahr ein solcher Aufstand bei ihnen haben könnte, also aus eigenem Interesse, daß dieser Aufstand bald beendet wird. Die Schreiben dieser Zeit scheinen absichtlich vernichtet worden zu sein, da keines dieser Schreiben in Halberstadt gefunden worden ist. Aber die Antwortschreiben lassen sich in den benachbarten Archiven finden. In allen wird auf die Rechtmäßigkeit dieser Vorgänge gepocht, ohne Grund heißt es, klagten die Vertriebenen, denn wer nach seinen Eiden, Ehren und Amt im Ratsstuhl geblieben sei, den hielten sie noch jetzt zu vollen Ehren und Recht in seinem Amte. Sie forderten die Städte auf, nicht nur den Klagenden zu glauben und Buße zu tun. So schrieben sie auch die befreundeten Städte an, um Verbündete zu finden, was ihnen allerdings nicht gelang. Der Bund der drei sogenannten Halberstädtischen Städte wurde für gebrochen angesehen. Dies geht aus einem Schreiben hervor, das der Burmeister des Breitenwegs Martin Grashof an den Rat zu Aschersleben 1424 abfertigte. Man hatte offenbar versucht, Zwietracht zwischen den Nachbarschaften und dem Rat zu stiften aber scheinbar ohne Erfolg. Dies zeigt nun nochmals die Abneigung der benachbarten Städte gegenüber der neuen Regierung, und die Bemühungen des benachbarten Patriziats, diese zu zerstören. Grashof beruft sich auf die Bündnistreue und die Dienste, die die Halberstädter den Ascherslebenern erwiesen hätten. Außerdem beklagt er sich, daß man sie bei der Jagd auf ihre Feinde von der Stadtmauer aus verhöhnt hätte, daß sie und ihr Rat noch von niemandem Rechtens überwunden und bereits zu Ehren und zu Recht als biedere Leute zu nennen wären. Trotz der Mißstimmung der Städte dauerte es lange bis Ernstliches gegen die Stadt unternommen wurde. Dies zeigt nochmals die Ohnmacht des Bischofs, dem Landesfürsten, der das meiste Interesse an der Wiederherstellung der alten Verhältnisse hatte. Er war praktisch entmachtet und suchte Hilfe bei den benachbarten Städten. An ihn hatten sich die Geflohenen zuerst gewandt, er wird auch strenge Mahnungen ergehen lassen haben, und sie dann an andere Instanzen, an die Sächsischen Städte, die Hanse und den König verwiesen haben. Die Geflohenen werden alles mögliche in Bewegung gesetzt haben, da sie in vielen Städten Verbindungen hatten. So ist ein Schreiben vom 20. Dezember 1424 der Stadt Hildesheim an den König Sigismund I. (1410-1437) erhalten in dem erwähnt wird, daß die Ammendorfs bereits Klage erhoben haben. In dem Schreiben werden ausdrücklich Hermann von Quenstedt, Gebhard von Ammendorf und Hermann Hullingerode erwähnt. Je größer die Zahl der Vertriebenen war, an desto mehr Orten wurde Klage erhoben. So wurde auch die Universität Leipzig mit in die Sache hineingezogen, weil Johann von Ammendorf, ein Sohn von Gebhard von Ammendorf, dort studierte. Er hatte vor dem Merseburger Dekan Johann Grenis, der als Richter und Konservator die Rechte der Leipziger Universität vertrat, gegen Matthias von Hadeber, seine Frau Emmele, ihren Sohn Matthias und fünf aus dem neuen Rate Klage erhoben. Am angesetzten Termin, dem 15. Mai 1424, erschienen zwar die Vertreter der Verklagten aber Johann von Ammendorf nicht. Dies zeigt wieder einmal die Selbstüberschätzung der Ammendorfs zu einen so wichtigen Termin nicht zu erscheinen. Sie hielten es offenbar für sinnvoller sich gleich an die höchste weltliche Instanz im Reich zu wenden. Er war mittlerweile auf dem Weg zu König Sigismund nach Ungarn. Die Sache muß dem König im Sommer 1424 vorgetragen worden sein. In Folge der Klage lud er beide Parteien vor das königliche Gericht. Als Vertreter der Kläger erschienen im Oktober 1424 oder im Januar 1425 in Wien Hermann Hullingerode und Johann von Ammendorf. Als Vertreter des Rates erschien ein gewisser Ludolf Velstedt, der keinesfalls Ratsmitglied, sondern wahrscheinlich Notar war. Der neue Rat hielt es scheinbar nicht für notwendig sich persönlich vor das königliche Gericht zu begeben, vielleicht durch die Gewißheit, daß sie sowieso nichts ausrichten könnten. Das Gericht entschied dem Antrag der Kläger gemäß, daß diese wieder mit ihren Familien in die Stadt durften und sie ihre Güter zurückbekommen sollten. In der Folge dieses Urteils beauftragte der König den Bischof dieses Urteil durchzusetzen. Aber die Stadt weigerte sich, dem Befehl zu gehorchen. Deswegen erschienen zum dritten mal Kläger am königlichen Hofe, die um Rechtshilfe baten. So erließ der König am 16. Mai 1425 von Schloss Totis in Ungarn aus ein Schreiben, worin alle benachbarten Fürsten, Grafen, Herren, Ritter, Knechte und Städte ernstlich aufgefordert wurden, dem Recht nachzugehen. Dies zeigt nochmals die Ernsthaftigkeit mit der dieser Aufstand im Reich gesehen wurde. Schon vorher hatte die Hanse gesprochen. Lübeck als Hauptort beauftragte die Städte Magdeburg, Braunschweig, Goslar, Hildesheim, Halle, Lüneburg, Hannover, Helmstedt, Quedlinburg und Aschersleben, die Ordnung wieder herzustellen. Aus ihnen wurde dann ein engerer Ausschuß von Magdeburg, Braunschweig, Quedlinburg und Aschersleben gebildet, der mit Bischof Johann wegen eines Angriffs auf die widerspenstige Stadt verhandelte. Am 5. Juli 1425 wurde vom Bischof und den Abgesandten der Städte Braunschweig, Quedlinburg und Aschersleben in Oschersleben beschlossen, daß man am 20. Juli 1425 im Felde vor Halberstadt sein werde und die Auslieferung der Anführer und ihrer Helfershelfer fordern werde. Am 18. Juli sandte Braunschweig den Fehdebrief nach Halberstadt und zwei Tage später zogen 2000 Bewaffnete vor die Stadt. Das Heer lagerte im Wehrstedter Felde. Man verlangte die Auslieferung der beiden Bürgermeister Matthias von Hadeber und Werner Winneken sowie etwa 20 anderer. Die Antwort lautete trotzig: ehe man einen herausgebe, wollten sie sich lieber alle über die Mauern hängen lassen. Um der Stadt den Ernst der Lage klar zu machen ließ man Geschütze von Magdeburg auffahren. Der Büchsenmeister erhielt den Befehl zwei Schüsse abzugeben, einen über die Stadt und einen in die Burg. Da merkte das Volk den Ernst der Lage und fing an, über Matthias von Hadeber und seinen Anhang zu murren. Das nur zwei Schüsse abgegeben wurden ist sehr unwahrscheinlich, es wird sich hier eher um ein ständiges Bombardement auf die Stadt gehandelt haben. Dies wurde von den Patriziern aus Gründen der Abschreckung verschleiert. Die Bürgerschaft mußte wegen des Aufstandes in dieser Zeit mit vielen wirtschaftlichen und kriegerischen Folgen leben. Sie wollte nur noch friedliche und geordnete Verhältnisse wiederhaben, weshalb sich Protest unter der Bevölkerung zeigte. Auf Rettung bedacht, versuchte Matthias mit seinem Sohn als Drescher verkleidet über die Mauern zu fliehen. Dies gelang, allerdings wurden sie in Derenburg von einem Fuhrmann erkannt und an den Grafen von Regenstein übergeben. Dieser schickte sie gefangen in das Lager des Bischofs. Damit war der Widerstand der Stadt gebrochen. Hans von Hadeber und Werner Winneken wurden von den Bürgern ausgeliefert, die übrigen blieben verschont. Die vier Gefangenen wurden am 23. Juli 1425 auf der Wehrstedter Flur enthauptet und begraben. Der Sage nach soll der Lange Matz, wie Matthias von Hadeber im Volksmund genannt wurde, geviertteilt und seine Körperteile an vier Steinen, die an den Enden der Feldmark nach den vier Himmelsrichtungen standen, die sogenannten Langen Matze, aufgehängt worden sein. Es war aber nur eine Erklärung des Namens der großen Steine, die bis in das vorige Jahrhundert noch gestanden haben. Im Namen der Hanse wurde dem König durch einen Eilboten der Erfolg gemeldet. Dieser dankte am 21. August 1425 von Osen aus dem Bischof und der Stadt Lübeck und allen anderen Städten der deutschen Hanse für die Wiederherstellung der alten „Ordnung". Zur Wiederherstellung der alten Ordnung und zur Sühne des Geschehens wurde eine Kommission eingesetzt. Von der bischöflichen Seite nahmen der Dompropst Friedrich Hake, der Domherr Dietrich Domnitz und die Knappen Gebhard von Hoym und Kurt von Asseburg und von der Seite der Städte die Bürgermeister und Ratsherren Arnd Jördens und Henning Sülten aus Magdeburg, Statius Feilhauer und Tile von Bruch aus Braunschweig, Hans Knobbe aus Quedlinburg und Tielemann Grove aus Aschersleben teil. In Helmstedt wurde am 19. August der Vertrag besiegelt. Durch einen derartigen Friedensvertrag wurde also verhindert, daß der Bischof die neu gewonnene Macht über die Stadt zu seinem Nutzen verwenden konnte. Dies wäre dann nur ein erneuter Grund eines Aufstandes gewesen. Außerdem war dies auch nicht im Sinne der Städte, da sie Halberstadt als Bundesgenossen und Wirtschaftspartner nicht verlieren wollten. Der Bischof und die Geistlichkeit vertraten anfangs die Strenge des Gesetzes, wobei die Städte eine mildere Strafe anstrebten, weil die eigentlichen Täter schon mit dem Tode bestraft waren. Sie vertraten die Ansicht, daß die Stadt nicht ihrer Privilegien und Freiheiten beraubt werden soll. Sie baten den Bischof deshalb, er möge sich der Stadt zu Gnaden annehmen und sie nicht vollends schwächen. Der Bischof dagegen verlangte zuerst die Herausgabe der Vogtei, welche Bischof Albrecht III. 1371 für 2000 Mark an die Stadt verpfändet hatte. Dies lehnten die Städte ab. Ebenso lehnten sie die hohe Strafsumme ab, die der Bischof verlangte. Sie wurde nach vielen Diskussionen auf 3000 Gulden festgesetzt. Die Stadt mußte außerdem auf den Holzhof des Dompropstes im Westendorf verzichten sowie auf die Ströbecker Landwehr und die sogenannte Dingsdorfer Warte. Außerdem mußte sich die Stadt verpflichten, die Standgelder an den Jahrmärkten nicht zu erhöhen und auch die Kornausfuhr durfte nur noch mit Bewilligung des Bischofs zulässig sein. Da die Landwirtschaft der wichtigste Exportzweig der Stadt war, hatte der Bischof nun ein wichtiges Druckmittel auf die Stadt. Ferner verpflichtete sich die Stadt, die Leichen der Opfer des 23. November 1423 auszugraben und mit allen Ehren, so wie es für Ratsherren üblich war, am 9. September 1425 in der Martinikirche beisetzen zu lassen. Über dem Grabe sollte ein Altar gebaut werden und mit der Einnahme von fünf Mark ausgestattet und mit Kirchengerät versehen werden. Das Patronat erhielten die Familien der Angehörigen, die hingerichtet worden waren. Außerdem versprach die Stadt ewige Messen für sie in der Martinikirche zu halten und eine jährliche Spende zum Clemenstag beizutragen. Diese Bedingungen sind alle erfüllt worden. Der Altar wurde Clemens-Altar oder wegen der schmachvollen Erinnerung Grasmuß-Altar genannt. Durch diese Auflagen versuchte der Bischof seinen Machtstatus und sein Ansehen, welches in der Zeit arg gelitten hatte, gegenüber den benachbarten Fürsten, dem hohen Adel und natürlich auch der hohen Geistlichkeit aufzubessern. Schwieriger war die Frage der Entschädigung für die Geflohenen. Die meisten hatten allerdings ein Vorabkommen abgeschlossen, welches in dem Sühnebrief mit aufgenommen wurde. Danach war Hermann von Quenstedt wieder in den Rat aufgenommen und erhielt 30 Mark und was ihm an Waffen genommen worden war, Henning Breitenweg 230 Mark, Ludecke Tangen 170 Mark, Curd Hullingerode 20 Mark, Hermann Hornung 50 Mark, Gebhard von Ammendorf der ältere 40 Mark, seine Söhne Hans und Gebhard 210 Mark und Klaus von Adersleben 50 Mark. Diese Summen sollten bis Michaelis, spätestens bis Weihnachten 1426 ausgezahlt sein. Die Einigung mit Hermann Hullingerode, Henning Vogelsdorf und einigen anderen stand noch aus. Wenn es keine friedliche Einigung geben sollte, wollte die Kommission die Sache in die Hand nehmen. Es sollten ferner alle Vertriebenen das mit Beschlag belegte Eigentum zurückerhalten und urkundlich ihre Versöhnung anerkennen. Die eigentlich Schuldigen an diesen Ereignissen wurden also noch „belohnt" und entschädigt für ihre Mühe „die Alte Ordnung" wiederherzustellen. Außerdem sollten diejenigen, die der Verschwörung von Matthias von Hadeber verdächtigt worden waren, ihr Geld bis Weihnachten 1428 zurückerhalten, bis auf 500 Gulden, die die Stadt nebst anderen 200 Gulden den Vertriebenen für ihre Kosten und Schäden zahlen sollte. Durch den Aufstand sind der Stadt immense Kosten entstanden, die sich sicherlich wieder in der Wirtschaft bemerkbar gemacht haben. Zwei zurückkehrende Geschlechter sollten allerdings wegen ihrer Unbeliebtheit zwar die Entschädigung erhalten, sie durften allerdings nur ein halbes oder ein Vierteljahr bleiben, um ihren Besitz zu veräußern. Dann sollten sie die Stadt auf ewig meiden. Dies waren die Geschlechter Ammendorf und Tangen die diesen Beschluß sogar zustimmten. Dadurch war gewährleistet, daß durch den Haß, der gegen diese Geschlechter sicherlich noch bestand, es nicht von neuen zu einem derartigen Aufstand kommen konnte. Sie erhoben jedoch später wieder Klage gegen die Stadt, den Bischof und die anderen Städte bei König Sigismund. Ein Prozeß, der die Regierung von König Sigismund überdauerte, mit Urteilen, in denen Achterklärungen der Stadt verlangt wurden, welche allerdings wieder zurückgenommen wurden. Die Prozeßschriften der Ammendorfs zeigen starke Verbitterung und Hartnäckigkeit gegen ihre Vaterstadt und zeigen uns, daß es weise war, sie aus der Stadt auszuschließen. Diese Familien waren die eigentlichen Schuldigen an diesen Ereignissen. Was allerdings nicht heißt, daß sie die alleinige Schuld trugen. Nachdem König Sigismund gesehen hatte, wie unberechtigt die Anklage der Sippen war, wies er ihre Ansprüche ab. Er nutzte aber die Gelegenheit, der Stadt noch eine Zahlung von 2000 Goldgulden aufzuerlegen. Hierzu beauftragte er den Reichskämmerer Conrad von Weinsberg, der alles in Bewegung setzte, sogar mit Acht und Bann drohte, um das Geld zu erhalten. Dies zeigt uns wiederum, daß selbst der König die Situation auszunutzen versuchte. Er befand sich in Geldnot und versuchte deshalb durch diesen Vorfall seine Finanzen aufzubessern. Ob das Geld gezahlt wurde ist aber unklar. Die sächsischen Städte sahen den Frieden als wiederhergestellt an, so daß sie am 21. April 1426 in Goslar ihren alten Bund zunächst auf drei Jahre erneuerten. Bischof Johann von Hoym starb am 11. April 1437.

Literatur:

Wilfried Fritz, Die innerstädtischen Auseinandersetzungen in Halberstadt zu Beginn des 15. Jahrhunderts – Der Lange Matz von Halberstadt, In: Nordharzer Jahrbuch, Halberstadt 1969, S. 75 - 180.

W. Warges, Verfassungsgeschichte der Stadt Halberstadt im Mittelalter, Halberstadt 1896.

Gustav Schmidt, Die Halberstädter Schicht im November 1423, Halle 1880.

Boettcher, Neue Halberstädter Chronik. Von der Gründung des Bistums i.J. 804 bis zur Gegenwart, Halberstadt 1913.

Adolf Siebrecht

Der Roland

Erst seit wenigen Jahren steht er wieder auf seinem angestammten Platz dicht vor dem Rathaus, der Halberstädter Roland mit dem berühmten „stillen Lächeln". Zu diesem Lächeln hat er allen Grund, obwohl man in seinem Entstehungsjahr 1433 noch nichts über das Schicksal dieses zum Wahrzeichen von Halberstadt gewordenen Standbildes ahnen konnte.

Die enge Verbindung zwischen Roland und Rathaus ist historisch bedingt: Beide hatten den gleichen Auftraggeber, den Städtischen Rat. Vermutlich im Jahre 1365 wurde der Bau des Rathauses mit dem großen Querbau im Westen begonnen und dieser wohl schon 1381 fertiggestellt, wie es die Inschrift auf der Westseite unterhalb des Dachaufbaues erkennen läßt. Ob zu dieser Zeit ein Vorgänger unseres Rolands am Rathaus stand wissen wir nicht. Die Berichte, die aussagen, daß während der als „Halberstädter Schicht" bezeichneten innerstädtischen Auseinandersetzungen im Jahre 1423 vier Ratsherren *hart vor dem Roland"* hingerichtet wurden, sind nicht nachprüfbar. Unser Roland trägt auf seiner Gürtelschnalle das Jahr 1433. Er kann also nicht Zeuge dieses Ereignisses gewesen sein. Fraglich ist aber auch, ob der Roland von 1433 schon immer den uns bekannten Standort dicht an der Westseite des Rathauses hatte. Hierzu gibt es neue Beobachtungen:

Der Sockel, auf dem der Roland bis zu seiner Umsetzung an die Westseite der Marinikirche stand, wird von der Forschung zeitlich mit der Fertigstellung des Rathauses 1381 in Zusammenhang gebracht. Die hier abgebildete frühe historische Aufnahme (Abb. 58) läßt aber erkennen, daß der Sockel in keinem bauli-

Abb. 59: Der Roland steht seit 1998 wieder an historischer Stelle.

Abb. 58: Diese mir bekannte älteste Fotografie vom Rathaus ist um 1870 entstanden. Deutlich ist bei dem hier wiedergegebenen Ausschnitt zu erkennen, daß der Sockelfuß des Rolands auf einer Steinplatte steht, die offensichtlich ursprünglich eine andere Funktion, vielleicht die eines Rinnsteines, hatte. Zu erkennen ist weiter, daß das untere Sockelgesims der Südwand des Rathauses nicht weiter nach Westen verläuft und auf der sichtbaren Westseite des Rathauses nicht vorhanden ist. Städtisches Museum.

chen Zusammenhang mit der Westfassade steht. Die Figur steht deutlich auf einem separaten Stein (Rinnstein). Daher ist die Annahme einer zeitgleichen Entstehung von Sockel und Westfassade nicht haltbar. Erst spätere Baumaßnahmen in der zweiten Hälfte des 19. Jahrhunderts haben zu dem uns überlieferten Erscheinungsbild geführt, daß der Roland mit seiner Rückseite und seinem Sockel offenbar immer fest mit der Westfassade des Rathauses verbunden war. Die Demontage des Rolands 1951 und 1998 (Abb. 61) zeigte, daß die Figur aus drei großen Sandsteinblöcken zusammengesetzt ist. Die einzelnen Steinblöcke ließen deutlich in ihrem Querschnitt die zum Teil vollplastische Gestaltung des Rolands erkennen, die für ein ursprünglich frei stehendes Monument spricht. Vermutlich lehnte sich die Figur mit ihrem hinteren Beinbereich (= unterer Sandsteinblock) an eine sie stützende Architektur an, vielleicht eine Säule, und war damit fest verbunden. So hätte der Halberstädter Roland frei und an anderer Stelle stehen können, wie z.B. der Bremer Roland (1404) und der von Zerbst (1445).

Wahrscheinlich stand er auf einem der beiden Marktplätze, dem Fischmarkt oder dem Holzmarkt. Erst später erhielt der Roland seinen Platz an der Westseite des Rathauses.

Der Roland ist heute aus konservatorischen Gründen nicht mehr fest mit dem Baukörper der Westfassade des Rathauses verbunden. So kann man sich bei der seitlichen Betrachtung der heutigen Aufstellung des Rolands sehr gut die mögliche frühere und freie Aufstellung vorstellen.

Zum Schicksal des Halberstädter Rolands

1433 fand der Roland auf einem der Marktplätze, vermutlich dem Fischmarkt, seinen Platz. Damals befand sich an der Ostseite des Rathauses ein gotisches Portal, darüber ein sorgfältig gearbeiteter Schlußstein mit der ältesten Darstellung des Halberstädter Wappens (Abb. 50). Von diesem Portal führte eine repräsentative Treppe zum Fischmarkt. Vermutlich kam dem damaligen Fischmarkt eine größere Bedeutung zu, daher erfolgte hier 1433 die Aufstellung des Rolands.

1486 hatte der Administrator des Bistums Halberstadt, Ernst II. von Sachsen, die Stadt unterworfen und gedemütigt (vgl. Beitrag Maseberg, S. 147). Vermutlich mußte die Stadt den Roland vom ursprünglichen Platz entfernen und er wurde an der Westseite des Rathauses „abgestellt". Weiterhin mußte jetzt das kleine schräggestellte Wappen, wahrscheinlich das Halberstädter Wappen, auf dem Brustbereich des Doppeladlers vom großen Wappenschild des Rolands entfernt werden. Die Spuren dieses ausgeschliffenen Wappens sind noch erkennbar. Interessant ist in diesem Zusammen hang das Schicksal des Quedlinburger Rolands. Auch er stand ursprünglich auf dem Marktplatz. Nach der Unterwerfung der Stadt Quedlinburg im Jahre 1477 durch die Brüder der Äbtissin Hedwig von Sachsen, der Herzöge von Wettin, wurde der Roland zerschlagen. Erst 1860 entdeckte man die noch erhaltenen Bruchstücke und stellte nach der Restaurierung den Roland 1869 an der Südseite des Rathauses auf.

Nach 1870 erfolgten umfangreiche Rekonstruktionsarbeiten am Rathaus, die zu dem bis 1945 bekannten Erscheinungsbild führten.

1944/45 wird der Roland eingemauert, um ihn vor den zunehmenden Bombenangriffen zu schützen.

1945, am 8. April, erfolgt kurz vor dem Ende des zweiten Weltkrieges die schwerste Zerstörung Halberstadts. Das Rathaus wird bei diesem Bombenangriff stark beschädigt. Der Roland bleibt Dank der Einmauerung unversehrt.

1951 wird der Roland von seiner schützenden Steinhülle befreit, demontiert und an den Westtürmen der Martinikirche aufgestellt. Das Rathaus hätte wiederhergestellt werden können, wurde aber abgebrochen und seine Kellergewölbe eingeschlagen.

1980 fertigen die Restauratoren des Städtischen Museums Halberstadt im Auftrag des Direktors des Museums für Deutsche Geschichte Berlin, Prof. Dr. Wolfgang Herbst, eine Kopie des Rolands an. Kurzfristig standen zwei Rolandstandbilder an den Türmen von St. Martini. Die Kopie wurde leider nach 1990 auf Veranlassung der neuen Leitung des Museums in Berlin vernichtet.

1983 findet anläßlich des 550-jährigen Geburtstages des Rolandes in Halberstadt das erste Rolandkolloquium, veranstaltet vom Städtischen Museum, statt. Höhepunkt ist eine große Laudatio vor dem Roland, an der neben den Tagungsteilnehmern auch zahlreiche Halberstädter Bürger teilnehmen.

1992 wird der Roland durch ein mit Kupferblech beschlagenes Holzdach geschützt.

1998, am 23. Juni, wird der Roland für den Transport zur Restaurierung in den Werkstätten für Denkmalpflege GmbH Quedlinburg abgebaut.

1998, am 31. August, fand die restaurierte Rolandskulptur am historischen Standort vor der Westwand des wiedererrichteten Rathauses Aufstellung.

Abb. 60: Im Frühjahr 1980 steht die Kopie des Rolands links vom Original an der Westseite des südlichen Martiniturmes.

Abb. 61: Der Roland verläßt seinen Standort an der Martinikirche. Für die vorgesehene Restaurierung wird die Figur am 23. Juni 1998 demontiert.

2000, am 10. und 11. November, trafen sich Wissenschaftler und interessierte Laien im Ratssitzungssaal des gerade wieder aufgebauten Rathauses zum 5. Rolandkolloquium in Halberstadt.

Die Sandsteinskulptur

Hier folgen wir der Beschreibung von Oscar Doering: *„Die gleichmäßig auf beiden Füßen stehende, etwas breit gedrückt erscheindende Figur ist bekleidet mit dem Panzer, über den hinten ein faltiger Mantel bis zum Sockel herunterreicht. Um die Lenden liegt ein breiter Gürtel (Dusing), der aus verzierten quadratischen Metallplatten zusamengesetzt gedacht ist. Die mittelste, etwas breitere Platte zeigt in der Mitte eine Rosette, um welche kreisförmig folgende Inschrift läuft: an(n)o d(omi)ni millesimo CCCC XXXIII. Die Hände stecken in Handschuhen, die linke hängt herab, stützt sich jedoch in den Gürtel, die rechte ist starr emporgezogen und hält das schräg nach rechts zeigende Schwert aufrecht, dessen Klinge von Metall eingesetzt ist, während der breite und sehr lange, am Ende mit einem kreisrunden Knauf verzierte Griff von Stein ist. Auf der linken Seite der Brust, so hoch, daß der obere Rand fast das Gesicht berührt, hängt schräg nach links unten gerichtet das Wappen mit dem doppelten Adler. Der Kopf ist unbedeckt, das breite Gesicht bartlos und ohne Ausdruck, das Haar in rosenartigen Lockenspiralen stilisiert."*

Die große Skulptur hat eine Höhe von insgesamt 4,50 Metern. Sie ist aus drei großen Steinblöcken mit je 1,56 Metern, 1,38 Metern und 1,51 Metern Höhe zusammengesetzt. Der Sandstein wurde in der Umgebung von Halberstadt gebrochen.

Zur Bedeutung

Von den ursprünglich und vorwiegend im Nord- und Mitteldeutschen Raum überlieferten 42 Rolandfiguren, sind 25 erhalten geblieben. Davon finden wir allein im heutigen Bundesland Sachsen-Anhalt noch 10 Rolande bei Buch in Tangermünde, Burg, Calbe, Halberstadt, Haldensleben, Halle, Quedlinburg, Questenberg, Stendal und Zerbst. Über die Bedeutung der Rolande hat sich in den vergangenen Jahrzehnten eine rege Diskussion unter Historikern und Rechtswissenschaftlern entwickelt. Dabei konzentrierte sich diese auf solche Fragestellungen wie: Rolande als Zeichen des Kaiserrechts, Rolande als Symbol des Stadtfriedens und Rolande als Autonomiesymbol.

Bezogen auf unseren Halberstädter Roland stellt Gudrun Wittek fest: *"Das wehrhafte Aussehen des Rolands mit Rüstung, Schwert und Schild ist als Symbol für Ordnung, Recht und Sicherheit zu deuten, wie auch die am Gürtel befindliche Rose, die das Recht symbolisiert. - Der Roland ist Ratssymbol, als solches verkörpert er befriedete gesetzliche Gewalt, gedacht als Drohung gegen jegliche unter Bürgern wie Einwohnern geübte Gewalttätigkeit wie gegen stadtherrliche Übergriffe. Er erscheint somit als ein Instrument des Stadtfriedens."*

Zum Schluß soll noch auf den Zusammenhang zwischen den Rolandfiguren von Bremen, Halberstadt und Zerbst hingewiesen werden. Der Bremer ist der älteste erhaltene Roland und wurde 1404 errichtet. Der Halberstädter entstand bekanntlich im Jahre 1433 und der von Zerbst im Jahre 1445. Alle drei sind auch in dieser Reihenfolge die ältesten der erhaltenen Rolandfiguren aus Stein. Ihr Aufbau, ihre Haltung und Ausstattung sind erstaunlich ähnlich. Offensichtlich sind der Halberstädter und der Zerbster Roland nach dem Vorbild des Bremer Rolands geschaffen worden.

Literatur:

Oskar Doering, Beschreibende Darstellung der älteren Bau- und Kunstdenkmäler der Kreise Halberstadt Stadt und Land, Halle 1902, S. 458.

Materialien des 2. stadtgeschichtlichen Kolloquiums, das anläßlich des 550jährigen Bestehens des Halberstädter Rolands am 25. und 26. Juni 1983 stattfand, In: Nordharzer Jahrbuch, Band XI, Halberstadt 1986, u.a. S. 44.

Dietrich Wellmer, Die Restaurierung des Halberstädter Rolandes 1998 und seine Versetzung an die rekonstruierte Rathausfassade, In: Nordharzer Jahrbuch, Band 20/21, Halberstadt 1999, S. 183.

Gudrun Wittek, Rolande als Sinnbilder für mittelalterlichen Stadtfrieden, In: Rolande, Kaiser und Recht: Zur Rechtsgeschichte des Harzraums und seiner Umgebung, Dieter Pötschke (Hg), Berlin 1999, S. 158 ff, S. 187.

Thoralf Johl

Auf den Spuren Halberstädter Kaufleute in der Hansezeit

Der Ursprung und die Bedeutung der Hanse liegen im Fernhandel und in der Seeschifffahrt. Fernkaufleute und Reeder beherrschten das wirtschaftliche und soziale Leben der Hansestädte, was nicht zuletzt auf den Besitz eines seetüchtigen Schifftyps zurückzuführen war. Diese technische Überlegenheit ermöglichte es den Hansen, die Seeherrschaft in der Ostsee zu erreichen.

Betrachtet man den Ausdehnungskern des hansischen Handelsgebietes, so gehören die Länder an den Küsten der Nord- und Ostsee in den Mittelpunkt kaufmännischen Interesses. Schon lange vor dem hansischen Kaufmann betrieben flämische, skandinavische, friesische, baltische und slawische Seefahrer einen regen Warenaustausch auf dem offenen Meer, an den Küsten und Flußläufen bis in das Binnenland. Während der Glanzzeit der Hanse gehörten fast 200 See- und Binnenstädte der Ostsee bis hin nach Thüringen dem Verband der Städtehanse an.

Die Städtebünde wurden zum Schutz der Autonomie und zur Verteidigung ihrer Mitglieder gegründet. Durch sie wurden die hansischen Fernkaufleute im Ausland geschützt. Sie sicherten bestimmte Handelsvorteile, wie zum Beispiel das Stapelrecht der eigenen Waren, Stapelzwang für fremde Kaufleute und viele andere Privilegien. Damit wurde es der Hanse ermöglicht, ihren Handel zu erweitern und eine Monopolstellung im Ostseeraum zu erreichen. Den größten Erfolg und somit ihren Höhepunkt erreichte die Städtehanse mit dem Abschluß des Stralsunder Friedens am 24. Mai 1370.

In Nordeuropa wurde sie zur dominanten politischen Macht und trat damit an die Stelle der ohnmächtigen kaiserlichen Zentralgewalt. Alle Kriege, die sie gegen ihre Nachbarstaaten führte, dienten wirtschaftlichen Zielen beziehungsweise dem Schutz ihrer Handelsrouten und dem Schutz der Fernkaufleute.

Stadtgeographische Voraussetzungen

Für die Anlage einer Stadt waren und sind auch heute noch bestimmte Bedingungen zu erfüllen, um das Fortbestehen der jungen Stadt zu gewährleisten. So war zum Zeitpunkt der Gründung vieler Städte im 12. und 13. Jahrhundert die verkehrsgünstige Lage eine maßgebliche Vor-

Abb. 62: Fernhandelsstraßen um 1500.

aussetzung. Helmut Pfaff gibt in seinem Werk „Halberstadt – Versuch einer siedlungs- und stadtgeographischen Darstellung" wichtige äußere Anhaltspunkte. So befindet sich das Siedlungsgebiet Halberstadts am Schnittpunkt wichtiger Handelsstraßen:

a) Westfälischer Hellweg, alte Völker- und Heerstraße vom Rhein bei Duisburg oder Köln *strata coloniensis* über Werden, Essen, Steele, Dortmund, Unna, Soest, Paderborn am Nordharz vorbei über Halberstadt nach Magdeburg (West - östlich gerichtete Verkehrsroute);

b) Nord- Süd- Handelsroute von Lübeck, Lüneburg, Uelzen, Braunschweig nach Halberstadt, Erfurt und Nürnberg.

Betrachtet man die Terrainbeschaffenheit des Harzmassives, wird man feststellen, daß das Harzgebirge ein schwer überwindbares Hindernis darstellt. Jeder Waren- bzw. Kriegstransport mußte folglich durch das Holtemmetal zwischen dem Großen Bruch und dem Harzmassiv erfolgen. Eine Überwindung der Holtemmetalaue konnte man im Siedlungsbereich Halberstadt realisieren. Hier befand sich ein relativ schmales, von Hochufern eingesäumtes Tal. Bereits im 10. Jahrhundert entstand hier die erste Kaufleutesiedlung. Bischof Hildeward förderte 989 die Gemeinschaft der Kaufleute, nachdem er im Besitz wichtiger Regalien, zum Beispiel des Marktregals, war. Ihr wirtschaftliches Zentrum war der ursprünglich rechteckig angelegte Marktplatz, der im Schnittpunkt mehrerer Fernhandelsstraßen entstanden war: Hoher Weg – Schmiedestraße – Kühlinger Straße – Breiter Weg – Harsleber Straße. Ihre Bewohner waren mit Handel und Handwerk beschäftigt.

**Die Herausbildung der Städtehanse –
eine Hypothese zum Beitrittsjahr Halberstadts**

Im Jahre 1299 änderte sich das äußere Bild der Hanse erheblich. Abgesandte der wendischen Städte vereinbarten in Lübeck, daß Kaufleute mit dem Siegel ihrer Stadt unterzeichnen und besiegeln dürfen. Damit wurden die Interessen der niederdeutschen Kaufleute im Ausland nicht mehr von Vertretern genossenschaftlicher Vereinigungen wahrgenommen. Die Kaufmannshanse wurde über mehrere Jahrzehnte durch die Städtehanse abgelöst.

Betrachtet man die politische Situation des Reiches, so verlor die staufische Kaisermacht durch den Kampf um ihre Herrschaftsansprüche über Italien an Einfluß. Die Reichsgewalt hatte sich bis auf die Freie Reichsstadt Lübeck fast vollständig aus Norddeutschland zurückgezogen. Kaufleute, die Schutz brauchten, blieben auf sich allein gestellt. Diese Schwächung der Zentralgewalt wurde durch die Fürsten auf Kosten des Reiches und der Städte ausgenutzt. Angesichts dieser Situation wurde es notwendig, für die Bürger wirksame Mittel zum Schutz zu finden und anzuwenden.

1254 wurde der bekannteste deutsche Städtebund des 13. Jahrhunderts, der Rheinische Städtebund, gegründet. Bereits 1246 waren im nordwest- beziehungsweise norddeutschen Raum der westfälische und der niedersächsische Städtebund entstanden.

Zum niedersächsischen Städtebund gehörten die Städte Münden, Northeim, Braunschweig, Hannover, Helmstedt, Quedlinburg, Halberstadt, Hildesheim, Goslar, Wernigerode und Magdeburg. Auch Lüneburg, Hamburg, Stade und Bremen waren zeitweilig Mitglied. Die Stadt Braunschweig übernahm die Führung des Bundes.

Der westfälische Städtebund – unter Führung von Dortmund – vertrat die Interessen der Städte Münster, Osnabrück, Minden, Soest, Herford, Wesfeld und Lippstadt.[1] Halberstadt gehörte damit in das sächsische Quartier und mit den wichtigen Vororten Braunschweig und Magdeburg zum wendischen Drittel der Hanse. Um einen optimalen Schutz der Städte und des Handels zu gewähren, schlossen sich viele Städte zusätzlich zu territorialen Bünden zusammen.

Territoriale Bündnispolitik Halberstadts in chronologischer Abfolge

1315 Bund mit Magdeburg gegen äußere Angriffe und inneren Aufruhr sowie für Förderung des Verkehrs und des Handels.

1326 Bündnis Halberstadt, Quedlinburg und Aschersleben zum gemeinsamen Schutz und zur Abwehr allen Unrechts.

1335 Beitritt Goslars und Braunschweigs.

1351 Beitritt Helmstedts.

Ab **1351** kam es gleichzeitig zur Bildung eines Ausschusses von vier gewählten Männern, die für die Bewaffnung und den Schutz der Städte verantwortlich waren. Im Laufe der Jahre entstand daraus die Besendung zu den allgemeinen Hansetagen durch sächsische Delegierte nach Absprache innerhalb der sächsischen Städtetage.

1382 Münzkonvention des sächsischen Städtebundes.

1415 Vereinigung der halberstädtischen Städte mit Magdeburg und Braunschweig zur Sicherung des hansischen Handels[2].

15. November 1416 verbünden sich mit der Thüringer und der Halberstädter noch weitere andere Gruppen von Hansestädten (Verlängerung 1421, 1427 und 1432)[3].

In der Auseinandersetzung zwischen den Landesfürsten und den Städten schlossen 39 Hansestädte, einschließlich Halberstadt, 1443 ein Bündnis. Daß diese Bündnissbestrebungen eine große aktuelle Bedeutung besaßen, zeig eine Fehde zwischen den sächsischen Herzögen und der damaligen Äbtissin von Quedlinburg. Im Ergebnis dieser Auseinandersetzung wurde die Stadt erobert und zur Herausgabe der Bündnisurkunde gezwungen. Von diesem Zeitpunkt an hörte die Selbständigkeit der Stadt auf und das besiegelte das Ausscheiden aus der Hanse.[4]

Die gleichen Feinde bedrohten auch die Stadt Halberstadt. Nach Verhandlungen kam es zu einer Einigung am 10. August 1477. Im Vorfeld erhielt Halberstadt Hilfe durch die Städte Lübeck, Hamburg und Lüneburg, die am 30. Juli und 6. August 1477 vertragsmäßige Geldhilfe leisteten und Mannschaften nach Halberstadt schickten.[5]

Betrachtet man die vorangestellte Bündnischronologie und die bisherigen veröffentlichten Beiträge, so spielt das Jahr 1471 eine angeblich wichtige Rolle. Viele Historiker, die sich mit diesem Zeitabschnitt der Geschichte Halberstadts beschäftigen, ordnen die Stadt als tätiges Mitglied des sächsischen Städtebundes und der Hanse zu diesem Zeitpunkt ein.

Ein tätiges Mitglied steht im engen Kontakt mit seinen Bündnispartnern, organisiert Maßnahmen und entscheidet in Rechtsstreitigkeiten. Gerade diese Tatsache bedingt einen großen Widerspruch, der zum Nachdenken anregen soll. Besaß Halberstadt diese Rechte erst ab dem Jahr 1471?

Während des Tuchhandels sächsischer Städte mit Flandern erhob Halberstadt 1267 / 1268 Einspruch gegen den Versuch für Raubschäden, welche Genter Kaufleute in Sachsen erlitten hatten, den sächsischen Kaufmann haftbar zu machen.[6]

Bei der Kontorverlegung von Brügge nach Ardenburg 1280–1282 kam es zu Unregelmäßigkeiten. Ein hansischer Kaufmann bat um den verbrieften Schutz seiner Rechte von der Stadt Brügge am neuen Handelsstandort. Daraufhin entschloß sich der Rat von Lübeck Zustimmungsschreiben von den Städten Goslar, Halberstadt, Halle und Magdeburg in dieser Angelegenheit zu fordern. Um eine einheitliche Meinung zu erhalten, muß ein Städtetag im sächsischen Raum stattgefunden haben.[7] Diese beiden Beispiele zeigen eine wichtige und bedeutungsvolle Rolle Halberstadts in der Entwicklung der Städtehanse. Sie sollen unterstreichen, daß Halberstadt bereits 200 Jahre früher in der Städtehanse aktiv tätig gewesen ist.

Schlußgedanken

Innerhalb des Zeitraumes vom 24. Mai bis 20. Juni 1487 versammelten sich die Vertreter der Hansestädte in Lübeck. Halberstadt entschuldigte das Fernbleiben seiner Gesandten, ohne Vollmachten zu erteilen. Am 24. Mai 1494 fand ein Hansetag zu Bremen statt. Das Anliegen dieser Zusammenkunft war, einen Entwurf eines Bündnisses aller Hansestädte gegen die drohende Fürstengefahr zu verabschieden. Die Stadt Halberstadt wurde zum Beitritt aufgefordert.

In den mir zur Verfügung stehenden Quellen fand die Stadt Halberstadt nur noch zweimal Erwähnung. Die Matrikel der Hansestädte von 1506 geben Auskunft, daß Halberstadt einen Beitrag von 30 Rheinischen Gulden gezahlt hat. Auf dem Lübecker Hansetag 1518 gilt Halberstadt für *„abgedankt und abgeschnitten"*. Die genannten Gründe für das Ausscheiden liegen noch nicht vor und lassen auf weitere Forschungsergebnisse hoffen.[8]

Geht man von der von mir gestellten Hypothese aus, liegt hinter Halberstadt eine fast 251jährige Hansetätigkeit.

Die Handelsaktivitäten Halberstadts und zwei ungelöste Kriminalfälle

Der damalige Stand des Transportwesens ermöglichte nur einen begrenzten Umfang von Waren. Sie sollten ausschließlich sehr hochwertig sein und wenig Raum beanspruchen. Aus Westeuropa wurden Münzen, Schmuck, Tongefäße, Gläser, Wein und Tuche gehandelt. Auch wurden Erzeugnisse des niederrheinischen Metallhandwerks geschätzt. Besonders begehrt waren Luxuswaren aus dem Mittelmeergebiet und dem Vorderen Orient. Zu ihnen gehörten Weihrauch, Gewürze, Seiden- und Brokatstoffe. Im Gegenzug nahmen die Händler aus dem Ostseegebiet vor allem Pelzwerk, Wachs, Honig, Fisch und Bernstein in den Süden und Westen mit.[9]

Ab dem 15. Jahrhundert rückte neben dem Seehandel auch der Überlandhandel in das Blickfeld der Fernkaufleute. Dabei orientierten sich die Binnenstädte auf eigene Exportprodukte. Diese waren Fisch (Hering) aus Dänemark und Norwegen, Tuche aus den Niederlanden, Pelze und Wachs aus Russland und Waren eigener Produktion, wie Bier und Getreide.

Die Binnenstädte waren stark auf die Zulieferung von Seefisch angewiesen. Der steigende Bedarf der städtischen Bevölkerung für die Fastentage der katholischen Kirche begünstigte den Handel. Diesem objektiven Bedürfnis kamen die Hansekaufleute entgegen und steigerten den Handel mit Salz beziehungsweise Seefisch, der durch Trocknung oder Räucherung haltbar gemacht wurde. Für den weiteren Transport der Heringe nach Süden sorgten dann Fernhändler aus Braunschweig und Magdeburg. Beide Städte waren Vororte des sächsischen Quartiers der Hanse.[10]

Für die Nordharzregion war Halberstadt der zentrale Markt, über den auch die für Thüringen bestimmten Anteile an Frachtsendungen weitergeleitet wurden. Halberstadt diente also als eine wichtige Zwischenstation für den Heringshandel aus dem Norden.[11]

In entgegengesetzter Richtung verlief der thüringische Export des Blaufärbemittels Waid in Richtung Norden über Halberstadt. Erfurt, das Zentrum dieses begehrten Exportartikels der thüringischen Region im Mittelalter, belieferte alle mitteleuropäischen Textil- und Tuchveredlungszentren.[12]

Niedersächsische Städte unterhielten schon um 1260 Beziehungen zu Flandern, dem bedeutendsten Produktionszentrum für Qualitätstuche.

Die Halberstädter Gruppe des Textilgewerbes versuchte einen Teil des lokalen und regionalen Bedarfs zu decken.[13] Diese Tuche mittlerer Qualität kamen ebenfalls aus dem thüringischen Gebiet und wurden über Halberstadt, Hamburg und Lübeck in Richtung Livland, Russland, Dänemark und Norwegen geliefert. Für diese lebhaften thüringisch-hansischen Beziehungen war Halberstadt ein wichtiges Bindeglied.[14]

Auf dem Kornmarkt, später Fischmarkt, wurden große Mengen Getreide, Bier und Hopfen aufgekauft und später exportiert. Dieser Getreideexport traf auch für die Stadt Magdeburg zu. Halberstadt besaß aber nur eine kleine leistungsfähige Fernhändlerschicht. Aus diesem Grund hat es in Halberstadt kein besonders herausragendes Bürgervermögen gegeben. Trotzdem entfaltete es eine Bautätigkeit, die Halberstadt zu einem Zentrum des niederdeutschen Fachwerks werden ließ.[15]

Halberstadt und die mit ihm verbündeten Städte Aschersleben und Quedlinburg waren aber auch für den Import von hansischen Luxusgütern verantwortlich. So wurden 1375 über einen Lübecker Großhändler 5000 Stück Bundwerk und drei Packen Hermelinfelle nach Erfurt geschickt.[16]

Ein Gesellschafter des Lübecker Kaufmanns Hildebrand Veckinchusen verkaufte um 1411 in Venedig „Schönwerk" und Bernsteinrosenkränze. Diese Artikel bezog er zum Teil auf dem Landweg, also auf der üblichen Nord-Süd-Handelsroute von Lübeck über Braunschweig, Halberstadt, Erfurt und Nürnberg.[17]

Desweiteren versorgte ein Lübecker Paternostermacher Venedig mit seinen Exportartikeln. Auf dem Rückweg schickte dann die Veckinchusensche Handelsgesellschaft Gewürze und andere Orientwaren über Erfurt und Halberstadt nach Norden. Zumindest wird Halberstadt einen Teil der Waren des gehobenen Bedarfs und Sortiments an Krämerei, sowie Spezereiwaren auf diesem Weg erhalten haben. Einsatzmöglichkeiten für Orientwaren bestanden ansonsten auf den Frankfurter Messen und in Brügge. Für die Stadt Magdeburg könnte die Orientware über die Elbe beziehungsweise auf der Handelsstraße am Nordharz transportiert worden sein.[18]

Einen wichtigen Anhaltspunkt zum Lübecker-Nürnberger Handel über Halberstadt finden wir in zwei noch ungelösten Kriminalfällen.

1475 erreichte den Lübecker Ratsherren Cord Müller eine Nachricht, daß die von ihm gesandten 400 Rheinischen Gulden nach Nürnberg gestohlen wurden. Vorsichtshalber versteckte man die Goldstücke in einem Faß mit Butter. Das Faß ging samt aller Geldstücke verloren. Die Spur führte nach Halberstadt.[19]

1484 wurde bei Halberstadt ein Frachtwagen beraubt, dessen Ladung vier Bürgern aus Lübeck sowie einem aus Nürnberg gehörte.[20] Beide Kriminalfälle wurden nie aufgeklärt, bestätigen aber die rege Handelstätigkeit über die Stadt Halberstadt in der Nord-Südroute. Vermutlich verlief die Straße über Halberstadt, Nordhausen, Erfurt, Arnstadt, Ilmenau, Bamberg, Erlangen nach Nürnberg.[21]

Die Ausdehnung des Handels im 15. Jahrhundert bestätigt auch die Plünderung des Hauses der Familie Ammendorf 1425 während eines Aufstandes in Halberstadt. Der Familie gingen Perlen, Korallen, Spangen und goldenen Reifen verloren. Ein weiterer Beweis dafür, daß Fernkaufleute orientalische Luxusgüter nach Halberstadt brachten.[22]

Abschließend muß man die Rolle Halberstadts und seiner Kaufmannsschicht als Bindeglied im hansischen Handel unterstreichen. So war die Stadt nicht nur Lagerstadt im Hin- und Rücktransport auf der Nord-Südhandelsroute, sondern auch ein wichtiger Zwischenhandelsplatz für viele Produkte der Hansezeit.

Anmerkungen:

1 Johann Schildhauer / Konrad Fritze / Walter Stark, Die Hanse, Berlin 1981, S. 69.

2 UB 1 Nr. 419 ff; Quellen zur älteren Geschichte des Städtewesens in Mitteldeutschland, 1. Teil, Weimar 1949, Nr. 197, S. 253.

3 W. Gebser, Bündnisse, Schutz- und Dienstverträge der Städte Erfurt, Mühlhausen, Nordhausen, Göttingen 1909, S. 24 und 111; Hansische Urkundenbücher Bd. 6, Nr. 366, S. 201; Nr. 677, S. 380; Nr. 1056, S. 586.

4 Stadtarchiv Halberstadt S. R. AA 18, 15 nicht mehr vorhanden.

5 UB der Stadt Halberstadt Nr. 1069.

6 Hansisches UB 1, Nr. 650, HR III, 7, S. 146, 176, 216, 1518.

7 UB der Stadt Lübeck 1, hrsg. von dem Verein für Lübeckische Geschichte und Altertumskunde, Lübeck 1843, Nr. 422, S. 384 f.

8 Hansische Regresse III, 3 Nr. 355, 426.

Hansische Regresse III, 5 Nr. 116.

Hansische Regresse III, 7 S. 146, 176, 216.

Sonderabzug Hansische Geschichtsblätter von Georg Arndt.

9 Schildauer / Fritze / Stark: Die Hanse. 4. Auflage, VEB Deutscher Verlag der Wissenschaft, Berlin 1981, S. 18

10 HUB Bd. 6 (1415 – 1433, bearbeitet von K. Kunze, Leipzig 1905, Nr. 163, S. 80).

11 Werner Mägdefrau, Städtische Produktion von der Entstehung der Zünfte bis ins 14. Jahrhundert. Ein Beitrag zu den sozialökonomischen Grundlagen des Thüringer Dreistädtebundes. In: Europäische Stadtgeschichte im Mittelalter, Weimar 1979, S. 130 ff.

12 Werner Mägdefrau, Zum Waid- und Tuchhandel thüringischer Städte im späten Mittelalter, In: Jahrbuch der Wirtschaftsgeschichte 1973 III, S. 131 ff.

13 UB der Stadt Halberstadt Teil 1, Halle 1878, Nr. 177.

14 Stadtarchiv Erfurt 1 – 1 IXXI - Ia - Ib.

15 Gudrun Wittek, Die wirtschaftliche, soziale und verfassungsmäßige Topographie Halberstadts im Mittelalter, In: Die alte Stadt, 17. Jahrgang 3/90, S. 254 f.

16 F. Wiegang, Über klassische Beziehungen Erfurts, In: Hansische Studien, Berlin 1961, S. 404.

17 Hansische Handelsstraßen, Textband, F. Bruns, bearbeitet von H. Weczerka, Weimar 1967, S. 322 ff.

18 Helmut Asmus, Autorenkollektiv, vgl. Geschichte der Stadt Magdeburg, Berlin 1975, S. 45.

19 UB der Stadt Halberstadt 2, Nr. 1053.

20 Hansische Geschichtsblätter. Jahrgang 1896, S. 75 - 77 XXXIII, I.

21 F. Bruns/H. Weczerka: Hansische Handelsstraßen, Atlas, Köln/Graz 1962, bes. Karte A, Karten 19, 26, 27.

22 UB der Stadt Halberstadt 2, Nr. 806.

Peter Schulze

Zur Geschichte der Juden in Halberstadt

Bereits im 10. Jahrhundert ist in Deutschland eine jüdische Minderheit nachweisbar. Die jeweiligen Herrscher verliehen den Juden Pflichten und Rechte die ihren sozialen und ökonomischen Status bestimmten. Der Unterschied zur mittelalterlichen Gesellschaft bestand für die Juden in ihrer Religion, die als einzige nichtchristliche im Christlichen Kulturkreis geduldet wurde. Mit der im 13. Jahrhundert durch die Kirche erlassenen „Servitudo Judaeorum" (Knechtschaft der Juden) kam es zur bewußten Trennung und Ausgrenzung in der mittelalterlichen Gesamtgesellschaft. Als Minderheit, nach außen auch durch ihre Tracht gekennzeichnet, durften sie kein Handwerk betreiben und Positionen ausüben, in dem sie über Christen bestimmen konnten. Der Erwerb von Grundstücken war stark eingeschränkt nur Handel und Geldgeschäfte wurden zum Haupterwerb. Durch die Erklärung zu „Kammerknechten" zwar direkt dem Kaiserlichen Regal (Recht) unterstellt, garantierten die festgelegten Abgaben und Zahlung von Steuern keinen verläßlichen Schutz, da dieses verkäuflich und verleihbar war.

Einer Überlieferung zufolge sollen bereits 1120, nach Vertreibung aus Halle, erste Juden in Halberstadt gesiedelt haben. Doch erst ein Schutzbrief, ausgestellt von Bischof Volrad (1255-1296), geschlossen im Einvernehmen mit dem Rat, vom 26. Oktober 1261 gilt bisher als erster Nachweis von Juden in Halberstadt. Unter der Bedingung *„das sie dem Bischof die gebührenden und gewohnten Dienste* (Abgaben) *leisten"*, verbunden mit Zahlung einer Sondersteuer garantierte der Schutzbrief *„allen in der Stadt lebenden und noch kommenden"* sowie auswärtigen und zeitweise in der Stadt weilenden Juden Handel und Geschäfte in Stadt und Bistum zu betreiben. *„Es solle mit der Gerichtsbarkeit über die Juden in der Art und Weise wie von Alters her und wie es stadtkundig sei"* verfahren werden. Aus dem *„von Alters her"* sowie den *„gewohnten Dienste leisten"* ist anzunehmen, daß bereits schon längere Zeit Juden in der Stadt ansässig gewesen sein müssen.

Abb. 63: Der älteste der drei jüdischen Friedhöfe ist der zwischen Sternstraße und Roter Strumpf. Er wurde 1644 vom Klerus des St. Johannisklosters an die jüdische Gemeinde verpachtet. 1938 geschändet, befinden sich hier noch ca. 150 Grabsteine in originaler Aufstellung.

Bis zur Mitte des 14. Jahrhunderts geben die Chroniken und Aufzeichnungen nur wenig Auskunft. Nach Vertreibungen 1335 und 1343, in den Auseinandersetzungen des Bischofs Albrecht II. (1325-1358) mit den Grafen von Mansfeld und Regenstein, stellt Albrecht II. 1350 erneut einen Schutzbrief wiederum im Einvernehmen mit dem Rat für die Halberstädter Juden aus. Zahlenmäßig zwar gering aber von wirtschaftlicher Bedeutung für den Bischof, setzte auch der Rat, obwohl die Juden rechtlich nicht zur Stadtgemeinde gehörten, eine zusätzliche Besteuerung durch. In den Auseinandersetzungen zwischen den Mansfelder Grafen und Bischof Albrecht lieh dieser 1344 *„200 Mark Silber"* von den Juden im Pfand gegen Kirchenzierrat. Bereits 1364 wird erstmals eine *„Judenansiedlung"* innerhalb der Stadtmauern im Bereich mittlerer Hoher Weg - Göddenstraße erwähnt.

Doch die wechselhafte Politik der Fürstbischöfe und des Stadtrates den Juden gegenüber, geprägt von Privilegien, Schikanen, Vertreibung und Übergriffen, führte zu keinen verläßlichen Lebensverhältnissen in den folgenden Jahrhunderten. 1456 verpfändet Bischof Burchard (1437-1458) dem Rat für 200 Mark die in Halberstadt ansässigen Juden. Bischof Ernst II. (1497-1543) vertreibt nach Amtsantritt alle Juden aus der Stadt und verteilt ihr Vermögen unter den Bürgern. Bischof Heinrich Julius (1578-1613) erklärt behördlich die Juden samt ihres Vermögens sogar als „vogelfrei". Doch bereits am 11. November 1606 erteilt merkwürdigerweise der judenfeindliche Heinrich Julius, wohl angewiesen auf die Geldgeschäfte, gegen den erbitterten Widerstand der Stände, Schutzbriefe für mehrere Juden in Halberstadt bei Zahlung eines jährlichen Schutzgeldes von 6 Goldgulden.
Etwas zu stabilisieren scheint sich die Lage erst nach Ende des 30jährigen Krieges mit Übergang des Fürstbistums an Brandenburg-Preußen. Kurfürst Wilhelm I. (1620-1688) von Brandenburg erklärt laut Rezeß, gegen den Widerstand der Halberstädter Stände und des Rates, am 2. April 1652 *„wegen der Juden in unserer Stadt Halberstadt wollen wir es so haben, wie wir es in Unserem Fürstenthum Minden und anderen Unseren Landen, da dieselben befindlich, halten lassen"* und erteilt 11 jüdischen Familien am 1. Mai 1625 einen Schutzbrief. Neben verschiedenen Bestimmungen zur Verhütung des Geldwuchers sowie Ankauf von Kirchen und gestohlenen Gütern verordnet er *„das die Juden wegen ihrer Synagoge, die sie halten werden"* jährlich 1 Goldgulden zahlen und *„Handel und Wandel in Kaufen und Verkaufen in der Stadt und Fürstenthum frei und sicher treiben"* sowie ungehindert Reisen dürfen. Dafür hat jeder 8 Reichstaler jährlich zu entrichten. Weiterhin soll keine *„Behörde"* die Juden mit Geldforderungen belegen, weil solches *„Uns allein als hohen Landesfürsten zusteht und uns vorbehalten"* ist.

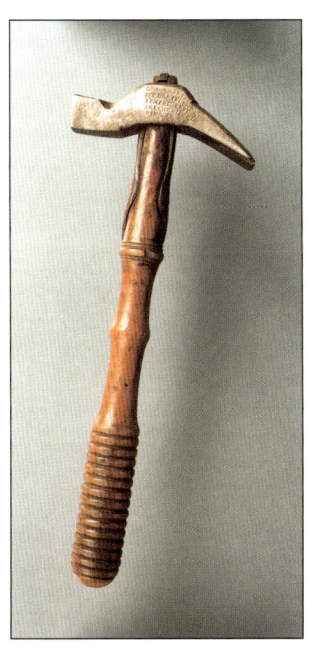

Abb. 64: Der sogenannte „Juden-hammer", mit dem im Jahre 1669 die Synagoge zerstört wurde, Städtisches Museum.

Bereits 1644 gelingt es der jüdischen Gemeinde ein Grundstück vom St. Johannes Kloster, am sogenannten Roten Strumpf, zur Anlage eines Friedhofs für 25 Taler auf 70 Jahre zu pachten. Da „allmählich" dieser Begräbnisplatz 1696 nicht mehr ausreicht, erhält auf Bitten der jüdischen Gemeinde diese einen unmittelbar daran grenzenden „wüsten Platz" vom St. Johannes Kloster für 50 Taler auf 90 Jahre bei Entrichtung eines jährlichen Jahreszins von 2 Talern zur Anlegung eines zweiten Friedhofes sowie die Erlaubnis zur Errichtung eines Wohnhauses für arme ab- und zureisende Juden. In der Jöden (Juden) Straße, später daraus abgeleitet Göddenstraße, befand sich schon sehr früh eine kleine Synagoge, die das Zentrum der Judenansiedlung bildete. Der Widerstand von Rat und Ständen gegen den Kurfürstlichen Schutzbrief führte häufig zu Auseinandersetzungen und Übergriffen, die aber meistens stillschweigend vom Kurfürsten geduldet werden. 1620 zerstören Rat und Stände die Synagoge. Auf ihre Beschwerde wird laut Kurfürstlichen Reces abermals den Juden der Bau einer Synagoge gestattet, deren Bau nach vielfacher Verzögerung erst 1661 erfolgt. Nur kurz währte ihr Bestand. Wiederum ausgelöst durch Auseinandersetzungen mit den Ständen, zerstören diese 1669 abermals den sogenannten „Judentempel". Als trauriges und makaberes Relikt dieser Tat zeugt ein erhalten gebliebener Hammer mit Eingravierung *„den 18. Merz ist der Judentempel zerstört zwischen 11 und 1 Uhr"* sowie Jahreszahl, Namen und Initialen.

Trotz Übergriffe steigt in den folgenden Jahren bis 1701 die jüdische Gemeinde auf 698 Personen. Geprägt durch eine der wohl bedeutendsten Persönlichkeiten jener Zeit, dem Bankier und Hoffaktor Berend Lehmann, gewinnt diese an Bedeutung. Berend Lehmann am 14. April 1661 in Halberstadt geboren, begründet seinen Ruf und Einfluß als Hoffaktor an verschiedenen Fürstenhöfen. Seine Mithilfe am Erwerb der polnischen Königskrone August des Starken von Sachsen brachte ihm 1696 den Titel „königlich polnischer Resident" ein. Hoch angesehen und geachtet stirbt Berend Lehmann 1730 in Halberstadt.

Abb. 65: Das Innere der Synagoge um 1930, Blick auf die Frauenempore, zerstört 1938.

1712 stiftet er der Halberstädter jüdischen Gemeinde eine neue Synagoge die nach Überlieferung *„eine der schönsten und erhabensten in Deutschland sei"*. Zur Festigung des Glaubens und der Wissenschaft gründet er bereits 1696 ein Rabbinerseminar, die Klaussynagoge im Rosenwinkel, aus der zahlreiche bedeutende Rabbiner hervorgingen.

Innerhalb der Stadtmauern, im Bereich der Synagoge, Judenstraße, Baken-straße, Seidenbeutel und Rosenwinkel, lebten um 1728 192 jüdische Familien deren Zahl in den folgenden Jahren noch anstieg. Beeinflußt und geprägt durch hervorragende Persönlichkeiten, gehörte die jüdische Gemeinde Halberstadt, nicht alleine ihrer Größe wegen, zu den bedeutendsten in Preußen.

Das beginnende Zeitalter der rechtlichen Gleichstellung (Emanzipations-prozeß) Anfang des 19. Jahrhunderts prägte neben anderen Persönlichkei-ten in besonderen Maße der 1768 in Halberstadt geborene Reformrabbiner Israel Jacobsohn. Als Begründer der Jakobsohn Schule in Seesen und als Präsident des israelitischen Konsistoriums während der Westfälischen Zeit in Kassel, dem auch die Halberstädter Gemeinde angehörte, zählte er zu den Wegbereitern der jüdisch deutschen Reformbewegung.

Durch die bedeutenden Rabbiner Familien Auerbach und Hildesheimer sowie dem Einfluß der Kaufmanns und Unternehmerfamilie Hirsch mit einem weltumspannenden Handels- und Industrieunternehmen erfährt das orthodoxe Judentum großen Aufschwung und Halberstadt wird Zentrum der Orthodoxie in Deutschland.

Nach Ende des 1. Weltkrieges, an dessen Fronten 30 Halberstädter Juden fielen, kommt es zum verstärkten Zuzug Osteuropäischer Juden. Die Gemeinde wächst bis 1927 auf 1000 Juden an.

Mit Machtübernahme der Nationalsozialisten beginnt 1933 auch in Halberstadt die Judenverfolgung, die in der Progromnacht vom 9. November 1938 mit Zerstörung der 240 Jahre alten Synagoge sowie der Plünderung und Verwüstung jüdischer Einrichtungen und Geschäfte ihren vorläufigen Höhepunkt erreicht. Noch am gleichen Tage erfolgen die ersten Verhaftungen. 1942 werden die letzten jüdischen Einrichtungen liquidiert und die Halberstädter Juden in verschiedene Konzentrationslager abtransportiert. Nach der Shoa gibt es keinen Neubeginn jüdischen Lebens in Halberstadt.

Literatur:

Benjamin Hirsch Auerbach, Geschichte der israelitischen Gemeinde Halberstadt, Halberstadt 1866.

Autorenkollektiv, Geschichte jüdischer Gemeinden in Sachsen-Anhalt, Wernigerode 1997.

Holger Brülls, Synagogen in Sachsen-Anhalt, Berlin 1998.

Dick/Sassenberg (Hrsg.) Wegweiser durch das jüdische Sachsen-Anhalt, Potsdam 1998.

Werner Hartmann, Juden in Halberstadt, Bd.1-6, Halberstadt 1991-1996.

Urkundenbuch der Stadt Halberstadt Bd.1, Bearbeitet von Gustav Schmidt, Halle 1878.

Urkundenbuch des Stifts St. Johann bei Halberstadt 1119 – 1804, Bearbeitet von Adolf Distelkamp, Weimar 1989.

Günter Maseberg

Administrator Ernst II. von Sachsen 1479 - 1513

Mit den vorangegangenen Bischöfen des 15. Jahrhunderts hatte das Domkapitel keine guten Erfahrungen gemacht. Sie entstammten allesamt dem
niederen Adel und waren nicht in der Lage gewesen, dem Stift Vermögen
einzubringen. Ganz im Gegenteil, bei den zahlreichen Verwicklungen,
Händeln und Fehden mit mächtigen Nachbarn, in die sie hineingezogen
wurden, waren stets die Halberstädter Bischöfe diejenigen, die die Zeche
am Ende zu bezahlen hatten. Bei der Wahl eines neuen Kandidaten
mögen diese Erfahrungen eine grundlegende Rolle gespielt haben, denn
mit Ernst, einem Prinzen aus dem mächtigen sächsischen Kurhause, wurde
der Bischofsstuhl mit jemandem besetzt, der aufgrund seiner verwandt-
schaftlichen Beziehungen die Sicherheit des Bistums am ehesten garantieren
konnte. Ernst war zwar erst 13 Jahre alt, trotzdem aber schon Erzbischof von
Magdeburg. Das jugendliche Alter des Kandidaten für den Bischofsstuhl
sah das Domkapitel nicht als allzu großes Hindernis an, bot es doch poten-
ziell die Möglichkeit, sich relativ freier in seinen politischen Entscheidungen und Handlungen bewegen zu können, als dies mit einem erwachse-
nen Bischof an der Spitze möglich gewesen wäre. Nicht zu unterschätzen war
auch die Tatsache, daß in einem Konfliktfall nun auch die Macht des Erzbistums dem Halberstädter Stift zugute kommen würde. Noch entschei-
dender aber mag bei der Wahl des Kandidaten Ernst gewesen sein, daß
das Domkapitel nach dem Quedlinburger Konflikt von 1477 dem Vater des
jungen Erzbischofs, dem sächsischen Kurfürsten, 15 000 Gulden Kriegsent-
schädigung schuldete und man sich durch diese taktisch kluge Wahl eine
wesentliche finanzielle Entlastung erhoffte.[1] Mit dem sächsischen Kurfürsten
wurde bezüglich der Kandidatur von Ernst verhandelt, und siehe da, der
Kurfürst zeigte sich nicht abgeneigt, dem Domkapitel im Gegenzug in der
Schuldenfrage sehr weit entgegenzukommen. In einem Vertrag erklärte
er sich bereit, auf die Zinsen ganz zu verzichten und dem Kapitel für jedes
Regierungsjahr des neuen Bischofs Ernst 1000 Gulden von der Gesamt-
schuld zu erlassen. Nach 15 Jahren wäre damit die Schuld völlig getilgt,
ohne daß das Kapitel an das eigene Schatzsäckel hätte gehen müssen.
Dies waren so verlockende Aussichten, daß man alle anderen Hindernisse

Abb. 66: Administrator Ernst II. von Sachsen, kolorierter Holzschnitt um 1500, Gleimhaus, Ba 370.

überwand. Ernst brauchte für seine Wahl beispielsweise eine Sondergenehmigung, weil jemand, der bereits ein Bischofsamt innehatte, wie dies für Ernst ja zutraf, nach kanonischem Recht kein zweites annehmen durfte. Um den Dispens des Papstes von dieser Bestimmung zu erhalten, entsandte das Domkapitel eigens eine Delegation nach Rom. Der Dispens wird sicherlich nicht umsonst gewesen sein, aber das Domkapitel sah die lockende Schuldentilgung und hielt ein Geldopfer an den Papst sicherlich für das kleinere Übel. Am 22. März 1479 erhielt Ernst II. die Bestätigung als Administrator des Bistums von Papst Sixtus IV. Daß er sich nur Administrator von Halberstadt und nicht Bischof nennen durfte, wird er sicherlich leicht verschmerzt haben, hatte er doch unabhängig von der Amtsbezeichnung die vollen Rechte eines Bischofs und war ja außerdem auch noch Erzbischof von Magdeburg. Schon die erste Amtshandlung des Administrators, die sicherlich nicht durch den dreizehnjährigen Jüngling, sondern durch den Kurfürsten selbst in die Wege geleitet wurde, zeigte, daß man sich sowohl in der Stadt Halberstadt wie auch im Bistum für die Zukunft noch auf Einiges gefaßt machen konnte. Alle Juden wurden ausgewiesen und ihre Häuser an Bürger verschenkt. Ihr Vermögen zog der Administrator ein. Erst 1484, nun 18 Jahre alt, begann der Administrator selbst neue Zeichen zu setzen. Waren noch 1480 der Stadt alle Rechte und Freiheiten bestätigt worden, so kündigte Ernst II. im Herbst die Auslösung des weltlichen Gerichtes für das Frühjahr 1485 an. Am 12. April 1485 mußte der Rat gegen Auszahlung der Pfandsumme von 500 Gulden das Gericht wieder herausgeben. Ernst führte in diesem Zusammenhang ohne jede Abstimmung mit dem Rat sofort eine neue Gerichtsverfassung ein. Während bisher zwei vom Rat gewählte Richter durch die Bischöfe nur bestätigt wurden, was in der Regel ein rein formaler Akt war, ernannte Ernst nun höchstpersönlich nur einen Richter und sechs Schöffen. Rat und Bürgerschaft waren mit dieser Neuerung, die in ihren Augen einem Staatsstreich gleichkam, sehr unzufrieden und erhoben energisch Einspruch. Der Administrator wies jedoch alle Einwände des Rates und der Bürger ab und konterte, das Gericht gehöre ihm, und er könne damit nach seinem Gutdünken verfahren. Als auch ein Appell des Rates an Papst Innozenz VIII. keine Änderung brachte, machte Ernst II. selbst noch einige Versuche, den Rat mit den neuen, durch ihn geschaffenen Gegebenheiten auszusöhnen. Er veranstaltete nacheinander in Halberstadt, auf der Burg Giebichenstein bei Halle und in Gröningen drei Treffen, zu denen er sowohl den Rat als auch den Klerus und die Ritterschaft einlud. Die Treffen in Halberstadt und Halle müssen jedoch die Vertreter des Rates wenig befriedigt haben, so daß sie zu dem angesetzten Gröninger Treffen gar nicht erst anreisten. Administrator, Domherren und Ritterschaft ritten daraufhin selbst nach Halberstadt, wurden jedoch hier nicht gerade freundlich empfangen, wie die Chronisten berichten.[2] Die Erbitterung beider Parteien stieg ständig weiter, und beide Seiten bereiteten sich nun auf einen Kampf vor, wenngleich den Halberstädtern klar war, daß dies ein ungleicher Kampf werden würde. In dieser Situation legte der Rat von Braunschweig für die Halberstädter beim Administrator Fürbitte ein. In seiner Antwort schrieb Ernst, daß von jeher die Halberstädter ihren Bischöfen Gewalt angetan und ihnen wenig Rechte eingeräumt hätten: "*Jetzt bilden sie sich ein mir ein Gleiches bieten zu können: sie bedenken aber nicht, das die Burg des Bischofs eher da war als die Stadt .....*".[3] In der weiteren Folge stellt Ernst noch ein sehr langes Sündenregister auf, das beweisen sollte, daß der Administrator im Recht sei, der Rat jedoch seinen Anordnungen gegenüber ständig renitent und deshalb im Unrecht.[4] Wenn der Administrator in seinem Schreiben auch die Dinge überspitzt, so ist es doch auch ein indirekter Beweis für das in den Jahrhunderten gewachsene Selbstbewußtsein der Bürgerschaft und das Bestreben nach immer größerer Unabhängigkeit vom bischöflichen Stadtherren. Im Sommer 1486 sammelte Ernst II. mit Unterstützung seines Vaters und des Grafen von Hohnstein ein Heer, das angeblich 12 000 Mann umfaßt haben soll, was aber sicherlich übertrieben sein dürfte.

Am 1. August rückten die Truppen von Ernst II. aus ihrem Lager bei Gröningen auf Halberstadt vor. Nachdem zunächst eine einem Halberstädter Bürger gehörige Mühle östlich von Wehrstedt niedergebrannt wurde, begann man wenig später vom Bullerberg aus die Stadt mit Bombarden zu beschießen. Nach und nach wurde die Stadt völlig von den Belagerern eingeschlossen, die alle Mühlen außerhalb der Mauern sowie die Warten zerstörten. Trotz laufenden Beschusses hielten die Halberstädter der großen Übermacht nahezu vier Wochen stand. Erst als der Lebensmittelvorrat erschöpft war, und jeden Augenblick der entscheidende Sturmangriff der feindlichen Übermacht erwartet werden mußte, entschloß man sich in der Stadt für Verhandlungen. Am 22. August entsandte der Rat Unterhändler in das feindliche Lager vor der Stadt. Der Administrator stellte sehr harte Bedingungen, die auf eine völlige Unterwerfung der Stadt hinausliefen und schließlich auch von den Abgesandten akzeptiert werden mußten. Ernst forderte unter anderem:

1. Der gesamte Rat soll dem Administrator entgegengehen, ihn um Gnade bitten und ihn zum Rathaus geleiten. Der Rat solle Ernst huldigen und ihn als seinen rechten Landesherren anerkennen. Außerdem müßten ihm sämtliche Torschlüssel der Stadt ausgeliefert werden.

2. Das weltliche Gericht wird dem Administrator übergeben, der es nach seinem Dafürhalten einrichten kann.

3. Bürgermeister und Ratsmänner sollen künftig nach ihrer Wahl der Bestätigung des Administrators bedürfen und ihm die Treue geloben.

4. Die Rechte und Freiheiten der Stadt sollten dagegen vom Administrator erneut bestätigt werden.

Obwohl die Unterhändler der Stadt keine Vollmacht besaßen geldliche Zusagen zu machen, sie sogar ausdrücklich ablehnen sollten, zwang Ernst sie, der Zahlung von 10 000 Rheinischen Gulden innerhalb von zwei Jahren zuzustimmen. Am folgenden Morgen hielt der Administrator in der im Vertrag festgelegten Weise seinen Einzug in die Stadt. Auf dem Rathaus ließ Ernst II. die harten Friedensbedingungen verkünden, während 1 000 schwer bewaffnete Reiter durch die Innenstadt streiften, um Tumulte der Bürger zu verhindern. Auch nach der vollständigen Übergabe blieben für geraume Zeit noch 500 Bewaffnete in der Stadt, um die Durchsetzung der vom Administrator angeordneten Maßnahmen zu garantieren und für *"Ruhe und Ordnung"* zu sorgen. Nachdem Ernst II. und sein Gefolge sich wieder nach Gröningen begeben hatten, protestierten die beiden Bürgermeister Albrecht Meygen und Hermann Jahrmarkt sowie die Ratsherren Henning Witwe und Jan Solden feierlich vor einem Notar und Zeugen gegen die Vergewaltigung der Stadt durch den Administrator und den ihnen aufgezwungenen Friedensvertrag. Auch dies machte auf den Administrator nicht den geringsten Eindruck. Er hatte die Stadt unterworfen und sich damit wieder zum Stadtherren aufgeschwungen. Der Traum von der freien Reichsstadt war für Halberstadt ausgeträumt. Zielstrebig ging Ernst nun daran, seine Machtposition auf Kosten der Stadt weiter auszubauen. Noch im Dezember des gleichen Jahres ging er konsequent den nächsten Schritt und kündigte die Einlösung der 1371 an den Rat verpfändeten Voigtei an. Gegen die Zahlung der Pfandsumme von 2 000 Rheinischen Gulden an den Rat erfolgte die Übergabe am 5. Oktober 1488.

Das letzte große Ereignis, das in die Regierungszeit des Administrators Ernst II. fällt, ist die Weihe des gotischen Domes 1491. Der Bau des dritten Domes, mit dem man 1236 begonnen hatte, war, mit großen Stillstandszeiten, erst im 15. Jahrhundert vollendet worden. Am 28. August 1491 nahm Ernst II. im Beisein der Äbte von Ilsenburg und Huysburg die Domweihe höchstpersönlich vor. Aus diesem Anlaß weihte er ebenfalls ein Denkmal für den früheren Dompropst Semeka, der sich um den Bau des Domes große Verdienste erworben hatte. Den Kirchweihtag legte er für den Gallustag (16. Oktober) fest, weil an diesem Tage im Jahre 992 der zweite Halberstädter Dombau (ottonischer Dom) geweiht worden war. Weiterhin verfügte er, daß alljährlich, verbunden mit dem Kirchweihfest, ein Jahrmarkt, der Gallusmarkt, stattfinden sollte. In den folgenden Jahren bewies

Ernst allerdings, daß er trotz der Strenge, mit der er die Selbständigkeit der Stadt gebrochen hatte, jederzeit bemüht war, ein guter und gerechter Landesherr zu sein. Die Pflichten seines Amtes nahm er jederzeit sehr ernst und ging den Geistlichen sowie den Beamten mit gutem Beispiel voran. Die zerrütteten Finanzen des Bistums ordnete er neu, und aufgrund seines eisernen Willens und der ihm zur Verfügung stehenden Machtfülle sicherte er dem Stift Ruhe und Frieden. Trotz der zahlreichen Bauten, die er als Magdeburger Erzbischof und Administrator von Halberstadt errichten ließ, verabscheute er es, ganz im Gegensatz zu vielen seiner Vorgänger, Schulden zu machen, und griff dabei nicht selten ganz tief in die eigene Tasche. So ist überliefert, daß er es vermied, seine Untertanen in diesem Zusammenhang durch Abgaben oder Frondienste zu belasten. Als er die Moritzburg bei Halle errichten ließ, wies er seinen dortigen Amtmann sogar ausdrücklich an, die Bauern für ihre Fuhren zu bezahlen. Auch Halberstadt profitierte von dieser Großzügigkeit des Administrators. So schenkte er im Jahre 1511 der Stadt für die Martinikirche eine große und eine kleine Glocke.

Abschließend kann man feststellen, daß bei allem Hass, der Ernst durch die Unterwerfung der Stadt im Jahre 1486 zunächst verständlicherweise von Seiten der Halberstädter Bürger entgegenschlug, er es verstanden hat, durch eine sehr kluge, den Frieden und den Wohlstand des Stiftes und der Stadt sichernde Politik, das Vertrauen und die Achtung seiner Untertanen zu erringen. Am 3. August 1513 verstarb Ernst, erst 47 Jahre alt, in seiner Zweitresidenz, der Moritzburg in Halle. Er wurde im Magdeburger Dom in einem prachtvollen, noch zu seinen Lebzeiten von Peter Vischer hergestellten Metallsarg, beigesetzt.

Anmerkungen:

1 Seit 1326 hatten die Halberstädter Bischöfe das Schutzrecht für Quedlinburg besessen. Die Äbtissinnen waren in jener Zeit kaum in der Lage gewesen, ihre alten Herrschaftsrechte über die Stadt zu beanspruchen, geschweige denn durchzusetzen. Dies änderte sich erst, als 1458 mit Hedwig eine Prinzessin aus dem sächsischen Kurhause Äbtissin von Quedlinburg wurde. Sie verlangte kompromisslos die Wiedereinsetzung in ihre "alten Rechte". Darüber entstand ein lang anhaltender Konflikt mit der Stadt Quedlinburg und ihrem Schutzherren, dem Halberstädter Bischof Gebhard von Hoym (1458 – 1479), der schließlich durch Hedwigs Brüder den Kurfürsten Ernst und den Herzog Albrecht von Sachsen 1477 mit Waffengewalt zu ihren Gunsten entschieden wurde. Quedlinburg war damit der Herrschaft der Äbtissinnen erneut unterworfen. Gebhard verlor im Friedensschluß alle Vogteirechte in Quedlinburg, mußte das Dorf Ditfurt abtreten und erhielt eine Kriegsschuldensumme von 15 000 Gulden auferlegt. Gebhard war daraufhin ein gebrochener Mann und trat 1479 freiwillig von seinem Bischofsamt zurück. Vgl. W. Boettcher, Neue Halberstädter Chronik von der Gründung des Bistums im Jahre 804 bis zur Gegenwart, Halberstadt 1913, S. 317f.

2 Vgl. W. Boettcher, Neue Halberstädter Chronik, S. 323.

3 Ebenda, S. 323.

4 Ebenda, S. 324.

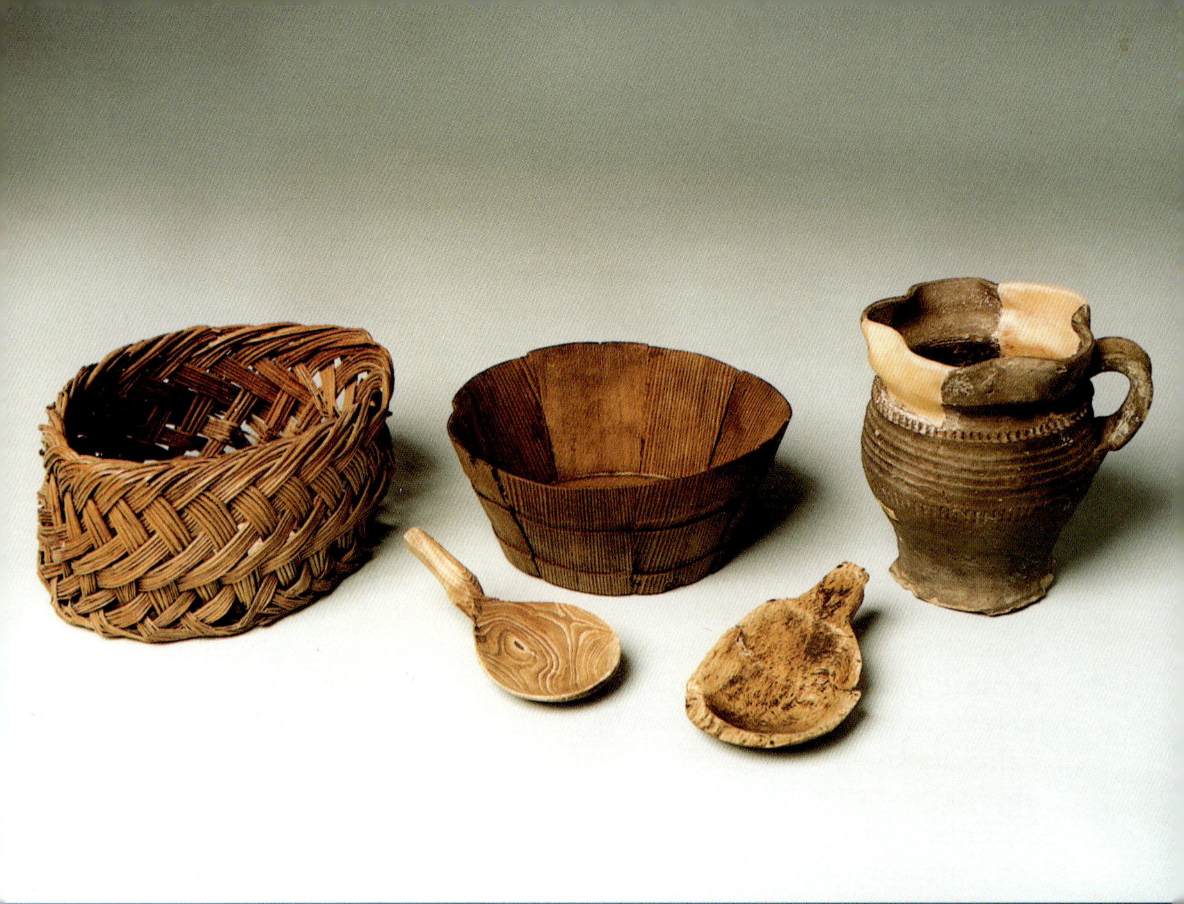

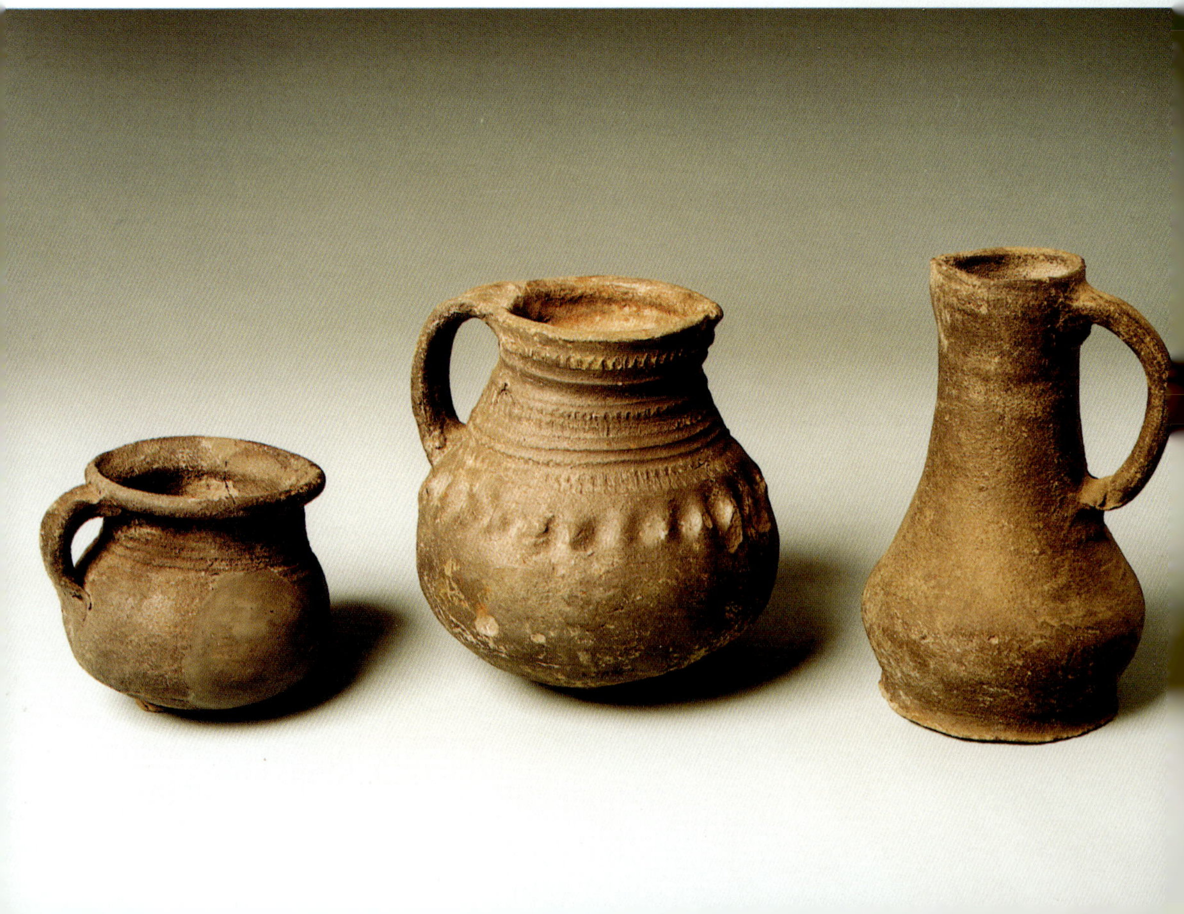

Helga Scholz

Vom Alltagsleben im Mittelalter

Unser Wissen vom alltäglichen Leben der Menschen vor hunderten von Jahren beruht weniger auf schriftlichen Quellen, sie geben nur an wenigen Stellen kleine Einzelheiten darüber wieder. Mit Hilfe der Ergebnisse archäologischer Ausgrabungen entstehen dagegen aus vielen neuen Erkenntnissen, vergleichbar einem Mosaikbild, lebendige Vorstellungen über das tägliche Leben der Menschen in der mittelalterlichen Stadt. Archäologen und Historiker versuchen dann gemeinsam Informationen über den Wohnungsbau, die Wasserversorgung, Abfallbeseitigung, Nahrungsmittelzusammensetzung u.a. aus den Fundergebnissen zusammenzutragen. Im Halberstädter Stadtzentrum erbrachten die Stadtkerngrabungen zwischen 1992 und 1997 neue Kenntnisse zur Siedlungsstruktur und den Hausformen des 10. bis 15. Jahrhunderts. Der folgende Artikel beschäftigt sich vor allem mit der Alltagsstruktur des Spätmittelalters bis zum 15. Jahrhundert. Die im 15. und 16. Jahrhundert erbauten Häuser stehen in vielen Orten noch aufrecht und können selbst von den oftmals sehr einfachen und schwierigen Lebensumständen ihrer Bewohner erzählen. Auffällig ist dabei, daß für das Bauen und Wohnen in Ortschaften und Städten das Leben des Adels Leitbildfunktion für die wohlhabenden Bürger hatte.

Ein **Kaufmanns- oder Handwerkerhaus** war aus Fachwerk gebaut und wurde von den speziellen Bedürfnissen der Bewohner bestimmt, deren Leben und Arbeit sich unter einem Dach vollzog. Der Hausbau unterlag schon im Mittelalter strengen baupolizeilichen Bestimmungen. Sie regelten oft z.B. die Einhaltung der Baulinien für den Straßenverlauf, verboten das Vorkragen der Obergeschosse, den Anbau von Treppen und Erkern, die Höhe des Hauses. Damit versuchte die Obrigkeit mehr Sicherheit bei der Bekämpfung von Stadtbränden und genügend Lichteinfall in Fenster und Straßen zu erreichen.

Um die häufigen Stadtbrände zu minimieren gab es z.B. Verbote für das Verarbeiten von Flachs bei Kerzenlicht, Pech und Teer durften keinesfalls in Kellern gelagert werden, feuergefährliche Werkstätten verlegte man an oder außer-

Abb. 67: Bei den umfangreichen Ausgrabungen im Stadtgebiet von Halberstadt kamen auch viele Funde zum Vorschein, die einen interessanten Einblick in die Alltagskultur der vergangenen Jahrhunderte ermöglichen. Hier sind z.B. Funde aus dem 14./15. Jahrhundert abgebildet: ein aus Holz geflochtenes Körbchen, eine Holzdaubenschale, hölzerne Löffel und Gebrauchsgeschirr aus Ton, Gefäße der sogenannten blaugrauen Ware. Städtisches Museum.

halb der Stadtmauer. Brände mußten sofort gemeldet werden, bei Unterlassung bestrafte der Rat den Sünder mit der Zahlung von einer Mark (27,61 €).

In Kaufmanns- und Handwerkerhäusern gab es seit dem 12. Jahrhundert die „gute" Stube, als den einzigen Raum, der rauchfrei beheizt werden konnte. Das geschah mittels eines Hinterladerofens, der von einem Nebenraum mit Holz, Torf, Holzkohle oder in bestimmten Gebieten bereits mit Steinkohle befeuert wurde. Beleuchtet wurden die Innenräume durch das Herdfeuer, Kienspäne und Fackeln. Die Rußentwicklung war ein sichtbarer Nachteil. Im Spätmittelalter benutzten wohlhabende Bürger Kerzen, die aus Talg (Unschlitt) gefertigt wurden.

Die Inneneinrichtung der Wohnungen war im Gegensatz zu heute sehr viel sparsamer. Das wichtigste Sitzmöbel war die Bank, die man fest an den Wänden installierte. Häufig diente sie als Schlafmöglichkeit. Der Tisch war ein Zweckgegenstand und bestand bis ins 14. Jahrhundert aus einer Tafel, die über Böcke gelegt wurde. Truhen dienten als Aufbewahrmöglichkeit für Kleidung, Decken, Tücher und Geräte.

Im Schlafraum befanden sich die Betten. In einem Bettkasten, der mit Brettern ausgelegt oder mit Gurten unterfangen war, lag eine Strohschicht, darüber, bei begüterten Bürgern, eine mit Stroh oder Daunen gefüllte Matratze. Den Kopf bettete man auf Kissen und mit Leinentüchern deckte man sich zu. Die Menschen schliefen meist nackt und in den kalten Monaten schützte ein Federbett, eine Nachthaube und Bettschuhe die Schläfer.

Das Leben der Menschen in den mittelalterlichen Städten war nicht idyllisch. Wasserversorgung, Nahrungsmittelbeschaffung und Hygiene stellten sich oft problematisch dar. Wasser holten die Hausfrauen aus öffentlichen Zieh- oder auch Laufbrunnen. Brunnen nutzte man auch gewerblich. Für die Reinigung der Brunnen mussten die Nutzer selbst aufkommen, ein neuer Beruf entstand, der des Bornfegers. Sauberes Wasser war lebensnotwendig, deshalb sorgten Verbote für dessen Reinhaltung. So war es untersagt an den öffentlichen Brunnen Vieh zu tränken, Schmutzwäsche oder Windeln zu waschen. Für die Reinigung der Latrinen gab es ebenso spezielle Berufe. Die Leerung der Fäkaliengruben erfolgte meist in der kalten Jahreszeit. Den Inhalt der Latrinen schüttete man in der Regel in fließende Stadtgewässer. Erste Gedanken von Umweltschutz existierten bereits. Um die Stadtbewohner vor Lärm oder Geruchsbelästigungen zu schützen, mußten u.a. Kessler, Schmiede, Schreiner, Tuchwalker und Gerber am Rande der Stadt ihre Tätigkeiten ausüben, wie heute noch viele Straßennamen verraten. Um die Luft in den Straßen zu verbessern, hielt man die Bürger an, Blumen- oder Kräuterkästchen vor die Fenster zu hängen.

Viele Berufszweige in der mittelalterlichen Stadt hielten Vieh, z.B. die Müller und Bäcker. Die Entsorgung des Mistes stellte oft ein Problem dar, denn häufig landete er auf der Straße, genau so wie Asche, Kehricht, Essensreste und Tierkadaver. Mit einer Straßenpflasterung und der Anlage von kleinen Kanälen, sowie der Schaffung von Deponien versuchte man dem Übel abzuhelfen.

Die tägliche Nahrungsbeschaffung und -zubereitung bedeutete für die Hausfrauen kein geringes Problem. Sie versorgten sich mit Grundnahrungsmitteln auf dem Markt. In Halberstadt boten auf dem Fisch- und Holzmarkt sowie auf dem Martinikirchhof Händler und Handwerker, Bäcker, Knochenhauer und Garbrater in kleinen Buden, die sich an den steinernen Unterbau von Häusern schmiegten, ihre Produkte an. Die Marktpolizei führte eine strenge Aufsicht. Sie kontrollierte das zweimal in der Woche angebotene Brot auf den Brotbänken. Minderwertiges wurde beschlagnahmt oder der Bäcker mit einer empfindlichen Strafe belegt. Fleisch bekam die Hausfrau nur auf Fleischbänken oder –scharren. Der Rat sorgte sich um gutes Fleisch für die Bewohner. Strafbar war unter anderem die Vermengung von unterschiedlichen Fleischsorten. Die Buden in der Stadt gehörten nur vereinzelt in Privatbesitz, mehrheitlich waren sie im Besitz der Stadt oder wurden von geistlichen Institutionen an die Handwerker oder Krämer vermietet.

Zu den wichtigen öffentlichen Bauten der Stadt gehörten das Rathaus (1241 erster Bau, 1381 neuer Bau), Kaufhäuser (Schuhhaus, Kornhaus, Fleischhaus), Bürgerschulen und Krankenhäuser.

Krankenhäuser lagen meist an der Stadtmauer oder in der Nähe der Tore. Im Mittelalter standen die Menschen den großen Seuchen (Pest, Cholera) und anderen Krankheiten meist hilflos gegenüber. Für arme und alte Bürger entstanden Spitäler, sie versorgten in der Regel auch die Aussätzigen. Für Halberstadt ist seit Anfang des 13. Jahrhunderts das Heiliggeisthospital, in der Nähe des Harsleber Tores urkundlich belegt, außerdem das Salvator- und Elisabethhospital. Die Kirche kümmerte sich mit ihren Einrichtungen um die Kranken, leistete Sterbehilfe, Glaubensbeistand und Schmerzlinderung. Doch auch die städtische Obrigkeit sorgte sich um die Gesundheit der Bürger. Sie schuf Stadtapotheken und verpflichtete Apotheker und angestellte Ärzte durch einen Eid zu Gewissenhaftigkeit. Einschlägige Kenntnisse wurden überprüft.

Die ersten Apotheker waren anfangs meist Gewürz- und Drogenhändler, die nur nebenbei Arzneimittel verkauften. Ihr Angebot umfaßte Kostbarkeiten wie Pfeffer, Safran, Ingwer, Zimtrinde, Gewürznelken, Muskat, Kümmel, Zucker, Reis, Baumöl, Seife, Wachs. Zu den Arzneimitteln zählten Alaun,

Kampfer, Theriak, Schwefel und Mastix. Oft betreuten Stadtärzte auch die Spitäler. Sie mußten immer zu erreichen sein und durften sich nie länger als 24 Stunden aus ihrem Aufgabenbereich entfernen.

Erst im 14. Jahrhundert erfolgte eine Trennung von Medizin und Chirurgie. Bader und Barbiere besaßen praktisches Wissen und behandelten Verletzungen, Wunden, Brüche, Hautleiden, sie ließen zur Ader, setzten Schröpfköpfe und Klistiere. Ihre Tätigkeit übten die Bader meist in den Badehäusern, den *stoven*, aus. Im Mittelalter entwickelte die Bevölkerung in den Städten ein richtiges Bedürfnis nach dem Warmbaden. In Halberstadt ist über Badeverhältnisse nur wenig überliefert. Doch sie reichen aus, um sich ein Bild zu machen. *Stoven* befanden sich im Besitz von Klöstern (Johanniskloster), des Domkapitels, des Paulsstiftes und des Rates. Sie wurden oft verpachtet und brachten dem Besitzer und Betreiber ein gutes Einkommen. Öffentliche Badestuben waren wohl der *Hackelstoven* in der Neustadt und der *Paradiesstoven* im Düsterngraben. Gut besucht muß der „*schone metgenstoven*" gewesen sein. Zur Badestube gehörte meist ein Friseurgeschäft und ein Gaststättenbetrieb. Die Badehäuser waren beliebte Treffpunkte, sogar Hochzeiten wurden mit einem Bad beschlossen. Der Sinn ist noch im heutigen Begriff des „Ausbadens" enthalten. Mit Beginn der Neuzeit und der Verbreitung von Geschlechtskrankheiten verloren die Badestuben ihre Bedeutung.

Neben der Hygiene stellte die Versorgung der Familie mit guten und ausreichenden **Nahrungsmitteln** einen wichtigen Aspekt dar. Wichtig war die Vorratshaltung und die Nutzung des Hausgartens sowie die Pflege der Haustiere (Schlachttiere). Für die Vorratshaltung nutzte man den Keller, auf dem Lande war er oft ein Extrabau. Die Hausfrauen im Mittelalter besaßen ein umfangreiches Wissen über Nahrungszubereitung und Haltbarmachung von Obst, Fleisch, Fisch und Gemüse. Fische salzte man ein, nicht nur den Hering, sondern auch Barsch, Aal, Lachs, Hecht, Kabeljau. Fische waren eine begehrte Fastenspeise. Außerdem kannte man das Dörren und Räuchern. Frische Fische hielt man in Becken bis zum Verzehr. Fleisch wurde gleichfalls getrocknet, eingesalzen, geräuchert oder in einer Beize aus Essig und Kräutern eingelegt. Ein Massennahrungsmittel war das Kraut, das durch Einsäuern haltbar gemacht wurde.

Wein hatte in der mittelalterlichen Küche einen besonderen Stellenwert. Ihm wurde medizinische Wirkung nachgesagt, er diente der Repräsentation und besserte die Fastenkost auf. Nebenprodukte des Weines waren Essig und Branntwein.

Hauptnahrungsmittel für breite Teile der Stadtbevölkerung waren Breispeisen aus verschiedensten Getreidesorten (Hafer, Gerste) und Gemüsen. Als

Hauptbrotgetreide diente Roggen. Bei Mißernten litten die unteren Bevölkerungsschichten schrecklich. In Notzeiten backte man Brot aus Gerste, Erbsen und Bohnen.

Im Spätmittelalter kennt man nur zwei Hauptmahlzeiten, das Früh- und das Nachtmahl. Eine Eigenart der mittelalterlichen Küche bestand im Überwürzen der Speisen. Dieser Brauch geht auf die Antike zurück.

Als Geschirr zum Auftragen der Speisen diente eine Schüssel, oft aus Fichtenholz, daraus bestanden auch Schalen und Teller. Flüssige Portionen entnahm man mit einem Löffel oder tunkte Brot hinein, Fleisch aß man mit den Fingern. Der Gebrauch der Gabel als Teil des Eßbestecks setzt erst im 17. Jahrhundert ein. Holzgeschirr wird im späten Mittelalter in den Haushalten von dem aus Keramik, Zinn und Glas abgelöst. Getränke reichte die Hausfrau in gedrechselten oder geböttcherten Bechern. Zu feierlichen Anlässen kamen manchmal auch Becher aus edlen Metallen oder Glas in Anwendung.

Das harte Leben der Menschen wurde nur selten von Abwechslungen unterbrochen. Sicher ist, daß die Städtebürger sich sportlich betätigten. Es war jedoch nicht Sport im heutigen Sinne, denn der Leistungsgedanke unserer Zeit war den Menschen damals fremd. Sie vergnügten sich bei Turnier- und Schützenfesten, vor den Toren lief, rang und sprang man. In den Wirtshäusern durften die Gäste Würfel- und Kartenspiele betreiben. Für Halberstadt sind Spiele mit ernstem Hintergrund mehrfach beurkundet. Sie trugen meist religiösen Charakter, was in den Bezeichnungen wie: Adams-, Eva-, Domherren- und Drachenspiel deutlich wird.

Literatur:

Rolf Scheider, Vor 1000 Jahren. Alltag im Mittelalter, Weltbild Verlag Augsburg 1999.
Harry Kühnel (Hrsg.), Alltag im Spätmittelalter, Styria Verlag, Graz, Wien, Köln 1996.
Bruno Laurioux, Tafelfreuden im Mittelalter, Bechtermünz Verlag, Augsburg 1999.
Dr. Boettcher, Neue Halberstädter Chronik, Halberstadt 1913.

Ralf-Jürgen Prilloff

Energie- und Rohstoffquelle Tier

Mit einer bis in das frühe Mittelalter zurückreichenden Entwicklung, bewahrt Halberstadt wesentliche Teile seiner Geschichte im Boden. Dieses „historische Archiv unter dem Pflaster" ist aber seit einiger Zeit gefährdet. Ein reges Baugeschehen, verbunden mit umfangreichen Erdarbeiten, zerstört auf immer historische Befunde und Funde – so als würde man Seite um Seite aus einem nur einmalig vorhandenen Geschichtsbuch herausreißen. Um den Verlust an historischer Substanz auf ein Minimum zu begrenzen, haben die Mitarbeiter des Städtischen Museums seit Beginn der 90er Jahre zahlreiche planmäßige Grabungen und Notbergungen im Stadtgebiet von Halberstadt durchgeführt. Sehr interessante Befunde und eine unübersehbare Anzahl archäologischer Einzelobjekte sind bislang das Ergebnis.

Die sachgemäße Bergung, Dokumentation und Bewahrung der archäologischen Funde und Befunde schafft wiederum die Grundlage für die Erforschung mittelalterlichen städtischen Lebens. Nur im Kontext zwischen Sammeln, Dokumentieren, Bewahren und Erforschen wird es auf Dauer möglich sein, das alltägliche mittelalterliche städtische Leben zu erhellen. Schon frühzeitig erkannte man in Halberstadt diese Zusammenhänge und förderte aus diesem Grunde nicht nur die Stadtarchäologie, sondern auch benachbarte Disziplinen wie zum Beispiel die Archäozoologie. In einem überaus erfreulichen Umfang unterstützte auch die Robert Bosch Stiftung mit finanziellen Mitteln das eine oder andere stadtarchäologische Projekt.

Ökonomische Bedeutung der Haustiere

Die Anzahl der Tierknochen aus Halberstadt ist ein wesentlicher Anhaltspunkt der archäozoologischen Untersuchung. Je nachdem wie häufig eine Haustierform oder Wildtierart im Fundkomplex vertreten ist, kann auf die ökonomische Bedeutung geschlossen werden. Bisher liegen von verschiedenen mittelalterlichen Fundplätzen aus der Domburg 502, aus der Domvorburg 248 und aus der Stadt 2 855 bestimmte Knochen vor. Eine sehr bescheidene Basis für weitergehende kultur- und wirtschaftsgeschichtliche Interpretationen. So bleibt es uns nicht erspart, hin und wieder einen flüchtigen Blick auf die

Abb. 68: Dieses Ölgemälde mit dem Motiv „Der geschlachtete Ochse" verdanken wir dem bedeutenden Künstler Rembrandt, der es im Jahre 1655 malte. Es zeigt die damalige Praxis des Hausschlachtens und führt somit ungewohnt aber anschaulich in das jetzt zu behandelnde Thema ein. 94 x 67 cm, Paris, Louvre.

Frühe Neuzeit zu werfen. Aus dieser Periode der Entwicklung Halberstadts haben wir bereits 7 802 untersuchte Tierknochen.

Die relativen Fundanteile der Haussäugetiere betreffend, zeichnet sich für Halberstadt eine interessante Entwicklung ab. Ausgehend vom frühen Mittelalter ist für das Hausschwein eine kontinuierliche Abnahme der ökonomischen Bedeutung zu beobachten. Erreichen die relativen Fundanteile im frühen Mittelalter einen Wert um die 60 Prozent, so sind es im hohen und späten Mittelalter nur noch 41 Prozent. In der Frühen Neuzeit sinkt der Wert noch weiter ab, bis auf etwas mehr als die Hälfte des Anteils im frühen Mittelalter (Abb. 69).

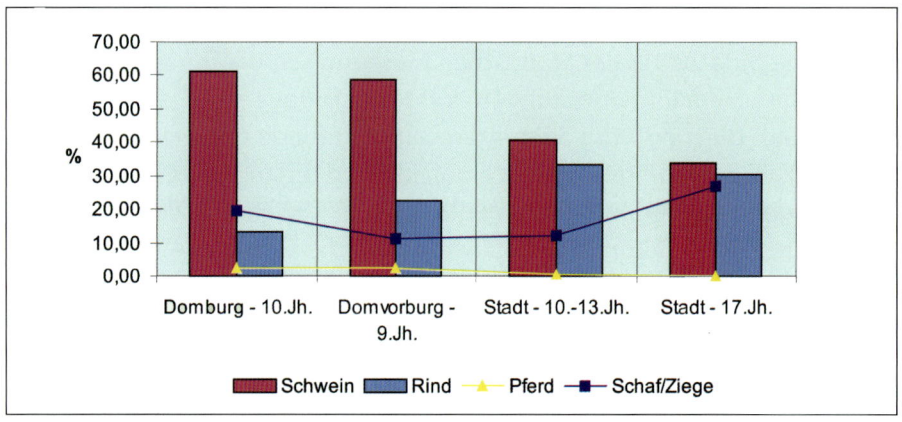

Abb. 69: Die relativen Fundanteile der wichtigsten Haussäugetiere.

Im Mittelalter mußten sich Hausschweine fast ausschließlich auf Wiesen-, Brach- oder Waldweiden ihr Futter suchen. Nur in der harten Winterzeit erhielten sie eine geringe Zufütterung. Bei Rangeleien in der Herde oder durch Stockschläge des Hirten verursacht, konnte es spontan zu Rippenfrakturen kommen. Vier Rippen aus dem Mittelalter weisen entsprechende verheilte Brüche auf. Um das Entweichen der Schweine zu verhindern, praktizierte man während der Waldweide eine besondere Form der Haltung, das so genannte Tüdern. Die Schweine wurden unterhalb des Sprunggelenkes angebunden. Im Umkreis der Länge des Strickes suchten sie sich ihr Futter. Durch ruckartige Bewegungen der angebundenen Schweine kam es hin und wieder zu spontanen Wadenbeinfrakturen. Der Heilungsprozeß hinterließ seine Spuren nicht nur an den Wadenbeinen, sondern auch an den dazugehörenden Schienbeinen. Somit verfügen wir über mehrere indirekte Hinweise auf die Weidehaltung der Schweine in Halberstadt und Umgebung. Auf Grund der Freilandhaltung waren die mittelalterlichen und frühneuzeitlichen Schweine robust und widerstandsfähig gegen Umwelteinflüsse und Krankheiten. Vom Erscheinungsbild her unterschieden sie sich kaum von ihren Ahnen, den Wildschweinen: Langbeinige schlanke Tiere mit langem gestreckten Kopf und deutlichem Borstenkamm auf dem Rücken. Auch die Tiere aus Halberstadt gehörten zu solch einer primitiven Extensivrasse (schmaler Kopf, spitzer Rüssel, scharfer Rücken, anspruchslos, fruchtbar). Sie besaßen eine enorme Beweglichkeit und überstanden weite Märsche ohne Schaden. Ihr kerniges Fleisch war wohlschmeckend und eignete sich besonders gut zur Herstellung von Dauerwaren. Das vorwiegende Schlachtalter der Mastschweine lag in Halberstadt bei 1^1/$_2$ bis 2 Jahren. Eine darüber hinausgehende Mast bewirkte nur noch geringe Fleischzunahmen und war somit unrentabel.

Bleiben Gliedmaßenknochen vollständig erhalten, so ist es möglich, die ursprünglichen Widerristhöhen als Näherungswerte zu berechnen. Im Mittelalter variierten die Widerristhöhen der Schweine in Halberstadt und Umgebung von 73 bis 80 cm (10. bis 13. Jahrhundert) und in der Frühen Neuzeit von 71 bis 85 cm (17. Jahrhundert). Besonders die mittelalterlichen Schweine reichten kaum bis an die Minimalwerte der häufigsten rezenten Rasse „Landrasse" heran. Bei dieser Rasse variieren die Widerristhöhen von 80 cm (Sau) bis 86 cm (Eber).

Im Unterschied zum Hausschwein nimmt, den Fundanteilen nach zu urteilen, die Bedeutung des Rindes vom frühen zum späten Mittelalter merklich zu. Aber nicht nur zeitlich, auch räumlich existierten Unterschiede in der Wertigkeit zwischen Schwein und Rind. Immerhin ist ein deutlicher Anstieg der Fundanteile des Rindes in der Domvorburg im Unterschied zur Domburg nicht zu übersehen.

Es sind klein- bis zwergwüchsige Kühe mit Widerristhöhen von 95 cm (12. Jahrhundert) bis 107,8 cm (10./11. Jahrhundert). Für die Berechnung der Körpergröße geeignete Extremitätenknochen von männlichen Tieren liegen bisher nicht vor. Besonders deutlich wird die Kleinwüchsigkeit der mittelalterlichen Rinder beim Vergleich mit dem Ur (Kühe 150 cm, Stiere 180 cm) und der rezenten, am häufigsten auf der Welt vertretenen Rasse „Schwarzbunte" (Kühe 140 cm, Stiere 150 cm). Die mittelalterlichen Rinder in Halberstadt und Umgebung waren gerade mal so groß, wie Vertreter der Rassen „Hinterwälder" (Kühe 118 bis 120 cm, Stiere 130 cm), „Dexter" (Kühe 100 bis 110 cm, Stiere 115 cm) und „Schottisches Hochlandrind", auch als „Highlands" bezeichnet (Kühe 110 bis 120 cm, Stiere 125 bis 130 cm). Innerhalb dieser extrem kleinen Rassen verkörpern die „Hinterwälder" ein zierliches und zugleich das kleinste noch lebende Rind Mitteleuropas.

Bezogen auf die Anzahl der Knochen folgen die kleinen Hauswiederkäuer nach Schwein und Rind auf der dritten Position. Die Identifizierung der

Knochen als zu Schaf oder Ziege gehörig, ist oft nur schwer oder gar nicht möglich. Bei einigen Knochenresten gelang aber die eindeutige Zuordnung. 60 Fundstücke vom Schaf und 16 von der Ziege im mittelalterlichen Material und 410 Reste vom Schaf und 17 von der Ziege im frühneuzeitlichen Material sprechen eine deutliche Sprache zugunsten der Schafhaltung.

Es bestehen aber von Fundplatz zu Fundplatz zum Teil erhebliche Unterschiede. Zum einen haben wir die Domvorburg und die früh- bis spätmittelalterlichen städtischen Fundplätze mit den geringen Fundanteilen um elf bis zwölf Prozent. Zum anderen ist dort die Domburg und der frühneuzeitliche städtische Fundplatz Holzmarkt 2 mit hohen Fundanteilen von 20 beziehungsweise 27 Prozent (Abb. 69).

Wie sind nun diese Unterschiede zu erklären? Nicht die kulinarischen Gewohnheiten verursachten die unterschiedlichen Fundanteile. Vielmehr war es die Bedeutung der Schafwolle. Kaum ein Wirtschaftszweig prägte mindestens seit dem späten Mittelalter die Landwirtschaft mehr, als die kontinuierlich an Bedeutung zunehmende Wollproduktion. Auch in Halberstadt folgte man diesem Trend. Die Befunde aus der frühmittelalterlichen Burg scheinen diese Entwicklung schon vorwegzunehmen.

In diesem Zusammenhang kommt der folgenden schriftlichen Überlieferung eine besondere Bedeutung zu. In einer undatierten Urkunde bestätigt Bischof Burchard I. (1036-1059) den Kaufleuten in Halberstadt die bereits von den Bischöfen Arnulf (996-1023) und Brantog (1023-1036) verliehenen Wiesen zur Weidenutzung, und zwar diejenigen, die östlich der so genannten Ortschaft und südlich des Holtemmeflusses gelegen sind.

Bis zum Ende des 18. Jahrhunderts unterschied man in Deutschland beim Schaf unter anderem die folgenden heimischen Landschläge: das „rauhe Schaf" östlich der Elbe (Pommern, Mecklenburg, Ostpreußen), das „deutsche Landschaf" im Flachland westlich der Elbe bis zu den Ardennen und die „Heidschnucken" der Lüneburger Heide.

Die errechneten Widerristhöhen verdeutlichen einmal mehr, daß auch die Schafe mit 60 cm (10./11. Jahrhundert) und 56 bis 68 cm (17. Jahrhundert) im Mittelalter und der Frühen Neuzeit relativ kleinwüchsige Tiere waren. Sowohl das Mufflon (80 cm), der wilde Ahne unserer Schafe, als auch die rezente Rasse „Merinolandschaf" (Bock 90 bis 100 cm, Schaf 75 bis 85 cm) verfügen über beträchtlichere Widerristhöhen. Auf die Körperhöhe bezogen, ähneln die mittelalterlichen und frühneuzeitlichen Schafe aus Halberstadt und Umgebung den Böcken (im Mittel 65 cm) und Schafen (im Mittel 59 cm) der rezenten Rasse „Heidschnucken".

Dem Alter der geschlachteten Schafe nach zu urteilen, diente die Schafhaltung in und um Halberstadt hauptsächlich der Erzeugung von Fleisch und Wolle. Hier konnte die Ziege nicht mithalten, zumal ihr Fleisch, außer bei sehr jungen Tieren, des starken Geruches wegen kaum gegessen wurde. Ziegen hielt man hauptsächlich, um sie melken zu können. Ob dieser Möglichkeit der Nutzung erhielt die Ziege auch den Beinamen „Kuh des kleinen Mannes". Die wenigen unvollständig erhaltenen Ziegenknochen erlaubten bisher keine Berechnungen der Widerristhöhen.

Bei den bisherigen Ausgrabungen in Halberstadt kamen nur wenige Reste vom Pferd zu Tage. 89 Knochen aus dem Mittelalter und nur ein Knochen aus der Frühen Neuzeit möchte man oberflächlich betrachtet als Hinweis eines geringen Interesses an dieser Haustierform werten. Schaut man aber genauer hin (Abb. 69), so fallen die unterschiedlichen Fundanteile in den Fundkomplexen aus der Domburg und der Vorburg einerseits (2,44 bzw. 2,40%) und andererseits aus den mittelalterlichen und frühneuzeitlichen städtischen Fundkomplexen auf (0,40 bzw. 0,01%). Das Pferd war kein Schlachttier im Sinne von Rind, Schwein und Schaf. Vielmehr nutzte man es hauptsächlich als Reit- und Zugtier. Zudem war es nicht für jeden Mann erschwinglich. Zur Schlachtung kamen sie eher selten und in der Regel erst, nachdem sie aus Altersgründen als Reit- oder Arbeitspferde nicht mehr zu gebrauchen waren.

Sechs Pferdeknochen aus dem 9. Jahrhundert (Liebfrauenkirche) sind die bisher ältesten Nachweise für Halberstadt. Vom 10. bis zum 12. Jahrhundert finden sich die meisten Pferdereste. Ein erheblich beschädigter Pferdeschädel aus einem Holzbrunnen (Holzmarkt 14/15) gehört in das frühe 12. Jahrhundert. Seit dem 13. Jahrhundert nehmen die Fundanteile zumindest in den städtischen Fundkomplexen deutlich ab. In der frühen Neuzeit setzt sich dieser Trend noch fort. Diese Entwicklung korrespondiert mit einer sich ändernden Essensgewohnheit. Pferdefleisch kam nur noch höchst selten auf den Tisch.

Neun vollständig erhaltene Extremitätenknochen aus dem 10. bis 12. Jahrhundert ließen Berechnungen der Widerristhöhen zu. Die Werte variieren von 132 bis 142 cm (Mittelwert 138,8 cm). Es waren kleinwüchsige Tiere, die nicht größer als Przewalski-Pferde (130 bis 155 cm), die Ahnen der Hauspferde, sowie rezenter Ponyrassen wurden (Islandpony 130 bis 138 cm, Haflinger 135 bis 145 cm). Im Vergleich dazu einige rezente Hochzuchtrassen: Englisches Vollblut 160 bis 170 cm, Deutsches Reitpferd 160 bis 170 cm und Traber 152 bis 163 cm.

Bis zum gegenwärtigen Zeitpunkt förderten die archäologischen Grabungen innerhalb der Domburg und der Domvorburg keine Knochen der Hauskatze zu Tage. Dafür begegnen uns in städtischen Fundkomplexen aus dem hohen und späten Mittelalter gleich mehrere Katzenknochen. Das älteste

Fundstück, ein unvollständig erhaltenes Schienbein aus einem Grubenhaus, gehört in das 10./11. Jahrhundert. Seit dem 12. Jahrhundert ist eine allmähliche und seit dem 13. Jahrhundert eine deutliche Zunahme der Katzenfunde zu beobachten. Im Vergleich mit rezenten Katzen waren sie klein bis mittelgroß und von schlanker Gestalt. In Städten wie Halberstadt existierten die verschiedensten Vorratshaltungen, die schädliche Nager wie Ratten und Mäuse in Größenordnungen anlockten. Diese zu dezimieren war die eigentliche Aufgabe der Katzen.

Da die Untersuchungen noch nicht beendet sind, fällt es im Augenblick schwer, eine Ansammlung von 90 Katzenknochen in einem Brunnen aus dem 13./14. Jahrhundert (Schmiedestraße) zu interpretieren. Von einem entsorgten Kadaver blieben als Teilskelett 12 Knochen übrig. Die restlichen Katzenknochen repräsentieren mindestens acht Tiere. Von den Rippen einmal abgesehen, sie könnten auch zu dem Teilskelett gehören, sind die Knochen der fleischreichen Körperpartien, Ober- und Unterarm sowie Ober- und Unterschenkel, am häufigsten vorhanden. Es fanden sich auch fünf Schädel, aber nur ein Unterkiefer. Zumindest eine Katze wurde geschlachtet und gehäutet. Entsprechende Schnittmarken weist ein Schädel auf. Die Wahrscheinlichkeit, daß die übrigen Knochen ebenfalls von geschlachteten, gehäuteten und der Ernährung zugeführten Katzen stammen, ist sehr hoch.

Die meisten Hundereste sind Siedlungsabfälle oder Überbleibsel von in Brunnenschächten entsorgten Kadavern. Schädel und Unterkiefer gehörten zum Füllmaterial aus zwei Brunnen: Schmiedestraße (13./14. Jahrhundert) und Holzmarkt (12. Jahrhundert). Eine beschädigte linke Speiche aus dem 9. Jahrhundert ist das bisher älteste Fundstück eines Hundes aus Halberstadt. Insgesamt betrachtet tritt uns in Halberstadt im Mittelalter und der Frühen Neuzeit eine bunt gemischte Hundeschar entgegen. Das Größenspektrum reicht von kleinwüchsigen Hunden, die Widerristhöhen schwanken zwischen 30 bis 40 cm, bis hin zu mittelgroßen Tieren mit Widerristhöhen von 40 bis 60 cm.

Jagd und Fischfang

Obwohl im Mittelalter günstige Vorraussetzungen für die Jagd in der Umgebung von Halberstadt bestanden, gehören Knochenreste der Wildtiere zu den Ausnahmefunden. Zwei Knochen vom Reh und je ein Rest von Wildschwein und Feldhamster im Fundmaterial aus der Burg, sowie ein Hirschknochen aus der Vorburg sind wahrlich keine Hinweise auf ein üppiges hochherrschaftliches Jagdgeschehen. Um so mehr versetzen uns die 70 Wildknochen aus städtischen Fundplätzen und die Artenvielfalt der erlegten Tiere in Erstaunen. Nach eingehender Untersuchung dieser Knochen weicht aber unsere Überraschung, denn die meisten der 70 Wildtierknochen sind Abfallstücke handwerklicher Produktion. Werden diese Fundstücke ausgesondert, so bleiben nur wenige Knochen vom Rothirsch, Reh, Wildschwein, Stockente, Hohltaube und der Saatkrähe als Nahrungsreste des Menschen übrig. Obwohl ebenfalls ein eher bescheidenes Wildfleischangebot, sind es doch, bis auf die Saatkrähe, Wildtiere der „Hohen Jagd". Die Ausübung der „Hohen Jagd" durch das städtische Bürgertum ist aber nicht zu vermuten. Die Möglichkeit des Gelderwerbs übte seine Reize auch auf den Adel aus, der seinerseits einen Teil der erlegten Rothirsche, Rehe und Wildschweine dem städtischen Markt zur Verfügung stellte. Damit war es den gehobenen bürgerlichen Schichten möglich, auch auf Grund ihrer ökonomischen Vorraussetzungen, den einen oder anderen Wildtierbraten auf dem Markt zu kaufen. Noch bis in die erste Hälfte des 20. Jahrhunderts nutzten vornehmlich die ärmeren Bevölkerungsschichten besonders Saatkrähen als zusätzliche, oft auch als die einzig mögliche Fleischquelle.

Je ein Knochen von Stör, Hecht und Flußbarsch künden zwar vom Fischfang, sie reichen aber nicht aus, um die Dimensionen des Fischfangs und Verzehrs von Fischfleisch auch nur annähernd einschätzen zu können (Abb. 70).

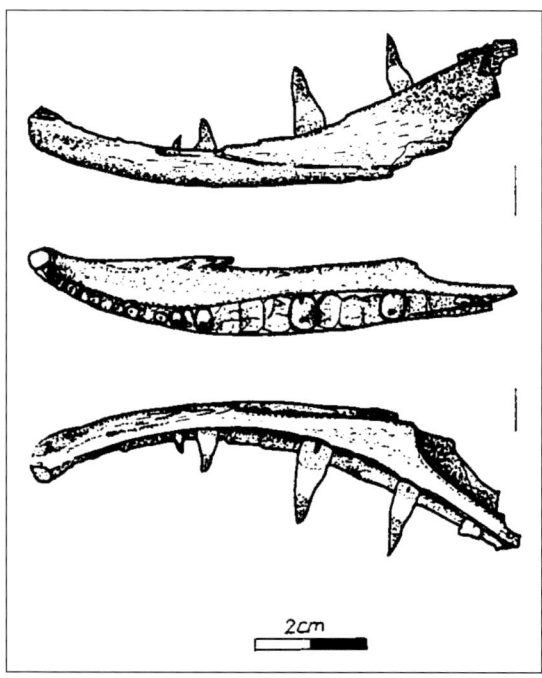

Abb. 70: Halberstadt, Unterkiefer (Dentale) von einem Hecht, 11./12. Jahrhundert, Städtisches Museum.

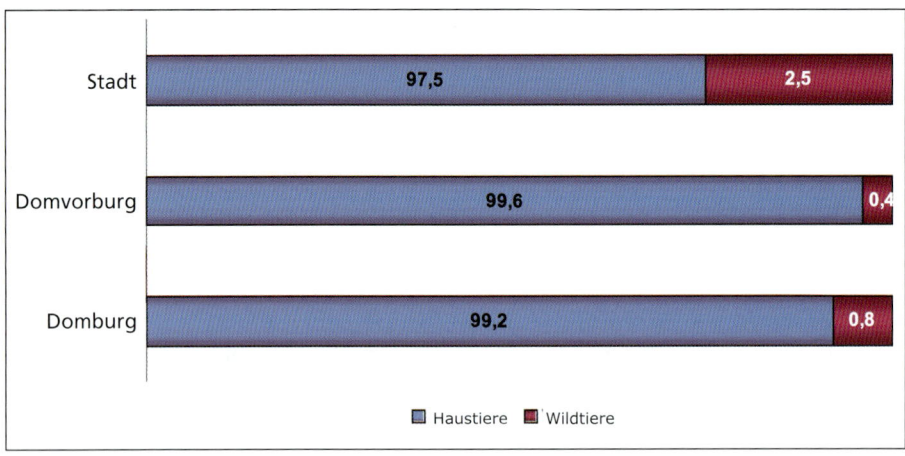

Abb. 71: Die relativen Fundanteile der Haus - und Wildtiere (frühes bis spätes Mittelalter).

Städtisches Handwerk und lokaler Markt

Schon im Mittelalter bildete Halberstadt das Zentrum einer politischen, kulturellen und wirtschaftlichen Mikroregion im Harzvorland. Obwohl die städtische Bevölkerung viele Produkte des täglichen Bedarfs selbst produzierte, war sie in demselben Maße auf Zulieferungen von außen angewiesen. Gewissermaßen als Bindeglied zwischen der Stadt und dem Umland fungierte der lokale Markt. Die Bauern orientierten sich zunehmend an den Bedürfnissen der städtischen Bevölkerung. Es ist nun eine von vielen Aufgaben der Archäozoologie zu ergründen, in welchem Umfang die aus dem Umland stammenden Tiere und Rohstoffe vom städtischen Handwerk genutzt wurden. Leider wird die Aufgabe durch den Umstand erschwert, daß im Mittelalter auch Stadtbewohner Tierherden und landwirtschaftliche Nutzflächen innerhalb und außerhalb der Stadtmauern besaßen. Sie wurden deshalb als Ackerbürger bezeichnet. Zusätzlich ist mit einer quantitativ kaum erfaßbaren individuellen Tierhaltung innerhalb der Stadt zu rechnen. Pferde, Rinder, Ziegen, Schweine, Hunde, Katzen, Hühner und Gänse hielt man als Einzeltiere oder in kleinen Gruppen, um sie für die verschiedensten Zwecke zu gebrauchen.

Bevor das Handwerk die verschiedensten tierischen Rohstoffe nutzen konnte, mußten die Haustiere erst einmal geschlachtet werden. Diese Aufgabe übernahm der Metzger. Seine Beile und Messer hinterließen typische Hieb- und Schnittmarken an den verschiedensten Skelettelementen. Diese Spuren verraten dem geübten Auge einiges über die Abfolge der Schlachtung, Grob- und Feinzerlegung der Schlachtkörper sowie der Anrichtung verkaufsgerechter Portionen. Für die Ernährung des Menschen nicht geeignete Körperteile reichte der Metzger, selbstverständlich für einen entsprechenden Obolus, an die jeweiligen Handwerker weiter. Die Felle an die Gerber, die Hörner der Rinder, Schafe und Ziegen mit den darüber gestülpten Hornscheiden an die Hornschnitzer, verschiedene Knochen an die Beinschneider, Knochendrechsler und Kammmacher. Die Kammmacher verarbeiteten aber nicht nur die Mittelhand- und Mittelfußknochen der Rinder. Sie nutzten auch umfassend die Geweihe vom Rothirsch. Einige Fertigprodukte fanden zwar den Weg bis zu uns, aber komplette Werkstätten der Knochen- oder Geweihverarbeitung wurden bislang im Stadtgebiet noch nicht entdeckt (Abb. 72 u. 73). Das die Kammmacher aber in Halberstadt wirkten, davon kündet eine kleine Anhäufung von Abfallstücken der Geweihverarbeitung in einem mittelalterlichen Grubenhaus (Fundplatz Martiniplan).

Über das Wirken der Gerber und Hornschnitzer berichten uns als indirekte Hinweise Hieb- und Schnittmarken, zum Beispiel an den Hornzapfen, sowie das Verteilungsmuster der Knochen innerhalb eines Fundkomplexes. Zusätzlich gelang es den Archäologen 1996 und 1997 am Kulkgraben, auf Grundstücken im Düsterngraben und am Tränketor, Gerbergruben als Reste einer Gerberei auszugraben. Die archäozoologische Untersuchung der Tierknochen, bisher fehlen hierfür die finanziellen Mittel, würde eine weitere Lücke in der stadtgeschichtlichen Erforschung Halberstadts, das Gerberhandwerk betreffend, schließen.

Federn, ein weiterer begehrter Rohstoff, konnte man vom lebenden und vom toten Tier erlangen. Bis auf seltene Ausnahmen, bleiben Federn nicht im Erdreich erhalten. Demzufolge sind wir auf das Studium der archäologisch

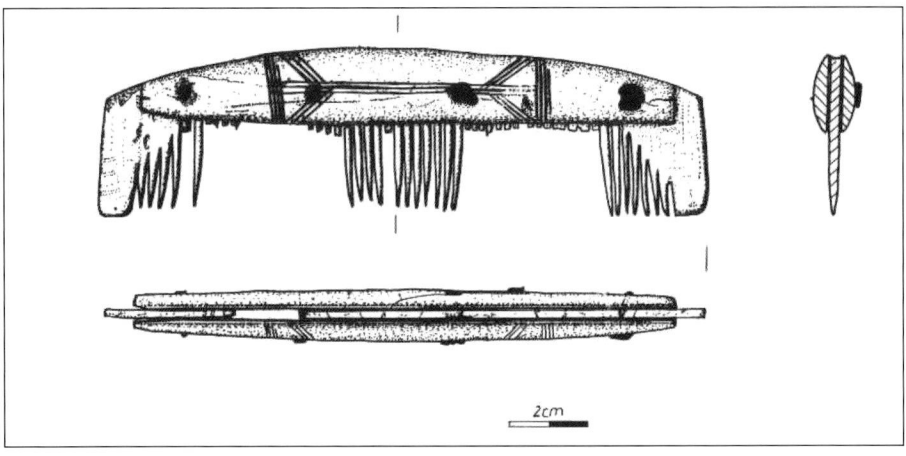

Abb. 72: Halberstadt, Dreilagenkamm, 12. Jahrhundert, Städtisches Museum.

ergrabenen Vogelreste angewiesen. In einer Siedlungsgrube aus dem 11./12. Jahrhundert befanden sich eine größere Anzahl Vogelknochen. Jene des Hausgeflügels, Huhn und Gans, verteilen sich relativ gleichmäßig über das Skelett. Sie werden als Reste der Fleischnahrung des Menschen interpretiert. Von den Wildvogelarten Stockente, Bläss-, Weißwangengans und Kranich hingegen fanden sich nur Flügelknochen, sowie vom Kranich auch noch Schädel- und Unterkieferreste. Die Zusammensetzung des Knochenmaterials kann zufällig entstanden sein. Andererseits darf aber nicht außer acht gelassen werden, daß die Knochen, ausgenommen die Schädelreste vom Kranich, einem bestimmten Bereich der Vorderextremität angehören. Am lebenden Vogel tragen diese Knochen die Arm- und Handschwingen, während am Kopf des Kranichs die allseitig beliebten Schmuckfedern kokettieren. Basierend auf der Zusammensetzung des Knochenmaterials möchte man meinen, daß wenige spärliche Überreste ehemaliger handwerklicher Tätigkeit erhalten blieben. Das Ziel dieser handwerklichen Tätigkeit bestand in der Gewinnung und Verarbeitung von Kopffedern, sowie der Hand- und Armschwingen zu Schmuck- und Schreibfedern.

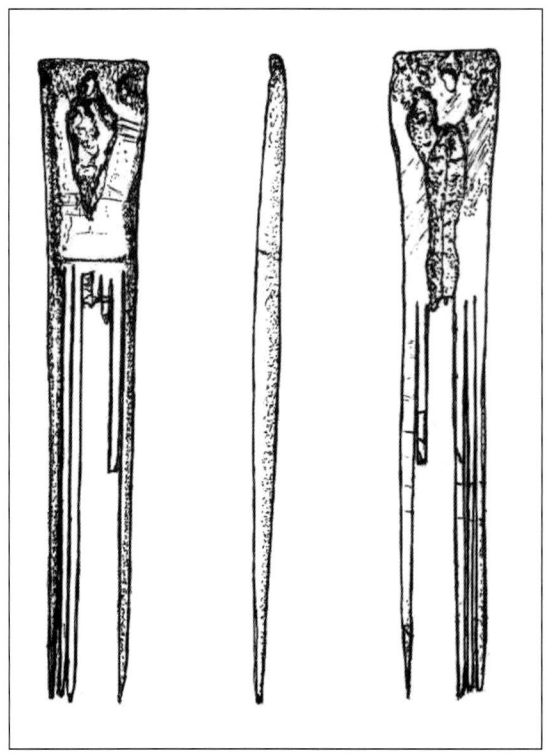

Abb. 73: Halberstadt, Steilkamm, 11./12. Jahrhundert, Städtisches Museum.

Literatur:

Norbert Benecke, Der Mensch und seine Haustiere. Die Geschichte einer jahrtausendealten Beziehung, Stuttgart 1994.

Wolfgang Jacobeit, Schafhaltung und Schäfer in Zentraleuropa bis zum Beginn des 20. Jahrhunderts, Berlin 1987.

Ralf-Jürgen Prilloff, Tierreste aus dem frühmittelalterlichen Halberstadt, In: Zeitschrift für Archäologie 23, Berlin 1989, S. 249-256.

Ralf-Jürgen Prilloff, Mittelalterliche Tierreste aus Halberstadt als Zeugen der Vergangenheit, In: Veröffentlichungen des Städtischen Museums Halberstadt 23, Nordharzer Jahrbuch, Band 15, Halberstadt 1990, S. 15-26.

Ralf-Jürgen Prilloff, Tierische Rohstoffe für den städtischen Markt in Halberstadt. Ergebnisse einer archäozoologischen Studie an Tierknochen der Frühen Neuzeit aus dem Keller des Hauses Holzmarkt 2, In: Veröffentlichungen des Städtischen Museums Halberstadt 27, Nordharzer Jahrbuch, Band 20/21, Halberstadt 1999, S. 203-289.

Ralf-Jürgen Prilloff, Tierknochen aus dem mittelalterlichen Halberstadt. Archäozoologische Untersuchungsergebnisse an Tierknochen aus Grubenhäuser des 10./11. Jahrhunderts, In: Archäologische Berichte aus Sachsen-Anhalt 1997/II, Halle (Saale) 1999, S. 43-58.

Adolf Siebrecht, Halberstadt aus stadtarchäologischer Sicht. Die Bodenfunde des 8. bis 13. Jahrhunderts aus dem mittelalterlichen Stadtgebiet und ihre historische Erschließung. Veröffentlichungen des Landesmuseums für Vorgeschichte in Halle, Band 45, Halle (Saale) 1992.

Matthias Sopp, Spätmittelalterliche Gerbergruben am Düsterngraben / Tränketor in Halberstadt – ein früher Gerbereibetrieb im topographischen und sozialen „Unten", In: Archäologische Berichte aus Sachsen-Anhalt 1997/I, Halle (Saale) 1999, S. 99-106.

Adolf Siebrecht

Sechs Sagen

Die Sagen stellen eine wertvolle kulturgeschichtliche Bereicherung unseres Wissens über das Geschehen in der Vergangenheit dar. Sie versuchen geheimnisvoll erscheinende Objekte zu erklären und machen mit dem Handeln historisch überlieferter Personen vertraut. Über Generationen und somit lange Zeiträume wurden die Sagen meist mündlich überliefert („Sage" = Gesagtes), aber auch weiter ausgeschmückt und somit verändert. Das betrifft nicht nur die weit zurückliegende mündliche Überlieferung, sondern auch die umfangreiche Sagenliteratur, die vom Anfang des 19. Jahrhunderts bis in die Gegenwart erschienen ist. So ist es schwer oder auch einfach nicht mehr möglich den „Wahrheitsgehalt" der Sage, ihren Kern, zu entdecken und das geschilderte Geschehen genauer einzuordnen.

Es wäre wünschenswert einmal die Sagen des Halberstädter Raumes nach ihrer ältesten Überlieferung zusammmenzutragen und als Forschungsgegenstand zu betrachten. Die hier vorgestellten Sagen sind ausgewählt für die Zeit der Anfänge des Bistums, den Bereich der Domburg und für die Stadt. Dabei wurden die mir zugänglichen älteren Fassungen verwendet. Vor allem bei der Sage über das „Blutende Schwert" ist ohne Veränderung die Schreibweise des Jahres 1835 übernommen. Der originale Wortlaut der Sagen ist kursiv gesetzt.

1. Tote aus den Gräbern wehren dem Feind

„Wehrstedt, ein Dorf nahe bei Halberstadt, hat nach der Sage seinen Namen davon erhalten, daß bei einem gefahrvollen Überfall fremder Heiden, da die Landesbewohner der Übermacht schon unterlagen, die Toten aus den Gräbern aufstanden, diese Unholde tapfer abwehrten und so ihre Kinder retteten."

Karl der Große hatte während der zweiten Hälfte des 8. Jahrhunderts in einem 30 Jahre andauernden Krieg die Sachsen unterworfen. Die militärischen Auseinandersetzungen wurden von einer intensiven und gewaltsamen

Abb. 74: Der Teufel mit Weinbecher und Dom in den Händen. Mit dieser Bronzeplastik, die seit 1998 im neuen Stadtzentrum, „Hinter dem Richthause" steht, nahm Professor Bernd Göbel, Halle, das Thema der Sage vom Teufels- oder Lügenstein auf. Gestiftet vom Investor Manfred Kirsch mit Unterstützung durch den Industriebau Wernigerode.

171

Christianisierung begleitet. Harte gesetzliche Bestimmungen verboten der einheimischen sächsischen Bevölkerung die Ausübung ihrer alten Kulte, Sitten und Gebräuche. So war z.B. bei Todesstrafe verboten die Toten auf den alten „Heidenhügeln" beizusetzen.

Nach der militärischen Unterwerfung der Sachsen setzte eine umfangreiche Missionstätigkeit ein. Bei den Siedlungen Osterwieck und Halberstadt entstanden zum Ende des 8. Jahrhunderts Missionsstützpunkte. Im Jahre 804 erhob dann Kaiser Karl den Halberstädter Missionsstützpunkt zu einem Bischofssitz.

Bei der Anlage einer Kiesgrube für das Betonwerk an der Nordseite der B 81 wurden im Jahr 1963 menschliche Skelettreste entdeckt. Seit dieser Zeit führten hier die Archäologen des Städtischen Museum Halberstadt Ausgrabungen durch. Vor allem in den 60er und 70er Jahren unterstützten viele Halberstädter Schüler, Bürger und Schuldirektoren bis hin zum Schulrat diese Grabungen. Aber auch die Leitung des Betonwerkes zeigte immer wieder großes Verständnis für diese archäologische Aufgabe.

Ein Teil der Gräber war von einer Bevölkerung angelegt worden, die noch nicht vom Christentum beeinflußt war. Sie verbrannten ihre Toten und setzten die Urnen mit dem Leichenbrand auf großen Grabhügeln bei. Auch bestatteten sie ihre Toten in Süd-Nord orientierten Körpergräbern, d.h. der Tote blickte nach Norden, zum Sitz der germanischen Götter. Den Toten hatte man auch Waffen und Speisebeigaben mit ins Grab gelegt. Diese älteren Gräber wurden von jüngeren Gräbern überlagert. Der Blick der Verstorbenen war hier nach Osten, zur aufgehenden Sonne, gerichtet. Diese West-Ost orientierten Gräber entsprachen der neuen christlichen Bestattungssitte. Der Prozeß der Durchsetzung des Christentums läßt sich im Wechsel der Bestattungssitte von Süd-Nord zu West-Ost orientierten Gräbern

Abb. 75: Auf dem sächsischen Gräberfeld in Wehrstedt wurde in dem West-Ost orientierten Grab 109 eine Bestattung gefunden, deren Schädel im Stirnbereich eine tödliche Hiebverletzung aufwies.

beobachten. Insgesamt wurde ein Fläche von 10 000 m² untersucht. Man fand bisher Reste von 29 Grabhügeln, 3 Brandbestattungen, 49 Süd–Nord und 237 West-Ost orientierte Körpergräber und viele Beigaben wie Glasperlen-schmuck, Messer, Gürtelschnallen, Stockspitzen, Nadelbüchsen, Waffen und Speisen.

Das große Gräberfeld wurde seit dem 7. Jahrhundert von einer sächsischen Bevölkerung angelegt. Das lassen die Bestattungssitte und die Beigaben erkennen. Es liegt 750 m südöstlich der alten Dorfkirche von Wehrstedt. Als man im 9. Jahrhundert einen Vorgängerbau der heutigen Kirche errichtete, gab man den alten Friedhof auf. Jetzt begruben hier die „Alt-Wehrstedter" ihre Toten in geweihtem Boden.

Von besonderem Interesse ist nun, daß in der Sage ein Friedhof und die Auseinandersetzungen zwischen Christen und Heiden eine so große Rolle spielen. Hier wird der reale Kern einer über 1000jährigen mündlichen Überlieferung sichtbar.

Literatur:

Brüder Grimm, Deutsche Sagen, Goldmann Verlag München 1999, S. 356.

Adolf Siebrecht, Ein frühmittelalterliches Gräberfeld von Halberstadt-Ost (Wehrstedt), In: Nordharzer Jahrbuch Band 5, Halberstadt 1975, S. 25 f.

2. Der Teufels- oder Lügenstein auf dem Domplatz

„Auf dem Domplatz zu Halberstadt liegt ein runder Fels von ziemlichem Umfang, den das Volk nennet den Lügenstein. Der Vater der Lügen hatte, als der tiefe Grund zu der Domkirche gelegt wurde, große Felsen hinzugetragen, weil er hoffte, hier ein Haus für sein Reich entstehen zu sehen. Aber als das Gebäude aufstieg und er merkte, daß es eine christliche Kirche werden würde, da beschloß er, es wieder zu zerstören. Mit einem ungeheuren Felsstein schwebte er herab, Gerüst und Mauer zu zerschmettern. Allein man besänftigte ihn schnell durch das Versprechen, ein Weinhaus dicht neben die Kirche zu bauen. Da wendete er den Stein, so daß er neben dem Dom auf dem geebneten Platz niederfiel. Noch sieht man daran die Höhle, die der glühende Daumen seiner Hand beim Tragen eindrückte."

Die Sage führt uns zurück in die Frühzeit des Bischofssitzes Halberstadt. Im Jahre 804 war die Gründung des Bistums erfolgt und zur gleichen Zeit auf dem Domplatz eine große aus Steinen aufgeführte Kirche entstanden. Dieser Steinbau muß für die damaligen Menschen sehr eindrucksvoll

Abb. 76: Der Teufelsstein an seinem heutigen Platz dicht westlich der Winterkirche des Domes.

gewesen sein, da man bisher nur Holzbauten kannte. Vielleicht versuchten die Menschen mit der Sage den mächtigen Steinbau zu erklären. Fundamente dieser ersten Kirche und ihrer Nachfolgebauten fand man bei Ausgrabungen der Jahre 1952 bis 1954 im Innern des heutigen Domes.

Vermutlich befand sich auf dem Domplatz ursprünglich eine Kultstätte der hier ansässigen sächsischen Bevölkerung und dem Stein kam als Opferstein eine wichtige Bedeutung zu. Im Zusammenhang mit der gewaltsamen Einführung des Christentums wurden solche Plätze und heidnische Kultstätten zerstört, aber auch genutzt, um hier christliche Kirchen zu errichten. Damit demonstrierte man der Bevölkerung eindrucksvoll die Stärke des neuen christlichen Gottes gegenüber den alten heidnischen Göttern. Auf die ehemals heidnische Nutzung des Platzes kann auch die Bezeichnung „Teufelstein" hinweisen, denn häufig wurden die alten Kultstätten von den Vertretern der Kirche mit dem Sitz von Hexen und Teufeln in Verbindung gebracht, denken wir z.B. an den Hexentanzplatz bei Thale. In Halberstadt brachte man den großen Stein auf dem Domplatz mit dem Teufel in Verbindung: er wurde „verteufelt".

Der Name Lügenstein bzw. Leggenstein läßt aber auch die Deutung zu, daß sich hier auf dem Domplatz eine Gerichtsstätte befand. In dem Namen steckt das lateinische Wort *lex* = Gesetz. Danach könnte die Bezeichnung Lügenstein auch Gesetzesstein oder Gerichtsstein bedeuten. Aber wann hier Gericht gehalten wurde wissen wir nicht. Vielleicht zu der Zeit, wo im Jahr 989 der Halberstädter Bischof Hildeward von König Otto III. unter anderen auch das Privileg der hohen Gerichtsbarkeit – die Blutgerichtsbarkeit – erhielt.

Ursprünglich lag der Stein wohl in der Mitte des Platzes, ehe er später zu seiner südlichen Osthälfte, nördlich der Dompropstei, wanderte. Historische

Ansichten aus der Zeit um 1860 belegen seine damalige Lage. Im Zuge der Umgestaltung des Domplatzes, die mit umfangreichen Abrißarbeiten der den Dom umgebenden Bebauung verbunden waren, fand der Stein um 1873 seinen neuen Platz. Er liegt an der Stelle des ehemaligen „Domkellers" dicht westlich des Westflügels der ehemaligen Domklausur, dem Remter. Heute befindet sich in dessen Untergeschoß die Winterkirche des Domes.

In Vorbereitung für den Glockenguß der Domina mußten 1999 auf dem dafür vorgesehenen Areal Ausgrabungen durchgeführt werden. Dabei kamen zahlreiche Gräber zum Vorschein, die belegen, daß der damalige Friedhof des Domes und seiner Vorgängerbauten bis zum 16. Jahrhundert genutzt, dann aufgegeben wurde und in Vergessenheit geriet. Er dehnte sich weit nach Westen aus. Vermutlich erstreckte er sich im Osten bis an die Winterkirche. In der Sage wird ein Weinhaus erwähnt. Die Fundamente eines westlich an die Winterkirche anschließenden Gebäudes, als Domkeller bezeichnet, kamen bei der Absenkung des Geländes 1999 zum Vorschein. Sie hatten die älteren Gräber überlagert und zerstört. Das Gebäude kann in das 16. Jahrhundert datiert werden und war ursprünglich für Zwecke des Domkapitels errichtet worden, wie es die prächtigen Wappen erkennen lassen. Diese hatte man bei dem um 1870 erfolgten Abriß geborgen. Die

Abb. 77: Der Teufelsstein an seinem älteren Standort nördlich der Dompropstei, um 1860.

Abb. 78: Die „Domschänke" vor ihrem Abriß, um 1870.

13 hölzernen Wappen der Domherren wurden an der Dompropstei angebracht, wo sich noch heute 10 von ihnen befinden. Die Nutzung dieses Gebäudes als Weinkeller = Domkeller wird später, vielleicht erst im 17. Jahrhundert, erfolgt sein. Es ist durchaus möglich, daß dann die ältere Sage mit dem Hinweis auf das Weinhaus eine Ergänzung erfuhr.

„Früher des Kapitels Ruhm, führt er fein Getränke;
Dann hieß es: am Heiligtum Ziemt sich keine Schenke." (Zschiesche)

Beim Wiederaufbau des Stadtzentrums wurde im Jahre 1998 im Auftrage der Eheleute Sabine und Manfred Kirsch eine Bronzeplastik von dem Hallenser Künstler Professor Bernd Göbel geschaffen, die anschaulich auf die Sage vom Teufelsstein bezug nimmt. Seit dem 18.5.1998 steht sie auf einem kleinen schattigen Platz an der Straße „Hinter dem Richthause". Von hier schaut die Teufelsfigur zum Dom.

Literatur:

Brüder Grimm, Deutsche Sagen, München 1999, S. 245.

K.-L. Zschiesche, Halberstadt sonst und jetzt, Halberstadt 1895, S.133.

3. Das blutende Schwert an der Liebfrauenkirche

„Auf dem Domplatze zu Halberstadt steht, dem Dom gegenüber, eine alte Kirche, die Liebfrauen = Kirche genannt. Von vier stolzen Thürmen geziert, zugleich aber vom Zahn der Zeit benagt, wird sie allmählich zur Ruine. Auswärts unfern der Thür dieses Gotteshauses hängt an einer eisernen Kette von wenigen Gliedern ein entblößtes Ritterschwert in sehr alterthümlicher Form, welches sich, auch wenn die Luft still ist, immer hin und her bewegt, und daher schon zu der Vermuthung Veranlassung gegeben hat, daß es von beiden Seiten Magnetsteine habe. Unter dem Schwerte an der Erde liegt ein runder Raum, etwa vier Fuß im Umkreis, ganz nackt und todt da, während sonst überall grüner Rasen zu sehen ist.
Es lag in uralter Zeit auf dem Huy, oder auch, wie Andere vermuthen, auf dem nackten Berge bei Halberstadt, die Burg des stolzen, herrschsüchtigen Ritters Hug. Geachtet und gefürchtet von der Ritterschaft, war er ungestüm im Hause, und hatte keinen Begriff von Zartgefühl gegen seine Gattin. Diese starb, als Leonore, das einzige Kind ihrer Ehe, eben zur Jungfrau aufblühte. Sterbend segnete die Mutter das geliebte Kind mit den Worten: „Duldung, Sanftmuth und Keuschheit mögen auf Erden Dich schmücken und adeln: Religion mag für den Himmel Dich vorbereiten, wo ich Dich erwarte, mein einziges geliebtes Kind."

Sie verschied, und Leonore kniete weinend an ihrem Bette. Ein Knabe, Namens Teuthold, den der Ritter Hug aufgenommen hatte, weil er der verlassene Sohn eines geächteten Freundes war, kniete neben ihr am Lager seiner zweiten Mutter; er reichte Leonore die Rechte. „Dort oben", sagte er in frommer Begeisterung, „sehen wir sie wieder, Leonore. Hienieden laß uns den letzten Blick der Sterbenden nie vergessen; sie segnete uns!" Ihr Segen sei unser Theil!" flüsterte Leonore. „Leonore!" sagte der Knabe, sich ermannend: „Du giebst mir durch Deine sanften Worte den Glauben an die Menschheit wieder. Ewige Liebe! Mag sie auch in der Zukunft erst ihren Lohn finden".

„Sonderbarer junger Schwärmer!" lächelte Leonore. „Bei diesem Leichnam kniee ich nieder und schwöre Dir". „Possen!" unterbrach sie der Ritter Hug, welcher hereingetreten war. Er schob das junge Paar auseinander; die beiden zogen sich, Teuthold mit einem fast krampfhaften Zucken, Leonore mit doppelten Thränen, zurück von dem ungestümen Vater.

Nach wenigen Tagen schon lebte Hug wieder in Saus und Braus; sein Genosse der rohen Vergnügungen war der benachbarte reiche Ritter Assen, dessen Sohn Eberhard, ein wohl gewachsener stattlicher Jüngling, ein Liebling des Ritters Hug, und von ihm für Leonoren bestimmt wurde. In ihm erblickte Hug seinen Eidam, den Erben seiner Burgen, in dessen Schild das Wappen seines Stammes mit eingegraben werden solle. Leonore hatte in dem Jünglinge die Gefühle der Liebe erweckt, ohne sie zu erwiedern. Ihr Herz zog sie zu Teuthold; mit ihm war sie vor Gott und seinen Engeln in den Bund der ewigen Liebe getreten, als dessen Schützerin sie die erblaßte Burgfrau betrachteten.

Eines Tages erschien Teuthold reisefertig vor dem Burgherrn, der eben im Trinksaal mit dem Ritter von Assen und dessen Sohne weidlich zechte. „Ritter Hug!" redete er ihn an: „ich komme von Euch Abschied zu nehmen und Euch für die Erziehung zu danken, die mir zu Theil ward und die ich Euch so viel als möglich zu vergüten suchen werde".

„Hast Du getrunken, Teuthold?" fragte der Ritter. „Nein, ich denke mich zu berauschen in dem Gewühl der Waffen." Wahrscheinlich als Schwertfeger bei einem Ritterhaufen im Morgenlande!" lachte Eberhard.

„Als ebenbürtiger Ritter sehe ich Dich wieder, elender Bube!" schrie Teuthold, und warf ihm einen Fehdehandschuh, den er im Koller trug, ins Gesicht. Alle waren erstaunt ob solcher Kühnheit und unverfolgt verließ Teuthold den Saal. An der Thür trat ihm Lenore entgegen: sie war blass, ermattet; auf ihrem Antlitz mischten sich Entsagung und Verzweiflung. Der Jüngling schloß sie in seine Arme. „Dieses Weib," rief er dem Ritter Hug zu, „fordere ich von Dir, es sei hier oder bei dem ewigen Richter!". Er drückte der Ohn-

mächtigen den Scheidekuß auf die Wange, legte sie in einen Sessel und ging hinaus. „Narrenspossen!" rief Hug aufspringend: „der Junge ist nicht bei Sinnen".

Er taumelte hinaus und erfuhr, daß Teuthold mit seinen Troßbuben von dannen geritten sei. Brummend schüttelte der Ritter den Kopf, tröstete sich aber damit, daß Teuthold, zu Brote gewohnt, nicht lange ausbleiben werde. Aber Teuthold kam nicht.

In mannigfachen Turnieren am Rhein hatte dieser von der Liebe befeuert, seine Waffenfähigkeit bewährt; als Ritter, seinen Stammbaum nachweisend, zog er dann in das Morgenland, wo schon so viel Christenblut für die Wiedereroberung des heiligen Grabes geflossen war. Der erste König von Jerusalem, Gottfried von Bouillon, war nicht mehr, wohl aber der Johanniter = Verein; bei diesem wurde Teuthold, nach der Sage, mit der väterlichen Liebe guter Christen aufgenommen und wiederhergestellt, als er bei dem heiligen Werke erkrankt war. Mit großem Ruhm hatte er gegen die Ungläubigen gefochten und das Ritterschwert mit dem Zeichen des heiligen Kreuzes ward ihm zu Theil. Nach einem Jahre, bei eingetretener Waffenruhe, erhielt er die Erlaubnis, auf einige Zeit nach dem Abendlande zurückzukehren. Er segelte von Jaffa, landete, und kam, ein stattlicher Ritter, in reichem Aufzuge nach der Heimat zurück. Mit Sehnsucht schaute er die Warten der Burg bei Halberstadt.

Seine erste Frage in der Herberge zu Halberstadt war nach Leonoren. „Morgen wird sie dem Grafen Eberhard von der Assen vermählt", sagte der Wirth, sein alter Bekannter; die Lustbarkeiten haben schon heute begonnen. „ Wohl", entgegnete er: „ich bin ihr Verlobter vor Gott, und dieser Eberhard von Assen, der wohl in ritterlicher Fehde noch nicht gestanden, soll, bei meinem Schwerte sei es geschworen, die Braut mir nicht rauben."

Er rief seinen Knappen und dieser packte von den Maulthieren eine wohlverwahrte, silberne Rüstung, in Italien zierlich zusammengesetzt.

Teuthold legte die Rüstung an, bedeckte sich mit dem schönen, mit kostbaren Federn gezierten Helme und der Wirth der Herberge erstaunte ob der gastlichen Gestalt. Einen so schönen Ritter hatte er noch nie gesehen. Dann ordnete Teuthold sein im Morgenlande zierlich gesticktes Sammtwamms, mit dem goldgestickten kurzen Mantel, dem Barett mit der kostbaren Reiherfeder und der zierlichen Unterkleidung. Diese Kleidung gab er einem vertrauten Knappen, sie ihm nachzutragen und seines Winks gewärtig zu sein.

Die Stunde des Banketts hatte geschlagen; Teuthold machte sich auf und wanderte, von dem Knappen geleitet, zur Burg. Bachantischer Jubel schmetterte ihm aus den erleuchteten Hallen entgegen. Alles machte dem stattlichen Ritter in der Silberrüstung Platz und er trat in den vollen Rittersaal. Seine Rüstung und der Umstand, daß er der einzige Gewappnete war, machten Aufsehen. Das Visir hielt er geschlossen.

„Wer seid Ihr ?" fragte der Burgherr, zu ihm tretend.

„Wer ich bin, zeigt mein Wappen und Schild; ich bin ebenbürtig und suche die deutsche Gastfreundschaft, die deutsche Biederkeit auf".

Ritter Hug erkannte den geschlossenen Helm auf dem Schilde des Fremden und lud ihn ein, an dem Bankett Theil zu nehmen. Der fremde Ritter setzte sich neben ihn nieder und nahm den Einladungsbecher an. Der Wirth hoffte bei diese Gelegenheit sein Antlitz genauer zu sehen, allein der Fremde ließ das Visir so schnell fallen, daß Jener seine Neugier noch unbefriedigt sah. „Ihr kommt weit her, Herr Ritter?" fragte er dann. „Weit ? Das seht ihr wohl, wenn ihr das heilige Johanneskreuz kennt, das an der linken Seite des Helms mir ein Ehrenzeichen wurde. Ich komme aus dem Morgenlande, wo jetzt die Waffen ruhen. Ich will im Vaterlande das Schwert abgürten, bis es Noth tut."

Leonore, die festlich geschmückte Braut, schwankte jetzt am Arme des Ritters Eberhard von der Assen vorüber. Sie erkannte an Teuthold die Feldbinde, welche sie heimlich gewirkt und in traulicher Stunde ihm als ein Pfand der Liebe gegeben hatte. Sie war einer Ohnmacht nahe; der Bräutigam hielt sie und fragte, was ihr sei.

„Was ihr ist?" fragte Teuthold aufstehend; „was ihr ist? Der Bräutigam fehlt ihr, der bin ich". „Frei ist der Liebe Gunst! Ihr könnt nicht der Treugeliebte einer Lenore sein." Teuthold schlug das Visir zurück, warf den Handschuh hin und ging ruhigen Schrittes fort, als Eberhard diesen aufgenommen hatte. Draußen wartete sein treuer Diener; er warf sich, da der Wirth das Gastrecht nicht verletzen durfte, in das zierliche, zum Bankett gemachte Gewand, kehrte dann in den Saal zurück, und bezauberte durch seine anmuthige Haltung die Herzen aller Frauen. Während Eberhard ihn zu vermeiden suchte, zeigte Hug sich etwas kühner gegen ihn. Ich freue mich, Euch hier zu sehen, sagte er zu ihm: wenn aber die Zeit des Gastrechts vorüber ist, muß ich Euch bitten, meine Burg zu verlassen. Die Störung, welche vorgefallen ist – „Ich bitte nur noch um eine Stunde, nach offenem Gebrauch, nach Rittersitte und Gewohnheit!"

„Bist Du noch meine Lenore?" flüsterte er gelegentlich der unglücklichen Braut zu. „Ewig! Ewig!" erwiderte sie, und eilte vorüber. Eberhard war dieses kurze Zwiegespräch nicht entgangen; er beobachtete seinen Feind mit scharfem Auge. Dieser, ein frommer Knecht des Herrn, ging in seinem stattlichen Wamms hinaus durch die Mondhelle Mitternacht nach der neu erbauten Liebfrauen=Kirche, die Mutter Gottes anflehend, daß sie ihn schützen möge in seinem Beginnen, daß sie ihren Segen sprechen möge über ihn. „Liebe ist es, was mich treibt," sagt er, „und was wäre das Leben ohne die Liebe?"

Er kniete nieder und betete still. Da trat Junker Eberhard, der ihm nachgeschlichen, hinzu und stieß ihm das Schwert in die Brust. Teuthold sank sterbend dahin. „Du bist mir zuvorgekommen, Eberhard", sagte er im Scheiden: „der Himmel hat es gewollt; Dich Lenore, fordre ich nun von den Mächten des Himmels. Ich darf Dich fordern; Du wirst mir nacheilen".

Der feige Eberhard kehrte in den Prunksaal zurück. Sein Blick war verstört, Mord und Blutschuld drückten seine Stirn. Man spöttelte über seine lange Abwesenheit, aber die Frauen erschraken, als sie ihn sahen. „Sieh, meine Holde," sagte er zu Lenoren: „dies ist das Herzblut des Verwegenen, der unser Bündnis zu zerreißen gedachte. Das Schwert hat ihn getroffen; mochte er auch in den Zuckungen des Todes, den ich ihm gab, Dich einladen, ihm nachzufolgen! Jetzt erst nenne ich Dich mein, Lenore!"

Er wollte sie umarmen, aber sie wendete sich entsetzt von ihm ab. Nach einem kurzen Schweigen, während dessen ihr ganzes Inneres im Aufruhr war, kam sie zu einem Entschlusse voll Resignation. „Ich fühl es", rief sie, „er fordert mich; ich folge Dir Teuthold. Schirme mich heilige Jungfrau!" Die letzten Worte sprach sie wie in Verklärung, mit emporgestreckten Armen; sie hauchte mit ihnen ihre Seele aus und sank tot nieder. Eberhard war ausser sich. Beschäftigt um die Leiche, stieß ihn der Schloßkaplan, Lenorens alter Lehrer, mit den Worten hinweg: „Hinweg Sünder! Wage Dich nicht an das Heilige!" Diese Worte des frommen Mannes trafen Eberhards Herz. Er eilte hinaus ins Freie und suchte die Leiche seines Feindes auf. „Reue versöhnt!" seufzte er und stieß sich das von Teutholds Blute noch feuchte Schwert sich selbst in die Brust. – Ein dreifacher Mord war begangen.

Am folgenden Morgen fanden die Kirchgänger die beiden Leichen. Die Chorherren kamen und ein Mönch, Hugbert von der Dreseburg, der Profeß (ein Ordensgelübde) hier geleistet hatte und früher ein mannhafter Ritter gewesen war, zog das Schwert aus der Brust des Entleibten und rief der erschreckten Menschenmenge zu: „Ein Warnungszeichen, soll es hangen vor dem Gebäude der heiligen Jungfrau und die Seele Eberhards wird verdammt sein, solange dieses unglückliche Schwert sich noch bewegt, und das Blut, der Erde entnommen, dem unfruchtbaren Boden seine Nahrung nicht wiedergegeben hat".

Noch heute hängt das Schwert, ein Galanteriedegen damaliger Zeit, an einer eisernen Kette vor der alten, fast verfallenen Liebfrauen=Kirche.

Und noch jetzt, so geht die Sage,
Fällt an dem Gedächtnißtage
Dieser Mordthat Blut herab.
Drunter, auf der Erde, heißt es,
Wachse nie ein Hälmchen Gras;
Stets soll sich das Schwert bewegen,
Und es soll von Thau und Regen
Nie die Stelle werden naß."

Diese Sage ist immer wieder verändert worden. Das hier zitierte Beispiel finden wir in einem Büchlein mit dem Titel „Preußens Vorzeit" aus dem Jahre 1835 und ist die mir bekannte älteste Überlieferung. Nur wenige Jahre später, 1848, schreibt Dr. Friedrich Lucanus: *„Der alte Stoßdegen außen der südlichen Abside, mit welchem, wie die Sage berichtet, ein*

Abb. 79: Das Schwert an der Liebfrauenkirche, südliche Wand der Chornebenkapelle.

Sohn seinen Vater ermordet haben soll, gilt als Zeichen des Rechts, der peinlichen Gerichtsbarkeit".

Zum Zeitpunkt der Veröffentlichung dieser Sage befand sich die Liebfrauenkirche in einem sehr schlechten Zustand, so daß sie ernsthaft vom Verfall bedroht war. Dank der Initiative und finanziellen Unterstützung durch den preußischen König Friedrich Wilhelm IV. erfolgte eine umfangreiche Restaurierung, die 1848 zum Abschluß gelangte.

Zu den in der Sage handelnden Personen kann nichts weiter gesagt werden. Sie gibt einen Einblick in das damalige Leben des Adels und weist auf die Zeit der Kreuzzüge hin. Diese sollten der Befreiung der heiligen christlichen Stätten in Jerusalem von den Arabern dienen, aber sie entwickelten sich immer mehr zu Raubzügen. Auch die Halberstädter Bischöfe nahmen an den Kreuzzügen teil, wie z.B. Bischof Konrad von Krosigk. Er vermachte nach seiner Rückkehr im Jahre 1205 einen großen Teil der kostbaren „Mitbringsel" aus Byzanz dem Dom und legte damit den Grundstein für den heutigen Domschatz.

Aus dem Jahre 1133 gibt es eine urkundliche Überlieferung: *„Wenn aber, wie es meist zu geschehen pflegt, ein Duell stattfindet, soll es außerhalb der Immunität der Mauer stattfinden, damit nicht der geheiligte Ort durch blutiges Sakrileg verletzt wird."* Mit dem „geheiligten Ort" ist der Bereich der Domburg, unser

heutiger Domplatz, gemeint. Die Urkunde gibt also einen wichtigen Hinweis auf damals übliche Zweikämpfe in der Domburg. Vielleicht ist auch das Schwert das Zeugnis eines solchen Zweikampfes. Die ungewöhnliche Form des Schwertes mit seiner lang ausgeschmiedeten Spitze weist auf das 14. Jahrhundert hin.

Bei Ausgrabungen des Städtischen Museums Halberstadts an der Südseite der Liebfrauenkirche wurden von 1980 bis 1984 viele Gräber des 12. und 13. Jahrhunderts ausgegraben und untersucht. Dabei fand man eine Doppelbestattung (Abb.80). Zwei menschliche Skelette lagen in einem Grabe dicht nebeneinander, Hand in Hand. Hier mußten die Ausgräber an die unglücklich Liebenden der Sage denken.

Abb. 80: Die anthropologische Untersuchung der beiden Skelette ergab den Nachweis dafür, daß hier tatsächlich eine männliche und weibliche Person im Alter von 30 – 40 Jahren in einem Grab bestattet waren.

Literatur:

Preußens Vorzeit, Glogau und Leipzig 1835, S.184.

Dr. Friedrich Lucanus, Die Liebfrauenkirche zu Halberstadt, Halberstadt 1848, S.22.

Urkundenbuch Halberstadt, Hochstift I, Nr. 167, S.137 (Übersetzung Dr. Ernst Koch, Leipzig).

4. Till Eulenspiegel auf dem Domplatz in Halberstadt

„Treue gibt Brot. Eulenspiegel kam gen Halberstadt und ging auf dem Markt umher. Und er ward inne, daß es ein harter und kalter Winter war. Da dachte er: Der Winter ist hart, und der Wind weht dazu scharf. Du hast oft gehört: Wer Brot hat, dem gibt man Brot. Und er kaufte für zwei Schillinge Brot, borgte einen Tisch und setzte ihn vor den Dom zu St. Stefan und hielt feil. Und er trieb seine Gaukelei so lange, bis ein Hund kam und ein Brot vom Tisch nahm und damit den Domhof hinaufliefe. Eulenspiegel lief dem Hund nach. Dieweil kam eine Sau mit zehn jungen Ferkeln und stieß den Tisch um, und ein jegliches nahm ein Brot ins Maul und lief damit weg.
Da fing Eulenspiegel an zu lachen und sagte: ‚Nun sehe ich klar, daß die Worte falsch sind, da man spricht: Wer Brot hat, dem gibt man Brot. Ich hatte Brot, und das ward mir genommen', und sprach weiter: ‚O Halberstadt, Halberstadt, du führst deinen Namen mit Recht; dein Bier und deine Kost schmecken wohl, aber deine Pfennigsäcke sind von Sauleder gemacht.' Und er zog wieder gen Braunschweig".

Halberstadt: *„Du führst deinen Namen mit Recht"* erklärt sich daraus, daß „halb" eine gute und eine schlimme Seite bedeutet. Vermutlich lebte der fahrende Gesell namens Eulenspiegel in der ersten Hälfte des 14. Jahrhunderts und besuchte zu dieser Zeit auch Halberstadt. Seine überlieferten Schwänke wurden gesammelt und von dem Braunschweiger Schriftsteller Hermann Bote zwischen 1507 und 1512 zum Druck gebracht.

Literatur:

Ein kurzweilig Lesen von Till Eulenspiegel geboren aus dem Lande zu Braunschweig wie er sein Leben vollbracht hat, Eulenspiegel Verlag, Berlin 1980, S. 77 und S. 8.

5. Die Laternen an den Domtürmen zu Halberstadt

„Es ist schon manches Jahrhundert her, da ritt eines Abends ein Halber-städter Domherr, der in Amtsangelegenheiten in Zilly zu thun gehabt hatte, von dort nach Halberstadt zurück. Es war eine rabenschwarze

Nacht, und der Sturm tobte fürchterlich. Kaum war er über Ströbeck hinaus, so merkte er, daß er vom Wege abgekommen war. Er stieg vom Pferde, um ihn wieder zu suchen, aber all sein Bemühen war fruchtlos. Da stieg er wieder auf und versuchte nach Ströbeck zurückzukommen, aber kein Lichtschein, kein Hundegebell und kein Hahnenschrei zeigte ihm den Weg. Völlig ratlos hielt er im freien Felde.

Da wandte er sich in einem inbrünstigen Gebet zu dem, dessen Hilfe stets am nächsten ist, wenn die Not am größten ist. Und siehe! Plötzlich gewahrte er in der Ferne ein Licht und hörte im Dome acht Uhr läuten. Es war des Küsters Laterne, die ihm wie ein von Gott gesandter Stern erschien. Nun wandte er sein Roß und eilte, Gefahr und Finsternis vergessend, dem Lichte zu und erreichte glücklich die Stadt.

Als der Domherr nun in trockener Kleidung und wohlgeborgen in seinem Lehnstuhl saß, beschloß er, dem Herrn für seine glückliche Rettung aus so großer Lebensgefahr durch eine Stiftung zu danken: er wollte an den Domtürmen zwei Laternen anbringen lassen, die jedem verirrten Wanderer zum Leitstern an finsteren und stürmischen Abenden dienen könnten."

Abb. 81: Die restaurierte Laterne am Nordwestturm des Domes.

Das Halberstädter Domkapitel besaß seit der Mitte des 15. Jahrhunderts einen Teil der Burg Zilly und dazu gehörige Ländereien. Die in der Sage geschilderte Begebenheit könnte sich schon zu jener Zeit abgespielt haben.

Aus dem Jahre 1553 ist eine Baurechnung erhalten geblieben, die aussagt, daß am 1. Februar die Laternen des Domes mit roter Ölfarbe gestrichen wurden. Bis 1870 zündete der Domküster, entsprechend der Weisung des oben genannten Domherren, im Winter abends um 8.00 Uhr die Kerzen in den Laternen an.

Im Zuge des Neubaues der Domtürme bis 1895 erhielt nur eine der Laternen an der Westseite des Nordturmes ihren Platz. Sie hat eine Höhe von 1,25 Metern, ist achteckig aus Schmiedeeisen aufgeführt und verglast. Im Innern befindet sich ein eiserner Stachel zur Befestigung der großen Kerze. Die zweite Laterne steht jetzt in der Stephanuskapelle östlich des Kreuzganges.

Es ist erfreulich, daß auf Initiative der Domstiftung (Stiftung zum Erhalt und zur Nutzung der Dome, Kirchen und Klöster des Landes Sachsen-Anhalt) die noch vorhandene Laterne am Nordturm restauriert wurde und seit dem Frühjahr 1998 nach 128 Jahren wieder leuchtet. Mit Hilfe einer 80 Watt Halogenlampe strahlt sie über den Domplatz und bringt Licht in die nächtliche Dunkelheit.

Literatur:

Friedrich Günther, Aus dem Sagenschatz der Harzlande, Hannover-Linden und Leipzig, 1893, S.223.

K.L. Zschiesche, Halberstadt sonst und jetzt, Halberstadt 1895, S. 139.

6. Die ungleichen Türme der Martinikirche

„Vor vielen Jahren wütete ein furchtbares Unwetter über Halberstadt. Blitz und Donner folgten Schlag auf Schlag. Auf einmal schlug ein greller Blitz mit furchtbarem Krach in den nördlichen Turm der Martinikirche. Der Turmhelm fing sofort Feuer und brannte wie eine große Fackel. Durch den heftigen Sturm drohte auch der Südturm in Brand zu geraten. Das Feuer hatte schon die hölzerne Verbindungsbrücke zwischen beiden Türmen erfaßt. Ratlos standen die Bürger auf den Märkten und betrachteten das schreckliche Spiel der Flammen. Als das der „Lange Matz" wahrnahm, stürmte er die Wendeltreppen des Turmes hinauf. Vom Feuer halb versenkt, zersägte er - zwischen Himmel und Erde schwebend - die Verbindungsbrücke der beiden Türme. So fiel nur der Turmhelm des Nordturmes den Flammen zum Opfer, der Südturm blieb unversehrt.
Der abgebrannte Turmhelm wurde nicht wieder in seiner ursprünglichen Größe aufgebaut, er erhielt seine heutige, kleinere Gestalt. Dadurch hatte die Martinikirche zwei ungleiche Türme. Sie wurden das Wahrzeichen Halberstadts."

Bereits um 1000 wird ein Vorgängerbau an der Stelle der heutigen Martinikirche gestanden haben. Sie war die Kirche der Kaufleute und anderer Bewohner des Ortes Halberstadt. Erstmals wird die Martinikirche 1186 in den Urkunden erwähnt. Der heutige Bau läßt deutlich die älteren Türme und das jüngere Kirchenschiff erkennen.

Abb. 82: Die Türme von St. Martini auf der ältesten Stadtansicht Halberstadts von Braun - Hogenberg aus dem Jahre 1581. Dieser Bildausschnitt läßt Personen auf der Verbindungsbrücke zwischen beiden Türmen erkennen, ein Hinweis darauf, daß schon damals die Türme von den Bürgern der Stadt und ihren Besuchern bestiegen werden konnten.

Die Türme waren und sind seit ihrer Errichtung Eigentum der Stadt. Vielleicht dienten sie auch zur Aufbewahrung wichtiger Urkunden, die sich heute im Stadtarchiv befinden, darunter z.B. aus den Jahren 1059, 1068 und 1105.

Als Wachtürme der Stadt kam ihnen eine besondere Bedeutung zu. Darum blieb der Turmhelm des Nordturmes niedriger. So hatte der Turmwächter einen ungehinderten Rundblick über die Stadt und zu den Warten im Umland. Stellte er z.B. die Annäherung von Kriegsscharen fest, so löste er Alarm aus. Die Bürger verschlossen dann die Stadttore und besetzten zur Verteidigung die Stadtmauer. Der Wächter hatte auch auf die häufig ausbrechenden Brände in der Stadt zu achten. Dann wurde die Feuerglocke geläutet und die Bürger eilten zur Brandbekämpfung herbei.

Der „Lange Matz" ist die historisch bezeugte Persönlichkeit „Matthias von Hadeber", der im Verlauf der innerstädtischen Auseinandersetzungen 1423 bis 1425 in der sogenannten „Halberstädter Schicht" eine besondere Rolle spielte (vgl. Beitrag Fricke S. 115 - 125). Wohl nicht zufällig hat ihm die Sage für die Nachwelt ein Denkmal gesetzt.

Ein literarisches Denkmal setzte im Jahre 1958 der Halberstädter Schriftsteller Bert Brennecke dem „Langen Matz". Im Auftrage des Rates der Stadt Halberstadt schrieb er den Text für ein gleichnamiges historisches Schauspiel über die Halberstädter Schicht. Zum Abschluß des Halberstädter Heimatfestes 1958 gelangte das Schauspiel vor dem Wassertorturm am Kulkplatz mit großem Erfolg zur Aufführung.

Abb. 83: Der „Lange Matz" wird als Gefangener in die Stadt gebracht, Szenenfoto vom historischen Schauspiel 1958.

Literatur:

Bert Brennecke, Der lange Matz in Wort und Bild, Halberstadt 1961.
Louis Wille, Heimatsagen des Kreises Halberstadt, Halberstadt 1956.

Petra Sevrugian

Dom und Domschatz zu Halberstadt

Am Anfang des 9. Jahrhunderts entstand bei einer sächsischen Siedlung eine kleine Missionskirche von etwa 33 Metern Länge als Zentrum und östlichster Stützpunkt des Reiches für die gewaltsame Bekehrung der Sachsen durch Karl den Großen. Die Erhebung Halberstadts zum Bistum erfolgte wohl bereits im Jahr 804 und zog eine Erweiterung des ersten Kirchenbaus zu einer würdigen Bischofskirche mit Westwerk und Ringkrypta nach sich, die 859 geweiht wurde. Zur großen Enttäuschung von Halberstadt wurde auf Betreiben Ottos I. im Jahr 968 seine Lieblingsresidenz Magdeburg zum Erzbistum erhoben. Da das Gebiet der Halberstädter Diözese durch diese Entscheidung beschnitten werden sollte, hatte sich Bischof Bernhard (923-968) bis zu seinem Tod gegen diese Entwicklung aufgelehnt und zur eigenen Imagepflege einen Umbau und teilweisen Neubau des Domes initiiert, der nun 82 Meter lang war und im Jahr 992 in Anwesenheit Ottos III. geweiht werden konnte. Im 11. Jahrhundert erfolgten nach einem Brand Reparaturarbeiten am Dom, abgeschlossen durch einen Weiheakt im Jahr 1071. Doch etwa 100 Jahre später traf das Bauwerk erneute Zerstörung durch die Truppen des sächsischen Herzogs Heinrich des Löwen, die 1179 die Stadt niederbrannten. Der stark beschädigte Dom wurde bis Ende des Jahrhunderts wiederaufgebaut, dabei wölbte man auch zum ersten Mal die restaurierten Gebäudeteile ein, und im Jahr 1220 konnte die Kirche neu geweiht werden.

Nur wenig später, wohl 1236, spätestens 1239, wurde mit dem Bau des gotischen Domes begonnen, doch sollte es mehr als 250 Jahre bis zu seiner Fertigstellung dauern. Wohl erst nach 1486 waren die Bauarbeiten beendet, und im Jahr 1491 erfolgte die Weihe der über 100 Meter langen, dreischiffigen Basilika mit Querhaus, langgestrecktem Chor und westlicher Doppelturmfassade. In der Kirche kommen die lichten, vertikalen Strukturen und durch die sich mit hohen Arkaden zum Mittelschiff öffnenden Seitenschiffe der nahezu hallenartige Charakter des Baus deutlich zum Ausdruck. Der Halberstädter Dom gilt als einer der schönsten gotischen Kirchenbauten Deutschlands und besticht im Inneren durch einen trotz der vielen Bauphasen ganz harmonischen Raumeindruck.

Abb. 84: Innenansicht des Domes nach Osten.

Begonnen hatte man mit dem noch die Spätromanik spiegelnden Westteil des Domes, also mit den Untergeschossen der Türme sowie einer nicht mehr erhaltenen Vorhalle. Von 1263 bis 1317 konnten die drei westlichen Joche fertiggestellt werden. Mit der heute im Scheitel des Chores gelegenen Marienkapelle wurde die Bautätigkeit in den 1340er Jahren fortgesetzt, ihre Weihe dürfte spätestens 1362 erfolgt sein. Bis 1401 errichtete man den Chor, es folgten die Ostteile der Seitenschiffe, der Bau des Querhauses schloß sich etwa Mitte des 15. Jahrhunderts an, und zum Schluß konnte der Ostteil des Mittelschiffs vollendet werden. Mit Fortschreiten des Neubaus erfolgte der Abbruch des ottonisch-romanischen Vorgängerbaus, der aber so lange wie möglich für die Meßfeiern in Benutzung bleiben sollte.

Die am Anfang des 13. Jahrhunderts entstandene Triumphkreuzgruppe ist das bedeutendste mittelalterliche Kunstwerk des Domes und zeigt ein außergewöhnlich figurenreiches und theologisch komplexes Programm. Zur Ausstattung des Domes gehören ferner der romanische, von Bischof Gardulf (1193-1201) gestiftete Taufstein, das in die 1. Hälfte des 15. Jahrhunderts zu datierende Chorgestühl, farbverglaste Fenster aus dem 14., 15. und 19. Jahrhundert, die monumentalen mittelalterlichen Radleuchter im Hohen Chor und im Mittelschiff der Kirche, zahlreiche Skulpturen aus dem 14. bis 16. Jahrhundert, spätgotische Altarretabel, die fialengeschmückte Lettnerhalle von 1510, die Kanzel aus dem Jahr 1592 und der barocke Orgelprospekt von 1718.

Spätestens seit 923 bestand die Klausur des Domes, die eigentlich einem gemeinschaftlichen, kanonischen Leben der Kleriker des Domstiftes dienen sollte. In der Praxis zog man es allerdings vor, in eigenen repräsentativen Wohnhäusern, den Kurien, auf dem Domberg zu residieren. Die höheren Domgeistlichen, vom 12. bis 16. Jahrhundert wohl stets 22 an der Zahl, waren zumeist sächsische Adelige. Sie nahmen auch Aufgaben in der Diözesanverwaltung wahr und tätigten zahlreiche Stiftungen. Dazu kamen als niedere Geistlichkeit mehr als 30 Vikare. Besonders im 16. Jahrhundert galt der Domklerus gemeinhin als genießerisch und war weltlichen Vergnügungen so wenig abgeneigt, daß der Rat der Stadt Halberstadt über die mangelnde Sittlichkeit der Geistlichen öffentlich Beschwerde einlegte. Unter Bischof Heinrich Julius (1566-1613) schlossen sich im Jahr 1591 die meisten Domherren dem protestantischen Glaubensbekenntnis an, doch das Domstift sollte noch bis zur Säkularisation 1810 bestehen bleiben. Über mehr als zwei Jahrhunderte pflegte ein gemischtes Domkapitel das ökumenische Miteinander beider Konfessionen. Dieser außergewöhnlichen Situation ist auch die Bewahrung der Schätze des Domes zu verdanken. Der Domschatz gilt als die größte Sammlung mittelalterlicher Kunst, die in

Abb. 85: Chormantel aus Goldbrokat (Wappen von Ernst von Sachsen), Ende des 15. Jahrhunderts.

Deutschland bei einer Kirche erhalten blieb. Die mehr als 650 Objekte, viele von herausragender kunsthistorischer Bedeutung, entstammen ganz unterschiedlichen Gattungen. Alle Gewänder, Wandbehänge, Altarbilder, Skulpturen, Goldschmiedearbeiten, Handschriften, das Kunsthandwerk und Mobiliar dienten zur Ausstattung des Kirchenraumes oder der liturgischen Nutzung. Dom und Domschatz bilden ein einzigartiges Ensemble, das Geschichte, Kunst, Theologie, Frömmigkeit und Selbstverständnis der katholischen Kirche des Mittelalters noch heute lebendig werden läßt.

Reliquien waren die ersten und kostbarsten Schätze des neu erhobenen Bistums. Sie galten seit der Spätantike als segenspendend, auch wunderwirkend, und waren ohnehin für jeden christlichen Altar unabdingbar. Man versprach sich von Heiligen Fürsprache beim Jüngsten Gericht, und ihre Kraft sollte selbst noch im toten Leib wie auch in seinen Partikeln lebendig sein. Die mittelalterlichen, um ihr Seelenheil fürchtenden Menschen hofften, sich durch Reliquien der Gegenwart der Verehrten versichern zu können. Doch diente der Reliquienkult auch der Mehrung der Altäre einer Kirche und damit der Pilgerscharen sowie der kirchlichen Einkünfte. Im Halberstädter Dom gab es im Spätmittelalter an die vierzig Altäre, und seit dem 13. Jahrhundert wurden hier wie an vielen Orten Ablässe für die Verehrung von Reliquien gewährt. Da das Heiltum einer Kirche als ihr wichtigster Besitz galt, wurde es zumeist in kostbaren Behältnissen aufgehoben, von denen im Domschatz herausragende Zeugnisse der einheimischen Goldschmiedekunst erhalten blieben. Dazu gehört ein reich verziertes Tafelreliquiar (Abb. 86), das um 1225 zu datieren und wie ein prächtiger Buchdeckel gestaltet ist. Die unter Bergkristallscheiben erkennbaren Partikeln sind eingebettet in Goldfiligran, Perlen, Edelsteine und Emailplättchen. In symbolhafter Anordnung werden Splitter des heiligen Kreuzes als Zeichen des Heils von Apostelreliquien umgeben.

Die Entwicklung der Reliquienverehrung am Halberstädter Dom ist anhand mittelalterlicher Quellen gut zu verfolgen. Anfangs hatte man vor allem den heiligen Stephanus als Schutzherrn der Kirche verehrt, dessen Reliquien wohl schon von Bischof Hildegrim eingeführt wurden. Im 10. Jahrhundert wurden von Bischof Bernhard aus Rom und von seinem Nachfolger Hildeward (968-996) aus Metz zahlreiche neue Reliquien erworben. Als 974 die Ringkrypta des ottonischen Domes und 992 die gesamte Bischofskirche geweiht wurde, konnte man ihre Altäre mit wichtigen Partikeln der Apostel und altchristlicher Märtyrer ausstatten.

Ein Großteil der Reliquien, zahlreiche Schatzkammerstücke und auch Textilien kamen zu Beginn des 13. Jahrhunderts infolge des vierten der unseligen

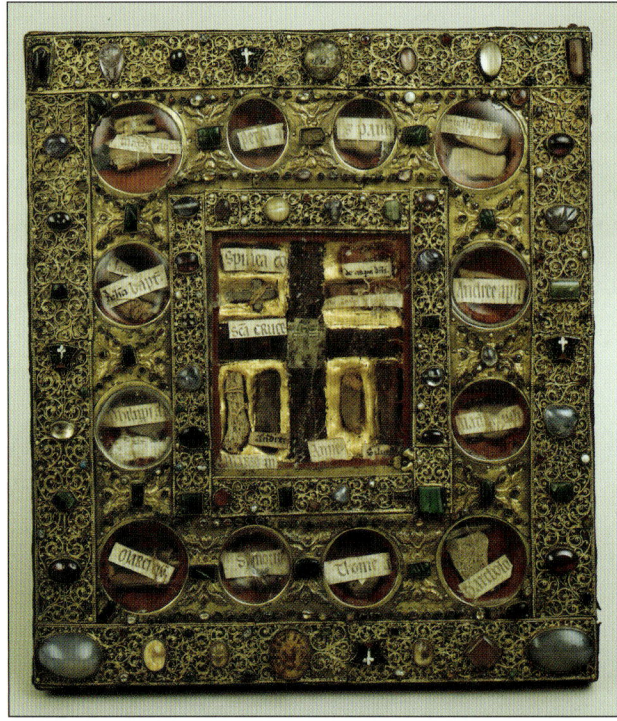

Abb. 86: Tafelreliquiar, 13. Jahrhundert.

Kreuzzüge aus Byzanz nach Halberstadt. Bischof Konrad von Krosigk (1201-1208) kehrte von der Teilnahme an diesem Kreuzzug, der zur Plünderung der byzantinischen Hauptstadt Konstantinopel geführt hatte, mit reicher Beute heim. Bei seiner Rückkehr am 16. August 1205 stellte er das mitgebrachte Heiltum öffentlich zur Schau. Auf eine urkundlich belegte Schenkung des Bischofs an den Dom im Jahr 1208 gehen im Domschatz die gefasste Schädelreliquie des Apostels Jakobus, zwei gestickte eucharistische Tücher und wenigstens eines der drei Demetriosreliquiare zurück. Um andere Stücke wie Apostelreliquien und einen Finger des heiligen Nikolaus wurde der Domschatz 1225 auf Entscheid eines päpstlichen Legaten aus dem Nachlaß Konrads bereichert. Für diese Partikel fertigte man ein prunkvolles Armreliquiar an, dessen Kern aus Holz geschnitzt, mit Goldblech beschlagen und mit Edelsteinen verziert ist.

Abb. 87: Konsulardiptychon, Anfang 5. Jahrhundert.

In der Schatzkammer an der Südempore des Domes, ursprünglich Teil der alten Sakristei, finden sich noch zahlreiche weitere Geräte des kirchlichen Gebrauchs. Neben vergoldeten Abendmahlskelchen begegnen Hostiengefäße, Kreuze aus Silber, Bergkristall oder Zedernholz, Emailarbeiten aus Limoges und dem niedersächsischen Raum, ein Gießlöwe, bemalte Holz-

Abb. 88: Byzantinische Patene, 11. Jahrhundert.

schalen, Perlstickereien, ein Wärmeapfel mit Lederhülle, Ringe, Rosenkränze, zahlreiche Kästchen aus verschiedenen Materialien und nicht zuletzt zwei Elfenbeinschnitzereien, die als Schmuck von Buchdeckeln verwendet wurden.

Unter diesen Kostbarkeiten befindet sich auch das älteste Stück des Domschatzes, ein spätantikes Konsulardiptychon (Abb. 87) aus dem Jahr 414. Die beiden Tafeln zeigen als Konsul den späteren oströmischen Kaiser Constantius III., von Beamten flankiert, im unteren Register besiegte Krieger und ihre Angehörigen, im oberen Register jeweils eine Thronszene mit den amtierenden römischen Kaisern. Eines der herausragenden Werke ist die byzantinische Weihbrotschale (Abb. 88) des 11. Jahrhunderts, gefertigt aus vergoldetem Silber und mit einem Hochrelief der Kreuzigung Christi versehen. Von den Handschriften und Inkunabeln aus der einst hochberühmten Dombibliothek wie auch dem Privatbesitz einzelner Kleriker sind noch mehr als fünfzig Zeugnisse des 9. bis 16. Jahrhunderts erhalten geblieben - Bibeln, Evangeliare, Lektionare, Antiphonare, Missale, Breviere und historische Werke. Zu den bedeutendsten Manuskripten zählt das Missale (Abb. 89) des Dompropstes Semeca aus den 1240er Jahren mit erlesenen, deutlich von der byzantinischen Kunst beeinflußten Miniaturen.

Der neue Kapitelsaal von 1514 beherbergt seit mehr als 150 Jahren die Altarretabel des Domes. Im Domschatz sind immerhin mehr als ein Dutzend Tafelbilder und Schnitzaltäre erhalten geblieben, die zumeist der 2. Hälfte des 15. und dem Anfang des 16. Jahrhunderts entstammen. Eines der ältesten und vielleicht das schönste Altarbild ist die „Madonna mit der Korallenkette", um 1420 für die Marienkapelle entstanden (Abb. 90). Das große Kreuzigungsbild, das der niedersächsische Maler Hans Raphon im Jahr 1508 fertigstellte, hatte einst im nördlichen Seitenschiff des Domes seinen Platz. Die Reformation war am Dom nicht mit einem Bildersturm verbunden gewesen. Man beließ alle Altarbilder wie die mittelalterlichen Skulpturen auch nach dem Jahr 1591 an ihrem angestammten Ort. Bis etwa 1830 muß der Innenraum der Bischofskirche, abgesehen von den barocken Einbauten, noch einen nahezu getreuen Eindruck des Mittelalters vermittelt haben.

Ein wesentlicher Teil der mittelalterlichen liturgischen Gewänder aus dem Besitz der Bischöfe und Domherren, noch heute etwa 90, überstand die Reformation gleichfalls ohne Schaden. Die Textilien blieben in hölzernen Schränken und Truhen oder auch in der Schatzkammer hängend bewahrt. Die zahlreichen Kaseln, Dalmatiken und Pluviale kennzeichnen nicht nur Ämter und liturgische Verrichtungen und spiegeln den vom Klerus getriebenen Prunk, sondern bieten auch einen fast lückenlosen Überblick über die Entwicklung geistlicher Gewänder vom 11. bis zum 18. Jahrhundert.

Abb. 89: Semeca-Missale, 13. Jahrhundert, Kreuzigung Christi.

Die delikaten, mit aufwendigen Mustern versehenen Gewebe waren oft Importwaren aus Italien oder Byzanz und geben einen Eindruck von der Bedeutung der mittelalterlichen Textilkunst. Die Wappen auf einigen Gewändern ermöglichen einen direkten Rückschluß auf ihre ursprünglichen Stifter oder Besitzer wie Erzbischof Ernst von Sachsen (1479-1513), der 1491 den gotischen Dom weihte (Abb. 85), Dompropst Balthasar von Neuenstadt, dem mehrere Glocken wie auch der Radleuchter im Mittelschiff der Domes zu verdanken sind - von ihm blieb eine schwarze Samtkasel mit Reliefstickerei der Kreuzigung Christi erhalten - und Erzbischof Kardinal Albrecht von Brandenburg (gest. 1545), Gegner der Reformation, Unterstützer des Tetzelschen Ablaßhandels und fanatischer Reliquiensammler.

Noch bis in die 30er Jahre des 20. Jahrhunderts hingen der Abrahamsteppich, der Christus-Apostel-Teppich und der Karlsteppich im hohen Chor des Domes. Ihr ursprünglicher Anbringungsort in der Kirche ist leider unbekannt. Diese monumentalen Bildwirkereien sind wahrhaft einzigartige Zeugnisse der Textilkunst aus der 2. Hälfte des 12. und 1. Hälfte des 13. Jahrhunderts, die frühesten erhaltenen Bildteppiche ihrer Art überhaupt, beeindruckend durch ihre Farbigkeit und die eindringliche Darstel-

Abb. 90: Madonna mit der Korallenkette, Anfang 15. Jahrhundert.

lungsweise. Während der Abrahamsteppich (Abb. 91) in mehreren Szenen die Geschichte des alttestamentlichen Glaubensvaters und seines Sohnes Isaak erzählt, zeigt der andere eine apokalyptische Vision Christi als Weltenrichter. Auf dem Karlsteppich wird der Bistumsgründer als Philosophenkaiser von antiken Autoren umgeben (Abb. 16). Zwei Marienteppiche vom Anfang des 16. Jahrhunderts mit insgesamt zwölf Szenen aus dem Marienleben in paradiesischer Landschaft schmückten ursprünglich die Neuenstädter Kapelle und im 19. Jahrhundert dann kurzzeitig die Chorschranken hinter dem Hochaltar.

Abb. 91: Abrahamsteppich, um 1150/60, Besuch der Engel.

Zur Sammlung hoch- und spätmittelalterlicher Paramente gehören auch kleinere Teile der liturgischen Gewandung sowie gestickte Altar- oder Fastentücher, Antependien, Prozessionsfahnen, Marienmäntelchen, Reliquienhüllen und andere kostbare Werke der Textilkunst. Diese Textilien bilden mit mehr als 300 Objekten eine der umfangreichsten und bedeutendsten kirchlichen Sammlungen der Welt, von der sich nicht wenige Stücke durch besondere Seltenheit, hohes Alter oder erlesene Materialien bzw. außergewöhnliche Techniken auszeichnen.

Literatur:

Paulus Hinz, Gegenwärtige Vergangenheit, Berlin 1962.

Johanna Flemming / Edgar Lehmann / Ernst Schubert, Dom und Domschatz zu Halberstadt, Berlin 1984.

Peter Findeisen, Dom – Liebfrauenkirchen – Domplatz, Königstein 2. Aufl. 1996.

Petra Sevrugian, Der Dom zu Halberstadt, München 2000 (DKV-Kunstführer).

Kostbarkeiten aus dem Domschatz zu Halberstadt, hg. v. Landesamt für Denkmalpflege / Domstiftung / Domschatzverwaltung, Halle 2001.

Hans Georg Losert

Glasmalerei in Halberstadt

Durch die Gründung des Bistums Halberstadt als östlichsten Christianisie-
rungsstützpunkt wurde schon frühzeitig ein umfangreiches Bauprogramm
im kirchlichen Bereich notwendig. Neben dem Bau einer ersten Kathedrale
in Halberstadt schon um 800 und weiterer Repräsentationsbauten im
gesamten Bistum, wurden umfangreiche Gotteshäuser, auch als Schutzge-
bäude, im Bistumsgebiet gebaut. Selbst nach der Herauslösung großer
Gebiete für die Bildung des Erzbistums Magdeburg blieb das Bistum Halberstadt im 10. Jahrhundert ein wirtschaftlich sehr starkes Territorium.
Gerade in der Zeit der Romanik wurden rund um den Harz bis ins 13. Jahrhundert hinein die bedeutendsten mitteldeutschen Kirchengebäude
errichtet. Sie beherrschen heute noch sichtbar diese Landschaft. In dieser
romanischen und später besonders in der gotischen Bauepoche spielte die
Gestaltung der Fenster für den sakralen Gestaltungsmodus des Raumes
eine große Rolle. Wenn auch heute im Gebiet des Harzes nur noch wenige
Glasmalereien erhalten sind, ist sicher auf einen früheren hohen Bestand an
Glasmalereien zu schließen.
Am Halberstädter Dom wurden auch zu Zeiten des Niederganges der Glasmalerei immer wieder Glasmaler zur Erhaltung der Fenster beschäftigt, so
daß viele der mittelalterlichen Scheiben lange erhalten blieben. Mit der
Wiederentdeckung der Glasmalerei im 19. Jahrhundert setzte im Gebiet
um den Harz in fast allen Kirchen eine umfangreiche Erneuerung der Verglasung ein. An mehreren Orten wurden Glasmalereifirmen gegründet,
die auch eine große überterritoriale Ausstrahlung ausübten. Leider sind in
dieser groß angelegten Erneuerungsaktion die historischen Bestände nur
an wenigen Kirchen in das neue Programm aufgenommen worden. Der
große Bestand an Glasmalereien aus dem Renovierungsprogramm des
19. Jahrhunderts zeigt aber sicher, daß Glasmalereien über Jahrhunderte
zum allgemeinen Bauverständnis für einen Kirchenbau in unserem Gebiet
gehört haben. Beim Aufbau des gotischen Domes in Halberstadt befand
sich die Glasmalerei in Deutschland in ihrer größten Leistungsfähigkeit. Da
laut F. Tenner zu dieser Zeit im Harz Glashütten existierten, ist zu erwar-

Abb. 92: Karl der Große, Glasmalerei im südlichen Chorumgang des Domes, Fenster s VII 2a (2. Reihe linkes
Feld), Bleifeld 52 x 96 cm, um 1400.

ten, daß auch das farbige Glas für die Fenster in unserem Gebiet hergestellt wurde. Weiterhin ist bekannt, daß die gesamte europäische Glasher-
stellung auf bleihaltige Schlacke aus der Harzer Silberproduktion angewiesen war. Die mittelalterlichen Gläser aus dem Halberstädter Dom
beweisen den Einsatz dieser bleihaltigen Schlacke. Die Flachglasproduktion
im Harz wurde bis 1920 (Breitenstein) durchgeführt. Im Weserbergland
wird noch heute farbiges Flachglas produziert. Im Halberstädter Dom
befinden sich aus dem ursprünglichen Bestand noch drei große Vergla-
sungsgruppen. Der älteste Bestand befindet sich in der Marienkapelle.
Dieser kleine Raum vermittelt noch heute in seiner Gesamtheit durch die
leuchtenden Fenster den Charakter eines mittelalterlichen Andachtsrau-
mes. Die Fenstergestaltung versinnbildlicht variationsreich die Verehrung
der Gottesmutter Maria. Im Mittelfenster ist das Leben von Christus begin-
nend mit der Verkündigung dargestellt. Heilige und Propheten bestimmen die Seitenscheiben. Das Nordfenster zeigt Engelchöre in ihrer Ver-
kündigungs- und Achtungsreihenfolge in aufsteigender Bildfolge. Der
Höhepunkt dieser Reihenfolge ist das Bild Mariens. Im Südfenster sind
Themen des Alten und des Neuen Testamentes dargestellt. Die Mittelzeile
wird in aufsteigender Reihenfolge von Propheten und Heiligen gebildet, an
deren höchster Stelle wiederum Maria steht. Die Besonderheit dieser Darstellung ist dadurch gekennzeichnet, daß sich die Marienfigur über zwei
Zeilen erstreckt, während sich alle anderen Figuren jeweils nur in einer
Zeile befinden. Die Marienkapelle ist in den 40er Jahren des 14. Jahrhunderts
gebaut worden. Die Glasmalereien wurden zum Teil in ihren Randab-
schlüssen erst für diese Fenster angeglichen. Es ist deshalb auch möglich,
daß diese Bilder aus einem früheren Bestand stammen, zumal die Darstellungen einiger Kleidungsstücke in das 12. und 13. Jahrhundert zu datieren
sind. Die mittelalterliche Glasmalerei hat ansonsten bei der Bekleidung
immer die aktuelle Mode dargestellt.
Die Fenster des Hochchores bilden den Bestand einer zweiten Verglasungsgruppe. Ursprünglich war der gesamte Hohe Chor in seinen 13 Fenstern
mit figürlichen Darstellungen verglast. Die Verglasung der 3 Ostfenster ist der
Restbestand dieses umfangreichen Bildprogrammes. 1793 hat der Halberstädter Glasmaler Freckmann die Hochchorfenster zusammengefaßt und
ergänzt. In einer späteren Renovierungsphase hat der Glasmaler Jordan
1849 wieder umfangreiche Erneuerungsarbeiten an den Fenstern vorgenommen und vermutlich den heutigen Zustand hergestellt. Die Kreuzigungsgruppe des Mittelfensters H I befindet sich in ihrer Geschlossenheit an
ihrer ursprünglichen Stelle. Dieses Fenster ist durch den Arme-Sünder-
Turm (dem Turm der Marienkapelle) vor Vandalismus immer geschützt

gewesen. Das Fenster bildet den Höhepunkt der Bildgestaltung der Halberstädter Glasmalereien, zumal es vom Chor wie auch vom gesamten Schiff immer gut sichtbar ist. Der Glasmaler dieses Fensters war ein großer Meister seiner Gestaltungskunst. Durch ihre sichere Binnenzeichnung mit kräftigen Konturen und feinstrichigen Schraffuren zeigen die Glasmalereien in den großflächigen Figuren eine besondere Ausdruckskraft. Solche großen Figurengruppen befinden sich auch in Erfurt, Mühlhausen, Havelberg und Stendal.

An den Hochchorfenstern haben darüberhinaus weitere Glasmaler gewirkt. Ihre Handschrift findet sich in diesen 3 Fenstern in ihrer unterschiedlichen Ausdrucksart wieder. Gleiche Gestaltungsformen sind auch in den Fenstern einer dritten Verglasungsgruppe, den Fenstern des Chorumganges, zu finden. An der Verglasung des Chorumganges haben noch weitere Glasmaler gearbeitet. Anhand der unterschiedlichen Malstile und Bildauffassungen ist darüber hinaus zu erkennen, daß der Halberstädter Dom auch weitere Verglasungen, z.B. in den Seitenschiffen, hatte. Am Fenster s VII sind beispielsweise stilmäßig fünf Glasmaler zu erkennen.

Obwohl alle anderen Chorumgangsfenster in sich geschlossen sind, fehlen nur an 2 Fenstern Farbverglasungen. Damit ist der Beweis für mindestens 3 farbig verglaste Fenster für ein Seitenschiff gegeben.

Der Halberstädter Dom hatte bis zum 2. Weltkrieg weitere Glasgestaltungsgruppen. Diese waren leider vor dem Beginn der Luftangriffe nicht ausgebaut und sind im Krieg verlorengegangen. Es handelt

Abb. 93: Anbetung der drei Könige, Glasmalerei in der Marienkapelle des Domes, Mittelfenster, mittlere Reihe, 3. Feld von unten, Bleifeld 38 x 58 cm, 1. Hälfte 14. Jahrhundert.

201

sich um Wappenscheiben Halberstädter Bischöfe und anderer Spender sowie um eine Gruppe von Ornamentscheiben aus dem Obergaden des Langhauses und um die Ornamentscheiben der Seitenschiffe.

Die Fenster im Halberstädter Dom wurden immer so bearbeitet und ergänzt, daß der Raumabschluß für den Innenraum gewahrt blieb. Leider wurde in den vergangenen Jahrhunderten, vermutlich aus Kostengründen, eine Restaurierung der alten Fenster nicht durchgeführt. Erste Fotos aus dem 19. Jahrhundert zeigen zwischen den Farbscheiben auch farblose Einzelfelder oder völlig aus dem System herausfallende Motive. Die herausgenommenen farbigen Scheiben wurden auch unrestauriert über einen langen Zeitraum aufbewahrt. In vielen Stadtbeschreibungen aus dem 19. Jahrhundert werden diese Sammlungen aus Kirchenfenstern bei einem Domherren zur Besichtigung empfohlen. Diese Sammlung ist leider verlorengegangen.

Die heutige Gestaltung der Glasmalereien im Halberstädter Dom beruht auf einer umfangreichen Erhaltungsmaßnahme am Ende des 19. Jahrhunderts. Nach einem evangelischen Gestaltungsprogramm wurden durch das Königliche Glasmalerei-Institut Charlottenburg (Berlin) alle Fenster restauriert und fehlende Scheiben ergänzt. Dank der Weitsicht der Halberstädter Domgemeinde wurden 500 Glasmalereifelder aus dem Dom bereits 1942 ausgebaut und vor Zerstörungen im 2. Weltkrieg gerettet. Beim Wiederaufbau des Domes nach 1945 wurden im Hochchor und im Chorumgang alle vorhandenen Fenster wieder eingebaut. Die Fenster der Marienkapelle wurden wegen ihres hohen geschichtlichen Wertes bereits 1948 isotherm montiert. In die originalen Steinfalze wurden Bleiverglasungen aus Fensterglas eingesetzt. Die in Stahlrahmen gefaßten Glasmalereien wurden im Innenraum vor diese Schutzverglasung montiert. Auf diese Art und Weise sind die Glasmalereien vor dem Wetter und vor Vandalismus geschützt. Ab 1960 wurden weitere 10 Fenster isotherm verglast. Auch von den ausgebauten Fenstern sind in den Nachkriegswirren weitere Glasmalereien verlorengegangen. Es handelt sich dabei um ein Fenster aus der Marienkapelle und um das Maßwerk des Fensters s IV. Prof. Charles Crodel hat diese Fehlstellen durch moderne Glasmalereien ersetzt. Durch nachträgliche Funde von Fenstern aus der Marienkapelle sind Teile der Crodel'schen Ergänzungen in die Neustädter Kapelle umgesetzt worden.

Am 23. November 1992 wurden wegen eines Bombenfundes aus dem 2. Weltkrieg alle farbigen Glasmalereien im Chorumgang und in der Marienkapelle ausgebaut. Nach Besichtigung der Aufhänger und der Stabwerke wurde auf einen sofortigen Wiedereinbau der Fenster verzichtet. Die vorhandenen Aufhängevorrichtungen waren in hohem Maße verwittert und mußten erneuert werden. Die Bundesstiftung Umwelt hatte zu diesem Zeitpunkt ein Forschungsprogramm zur Sicherung mittelalterlicher Glasmalereien vorbereitet. Der Halberstädter Dom wurde in dieses Sanierungsprogramm aufgenommen. Mit Hilfe der Bundesstiftung Umwelt, der Oetker-Stiftung und durch Eigenmittel der Domgemeinde sowie der Domstiftung konnten alle Fenster steinmäßig restauriert werden. Die Außenscheiben wurden mit Mehrscheibensicherheitsglas in Form von Bleiverglasungen verglast und mit Edelstahlhaltern versehen. Alle farbigen Glasmalereien sind heute isotherm mit Edelstahlbefestigungen nach verschiedenen Methoden raumseitig montiert. Neben der ständigen Pflege und Bearbeitung der Glasmalereien stehen für die Glasmaler am Halberstädter Dom noch folgende große Aufgaben bevor: Das Südfenster im Querhaus ist zu hell. Es führt nicht nur zur Überstrahlung des Kirchenraumes, sondern bringt durch seine Lage auch ungewöhnlich hohe UV-Strahlen auf die Holzbildhauereien des Domes. Zur Zeit wird das Fenster mit einer UV-Schutzverglasung versehen. Später soll eine moderne Glasmalerei isotherm montiert werden. Für die Fenster im nördlichen Seitenschiff ist eine Ornamentverglasung nach historischem Vorbild vorgesehen. Die Glasmalerei wird auf Mehrscheibensicherheitsglas mit keramischen Farben gemalt. Erste Versuche wurden bereits durchgeführt. Die gleiche Verglasung ist zur Lichtdämmung für den Hochchor vorgesehen.

Im Gebiet des ehemaligen Bistums Halberstadt befinden sich mittelalterliche Glasmalereien noch in Hadmersleben, Ilsenburg und in der Kapelle der Burg Falkenstein. In verschiedenen Dorfkirchen sind umfangreiche Glasmalereien als Wappenscheiben anzutreffen. Welchen hohen Stand die Glasmalerei im Gebiet um Halberstadt hatte, zeigt sich besonders darin, daß beim Neubau der ersten evangelischen Kirche, der Johanniskirche, nach Beendigung des 30jährigen Krieges 1648 Glasmalereien aus einem früheren Bestand eingesetzt wurden. Auch in die anderen Fenster wurden farbige Glasmalereien eingesetzt. Das ist insofern bemerkenswert, weil zu dieser Zeit an anderen Orten im Zuge der Reformation und deren Auswirkungen noch Glasmalereien und andere Kunstwerke zerstört wurden.

Wie oben schon beschrieben, gibt es im Gebiet um den Harz umfangreiche Glasmalereien aus dem 19. Jahrhundert. Leider sind auch viele von diesen Glasmalereien durch die Zerstörungen des 2. Weltkrieges verlorengegangen. In Halberstadt sind in folgenden Kirchen alle Fenster zerstört: Andreaskirche, Paulskirche, Martinikirche und Liebfrauenkirche. Nur in der Moritzkirche und der Katharinenkirche sind einzelne Fenster aus dem 19. Jahrhundert erhalten. Nach dem 2. Weltkrieg wurden alle Halberstädter Kirchen von hiesigen Handwerksbetrieben verglast. Erfreulich ist, daß in

Abb. 94: Christus am Kreuz (Detail), Glasmalerei aus dem Hochchorfenster des Domes,
Bleifeld 48 x 96 cm, noch 1400.

Halberstadt auch außerhalb des sakralen Bereiches Glasmalereien vorhanden sind und diese sehr aufwendig restauriert wurden.

Der Autor selbst hat in Halberstadt eigene Arbeiten und auch andere Glasgestaltungen mit Künstlerkollegen ausgeführt. Einige Beispiele sind die Fenster in der Andreaskirche, der Katharinenkirche, im Maschinenbau, im Verwaltungszentrum Lieberkühnstraße, im Klubhaus und in kommunalen sowie privaten Gebäuden. In Halberstadt sind seit dem Mittelalter stets Glasmaler tätig gewesen. Die Glasmalerei als besondere Kunstgattung schafft Gestaltungsformen, die gleichzeitig als Bildmotiv und als Raumabschluß dem Bauwerk einen besonderen Reiz geben. So kann ein Beruf durch die Ausstrahlung seiner Werke auch die Tradition einer Landschaft beeinflussen.

Literatur:

F. Tenner, Die ehemaligen Glashütten im Harz, Zeitschrift des Harzvereins L VIII, S. 1 bis 22.

Berlin-Brandenburgische Akademie der Wissenschaften, Historische Glasmalerei, Edition Leipzig, Schutzverglasung, Bestandssicherung, Weiterbildung 1999.

Erhard Drachenberg, Mittelalterliche Glasmalerei aus dem Hochchor des Halberstädter Domes, Faltblatt Städtisches Museum Halberstadt, 1982.

Corpus Vitrearum Medii Aevi, Potsdam.

Paulus Hinz, Gegenwärtige Vergangenheit, Dom- und Domschatz zu Halberstadt, Berlin 1964.

Uta Siebrecht

Die Liebfrauenkirche

Dem gotischen Dom gegenüber, am westlichen Ende des Domplatzes, erhebt sich die romanische Liebfrauenkirche. Mit ihrer erhaltenen Bausubstanz gehört sie neben der Burchardikirche zu den ältesten Kirchen der Stadt Halberstadt. Innerhalb des mittelalterlichen Domburgareals gelegen, kommt der Liebfrauenkiche eine bedeutende Rolle unter den Kirchen in Halberstadt zu.

Entgegen dem ersten Anschein ist die Liebfrauenkirche kein einheitlich entstandener Bau. Im Wesentlichen stammt der heute sichtbare Baukörper aus der zweiten Hälfte des 12. Jahrhunderts. Es handelt sich dabei um eine dreischiffige Pfeilerbasilika mit Querhaus, absidialem Chor und Chorseitenkapellen. Eine Besonderheit für den mitteldeutschen Raum ist die Viertürmigkeit der Kirche. Über dem mächtigen Westriegel erheben sich zwei quadratische Türme. In wirkungsvollem Gegensatz dazu sind über den Ostenden der Seitenschiffe zwei weitere, achteckig endende Türme aufgeführt. Der gesamte, relativ groß dimensionierte Baukörper, ist aus kleinformatigem Quadermauerwerk (Kalkstein) gebildet und bis auf die großen Fenster des Langhauses, auf die Arkaden der Schallöffnungen der Türme und bis auf die Rundbogenfriese am Gesims der Westtürme, im Außenbau wie auch im Innenbau weitgehend schmucklos. Eingänge befinden sich im Westriegel (heutige Gestalt 14. Jh.), in der südlichen und nördlichen Seitenschiffwand (18. bzw.19. Jh.) und an den Ostwänden der Querschiffarme (1146), wobei letztere über Jahrhunderte als Haupteingänge fungierten und beide noch die ursprüngliche Gestalt aufweisen.

Der architektonisch schlichte Innenbau wird durch zahlreiche große rundbogige Fenster beleuchtet. Langhaus und Seitenschiffe sind mit einer flachen Holzdecke, Vierung und Chor dagegen mit einer Kreuzgratwölbung versehen. In den Abmessungen der 12 Pfeiler des Langhauses deutet sich ein Stützenwechsel an. Die Querschiffarme liegen gegenüber dem Langhaus um ca. einen Meter erhöht, die ausgeschiedene Vierung wiederum um drei Stufen und der Chor nochmals um zwei Stufen höher. Die damit erreichte architektonische Gliederung betont die sakrale Bedeutung vor allem des Chorbereiches eindrucksvoll. Die Vierung ist zu den Querschiff-

Abb. 95: Die Liebfrauenkirche (Ostseite), vom Domplatz gesehen.

armen hin zusätzlich durch Chorschranken abgetrennt zu denen ursprünglich auch ein Westlettner gehörte.

Im Westen fügen sich der Kreuzgang und die Stiftsgebäude an die Kirche. An der Südseite des Westturmriegels befindet sich die hochromanische Tauf-Kapelle mit später angefügtem gotischen, polygonalem Ostabschluß. Ebenfalls auf der Südseite, im Winkel von Südseitenschiff und Südquerhaus, befindet sich die kleine gotische Barbara-Kapelle (vgl. Beitrag Siebrecht S. 221). Was an weiteren Stiftsgebäuden oder Kapellen die Kirche ehemals umgab und inwieweit die kirchlichen Bauten mit dem nördlich davon gelegenem Bischofspalast „Petershof" (vgl. Beitrag Lauwigi, S. 51) in Verbindung standen, läßt sich anhand der bisher bekannten Fundamentreste und Quellennachrichten zwar vermuten, jedoch nicht mehr belegen.

Baugeschichte

Bischof Arnulf (996-1023), der als Kaplan (wie Bernward von Hildesheim) am Hofe Ottos III. tätig war, erhielt 996 die Bischofswürde für das Bistum Halberstadt. Im Zusammenhang mit zahlreichen Befestigungs- und Erweiterungsarbeiten an der Domburg Halberstadts soll er um 1005 (Quast 1845, 217) den Bau einer Kirche im westlichen Bereich des Domburgareals veranlaßt haben.[1]

Abb. 96: Die Liebfrauenkirche um 1832, Ölgemälde von Ernst Helbig, 31,5 x 45 cm, Kreissparkasse Halberstadt, Dauerleihgabe im Städtischen Museum Halberstadt.

Eine Weihe bzw. Teilweihe (Ostteile) der Kirche zu Ehren der heiligen Jungfrau Maria wird für das Jahr 1015 (Mülverstedt 1879, 580) oder 1020 angenommen. Oskar Doering (1899, 121 ff) versuchte 1899 durch Grabungen den Grundriß dieser ersten Kirche zu ermitteln. Nach dem Fund einer Krypta im Vierungsbereich der Kirche rekonstruierte er den Gründungsbau als eine dreischiffige Basilika mit einer freistehenden, dreiportaligen Westfront und einem rechteckig endenden Chorbereich mit Krypta. Die Krypta war ein von vier Pfeilern getragener quadratischer Raum von 7,40 Metern Seitenlänge. In ihr hätte vermutlich der Gründer der Kirche Bischof Arnulf seine letzte Ruhestätte finden sollen, doch der bedeutende Bischof starb vor Vollendung seines Baues und wurde 1023 im Dom nahe der Klausur beigesetzt. Der von Doering mehr errechnete als ergrabene Baukörper, wie er seit dem in der Literatur als Arnulfbau weitergereicht wurde, konnte bei einer Notgrabung 1986/87 nicht nachgewiesen werden (Leopold 1992, 2). Zwar ließen die wenigen Grabungsschnitte nur in Ansätzen Aussagen zu Gestalt und Ausmaß der ersten Kirche zu, doch reichten die Befunde aus, um Doerings Rekonstruktion bis auf die Lage und Gestalt der Krypta zu widerlegen. In welcher Art wir uns also den Gründungsbau Arnulfs zu denken haben, können nur zukünftige Ausgrabungen und Bauuntersuchungen beantworten.

Inwieweit die Bischöfe Branthog (1023-1036), Burchard I. (1036-1059) und Burchard II. (1059-1088) nach Arnulfs Tod an der Liebfrauenkirche weiterbauten ist unklar. Es fanden zeitgleich umfangreiche bauliche Veränderungen der Domburg statt. Ziel dieser Bischöfe war in erster Linie die Neugestaltung einer repräsentativen Bischofsresidenz, die vom nördlichen Dombereich an das westliche Ende der Domburg verlegt und 1052 geweiht worden war. Sie befand sich nun unmittelbar nördlich der Liebfrauenkirche.[2]

Die Quellen erwähnen erst 66 Jahre nach dem Tode Arnulfs eine Stiftung für die Liebfrauenkirche. Bischof Thietmar (†1089), der bis zu seiner Ernennung Scholaster (Diakon) der Liebfrauenkirche war, vermachte sein Vermögen dem Ausbau und der Erhaltung dieser Stiftskirche, in der *„er auch begraben ward"* (Niemann 1829, 179 f). So ist ab 1089 mit Erweiterungsbauten an der Kirche zu rechnen. Das heute zu sehende Untergeschoß der Westtürme wird zum Beispiel gern in diese Bauphase datiert (Nickel 1967, 6). Peter Findeisen (1995, 15) rechnet den Westriegel jedoch zum zweiten Kirchenbau (Weihe 1146) obwohl er nicht den Maßen des heutigen (zweiten) Baues entspricht. Viele Bauhistoriker nach Ferdinand von Quast (1845) gehen dagegen davon aus, daß mit diesem Westriegel der einzige Rest des Arnulfbaues erhalten ist. Gliederung, Mauerwerk und die, der von

Oskar Doering ergrabenen Krypta entsprechenden Maße, könnten eine planmäßige Zugehörigkeit des Westbaues zum ersten Bau stützen. Es wäre demnach möglich, daß der Westbau dem Bauplan Arnulfs folgend, dank Thietmar ausgeführt, und damit der Gründungsbau erst am Ende des 11. Jahrhunderts vollendet wurde.

Knapp vier Jahrzehnte später wird auf Initiative des Bischofs Rudolf (1136-1149) die Kirche, welche *parvula et deformis* d.h. nur klein und unansehnlich war „*beinahe ganz neu*"[3] gebaut. 1145 findet eine Weihe des Kirchenneubaues[4], vermutlich aber erst der Ostteile der Kirche (Lucanus 1848, 2) statt, deren Gestalt sich bis heute in wesentlichen Grundzügen erhalten hat. Das verbreitete, dreischiffige Langhaus erhält ein Querschiff und wird im Westen bis an den übernommenen Westriegel geführt. Es übertrifft den ersten Bau um ca. $1/3$ in seiner Länge. Die Krypta des ersten Baues, die gleichzeitig dessen östlichen Abschluß bildete, liegt nun zur Hälfte unterhalb der neuen Vierung. Die Seitenschiffe sind über die Querschiffarme weitergeführt und bilden nördlich und südlich neben dem nun absidial endenden Chor längliche Nebenkapellen, die die Patrozinien von St. Katharina und St. Kunigunde bzw. St. Barbara erhalten. Sie sind heute nur vom jeweiligen Querschiffarm aus zugänglich, hatten aber ursprünglich bis zum Ende des 12. Jahrhunderts große rundbögige Öffnungen zum Hauptchor und zum Querschiffarm hin, wie der zeitnahe Kirchenbau auf der Huysburg (vor 1121). Bischof Rudolf stirbt 1149 und wird auf eigenen Wunsch in der noch zugänglichen Krypta des ersten Kirchenbaues beigesetzt, während sein Neubau bis auf den Chorbereich unvollendet ist.[5]

Nach dem Tode Rudolfs wird an der Kirche weitergearbeitet. Es finden nochmals gravierende Veränderungen besonders im Chorbereich der Kirche statt, in deren Verlauf die noch 1149 zur Grablege Rudolfs genutzte Krypta eingeschlagen und verschüttet worden sein muß. Oskar Doering weist in seinem Grabungsbericht (1899) darauf hin, daß von dem Füllmauerwerk der Kryptenwände lediglich noch die Füllung auffindbar war, die Blendsteine der Wände wie die der Pfeiler jedoch alle sorgfältig entfernt worden waren, um sie wiederzuverwenden. Spätestens ist die Zuschüttung der Krypta im Zuge der Neugestaltung nach den Zerstörungen 1179 erfolgt. Der danach neu geschaffene große Chorraum, der das durch die Krypta vorgegebene, höhere Niveau der alten Chorpartie übernahm, wurde zu den Querschiffarmen hin durch Einziehen von Chorschranken und zum Langhaus hin durch Errichtung eines Westlettners abgegrenzt.[6]

Aus dieser Zeit stammt auch die Taufkapelle. Der eindrucksvolle Raum fügt sich direkt an die Südwand des Westriegels. Er wölbt sich über einem Mittelpfeiler in vier Jochen zu einem Quadrat und läßt sich aufgrund seines hochromanischen, der Königslutter Ornament-Schule nahe stehenden Kapitellschmuckes in das letzte Viertel des 12. Jahrhunderts datieren. Die Taufkapelle war ursprünglich nicht vom Kirchenschiff sondern nur von Osten oder von einem südlich anschließenden Nebenraum aus zu begehen. Der Zugang vom Seitenschiff der Kirche aus wurde erst wie der Zugang zur Barbara-Kapelle im 13. bzw. 14. Jahrhundert geschaffen.

Bis 1200 wird der Westriegel aufgestockt, und die noch heute eindrucksvollen Westtürme errichtet. Nach 1200 wird die Vierung durch Einziehen von Bögen geschieden und Chor, Vierung und Querhaus gewölbt (siehe überschnittene Fensteröffnungen im Querhaus). Es erfolgt die zweite Ausmalung des Kircheninnenraumes und nach 1200 die Neustuckierung der Chorschranken. Während der Westlettner vermutlich zu Beginn des 17. Jahrhunderts (Findeisen 1995, 17) spätestens 1661 (Lucanus 1848, 4) abgetragen wurde, sind mit den reliefierten und farbigen Nord- und Südschranken die wichtigsten Zeugen sächsischer Stuckplastik dieser Zeit bis heute erhalten geblieben.

1267 erhält das Stift eine *Consession* zur Erweiterung der Stiftsgebäude, die dann mit der Schenkung des Platzes *„westlich von den Türmen bis zur Straße"*[7] am 30.12.1281 durch Bischof Volrad in größerem Rahmen stattfinden wird. Erst ab diesem Zeitpunkt kann mit dem Bau des noch heute

Abb. 97: Die südliche Chorschranke mit Maria und sechs Aposteln, farbig gefaßte Stuckarbeit, um 1220.

erhaltenen Kreuzganges und weiterer Stiftsgebäude in diesem Bereich gerechnet werden. Bis zum Ende des 13. Jahrhunderts erfolgte die Wölbung des Hauptschiffes und der Seitenschiffe und es werden die Osttürme (Fundamente und Grundmauern schon vor 1179) fertiggestellt. Aus dieser Zeit ist neben der umfangreichen zweiten Neuausmalung des Inneren auch eine Fassung der Außenhaut des Baukörpers in den Quellen überliefert. Die Außenwände waren offenbar mit einer dünnen Tünchschicht versehen, auf die Quadermauerwerk gemalt worden war. Gesichert ist die Bemalung der Turmdächer dieser Zeit, die in Teilen noch bis 1945 bzw. 1975 erhalten war: Auf den langen Bahnen der Bleieindeckung befanden sich Blattranken, die der erste gedruckte Kirchenführer von 1737 als *„allerley Laubwerck"* erwähnt.[8] Im 19. Jahrhundert wird auch noch von einer auf ein Turmdach gemalten *„schwebenden Marienfigur"* berichtet (Lucanus 1848, 8).

Während umfangreicher Bauarbeiten am Dom wurden 1322 die Gebeine des 1023 dort bestatteten Gründers der Liebfrauenkirche Bischof Arnulf gehoben und zum Teil im neuen Chor des Domes wie auch im Chor der Liebfrauenkirche wieder beigesetzt. Heute erinnert wieder eine kleine Bronzeplatte im Chor der Liebfrauenkirche daran.

1341 wird eine ständige Baukommission gegründet, die die Finanzen ordnen und die nötigen Reparaturarbeiten sowie die weiteren Bautätigkeiten an der Kirche bis in das 16. Jahrhundert koordinieren und beaufsichtigen soll (Doering 1902, 308+317). Unter ihrer Leitung wird am neuen Kreuzgang und den dortigen Stiftsgebäuden gebaut, das gotische Westportal in der Turmfront geschaffen und die Kirchenschiffe eingewölbt. Im Winkel zwischen dem südlichen Seitenschiff und dem südlichen Querschiffarm wird um 1345 die Barbara-Kapelle angebaut und um 1360 erhält die an den Westriegel anschließende Taufkapelle ihren polygonalen Chorabschluß.

Mit Ende des 15. Jahrhunderts verstummen die urkundlichen Quellen über Bautätigkeiten an der Kirche. Die spärlich überlieferten Nachrichten beinhalten nun überwiegend organisatorische und finanzielle Angelegenheiten des Stiftes und einige Bau- bzw. Instandsetzungsarbeiten an den Kapellen. Die wenigen erhaltenen Ausstattungsstücke der ehemals reich geschmückten Kirche aus dem 15. und 16. Jahrhundert zeugen jedoch von einer aktiv ihren Kirchenraum verändernden Stiftsgemeinschaft. Mit der Einführung der Reformation durch Bischof Heinrich Julius endet 1591 der Messedienst.

Weiteres Schicksal der Kirche

Nach ihrer Gründung übernimmt 1661 die reformierte Hofgemeinde das Gotteshaus. Ab diesem Zeitpunkt werden im Zuge einer barocken Umgestaltung viele der mittelalterlichen Wandmalereien im Kircheninnern weiß übertüncht und der spätromanische Westlettner abgebrochen. Entgegen der immer noch gängigen Forschungsmeinung, fand eine nach-reformatorische Bilderstürmerei in der Liebfrauenkirche nur in gemäßigtem Ausmaß statt. Offensichtlich waren große Teile der Wandmalerei im Hohen Chor und zahlreiche mittelalterliche Altäre, Skulpturen, Grabmäler und vieles mehr bis zur Mitte des 19. Jahrhunderts erhalten, wie der Stadtführer Niemans von 1824 deutlich belegt.

Während der napoleonischen Kriege wird das Gotteshaus 1806 und 1813 als Lazarett und Lager für Kriegsgefangene genutzt. Nach der Aufhebung des Stiftes am 1. Dezember 1810 und dem letzten Gottesdienst am 25. Oktober 1812 setzt ein allmählicher Verfall der schon stark in Mitleidenschaft gezogenen Kirche ein, es wird geplündert und zerstört. Nach der Besichtigung der halb verfallenen Liebfrauenkirche durch König Friedrich Wilhelm III. (1797-1840) wird 1839 mit der Wiederherstellung der Kirche begonnen. Es wird die Einwölbung der Schiffe entfernt,[9] die beschädigten Seitenschiffwände ausgebessert und im Norden wie im Süden die Zugänge erneuert. Die Kirche erhält eine Orgelempore an der Westwand und eine neue Kanzel.

Die bei den Baumaßnahmen unter der Kalktünche von 1661 entdeckten Wandmalereien fanden helle Begeisterung bei den Baumeistern, allen voran bei Ferdinand von Quast, der in Rücksprache mit Carl Friedrich Schinkel für eine vollkommene Freilegung und Restaurierung eintrat. Halberstädter Künstler erhielten den Zuschlag und malten, statt behutsam zu restaurieren bzw. zu ergänzen, die Kirche fast vollständig neu aus, farblich und gestalterisch dem ästhetischen Empfinden des 19. Jahrhunderts folgend. Damit verschwand die überwiegend romanische Raumausmalung. Die vor der Neuausmalung angefertigten Umrißpausen erlauben heute nur eine geringe Vorstellung von der ehemaligen Pracht. 1848 wurden die Sanierungsarbeiten abgeschlossen und die Kirche wieder der reformierten Hofgemeinde übergeben.

Durch die schwere Zerstörung der Kirche während der Bombardierung Halberstadts am 8. April 1945 gingen große Teile der bis dahin noch erhaltenen Ausstattung und der unter der Ausmalung des 19. Jahrhunderts im Verborgenen konservierten Malerei endgültig verloren (Bolze 1993, 7f). Bei der umfassenden Wiederherstellung der Kirche 1946-1954 unter der Leitung des Dombauleiters Walter Bolze, wurden alle großen Bauschäden beseitigt. Es wurde u.a. das zerstörte Chorgewölbe durch eine dünne Anhydritschale ersetzt, der lockere und feuchte Putz mitsamt der Malerei großflächig abgehackt, die Reste der Orgelempore von 1848 abgebrochen und die Schiffe mit einer flachen Holzdecke versehen. Man entschloß sich, dem Gotteshaus einen, der romanischen Architektur entsprechenden „nüchternen" Charakter zu geben. Und so wurden die Innenwände mit Wurfputz versehen, weiß gekalkt und nur einige Architekturglieder grau abgesetzt. Für eine zufriedenstellende Freilegung und Sicherung der Reste der romanischen bzw. historistischen Ausmalung - auch nur in Teilen - fehlte das Geld.

Seit 2001 wird die Kirche im Innern grundlegend erneuert. Dazu gehört neben der Restaurierung einzelner Ausstattungselemente wie den Epitaphien und Chorschranken, die Auswechselung der Bodenfliesen, die Entfernung feuchten Putzes und die erneute vollständige Ausmalung des Kirchenraumes, welche als Zugeständnis an das ästhetische Empfinden der Gemeinde, der denkmalpflegerischen Entscheidung der Nachkriegszeit (wenn man will schon der von 1661) folgt und mit einem hellen Farbton lediglich die klare Struktur und massige Schwere des sonst schmucklosen Baukörpers betont. Dabei wird beinahe jede Erinnerung an die ursprünglich farbige Gestaltung und die kunsthistorische Bedeutung des Kirchenraums ausgeblendet. Nur zwei Bereiche mit noch gut erhaltenen gemalten Prophetengestalten aus dem 13. Jahrhundert, die sich zwischen den südlichen Obergaden befinden, wurden gesäubert und gesichert.

Zur Ausstattung der Kirche im 13. Jahrhundert

Bei den Putzarbeiten während der umfassenden Wiederherstellung der Kirche 1946-1954 wie auch bei den Restaurierungsarbeiten 1999 wurden unter der Ausmalung des 19. Jahrhunderts zum Teil bis zu vier Malschichten nachgewiesen. Dieser Befund belegt, daß ungeachtet der Zeit zwischen 1662 und 1848, in der wie heute auch eine Kalktünche große Bereiche der Wandmalereien verdeckte, der gesamte Kirchenraum vom Zeitpunkt seiner Weihe an stets farbig ausgestaltet war. Der Eindruck, den der Besucher heute vom Baukörper erhält, ist verfälscht - er liegt vor ihm wie ein unbeschriebenes Blatt Papier. Die schriftlichen Quellen wie auch die architekturhistorischen Befunde bestätigen deutlich mehrere Ausstattungsphasen, die meist mit großen baulichen Veränderungen zusammenhängen. Eine Rekonstruktion der jeweiligen Ausstattungsphasen des Kirchenbaues fällt - auch bei gründlichem Quellenstudium - jedoch sehr schwer, da der Großteil der beweglichen Ausstattungsstücke (Altäre, Skulpturen, liturgisches Gerät, Textilien u.a.) über die Jahrhunderte verloren ging, ersetzt, ausgelagert oder vernichtet wurde.

Für das 13. Jahrhundert lassen sich einige Hinweise finden, um den Umfang und die Qualität einer Ausstattungsphase anzudeuten, die der Domkirche in nichts nachstand. Ausgangspunkt ist der Kirchenbau selbst und die baulich gebundene Kunst, die Wandmalerei. Der zweite Kirchenbau von 1146 entspricht, mit seinen Veränderungen nach 1179 nahezu dem heutigen Erscheinungsbild.

Ist auch der größte Teil der älteren Ausmalungen heute verloren bzw. verdeckt, so reichen doch zum Beispiel die im Vierungsbereich und in den Querschiffarmen zu erkennenden plastisch modellierten Details (Heiligenscheine, Attribute, Sterne u.a.) aus, die Pracht der Ausstattung dieser Zeit anzudeuten. Die Stuckreste gehören zu der zweiten kompletten Ausmalung des Kirchenraumes, die Mitte des 13. Jahrhunderts nach der Einwölbung des Querhauses erfolgte. Sie zeigte in diesem Bereich Engel und heilige Gestalten zwischen den Gestirnen. Die Wände des Langhauses trugen zwischen den Obergaden und darunter Darstellungen der Propheten und Apostel, voneinander durch eine feinstrukturierte Säulen- und Rankenarchitektur getrennt.

Abb. 98: Die „Halberstädter Sitzmadonna", farbig gefaßte Holzskulptur, um 1220, Höhe 70,2 cm, heute im Domschatz Halberstadt.

Die Reste dieser Wandmalerei in der Vierung sind nicht das einzige erhaltene Ausstattungselement dieser Zeit. Ein berühmtes Gegenstück findet sich in den farbig gefaßten Stuckierungen der Halberstädter Chorschranken (Abb. 97), die kurz zuvor, um 1220, geschaffen wurden. Ihre feine und lebensnahe Modellierung der Gestalten von Maria, Christus und den jeweils sechs Aposteln wie auch ihre ehemals leuchtende Farbigkeit hat im deutschsprachigen Raum nur sehr wenige Beispiele. In Hamersleben und Hildesheim sind Reste ähnlich gestalteter Schranken anzutreffen. Sie waren für das 13. Jahrhundert in Halberstadt etwas ganz besonderes. Unmittelbar zu der heute nur erhaltenen Süd- und Nordschranke gehörte ein Westlettner, der reich geschmückt war und als oberen Abschluß eine Triumphkreuzgruppe trug. Wurde der Westlettner auch im 17. Jahrhundert abgebrochen, so hat sich doch das zentrale Stück der Triumphgruppe erhalten: das um 1230 entstandene, hölzerne Kruzifix, das heute noch unter dem Triumphbogen der Liebfrauenkirche hängt.

Abb. 99: Der „Halber-
städter Schrank",
Mitte 13. Jahrhundert,
Höhe: ca. 2,00 m.
Domschatz Halberstadt

Viele der beweglichen Kunstwerke der Liebfrauenkirche wurden bereits im 19. Jahrhundert aus Sicherheitsgründen in anderen Kirchen der Stadt, so auch in der Schatzkammer des Domes untergebracht, wo sie unter guten Bedingungen bis heute erhalten blieben. Für uns sind zwei Objekte aus dem 13. Jahrhundert, besonders interessant, die aus der Liebfrauenkirche, stammen: Die Halberstädter Sitzmadonna (Abb. 98) zählt zu den bedeutendsten Kunstschätzen des Domschatzes. Das um 1220, also in unmittelbarer zeitlicher Nähe zu den Chorschranken entstandene, nur 70 cm hohe Holzbildwerk, zeigt die thronende Gottesmutter mit dem, auf dem Schoß der Mutter sitzendem Kind. Die äußerst qualitätsvolle Schnitzarbeit wie auch die beeindruckend gut erhaltene farbige Fassung und nicht zuletzt die zarten Züge des jugendlich gestalteten Gesichtes der Maria verleihen der Skulptur einen hoheitsvollen Charakter und heben das Kunstwerk über alle noch erhaltenen Werke dieser Zeit heraus. Die stilistischen Parallelen zu den stuckierten Figuren der Chorschranken, ganz besonders natürlich zu der Figur der Maria auf der Südschranke, sind verblüffend. Das Abbild der Patronin der Liebfrauenkirche barg einst Reliquien. Im 13. Jahrhundert wurden der Kirche neue Marienreliquien geschenkt. Es ist möglich, daß das Kunstwerk als kostbare Hülle für diese Reliquien in Auftrag gegeben wurde.

Auch der Halberstädter Stollenschrank (Abb. 99) im Domschatz stand einst in der Liebfrauenkirche in der Nähe des Hochaltares. Dieser älteste erhaltene Reliquienschrank wurde in der Mitte des 13. Jahrhunderts geschaffen. Er weist eine für diese Zeit sonst nicht überlieferte qualitätsvolle und fast vollständig erhaltene Malerei auf. Der Schrank wurde für die Aufbewahrung kostbarer Reliquien und anderer lithurgischer Geräte genutzt. In der Qualität der Malerei muß man sich die Ausmalung des gesamten Chor- und Vierungsbereiches vorzustellen haben: leuchtende Farben und plastische Details zwischen funkelndem Blattgold.

Nicht zuletzt die im Domschatz aufbewahrte Ablaßtafel zeugt vom hohen Ansehen der Liebfrauenkirche im 13. Jahrhundert. Bis 1832 am Südostportal angeschlagen, verkündigte die 40 cm hohe goldglänzende Messingtafel allen Eintretenden, welcher Bußerlaß in der Kirche zu erlangen sei. Umrahmt von Ornamentbändern und der Schrifttafel begegnet dem Betrachter wieder die Patronin der Kirche, Maria mit dem Kind auf dem Schoß.

Die Reste der Wandmalerei in der Vierung, die Stuckierung der Chorschranken, das große hölzerne Triumphkreuz, die Sitzmadonna, der Stollenschrank und die Ablaßtafel künden heute noch beispielgebend von der künstlerischen Hochblüte des Stiftes im 13. Jahrhundert. Um Maria zu

ehren, und vor ihren Reliquien in der prachtvoll geschmückten Kirche nie-
derzuknien, kamen gerade in dieser Zeit zahllose Pilger in die Liebfrauenkirche, wie es die Quellen berichten. Sie alle brachten Spenden und Geld, mit
denen wiederum neue Kostbarkeiten zu Ehren der Patronin geschaffen
wurden.

Literatur:

Walter Bolze, Der Wiederaufbau der Halberstädter Kirchen Unser Lieben Frauen und St. Martini, Oschersleben 1993, S. 3-68.

Heike Ingrid Derscheid, Recherchen zu den historischen Raumfassungen der Liebfrauenkirche, Institut für
Sanierung GmbH, Halberstadt 1997.

Oskar Doering, Die Ausgrabungen in der Liebfrauenkirche zu Halberstadt. In: Die Denkmalpflege 1, 1899,
S. 121-123.

Oskar Doering, Beschreibende Darstellung der älteren Bau- und Kunstdenkmäler der Provinz Sachsen,
23. Heft, Die Kreise Halberstadt Land und Stadt, Halle/Saale 1902, S. 305-356.

Peter Findeisen, Halberstadt. Dom, Liebfrauenkirche, Domplatz. Die blauen Bücher, Königstein im Taunus
1995, S. 14 ff.

Wolfgang Lauwigi, Der Petershof. Residenz der Halberstädter Bischöfe in der Domburg zu Halberstadt. In:
Nordharzer Jahrbuch Bd. 18/19, Halberstadt 1995, S. 69-87.

Gerhard Leopold, Dom und Liebfrauenkirche in Halberstadt nach der Brandkatastrophe von 1179. In: Hal-
berstadt-Studien zu Dom und Liebfrauenkirche. Abhandlungen der Sächsischen Akademie der Wissenschaften zu Leipzig, Band 74 Heft 2, Berlin 1997.

Gerhard Leopold, Die Liebfrauenkirche in Halberstadt, (Große Baudenkmäler 432) München/Berlin 1992.

Friedrich Lucanus, Die Liebfrauenkirche zu Halberstadt, deren Geschichte, Architektur, Kunstwerke und
Denkmale,...beschrieben als Andenken an die Restauration und feierliche Einweihung....Halberstadt 1848;
Zweite vermehrte und illustrierte Auflage, Halberstadt 1872.

G.A. v. Mülverstedt, Antiquitates Marianae. Aus der Vergangenheit des Liebfrauenstifts zu Halberstadt. In:
Zeitschrift des Harzvereins für Geschichte und Altertumskunde, Jahrgang 12, 1879, S. 576-599.

Heinrich Leopold Nickel, Die Liebfrauenkirche zu Halberstadt, (Das christliche Denkmal Heft 69), Berlin
1967, 3. Aufl. Berlin 1988.

Friedrich Niemann, Die Stadt Halberstadt und die Umgegend derselben. Versuch eines topographischen
Handbuches für Einheimische und Reisende, Halberstadt 1824, S. 46-54.

Ludwig Ferdinand Niemann, Geschichte des vormaligen Bistums und jetzigen Fürstentums, insbesondere
aber der Stadt Halberstadt von den ältesten bis auf die neuesten Zeiten, Band I, Halberstadt 1829.

Ferdinand von Quast, Die Liebfrauenkirche zu Halberstadt und die in ihr enthaltenen Kunstdenkmäler der
Bildnerei und Malerei. In: Kunstblatt 26 Beilage zum Morgenblatt für gebildete Leser 1845 Nr.52, S. 213-
214; Nr. 53, S. 217-218; Nr.54, S. 221-223; Nr.55, S. 225-227; Nr.56, S. 230-231.

Ferdinand von Quast, Archäologische Reiseberichte. Die Liebfrauenkirche zu Halberstadt. In: Zeitschrift
für christliche Archäologie und Kunst 2, Leipzig 1858, S. 176 f und Tafel 11, 12.

Adolf Siebrecht, Halberstadt aus stadtarchäologischer Sicht, Halle 1992, S. 96-111.

Gustav Schmidt, Urkundenbuch des Hochstifts Halberstadt und seiner Bischöfe, 4 Bände, Leipzig 1883-
1887.

Anmerkungen:

1 Wie Grabungen des Städtischen Museums Halberstadt zwischen 1980 und 1984 ergaben, war dieser Bereich bis zur Mitte des 10. Jahrhunderts besiedelt (Siebrecht 1992, 96 ff). Mit einem Vorgängerbau ist aufgrund der dichten Besiedelung kaum zu rechnen.

2 Lauwigi spricht sogar von der Möglichkeit, daß das Liebfrauenstift „schon als Pfalzstift (Domnebenstift) im Zusammenhang mit einem bereits geplanten Neubau der Bischofspfalz" errichtet wurde (Lauwigi, 1995, 71).

3 Niemann 1829, 238 nach der Chron. Vetust. Halberst.-1209, Ed. 1839.

4 Weiheurkunde des 2. Baues 1145 in: Nickel 1967,2.

5 Die heute in der Vierung auf das Grab Rudolfs weisende Bronzeplatte mit der Standfigur des segnenden Bischofs stammt aus dem 3. Viertel des 15. Jahrhunderts.

6 Ein zeitgleicher und in seiner Form dem Liebfrauen-Lettner ähnelnder Lettner stand im Halberstädter Dom, vergleichbar auch der Naumburger Ostlettner oder der Wechselburger Lettner, beide um 1230 entstanden. Zur Lettnerfrage siehe Gerhard Leopold 1997, 40.

7 Schenkungsurkunde 30.12.1281 in: Schmidt 1884, Nr. 1381.

8 Einige Stücke der bemalten Bleieindeckung sind heute in der nördlichen Chorseitenkapelle, der Katharinenkapelle, zu besichtigen.

9 Zwei der Schlußsteine befinden sich heute an der Ostwand der Seitenschiffe (Findeisen 1995, 17).

Uta Siebrecht

Die Barbara-Kapelle der Liebfrauenkirche

Die romanische Liebfrauenkirche ist wie viele andere Kirchenbauten in Halberstadt heute ohne ihren mittelalterlichen Raumschmuck zu erleben. Vieles, vor allem so wichtige Ausstattungselemente wie die Wandmalerei und die Glaskunst der Fenster, ging über die Jahrhunderte verloren: Ausstattungselemente wurden nach neuen Moden umgestaltet, bei Baumaßnahmen oder Restaurierungen beschädigt oder durch schwere Zerstörungen des Baukörpers vernichtet.

Um so mehr erstaunt es, daß sich baulich dicht an die Liebfrauenkirche angefügt, eine kleine Kapelle erhalten hat, deren künstlerischer Raumschmuck die Wirren der Zeit nahezu unbeschadet überstanden hat. Es ist die Barbara-Kapelle, die im Winkel zwischen der Südseitenschiffwand und dem südlichen Querschiffarm der Liebfrauenkirche liegt. Der kleine rechteckige gotische Baukörper trägt auf seinem zweijochigen Kreuzgratgewölbe die Reste einer ehemals sehr qualitätsvollen Seccomalerei, die Ostwand der Kapelle ist mit einer bemalten Holzvertäfelung versehen und vor dieser „Paneelwand" steht auf einem gemauerten Altartisch ein bemalter Flügelaltar mit Predella. Mit dieser Ausstattung ist die Barbara-Kapelle für Halberstadt aber auch für das nördliche Harzvorland gleich in dreifacher Hinsicht eine Besonderheit: erstens wegen der zeitlichen Nähe, in der alle Ausstattungselemte geschaffen wurden, zweitens hinsichtlich der Qualität der Ausstattung und drittens auf Grund der aufeinander bezogenen Ikonographie der Ausstattungselemente. Die kleine Barbara-Kapelle in Halberstadt bietet so einen einmaligen Einblick in die Zeit, die Kunst und die Gedankenwelt der Stifter zu Beginn des 15. Jahrhunderts.

Bau und Ausstattung

Wie der rundbogige Zugang und der Tonnengewölbeansatz an der Nordwand der Kapelle (Südseitenschiffwand der Kirche) verraten, gab es vor dem Bau der heutigen Kapelle an gleicher Stelle einen Vorgängerbau, der von ähnlichen Ausmaßen gewesen sein muß. Aufgrund ähnlicher und zeitgleicher Befunde in der Taufkapelle (ebenfalls ein Tonnengewölbeansatz und ein rundbogiger Zugang) wurden diese architektonischen Zeugen

Abb. 100: Die heilige Barbara vom Mittelteil des Flügelaltares der Barbara-Kapelle, Temperamalerei auf Holz, um 1420.

beider Kapellen von der älteren Forschung als Reste eines Kreuzganges interpretiert. Zwar wurden auf der Südseite der Kirche 1983 Fundamentreste aus dem Ende des 11. Jahrhunderts ergraben, die eine bauliche Verbindung von westlichem und östlichem Langhausbereich andeuten, doch konnte der Verlauf nicht direkt mit der baulichen Situation der romanischen Befunde in beiden Kapellen in Zusammenhang gebracht werden. Da die Fundamente durch darunter und darüber liegende Bestattungen sicher um 1088 zu datieren sind, sie also schon vor dem Bau der Südwand des Langhauses (1146 geweiht) nicht mehr existierten, können beide Befunde (Kapellenvorgängerbauten und Fundamentreste) nicht zusammen gehören. Wie der Vorgängerbau der Barbara-Kapelle und auch der der Taufkapelle genau zu datieren ist, bleibt unklar. Die zeitliche Einordnung muß zwischen 1146, der Fertigstellung des Langhauses der Kirche, und der Mitte des 14. Jahrhunderts erfolgen. Zu diesem Zeitpunkt wird der Vorgängerbau der Barbara-Kapelle abgebrochen und ein Kapellenneubau in den Winkel zwischen Südseitenschiffwand und südlichem Querhaus gesetzt. Die überlieferte Nachricht einer Kapellenweihe von 1345, könnte dabei das Datum der Fertigstellung des neuen Baukörpers darstellen. Von wem die

Abb. 101: Die Barbara-Kapelle an der Südseite der Liebfrauenkirche.

neue Kapelle errichtet und wozu sie genutzt wurde, wird durch die Quellen nicht beantwortet. Ebenso bleibt unklar, ob die begehbare Gruft unter der Kapelle schon mit der Weihe des Baukörpers 1345 vorhanden war. Die Gruft besteht aus einem nahezu quadratischen Raum, der in Ost-West-Richtung mit einer einfachen Tonne überwölbt ist. Während die Südwand der Gruft mit der südlichen Fundamentmauer der Kapelle identisch ist, sind die übrigen drei Gruftwände eigenständig in den vorhandenen Boden-raum der Kapelle gesetzt worden. Das grob behauene, ehemals verputzte Mauerwerk ist typisch für Gruftbauten des hohen Mittelalters. Belüftet wird die Gruft, in der mindestens vier Bestattungen Platz hatten, durch eine kleine Öffnung, die von außen im Sockelbereich der Südwand zu sehen ist. Zu begehen ist die Gruft durch einen geraden Treppengang, der vom Altar nach Westen hinabführt. Dieser Zugang wurde nach seiner Ver-füllung in der zweiten Hälfte des 19. Jahrhunderts bei Bauarbeiten 2002 wieder freigelegt.

Es ist anzunehmen, daß die vor 1345 neu errichtete Kapelle, die dem Heili-gen Jakobus dem Älteren und der Heiligen Barbara geweiht wurde, schon von Anfang an künstlerisch ausgestaltet war. Von dieser ersten Ausstat-tung ist jedoch nichts erhalten. Rund zwei Generationen später, um 1400, ent-schlossen sich die Stifter oder Mitglieder einer anderen hochgestellten Familie, die offensichtlich der Chorherrengemeinschaft des Liebfrauen-stifts angehörten, die Jakobus- und Barbara-Kapelle kostbar auszugestal-ten und als private Grabkapelle nutzbar zu machen. In diesem Zusammen-hang entstanden der noch heute an ursprünglicher Stelle erhaltene Flü-gelaltar, die bemalte Holzvertäfelung und die Malerei der Gewölbe-flächen.

Der Flügelaltar

Wahrscheinlich erstes Ausstattungstück war der heute noch nahezu im Original erhaltene Altar, der vor 1420 an der Ostseite der Kapelle ange-bracht wurde. Bei geschlossenem Altar blickt der Betrachter auf vier männliche Heilige, die über braunrotem Grund auf kleinen begrasten Hügeln stehen (Abb. 102). Auf dem linken Flügel sind dies Johannes der Täufer und der Heilige Stephan darüber, auf dem rechten Flügel der Heili-ge Bartholomäus und der Heilige Andreas darüber.

Wird zu den kirchlichen Feiertagen der Flügelaltar geöffnet, bietet sich dem Betrachter ein überwältigender Anblick (Abb. 103): Auf goldenem Grund erstrahlt auf der Mitteltafel die Beweinung des gekreuzigten Christus. Dem Kreuz in der Bildmitte sind links die Heiligen Barbara und Maria und rechts Johannes der Evangelist und Jakobus der Ältere untergeordnet. In stil-

Abb. 102: Die Ostseite der Barbara-Kapelle mit geschlossenem Altar (Werktagsseite), bemalter Holzvertäfelung und Teilen der Gewölbemalerei.

ler Trauer sind alle Dargestellten unter dem Kreuz vereint. Den beiden Kapellenheiligen wird mit ihrer Positionierung direkt neben Maria und Johannes ein besonderer Stellenwert beigemessen. Am Fuße des Kreuzes befinden sich zwei kleine Stifterfiguren neben dem Wappen der Stifterfamilie. Auf den Innenseiten der Flügel sind ebenfalls auf Goldgrund jeweils zwei Heilige gemalt, die das Geschehen auf der Mitteltafel begleiten: Auf dem linken Flügel sind dies die Heilige Dorothea und darüber der Heilige Reinhold und auf dem rechten Flügel der Heilige Georg (Abb. 105) und darunter die Heilige Gertrud.

Der Altar steht heute auf einer Predella (Altaruntersatz) die sechs Heilige, um eine Anna Selbdritt gruppiert, im Heiligen Gespräch (*sacra conversatione*) darstellt. Maße und Gestalt der Predella wie auch der Stil der Malerei lassen deutlich erkennen, daß diese Predella nicht ursprünglich zu dem Altar gehört. Sie entstand erst nach der Mitte des 15. Jahrhunderts.

224

Abb. 103: Der Altar im geöffneten Zustand (Festtagsseite) auf der Predella stehend.

Die bemalte Holzvertäfelung

Kurze Zeit nach seiner Anbringung wurde der Altar wieder abgenommen und die Ostseite der Kapelle mit einer bemalten Holzvertäfelung (Paneele) versehen, deren oberer Teil sich auch heute noch am originalen Anbringungsort befindet. Der Altar, dessen Größe bei der Bemalung der Holzvertäfelung genau berücksichtigt wurde, fand wieder seine Anbringung an alter Stelle, nur jetzt an der Paneele (Quetschungen an den Schmalseiten des Altares und Reste von Metallhaken an der Ostseite der Kapelle belegen dies). Dieser strukturelle Zusammenhang bestätigt sich auch im Zusammenspiel der bildlichen Darstellungen von Paneele und Flügelaltar (Abb. 102). Im oberen Zwickel ist der auferstandene, gen Himmel fahrende Christus zu sehen, zu beiden Seiten begleitet von je einem weißgewandeten Engel. Zu beiden Seiten des Altares befinden sich die fast lebensgroßen Darstellungen der beiden Kapellenheiligen: links ist Jakobus der Ältere zu sehen und rechts entsprechend die Heilige Barbara. Beide werden von je einer männlichen Stiftergestalt begleitet. Über Barbara ist das Wappen der Stifterfamilie gemalt, welches auch auf der Mitteltafel des Altares zu fin-

225

den ist, über Jakobus befindet sich die dazugehörige Helmzier. Wird der Altar geöffnet, werden die Kapellenheiligen auf der Paneele zwar verdeckt, doch sind sie dann auf der Altarmitteltafel zu sehen. Bei geschlossenem Altar geschieht es umgekehrt, d.h. die Kapellenheiligen sind das ganze Kirchenjahr über für den Kapellenbesucher präsent.

Die Malerei auf dem Gewölbe

In direktem Zusammenhang mit der Paneelwand, und offensichtlich von der gleichen Werkstatt, wurden die Gewölbedecke und auch die übrigen Kapellenwände mit figürlichen und dekorativen Elementen ausgemalt. Wie die bei einer Untersuchung der Deckenmalerei von Studenten der Fachhochschule Potsdam 1999 gemachten UV-Aufnahmen der wenigen erhaltenen originalen Reste der Deckenmalerei bezeugen, hat es sich bei dieser Ausmalung um qualitätsvolle Temperamalerei gehandelt. Die Malerei der Decke und auch die der Paneelwand waren einst von einer Leuchtkraft und Wirkung wie sie zum Beispiel Tafelbilder dieser Zeit zeigen. Der Altar in der Barbara-Kapelle wie auch der Altar mit der Madonna mit der Korallenkette im Domschatz (Abb. 90) geben einen guten Eindruck von der zu erwartenden Qualität der Malerei. Bei den Deckenmalereien han-

Abb. 104: Nördliches Gewölbefeld über dem Eingang der Kapelle mit der Darstellung der Mutter Gottes und der Evangelistensymbole des Johannes (links) und Matthäus (rechts).

delt es sich um eine selten erhaltene Technik. Hier sind lediglich die Unterzeichnungen für die Figuren auf den noch feuchten Putz *al fresco* skizziert worden, die Füllung der Flächen wurde jedoch in ähnlicher Weise wie bei einer Tafelmalerei auf die trockene Gewölbefläche *secco* aufgetragen. Diese Technik hatte den Vorteil, daß man andere und leuchtendere Farben benutzen und wesentlich feiner modellieren konnte - ähnlich einer Tafelbildmalerei - als bei der üblichen *al fresco* Malerei. Der Nachteil lag in der Haltbarkeit einer solchen Malerei: Sie war nicht wasserfest und viele der organischen Farbpigmente veränderten sich über die Jahrhunderte chemisch derart, daß der heutige Zustand entstand. Hinzu kommen die Eingriffe bei den Restaurierungen des 19. und 20. Jahrhunderts, wie auch die anhaltenden Wasserschäden. Der dunkelblaue Hintergrund, als Himmelsgewölbe gedacht, war auch ursprünglich in seiner Farbigkeit blau. Die heute nur hellbeige oder grau erscheinenden Flächen der Figuren waren leuchtend bunt bemalt und Einzelheiten wie Kronen und Heiligenscheine sogar mit Blattgold hervorgehoben.

Auf den beiden zentralen und auch größten Gewölbefeldern, die man beim Eintritt in die Kapelle zuerst wahrnimmt, sind Christus als Weltenherrscher und ihm gegenüber die Mutter Maria als Himmelskönigin mit dem Kind umgeben von den vier Evangelistensymbolen dargestellt. Auf den sechs östlichen Gewölbefeldern umschweben sechs weißgewandete Engel mit Musikinstrumenten den heiligsten Bereich der Kapelle: den Altar. Vier der westlichen Gewölbefelder zeigen die vier Kirchenväter Augustinus, Hieronymus, Gregor I. und Ambrosius und in den beiden westlichsten Zwickeln sind zwei Propheten zu sehen. Die Darstellungen auf dem Gewölbe symbolisieren die *civitas dei*, den himmlischen Gottesstaat, das Ziel eines jeden Gläubigen.

Stil und Datierung der Ausstattung

Wie stilkritische Untersuchungen belegen und das überlieferte Quellenmaterial andeutet, stammen die künstlerischen Ausstattungsstücke der Barbara-Kapelle alle aus einer Zeitspanne. Altar, Paneelwand und Gewölbemalerei sind von einem einheitlichen Stil geprägt, der durch seine weit über das Gebiet Europas ausgebreiteten Stilmerkmale, die Kunst der zwei Jahrzehnte vor und nach 1400 bestimmte. Aufgrund seiner weiten Verbreitung trägt dieses Stilphänomen auch den Namen ‚Internationale Gotik', wegen der zarten Biegung der Körper und des weichen Faltenwurfes auf den Darstellungen auch ‚Weicher Stil' genannt. Dabei ist deutlich zu beobachten, daß die Werke der Barbara-Kapelle keineswegs homogen untereinander sind, sondern in ihnen in verschieden starker Art, Einflüsse aus bedeutenden Kunstregionen dieser Zeit sichtbar aufgenommen und weitergeformt sind. Der Altar der Kapelle repräsentiert dabei eine aus dem Kölner Raum gespeiste Motiv- und Stilwahl, Paneele und Decke dagegen dokumentieren die von Nordwesten, aus Westfalen, kommenden Einflüsse. Bei allem Einfluß fremder Werke, der sicher durch reisende Künstler und deren Skizzenbücher in die Nordharzregion gelangte, ist aber für die Werke der Barbara-Kapelle und einige enge Vergleichswerke in Halberstadt ein eigener Charakter und eine eigene Handschrift der Künstler zu spüren, die diese Werke schufen.

Genaue Datierungen lassen sich durch fehlende Quellen und der generell schweren stilkritischen Scheidung der Werke der ‚Internationalen Gotik' nicht festlegen. Für den Altar kann aufgrund besonders starker stilistischer und motivischer Anlehnung an Werke bestimmter Kölner Meister ein Entstehungszeitraum vor 1420 gewählt werden. Die Paneelwand wie auch die Deckenmalerei entstanden wahrscheinlich wenig später, zwischen 1420 und 1430.

Die Kapelle des Heiligen Jakobus und der Heiligen Barbara wurde also in den ersten zwei Jahrzehnten des 15. Jahrhunderts einer grundlegenden Neugestaltung unterworfen, die eine Stifterfamilie bis ins kleinste Detail geplant und von den besten Künstlern der Region hat ausführen lassen.

Die Stifter

Auf dem Altar und der Paneele ist ein und dasselbe Wappen der Stifter dargestellt: ein roter Schild mit weißem Mittelbalken und zwei roten Rosen in doppeltem Blütenkranz. Auf dem Altar sind zudem noch beiderseits dieses Schildes zwei Stifterfiguren zu sehen, eine männliche und eine weibliche, wobei der Mann eindeutig als höher gestellter Augustiner-Chorherr, die Frau dagegen als Benediktinerin zu identifizieren ist. Auf den äußeren Zwickeln der Paneelwand finden sich zwei als einfache Chorherren gewandete männliche Stifterfiguren. Wer genau diese Stifter waren, liegt noch im Dunkeln. Die ältere Literatur führt zwei Zuschreibungen des Wappens an, von der aber keine gesichert ist, da bis heute keine wappenbildliche Entsprechung gefunden werden konnte.

Zum einen wird die Stiftung einer Familie von Marenholz oder Mahrenholt, einem adligen Rittergeschlecht zugeschrieben, von denen der Dechant Thiederich von Marenholz 1438 eine Stiftung für den Altar gemacht haben soll (Lucanus 1848,3). Mitglieder der Familie Marenholz sind als Domherren belegt, und wurden auch im Dom bestattet. Dortige Grabsteine zeigen auf dem Wappen aber nur eine Rose auf einem senkrechten Balken.

Carl Elis (1886, 10) schlug dagegen die Familie von Plötzke als Stifterfamilie vor, Oskar Doering meinte sogar die Testamentsbestätigung eines Johann von Gittelde 1344 (UB-Hochstift III, Nr. 2374, Bau einer Kapelle) oder auch die Altarstiftung eines Johann von Wernigerode 1351, mit den Stiftern gleichsetzen zu können. Die beiden letzteren Quellen konnten aber nach gründlicher Untersuchung nicht auf die Barbara-Kapelle bezogen werden. Das alte Grafengeschlecht von Plötzke/Plötzkau ist in vielen geistlichen Einrichtungen ab dem 10. Jahrhundert nachweisbar, und gründete unter anderem 1070 die Klosterkirche in Hecklingen. Ein Domherr Friedrich de Plötzke wurde 1305 Bischof von Brandenburg. Sein Siegel ist im Urkundenbuch des Hochstiftes Halberstadt Band II, Tafel XI abgebildet. Es zeigt ein Schild in dunkler Tinktur und hellem/weißem Mittelbalken mit zwei Blüten. Daß die Blüten eher wie Lilien und nicht wie Rosen aussehen, mag an der Umzeichnung des Siegelabdruckes liegen. Es könnte aufgrund der ähnlichen Tinktur und Gliederung die Zuschreibung des Wappens in der Kapelle als Wappen der Familie von Plötzke stützen. Andere Mitglieder der Familie von Plötzke/Plötzkau sind im 13. und 14. Jahrhundert als Domherren belegt, 1358 sogar als Dekan in Magdeburg.

So wenig auch über die Stifterfamilie bekannt ist, wird doch anhand ihrer Stiftung und der eigenen Präsentation in der Kapelle durch ein mit Helmzier geschmücktes Wappen, ihre Zugehörigkeit zum Adel, und durch die kostspielige Ausstattung der Kapelle, ihre gute finanzielle Situation deutlich.

Die Kapellenheiligen

Die Wahl des Heiligen Jakobus des Älteren und der Heiligen Barbara als Patrone für die Kapelle erfolgte laut den Quellen erst mit dem Neubau, der 1345 geweiht wurde. Aus diesem Anlaß wurde laut der Weihenachricht von 1345 eine Reliquie des Jakobus d.Ä. *„prope Altara in capsula"* in der Kapelle untergebracht. Die Wahl dieser zwei Kapellenheiligen war offensichtlich schon „Wunschprogramm" der Stifter. Die Heilige Barbara wird zu den 14 Nothelfern gezählt und gilt in erster Linie als Patronin der Sterbenden, denen in der Kapelle gedacht werden sollte. Die Verehrung der Heiligen Barbara erlebte vor allem zu Beginn des 15. Jahrhunderts eine regelrechte Blüte. So finden sich in Halberstadt in der Martinikirche ebenfalls ab 1421 eine Barbara-Kapelle (UB-Stadt II, Nr. 771) und 1487 ein Barbara-Altar in der Katharinen Kirche (UB-Stadt II, Nr. 1149). Bilderschmuck aus dieser Zeit ist dort nicht überliefert. Reliquien sind jedoch, wie auch einige kostbare Bildwerke, heute noch im Domschatz Halberstadt, in Wernigerode und in Quedlinburg (Nemitz/Thierse 1996, 134) vorhanden.

Jakobus der Ältere genoß als Apostel in der Tätigkeit als Verkünder des Glaubens und als Schutzherr aller Pilger und Wallfahrer große Beliebtheit. Er ist im Zusammenhang mit Darstellungen der Apostelfolge ebenfalls in Form von Bildern und Skulpturen aus dem Anfang des 15. Jahrhunderts in Halberstadt häufig belegt.

Die Nutzung

Die seit 1400 als Grabkapelle genutzte Barbara-Kapelle, diente vorwiegend dem Totengedächtnis der verstorbenen Mitglieder der Stifterfamilie. Es ist nicht auszuschließen, daß sich auch andere Stiftsmitglieder zu Lebzeiten mit Stiftungen für den Altar (Lichter, Wein, Oblaten), mit Gesängen bzw. Seelenmessen ihr Totengedächtnis sichern konnten, wie Stiftungsnachrichten von 1438 oder 1442 belegen.

Abb. 105: Darstellung von Georg dem Drachentöter auf der Innenseite des rechten Altarflügels. Man beachte den Gürtel (Dusing) der Ähnlichkeit mit dem des Halberstädter Rolands (1433) hat.

Seiner beeindruckenden Ausstattung und deren Wirkung entsprechend, fanden in der Barbara-Kapelle auch Versammlungen des Kapitels der Liebfrauenkirche statt. Die Nutzung der Kapelle als Wahlort der Dekane ist von 1450 fast jährlich bis 1498 dokumentiert. Zur gleichen Zeit wurde sie auch als Ort zur Unterzeichnung von Testamenten und Stiftungen verwendet. Mit dem Aussterben der Stifterfamilie wurde vermutlich die Gruft geschlossen und der Kapellenraum überwiegend anders genutzt.

1824 war die leer geräumte Gruft noch begehbar, kurz darauf wurde im Rahmen der umfangreichen Restaurierungsarbeiten in der Kirche bis 1848 der Zugangsbereich verfüllt und jede Erinnerung daran durch ein hölzernes Podest, welches in drei Stufen empor zum Altar vor der Paneele führte, beseitigt. Das 19. Jahrhundert war es auch, welches vermutlich die Reste der um 1420 entstandenen, durch Wasserschäden stark zerstörten Malerei auf den Wänden mit dem gesamten Putz entfernte. Eine Neufassung der Wände mit Mäanderbändern in Höhe der Gewölbekämpfer konnte im Dezember 2000 nach der Entfernung des Putzes von 1953 nachgewiesen werden. Ab 1848 ist die Nutzung der Kapelle als Zither belegt. Von da an wurde die Kapelle bis 1945 als Sakristei genutzt. 1931 sogar als Umkleideraum für den Priester oder als Aufenthaltsraum für die Mitglieder einer größeren Hochzeit. Selbst kleinere Hochzeiten und Taufen fanden in der trotz aller Veränderungen noch beeindruckenden Räumlichkeit der Barbara-Kapelle statt.

Die Stiftung - das Gesamtkunstwerk

Die Frömmigkeit und das kirchliche Leben der Zeit um 1400 wurde durch die vielen Erfahrungen in Krieg, Hungersnöten und Epidemien und durch den allgegenwärtigen Tod entscheidend geprägt. Die neuen Formen individueller Heilssuche führten dazu, daß das Innere der Kirchen nun auch bevorzugt von wohlhabenden Nichtklerikern als Ort für Grabstätten gefragt war. Dabei war die direkte Teilhabe am Kultus, im besonderen an den Fürbitten der Priester bzw. Ordensmitglieder und ständigen Seelenmessen von besonderer Bedeutung. Die Möglichkeit eine Grablege in einer privaten Grabkapelle in oder direkt im Anschluß an eine Kirche zu bekommen, blieb in der Halberstädter Region selten und war nur gut situierten und angesehenen Familien wie der Stifterfamilie der Barbara-Kapelle vorbehalten. Von vielen solcher Kapellen wissen wir heute nur noch durch die Quellen.

Durch die Gruft unter der Kapelle, deren direkter Verbindung zur Kapelle und mit Hilfe des Bildprogrammes der Ausstattungsstücke im Kapellenraum läßt sich die Identifikation des Baukörpers der Barbara-Kapelle als eine Begräbniskapelle belegen. Alle Bestandteile des Bildprogrammes

– von der Auswahl der Kapellenheiligen (Barbara) angefangen, über den beispielhaften Kreuztod Christi auf dem Altar, dessen Auferstehung auf der Paneele, bis hin zu der verheißenden Darstellung des Weltenherrschers, der Himmelskönigin und den himmlischen Heerscharen auf dem Gewölbe – beinhalten die Hoffnung auf Erlösung der Seele nach dem Tod und arbeiten geradlinig auf das Ziel eines jeden Gläubigen hin, aufgenommen zu werden in die *civitas dei*. Dabei wurde von der Stifterfamilie mit großem finanziellen Aufwand nicht nur Wert auf eine äußerst korrekte und bis ins Detail durchdachte Komposition und auf die perfekte Abstimmung der einzelnen Ausstattungsstücke aufeinander gelegt, sondern es wurde auch darauf geachtet, daß in der Barbara-Kapelle mit besten Materialien (Blattgoldauflagen), modernster Technik (Temperamalerei auf dem Gewölbe) und der zeitgemäßen Kunstform gearbeitet wurde.

Die Wahl der Wandmalerei als bestimmendes Ausstattungselement war in einer Kapelle, die sich an eine vollständig ausgemalte Kirche anschloß, sicher kein Zufall. Aber durch die in der kleinen Kapelle beeindruckenden Nähe der Malerei zum Betrachter und deren Pracht, war ihr gedankliches Programm sicher wirkungsvoller zu vermitteln als in der weiträumigen Kirche. Der Gläubige fand sich in einem „heiligen Bezirk" wieder, in dem die gemalten Gestalten der Heiligen durch das Lichtspiel der Kerzen oder das der farbigen Glasfenster bei Betrachtung ein magisches Eigenleben entwickelten. Inwieweit das Erleben des Raumes durch weitere Kultbilder oder kostbar gefaßte Reliquien gesteigert wurde, ist nicht mehr zu rekonstruieren. Die zentrale Nische in der Westwand böte zumindest Raum für die Aufstellung eines dem Altar entsprechenden Pendants.

Eine so tief durchdachte, auf eine Kernaussage hin konzentrierte Konzeption eines Kapellenraumes ist Ausdruck einer neuen Erscheinung, der Privatkapelle als „Gesamtkunstwerk", die in anderen, wesentlich größeren Zusammenhängen ab dem Ende des 13. Jahrhunderts als private Andachtsstätte zuerst bei großen Herrschern zu finden ist (Sainte-Chapelle, 1246-48, Paris). Sie sind Ausdruck des Willens nach Unabhängigkeit des wohlhabenden oder mächtigen Gläubigen. Die Privatkapelle als ein heiliger aber häuslicher Raum ist dann auch ein charakteristisches sakrales Kunstwerk des 14. und beginnenden 15. Jahrhunderts. Diese wurde, kombiniert mit einer Grablege, zum lithurgischen Zentrum einer Familie oder Gemeinschaft, wie es die Barbara-Kapelle deutlich macht.

Ein weiteres zeitgleiches Beispiel belegt diese Erscheinung zu Beginn des 15. Jahrhunderts: die an den Domremter Magdeburg angefügte Redekin-Kapelle. Auch dieser kleine Raum wurde als Grablege und Gedächtnisstätte errichtet und mit Wandmalereien und farbigen Glasfenstern aufwendig ausgestattet. Eine Stiftung für diese Kapelle ist für 1402 überliefert.

Auf das Eindrucksvollste verband sich in der Barbara-Kapelle Privatheit mit Exklusivität. Diese wiederum verlieh der Stiftung ein hohes Maß an öffentlicher Aufmerksamkeit, die auf das Ansehen der adligen Familie zurückstrahlen konnte und die Stiftung – bei aller religiöser Motivation – zu einer dauerhaft repräsentativen Maßnahme werden ließ.

Literatur:

Oskar Doering, Beschreibende Darstellung der älteren Bau- und Kunstdenkmäler der Provinz Sachsen, 23. Heft, Die Kreise Halberstadt Land und Stadt, Halle/Saale 1902, S. 305-356.

Carl Elis, Die romanischen Kirchen Halberstadts. In: Zeitschrift des Harz-Vereins für Geschichte und Altertumskunde. 19, 1886, S. 1-22.

Friedrich Lucanus, Die Liebfrauenkirche zu Halberstadt, deren Geschichte, Architektur, Kunstwerke und Denkmale,...beschrieben als Andenken an die Restauration und feierliche Einweihung....Halberstadt 1848; Zweite vermehrte und illustrierte Auflage, Halberstadt 1872.

Friedrich Niemann, Die Stadt Halberstadt und die Umgegend derselben. Versuch eines topographischen Handbuches für Einheimische und Reisende. Halberstadt 1824, S. 46-54.

Rolfroderich Nemitz / Dieter Thierse, St. Barbara. Weg einer Heiligen durch die Zeit, Essen 1996.

Gustav Schmidt, Urkundenbuch des Hochstifts Halberstadt und seiner Bischöfe, 4 Bände, Leipzig 1883-1887, Publikation aus den Kgl. Preußischen Staatsarchiven.

Gustav Schmidt, Urkundenbuch der Stadt Halberstadt, 2 Bände, 1876.

Uta Siebrecht, Die Barbara-Kapelle der Liebfrauenkirche zu Halberstadt. Baugeschichte - Ausstattung - Stifter, Magisterarbeit an der Humboldt-Universität zu Berlin, 2000.

Uta Siebrecht

St. Martini - Die Kirche der Bürger

Wie die älteste erhaltene Ansicht Halberstadts zeigt, prägten im 15. Jahrhundert zahllose Kirchtürme die Silhouette der hochmittelalterlichen Stadt (Abb. Vorsatz). Die hochaufragenden Türme der Martinikirche im Zentrum, die des Domes und der Liebfrauenkirche im Westen sowie die der Paulskirche im Osten zeugten von der Bedeutung und Pracht des Bistums und der Stadt Halberstadt. Die zentralen Sakralbauten Dom, Liebfrauenkirche und St. Martini überdauerten Kriege und Stadtzerstörungen, und gerieten nicht wie andere Kirchen und Klöster Halberstadts in Vergessenheit.

Schon vor der Gründung des Halberstädter Bistums 804 gab es einen ersten Kirchenbau auf dem Domplatz, der von Gräben und Wällen geschützten Domburg. Wie Grabungen im Innern des Domes 1952 nachweisen konnten, war diese Kirche schon ein aus Steinen aufgeführter Bau, der bis zur Errichtung des heutigen gotischen Baukörpers von drei Nachfolgebauten abgelöst wurde. Dieser Kirche kam als Ausgangspunkt für die Missionierung des östlichen Reichsgebietes und als Sitz des Bischofs eine zentrale kirchenpolitische Bedeutung zu. Innerhalb der Domburg wurde rund 200 Jahre später eine weitere Bischofskirche errichtet: Um 1005 ließ Bischof Arnulf am westlichen Ende des durch ihn erweiterten Domburgareals, dem Dom gegenüber, die Liebfrauenkirche errichten.
Mit zunehmendem Wachstum der Siedlung Halberstadt und im Zuge der Herausbildung neuer Pfarrgebiete im 10. und 11. Jahrhundert, ist mit weiteren Kirchenbauten außerhalb der Domburg zu rechnen. Es ist erstaunlich, daß der Großteil der noch heute erhaltenen Kirchen Stiftungen bzw. Bauten dieser Zeit sind. Das trifft auf Teile der Martinikirche im Zentrum der Stadt, auf die östlich davon gelegene, 1969 abgerissene Paulskirche und auch auf die an der nördlichen Stadtgrenze gelegene Moritzkiche zu.

Geschichte
Die Martinikirche ist die vermutlich zweite Kirchengründung nach dem Dom, die vor 1018 unter Bischof Arnulf oder gar schon unter Hildegrim II. (853-896) erfolgte. Außerhalb der Domburg gelegen, war sie die erste

Abb. 106: Die Türme der Martinikirche von Nordwest.

235

Pfarrkirche der frühen Kaufleute-Siedlung. Erst 1186 taucht die Martinikirche als *„ecclesia forensis in civitate"* in den Urkunden auf. Die Kirche untersteht zuerst direkt dem Bischof, von 1311 an dem Johanniskloster und seit 1465 direkt dem Rat der Stadt Halberstadt.

Leider fehlen bisher aussagekräftige bauhistorische Forschungen wie auch grundlegende archäologische Untersuchungen in der Kirche, die diese, von Franz Schrader (1989, 74) vertretene These stützen könnten. Aber die Siedlung, für die Bischof Hildeward 989 das Markt-, Münz- und Zollrecht erhielt, wird bereits eine eigene Pfarrkirche besessen haben. Die Wahl des Patroziniums wie auch die archäologisch südlich wie nördlich der Kirche nachgewiesenen Siedlungsreste aus dem 10. Jahrhundert könnten ein höheres Alter der Stiftung stützen.

Der Heilige Martin von Tours, der Bischof, der schon 361 das erste Kloster Galliens gegründet und bis an die Donau missioniert hatte, war der Patron des merowingischen Königshauses und des Fränkischen Reiches. Martinspatronate weisen daher meist auf eine fränkische Stiftung hin. Da in Halberstadt auch fränkische Kaufleute ansässig wurden, könnte man mit einer sehr frühen Kirche inmitten der Siedlung rechnen. Der Festtag des Heiligen wurde ursprünglich zum Zinstag, Markttag oder Winteranfang begangen.

Der Baukörper

Die bedeutende, lange Geschichte der Kirche läßt sich an der erhaltenen Bausubstanz kaum ablesen. Der Bau, der heute noch im Zentrum der Stadt liegt, stammt im Wesentlichen aus dem 14. Jahrhundert. Vom Ursprungsbau hat sich kein aufgehendes Mauerwerk erhalten, noch sind Fundamente o.ä. ergraben worden. Da eine Nachricht überliefert ist, daß Bischof Gardolf (1193-1201) mit dem Neubau dieser Kirche begann, läßt sich nur vermuten, daß der erste Kirchenbau bei der Zerstörung Halberstadts durch Heinrich den Löwen 1179 großen Schaden genommen hatte und ein Neubau notwendig wurde. Zumindest das Untergeschoß der Westtürme ist von diesem zweiten Bau des 12. Jahrhunderts noch erhalten. Zweifellos ähnelt es in Grund- und Aufriß und im Material (Kalkstein, das übrige jüngere Kirchenschiff ist aus heimischem Sandstein aufgeführt) den Westfronten der in der Mitte der 12. Jahrhunderts geweihten Liebfrauen-, Pauls- und der Moritzkirche. Die Mauertechnik aber und das an der Außenhaut in der Mitte nach oben springende Gurtgesims deuten jedoch auf eine etwas jüngere Enstehung hin. Nächste Parallelen sind an der 1220 begonnenen Domturmfassade zu beobachten. Die Gestalt der Fensterrosette wie auch die der Lanzettfenster in den Schmalseiten der Turmfront von St. Martini

Abb. 107: Der Chorbereich der Martinikirche mit dem Hochaltar von 1696.

bestätigen eine Entstehungszeit des Westwerkuntergeschosses um 1200. Daß der Vorgängerbau der Martinikirche ebenfalls über ein Westwerk verfügte, belegen die im Innern des Westwerkuntergeschosses erhaltenen Mauerreste.

Hand in Hand mit der wachsenden Selbständigkeit des Halberstädter Rates, der nachweislich bereits 1241 ein eigenes Rathaus besaß, wurde ein repräsentativerer Kirchenbau im Zentrum der Stadt notwendig. Und so gingen schrittweise die baulichen Veränderungen von der Mitte des 13. Jahrhunderts an bis in das 14. Jahrhundert voran, die einem Neubau gleichkamen. Die Kirche erhielt ihre heutige Gestalt.

Wie üblich wurde mit dem Chor begonnen, doch bereits vor der Errichtung des Querhauses wurde eine gravierende Planänderung vorgenommen und das dreischiffig und basilikal geplante Langhaus nach oben wie auch zu den Seiten hin erweitert. Noch heute sind jedem Besucher der Kirche die Spuren dieser Planänderung an den westlichen Vierungspfeilern deutlich sichtbar. Nach zahlreichen Unterbrechungen konnte um 1350 das Langhaus mit seinen nun hallenartig überwölbten Seitenschiffen geweiht werden. Die weite Höhe und klare Gliederung des Kirchenschiffes, die elegante Länge der Bündelpfeiler die sich aus einer zentralen Säule und vier Diensten zusammensetzt, wie auch die aufwendigen Steinmetzarbeiten an den Kapitellen deuten noch heute auf den hohen Anspruch der Auftraggeber hin. Auch wenn der Baukörper durch die Planänderung erhebliche Baumängel aufweist, so gehörte St. Martini nach dem Dom und der Liebfrauenkirche zu den größten Kirchen Halberstadts.

Zeigt die Architektur der Kirche auch das im Halberstädter Raum übliche Formenrepertoire, so ist aber die Eingangssituation der Kirche eine Besonderheit: vier zum Teil mit schönen Steinmetzarbeiten versehene Portale (zwei im Querschiff und zwei im westlichen Bereich des Langhauses, eines davon im nördlich angesetzten Querriegel) boten der städtischen Bevölkerung nach Norden (Friedhof) und nach Süden (Stadtzentrum) Zutritt zu ihrer Pfarrkirche.

Die Sache mit den ungleich hohen Türmen

Mit dem Neubau der Kirche im 14. Jahrhundert wurden auch die beiden Türme auf das etwas ältere Westwerkuntergeschoß gesetzt. Bis zum Traufgesims gleich aufgeführt und von schön gegliederten Maßwerkfenstern geschmückt, erhielten die Türme jedoch unterschiedlich hohe Turmhelme. Entgegen den bekannten Sagen, war der Höhenunterschied schon zur Bauzeit mit viel Bedacht gewählt worden. Noch um die Jahrhundertwende zum 20. Jahrhundert saß im südlichen, höheren Turm ein Wächter, der von dort das gesamte Stadtgebiet und die zahlreichen Warten in der Umgebung überblicken und bei Brand oder anderer Gefahr Alarm schlagen konnte. Ein hoher Norddachhelm hätte vor allem die Sicht auf die Unterstadt erheblich eingeschränkt. Aufgrund dieser für die Stadt seit je her wichtigen Funktion sind die Türme der Martinikirche noch heute in städtischem Besitz, der restliche Baukörper aber ist Eigentum der Gemeinde. Wie der Stich aus dem 15. Jahrhundert (Abb. 82) und die starken Abriebspuren an der Spindel des Turmtreppenhauses zeigen, wurde die Verbindungsbrücke zwischen beiden Turmhelmen schon im Hochmittelalter als beliebter Aussichtspunkt genutzt. Nur bei der Kirche einer selbstbewußten Bürgerschaft war so etwas problemlos möglich - einem Bischof wäre man nie „aufs Dach gestiegen".

Die frühe Unabhängigkeit der Kirche im Zentrum der Stadt vom bischöflichen Patronat, die dadurch mögliche erste protestantische Predigt der Stadt 1520/21 (von hier hielt die Reformation in Halberstadt Einzug) und nicht zuletzt die wichtige Schutzfunktion ihrer Türme ließen die Martinikirche zu einem Wahrzeichen städtischer Unabhängikeit gegenüber dem Bischof werden.

Am Ende des zweiten Weltkrieges wurde Halberstadt 1945 zu 80 Prozent zerstört. Auch die Türme und das Dach der Martinikirche brannten nieder. Bereits kurz darauf begann man - noch vor den Wohnhäusern im Stadtzentrum - unter enormen persönlichen Einsatz vieler Halberstädter und durch Spenden ehemaliger Halberstädter mit dem Wiederaufbau im Rahmen des nationalen Aufbauwerkes. Die 1956 fertiggestellten neuen Turmhelme wurden für die Halberstädter das Symbol für den Wiederaufbau ihrer Stadt.

Im Herbst 1989 war die Martinikirche der Treffpunkt für die Montagsgebete „Für unser Land" und Ausgangspunkt zahlreicher friedlicher Demonstrationen. In den letzten Jahren wurden empfindliche Bereiche der Bausubstanz - wieder mit hohem persönlichen Engagement der Halberstädter Bürger, die z.B. einzelne Dachziegel kauften und ihre Namen darauf schrieben - instandgesetzt. Das Schiff erhielt so eine neue Eindeckung, der Chorbereich erhielt eine neue Verglasung und die Choraußenwände wurden neu verfugt. Nach der Neubebauung des Stadtzentrums liegt die Martinikirche wieder umgeben von einem intakten Architekturgefüge im Herzen Halberstadts und bietet den Halberstädtern Raum für den Gottesdienst, für Gespräche, Kultur und Kunst.

Ausstattung

Von der Pracht und dem Reichtum der ehemaligen Ausstattung der bedeutendsten Bürgerkirche Halberstadts können die wenigen erhaltenen Ausstattungsstücke heute nur ein schwaches Bild vermitteln. Bereits am

Abb. 108a: Das Taufbecken, kostbare Bronzgußarbeit um 1400.

Außenbau begegnet dem Besucher über dem westlichen Südeingang der Patron der Kirche, der Heilige Martin. Die Darstellung zeigt den Heiligen hoch zu Roß, wie er seinen Mantel mit dem Schwert teilt, um einem Bettler die Hälfte davon zu geben. Große Teile der Skulptur, der Mantel und der Bettler sind verloren. Die vermutlich im 18. Jahrhundert geschaffene Skulptur ist fast vollplastisch gearbeitet und wurde erst im 19. Jahrhundert mit der Vermauerung in das Giebelfeld des Portales eingefügt.

Im Innern trifft man mit dem Taufbecken das älteste erhaltene Ausstattungsstück der Kirche an (Abb. 108). Die heute im nördlichen Querschiffarm plazierte Taufe ist aus Bronze gegossen und gehört zu den schönsten Taufbecken, die sich aus dem Ende des 13. und dem Anfang des 14. Jahr-

Abb. 108b: Detail vom Taufbecken: „Verkündigung an die Hirten"

hunderts erhalten haben. Auf vollplastischen Personifikationen der vier Paradiesflüsse fußend, ist das Becken mit acht Darstellungen biblischer Szenen geschmückt, die in flachem Relief zwischen einer filigranen Säulen- und Giebelarchitektur angeordnet sind. Zu sehen sind gänzlich Szenen aus dem Leben Jesu - von der Verkündigung an Maria bis hin zur Taufe im Jordan. Die farbige Fassung stammt aus dem 19. Jahrhundert und lehnt sich nur in wenigen Details an die mittelalterliche Gestaltung an. Ein sehr ähnliches Stück hat sich im Halberstädter Domschatz erhalten. Dieses stammt der Überlieferung nach aus der Kirche des Paulsstiftes. In der Auswahl der biblischen Szenen, in der kompositorischen Anlage der Reliefdekoration und der Gliederung der Beckenfläche durch Säulen, Filia-

241

len und Giebel weisen beide Taufen auffällig Entsprechungen auf, so daß eine sehr zeitnahe Entstehung beider Werke, vielleicht sogar in der gleichen Werkstatt, anzunehmen ist.

Knapp 200 Jahre später, um 1443, entstand der Kruzifix, der unter dem Triumphbogen auf einem Balken steht. Das Schnitzwerk hing bis 1945 an der Nordwand der Martinikirche und zeichnet sich durch die Besonderheit aus, daß das Haupt des Gekreuzigten mit echtem Haar versehen ist.

Aus dem 16. und 17. Jahrhundert sind zahlreiche Epitaphien erhalten, die an den Wänden der Kirche Aufstellung gefunden haben. Darunter Grabplatten einiger Mitglieder des Halberstädter Rates. Von besonderer Bedeutung ist das Grabmal des 1574 verstorbenen ersten evangelischen Predigers der Kirche, Justus Otto von Einbeck, das heute an der Ostwand des südlichen Querhauses steht (Abb. 109).

Die aufwendige Renaissancekanzel wurde nachweislich 1595 für die Martinikirche geschaffen, und befindet sich noch heute an ihrem ursprünglichen Anbringungsort. Sie gehört zu den Ausstattungselementen, die nach der Einführung der Reformation der Kirche ein neues, der neuen Konfession gemäßes Aussehen verleihen sollten. Die aufwendige, farbig gefaßte Schnitzarbeit fußt auf der Figur Simons und zeigt acht Reliefs mit biblischen Szenen an der Kanzel und weitere am Kanzelaufgang.

Nochmals 100 Jahre jünger ist der reich geschmückte, den gesamten Chorscheitel in Höhe und Breite ausfüllende Hochaltar. Der 1696 gestiftete Altar vereint sehr kunstvoll die Architektur des Hochbarock mit einem klar durchdachten Bildprogramm. Vom letzten Abendmahl und der Kreuzigung (unten), über die Grablege (mitte) bis hin zur Auferstehung (oben) findet das zentrale christliche Thema der Erlösung von aller Schuld beispielhaft in voluminösen, vollplastischen Schnitzarbeiten Darstellung. Im 19. Jahrhundert in den nördlichen Querschiffarm gesetzt, überstand das Altarwerk die Zerstörung der Kirche 1945 unbeschadet und konnte 1954 wieder an seinen ursprünglichen Platz zurückkehren.

Die Westempore entstand zeitgleich mit dem Hochaltar und wurde mit dem Einbau der kostbaren Orgel aus der Schloßkirche Gröningen 1769 erweitert. Die Schönheit der originalen, hölzernen mit geschnitztem Weinlaub und Blüten umrankten und einst farbig gefaßten Säulen wird leider selten gesehen, obwohl im Halberstädter Raum nichts Vergleichbares mehr zu finden ist.

Literatur:

Walter Bolze, Der Wiederaufbau der Halberstädter Kirchen Unser Lieben Frauen und St. Martini, Oschersleben 1993, S. 69 ff.

Oskar Doering, Beschreibende Darstellung der älteren Bau- und Kunstdenkmäler der Provinz Sachsen. Die Kreise Halberstadt Land und Stadt, Halle/ Saale 1902, S. 387-409.

Renate Killen, Die St.-Martini-Kirche zu Halberstadt, Berlin 1988.

Landesamt für Denkmalpflege Sachsen-Anhalt (Hrsg.), Kostbarkeiten aus dem Domschatz zu Halberstadt, Halle/Saale 2001, S. 84.

Franz Schrader, Gestalt und Entstehung der mittelalterlichen Pfarrorganisation der Stadt Halberstadt und die Gründung des Bistums Halberstadt. In: Nordharzer Jahrbuch, Band 14, Halberstadt 1989, S. 45 ff.

Abb. 109: Grabplatte des ersten evangelischen Predigers Justus Otto von Einbeck, 1574.

243

Uta Siebrecht

Die Paulskirche

Seit 1969 ist eine der bedeutenden Kirchenbauten des 11. Jahrhunderts aus dem Stadtbild Halberstadts verschwunden. Östlich vom Stadtzentrum mit der Martinikirche gelegen, wurde die Paulskirche, deren Baukörper die Zerstörungen des Bombenangriffes 1945 zum Teil schwer beschädigt überstanden hatte, für ein ehrgeiziges, politisch motiviertes Neubauprojekt gesprengt. Auch der Protest engagierter Halberstädter konnte die Vernichtung der Pfarrkirche nicht verhindern.

Als Kirche des drittgrößten Pfarrbezirkes der Stadt Halberstadt kam der Paulskirche neben der Martinikirche und dem Johanniskloster eine bedeutende Rolle zu.

Die erhaltenen Quellen sprechen 1083/1085 von der Gründung des Paulsstiftes mit einer neuen Kirche unter Bischof Burchard II., deuten aber zugleich an, das bereits vor der Klostergründung an dem erwählten Platz eine ältere Kirche existiert hat, die Hildegrim erbaut haben soll. Für die Existens dieses „Ursprungsbaus" aus dem 9. Jahrhundert konnte jedoch niemals ein Beweis erbracht werden.

Wie Burchard II. neben dem Paulsstift auch die Entwicklung des Moritzklosters und die des Liebfrauenstiftes unterstützte, so sorgten auch seine Nachfolger, allen voran Bischof Reinhard und Bischof Rudolf, für die Weiterführung der Bautätigkeiten an den Kirchen. Es scheint, als erneuerten beide Bischöfe wie bei der Liebfrauenkirche auch den alten Kirchenbau der Paulskirche des 11. Jahrhunderts fast vollständig. Vielleicht lassen sich in diesem Zusammenhang auch die starken architektonischen Parallelen zwischen der in der Mitte des 12. Jahrhunderts geweihten Paulskirche, der 1146 geweihten Liebfrauenkirche und der Moritzkirche erklären.

Die Paulskirche des 11. Jahrhunderts war eine einfache Pfeilerbasilika mit Querhaus, absidialem Chor mit nördlicher und südlicher Chorseitenkapelle und einem massiven Westwerk mit Doppelturm. Im Gegensatz zur Liebfrauenkirche und zur Moritzkirche wies die Westfront ein großes rundbogiges Portal auf.

Abb. 110: Das Westwerk der 1945 schwerbeschädigten Paulskirche, um 1960.

Wie die anderen Stadtkirchen erlitt auch die Paulskirche 1179 Schäden bei der Brandzerstörung Halberstadts durch Heinrich den Löwen, die behoben werden konnten. Nach einem erneuten Brand 1246 wurde jedoch ein größerer Neubau nötig. Nach größeren Ausbesserungen im Kirchenschiff wurde der Bau 1363 mit dem Neubau des Chores fortgesetzt. Offensichtlich hatte man, ähnlich wie bei der Martinikirche, nach einer langen Bauunterbrechung den Plan gefaßt, die noch immer in ihren Grundzügen romanische, kleine und dunkle Kirche durch einen Neubau in der lichtdurchfluteten

Abb. 111: Die Paulskirche von Südost, um 1930.

Architektur der Gotik zu ersetzen. Der Bau des Chores war der Anfang und auch die Ansätze der Querschiffe wurde erbaut, doch dann ließ die wirtschaftliche Lage des Stiftes und der Gemeinde diesen kostspieligen Neubau nicht mehr zu. So kam die Kirche zu ihrer zwiegespaltenen Gestalt, wie sie bis 1945 zu erleben war (Abb. 111). Der große, lichte gotische Chor existierte ohne direkte räumliche Anbindung als eigenständiger Baukörper neben der im 14. Jahrhundert erneuerten Kirche des 12. Jahrhunderts. Nach Einführung der Reformation war die räumliche Trennung beider Bauteile von Vorteil: das Langhaus wurde von der reformierten Gemeinde benutzt, der Chor dagegen blieb den Katholiken vorbehalten. Mit der Aufhebung des Stiftes 1812 ereilte die Kirche das gleiche Schicksal wie die Liebfrauenkirche: der Kirchenraum wurde profanisiert, zum Lazarett eingerichtet, und als militärisches Proviantmagazin genutzt. Das Kirchengebäude wurde geplündert und den neuen Erfordernissen gemäß, rücksichtslos umgebaut. Die Gemeinde wurde zur Martinipfarre verlegt.

Zu neuem Leben wurde die Paulskirche in den ersten zwei Jahrzehnten des 20. Jahrhunderts erweckt. Sie wurde zur Garnisonskirche der in Halberstadt stationierten Regimenter umgebaut. Der gotische Chor wurde nach dem ersten Weltkrieg 1926 zu einer Ruhmeshalle eingerichtet. Dort wurden die Trophäen (Fahnen der Halberstädter Regimenter) und Zeugnisse der großen Schlachten (wie die Trompete der Schlacht bei Mars la Tour 1870/71) bis zum zweiten Weltkrieg aufbewahrt. Womöglich war diese militärische Nutzung der Paulskirche auch das Argument, das letztendlich bei der Entscheidung für die Sprengung der Reste der Kirche 1969 ausschlaggebend war.

Ausstattung

Durch die lang andauernde Fremdnutzung des Kirchenraumes ist von der mittelalterlichen Ausstattung kaum etwas überliefert. Noch Oskar Doering (1904, 365) beschreibt Wandmalereien auf den verputzten Pfeilern der Kirche aus dem 13. Jahrhundert. Ähnlich der großen Ausmalung der Liebfrauenkirche waren dort Heiligengestalten und Arkanthusbänder aufgemalt. Auch stammt wohl das etwas später entstandene bronzene Taufbecken, welches sich heute im Domschatz befindet, aus der Paulskirche. Die mit reliefierten Darstellungen geschmückte Fünte zeigt acht Szenen aus dem Leben Jesu und bildet mit dem zeitgleich entstandenem Taufbecken der Martinikirche (Abb. 108) stilistisch wie inhaltlich eine Gruppe.

Nur wenige Objekte konnten vor der Sprengung in Sicherheit gebracht werden, und befinden sich heute größtenteils im Städtischen Museum Halberstadt. Dazu gehören einige Epitaphien wie auch Teile des Architekturschmuckes der Kirche. Die beiden 1908 gegossenen Glocken der Paulskirche dienen heute im Südturm des Domes als Viertel- bzw. Stundenschlagglocke der Domuhr.

Literatur:

Oskar Doering, Beschreibende Darstellung der älteren Bau- und Kunstdenkmäler der Provinz Sachsen. Die Kreise Halberstadt Land und Stadt, Halle/ Saale 1902, S. 356-368.

Franz Schrader, Gestalt und Entstehung der mittelalterlichen Pfarrorganisation der Stadt Halberstadt und die Gründung des Bistums Halberstadt, In: Nordharzer Jahrbuch, Band 14, Halberstadt 1989, S. 45 ff.

Uta Siebrecht

Die Moritzkirche

Auch die frühe Geschichte der St. Moritz- und Bonifatiuskirche liegt noch im Dunkeln. Erst mit der Übersiedlung der Kanoniker des außerhalb der Mauern der Stadt gelegenen Bonifatiusklosters 1237/38 tritt die Moritzkirche in das Licht der Quellen. Wie lange die Moritzkirche schon bestand, bevor die Kanoniker einzogen, ist weder durch die Quellen belegbar, noch fanden erschöpfende bauhistorische Untersuchungen statt. So bleiben wie bei der Pauls- und der Martinikirche nur spärliche Hinweise, um der Entstehungszeit und der Gestalt des Ursprungsbaus der Kirche näher zu kommen.

Einen Hinweis liefert Carl Elis (1886, S.17). Er beschreibt, wie bei den Baumaßnahmen 1886 am nördlichen und südlichen Querschiffarm Fundamente freigelegt und Reste von Bogenarchitekturen und kapitellgeschmückten Säulen mit einem Durchmesser von ca. 55 cm (!) gefunden wurden *„...korinthische, ähnlich wie die der Krypta der Schlosskirche zu Quedlinburg resp. der Kirche zu Gernrode zeigen...".* Da von diesen Funden nichts erhalten ist, kann man Elis' Vermutung, den Kirchenbau St. Moritz mit den großen ottonischen Kirchengründungen des 10. Jahrhunderts gleichzusetzen, nicht belegen. Auch könnte die Wahl des Patrons Moritz einen zweiten Hinweis liefern, von dem eine Armreliquie in der Kirche aufbewahrt wurde. Nachdem Otto der Große 937 die Reliquien des Heiligen Mauritius von Augsburg nach Magdeburg überführen ließ, erhob er Moritz zum Patron des 937 gegründeten Mauritiuskloster, des 955 geweihten ottonischen Domes und des 986 gegründeten Erzbistums Magdeburg. Mauritius wurde sogar unter den Saliern zum Reichspatron, die Mauritiussporen und das Mauritiusschwert gehören seit dem zu den Reichsinsignien. Es wäre sehr reizvoll zu denken, daß die Wurzeln der Moritzkirche noch vor der Gründung der Liebfrauenkirche im 10. Jahrhundert gelegt wurden, doch sprechen die geologischen Verhältnisse (Überschwemmungsgebiet der Holtemme !) und die bisher ergrabene Siedlungsstruktur (erst 11./12. Jahrhundert) wie auch die Entwicklung der Pfarrgebiete des frühen Halberstadts gegen einen Bau aus dem 10. Jahrhundert.

Der heutige Baukörper stammt zu großen Teilen aus dem 12. Jahrhundert. Grundriß und Gestalt der einfachen Pfeilerbasilika, besonders die Gestalt

Abb. 112: Die Moritzkirche von Südwest.

des Westwerkes lehnen sich an den Bautyp der 1146 geweihten Liebfrauenkirche und der Paulskirche aus der ersten Hälfte des 12. Jahrhunderts
an. Ob das Mauerwerk und die rechteckig endende Chorgestalt auf eine
frühere Entstehung hinweisen, kann ohne bauhistorische und quellenkriti-
sche Untersuchung nicht geklärt werden. Der Baukörper ist fast unverändert
in seiner romanischen Gestalt erhalten geblieben, lediglich die Chorseitenkapellen sowie die beiden Südportale sind Erweiterungsbauten aus gotischer Zeit. Die zahlreichen Klausurgebäude wie auch der nördlich an die
Kirche gefügte Kreuzgang des Stiftes sind heute nicht mehr vorhanden.
Wie bei der Paulskirche wurde nach der Einführung der Reformation der Kirchenraum geteilt. Während der größere reformierte Teil der Gemeinde
das Kirchenschiff nutzte, blieb den Katholiken der Chorraum vorbehalten.
Nicht zuletzt dank dieses Umstandes haben sich die Chorgestühle des
15. Jahrhunderts in der Moritzkirche überhaupt erhalten, sie hatten für
die katholischen Gemeindemitglieder noch einen Nutzen, wogegen die

Abb. 113: Das Innere der Moritzkirche in der wiederhergestellten Gestaltung des 19. Jahrhunderts, Blick nach Westen.

Bestuhlung des Langhauses gegen moderne, hochbarocke Bestuhlung getauscht wurde.

Mit der Aufhebung des Stiftes 1810 erlosch das geistliche Leben in der Moritzkirche. Ab 1843 zwang der zunehmende Verfall des Kirchenbaues zu einer grundlegenden Erneuerung, bei der man gnadenloser als bei der Liebfrauenkirche in die vorhandene mittelalterliche Bausubstanz eingriff und den Kirchenraum grundlegend veränderte. Im Gegensatz zur Liebfrauenkirche, wurde diese neuzeitliche Gestalt der Moritzkirche nach 1945 erhalten und in den 90er Jahren des 20. Jahrhunderts restauriert. So ist heute mit dieser Kirche ein einmaliges Zeugnis der Innenraumgestaltung (Wandmalerei, Glasfenster und Schmiedearbeiten) des 19. Jahrhunderts erlebbar. Sie unterstreicht zurückhaltend die strenge Gliederung der romanischen Architektur und vermittelt heute eindrucksvoll – zwar in anderer Gestalt – die Wirkung eines voll ausgemalten mittelalterlichen Kirchenraumes.

Abb. 114: Mittelteil eines Altares mit der Darstellung der Beweinung Christi.
Polychromierte Schnitzarbeit, Ende 15. Jahrhundert.

251

Abb. 115: Aus Bronze gegossener großer Kronleuchter aus dem Jahr 1488.

Ausstattung

Von der mittelalterlichen Ausstattung der Moritzkirche ist heute kaum etwas erhalten. Einige Ausstattungsstücke sind aus aufgegebenen Kirchen der Umgebung in die Moritzkirche gebracht worden – wie das romanische Taufbecken und der bemalte Flügelaltar im Chor. Wiederum sind Kostbarkeiten aus der Moritzkirche in den Domschatz oder in andere Kirchen der Stadt gelangt. Der kostbare Flügelaltar mit Schnitzarbeiten von um 1430, der seit 1951 im Chor der Andreaskirche steht, stammt aus der Moritzkirche. Er zeigt in seinem Mittelschrein die Krönung Marias begleitet von sechs Patronen der Halberstädter Kirchen und auf den Flügeln die Anbetung der Heiligen Drei Könige (links), und zwei weitere Patrone neben dem Heiligen Martin (rechts).

Zum ursprünglichen Bestand gehört aber der große Radleuchter von fast zwei Metern Durchmesser, der in der Vierung Aufhängung gefunden hat (Abb. 115). Der filigran und äußerst kunstvoll aus vergoldeter Bronze gearbeitete Leuchter entstand, wie dies eine Inschrift besagt, im Jahr 1488. Er zeigt über zwei ornament- und rankengefüllten Bändern und einem mit kostbaren Steinen besetzten Mittelreif, eine aufwendige Giebel- und Filialarchitektur. Eine vergleichbare Zierarchitektur kann man zum Beispiel an der bronzenen Taufe in der Martinikirche (Abb. 108)

252

sehen. Was in den sechs Türmchen aufgestellt war, die separat beleuchtet werden können, ist heute unbekannt.

Nahezu zeitgleich wurde das Chorgestühl geschaffen, von dem sich zwei Bänke mit je acht Sitzen erhalten haben. Die zwei Wangen jeder Bank sind mit reichen Schnitzarbeiten versehen, die jeweils zwei Heilige darstellen. Unter ihnen befinden sich auch die beiden Patrone der Kirche St. Moritz und St. Bonifacius und der Patron des Bistums Halberstadt St. Stephanus. Ähnlich wie das Chorgestühl im Hohen Chor des Domes, ist die gesamte Arbeit holzsichtig belassen, d.h. sie wurde nie farbig gefaßt.

Wie farbig aber Kunstwerke dieser Zeit aussehen konnten, zeigt der erhaltene Mittelschrein eines verloren gegangenen Schnitzaltares (Abb. 114). Die polychromierte Schnitzarbeit aus dem Ende des 15. Jahrhunderts zeigt in einer großartigen Komposition eine vielfigürige Darstellung der Beweinung des vom Kreuz genommenen Christus. Solche Beweinungsszenen sind im Spätmittelalter keine Besonderheit. Hervorzuheben ist die Gestaltung des Bildhintergrundes. Dort findet auf einer ebenfalls geschnitzten Hügellandschaft die gesamte Leidensgeschichte Christi vom Einzug in Jerusalem bis hin zur Kreuzigung (die Szene ist leider am oberen Rand des Schnitzwerkes ausgebrochen) in kleinen reliefierten Gruppen Darstellung. Diese seltene Bildlösung, die klare Komposition und die hohe Qualität der Schnitzarbeit wie auch die der farbigen Fassung heben dieses Altarbild in den Kreis der kostbarsten Altarbilder, die aus dieser Zeit in Halberstadt erhalten sind.

Literatur:

Oskar Doering, Beschreibende Darstellung der älteren Bau- und Kunstdenkmäler der Provinz Sachsen. Die Kreise Halberstadt Land und Stadt, Halle/ Saale 1902, S. 375-387.

Susanne Wichart

Das Johanniskloster

Wenn wir uns das mittelalterliche Halberstadt ansehen, so ist es in seiner Stadtansicht von den Kirchen geprägt. Halberstadt als Bischofssitz war mit seinen fünf Stiftskirchen, mehr als acht Klöstern, mindestens 13 Kapellen, sieben geistlichen Höfen, der Bürgerkirche und bis zu 16 Hospitälern ein religiöses und kulturelles Zentrum dieser Zeit. Um die große Bedeutung der Kirchen und Klöster richtig einordnen zu können, ist es notwendig, sich in die Geistes- und Gefühlswelt des Mittelalters hineinzuversetzen. Hierin sehe ich die große Schwierigkeit unserer Zeit: die christliche Religion, wie sie damals war, war zugleich Nährboden und Gesetz des Lebens. Ihr nachdrückliches Prinzip bestand darin, daß das Leben der Seele im Jenseits dem Hier und Jetzt, d.h. dem materiellen Leben auf der Erde überlegen sei. Doch die mittelalterliche Gesellschaft entsagte, ihrer Absage an das weltliche Leben zum Trotz, diesem nicht wirklich und niemand weniger als die Kirche selbst, was in vielen Reformversuchen der Klöster und Stifte zum Ausdruck kommt. Ein Beispiel für diese Entwicklung war das Halberstädter Kloster St. Johannes. Leider sind von diesem Kloster heute nicht einmal mehr die Grundrisse zu finden und dennoch oder vielleicht gerade deshalb sollte dieses zu seiner Zeit sehr bedeutende Kloster nicht in Vergessenheit geraten.

Lokalisierung

Bischof Brantog gründete 1030 das Kollegiatstift St. Johann. In einigen Quellen finden wir auch 1025 als Gründungsdatum, andere gehen davon aus, daß eine schon vorhandene verfallene Kirche wieder aufgebaut wurde. Die Lage des Klosters in der unmittelbaren Nähe des heutigen jüdischen Friedhofs im Westen Halberstadts ist unumstritten. Bemerkenswert erscheint aber, daß das Johannisstift zunächst innerhalb der Stadt lag, was durch eine Urkunde aus dem Jahr 1133, in der die Johanniskirche als *„ecclesia s. Johannis in hac civitate"* (= die Johanniskirche auf der Seite der

Abb. 116: Das Johannisstift um 1581. Deutlich sehen wir die romanische Anlage des Klosters mit den Türmen und dem südlich davor gelegenen freien Areal, auf dem später der älteste jüdische Friedhof angelegt wurde. Oberhalb der Türme, im Norden, der „Liebfrauenberg" mit der Marienkapelle, heute das Gebiet des Vereinshauses der Gartensparte „Nord". Rechts erkennen wir das Johannistor der Stadtbefestigung. Das Johannisstift wurde während des 30jährigen Krieges 1631 von schwedischen Truppen zerstört und dann abgebrochen. Ausschnitt aus der ältesten Ansicht Halberstadts von Braun - Hogenberg 1581.

Stadt) bezeichnet wird, nachweisbar ist. Auch 1206 und 1214 wurde in den Urkunden die Lage des Johannisstiftes als westlich des Johannistores aber innerhalb der Stadt beschrieben: *„s. Johannis in civitate ecclesie"* und als *„ecclesie b. Johannis in civitate nostra Halberstat"*. Vermutlich war die Stadt zu dieser Zeit im Bereich des Johannistores relativ offen. Später wurde die Befestigung der Stadt auch in diesem Bereich verstärkt und mit einem Graben und einer Mauer versehen, außerhalb dieser sich dann das Johanniskloster befand. 1238 ist dies in einer Urkunde nachzulesen: *„areas, que site sunt inter fossatum civitatis et curiam S. Johannis"* (= Platz, zwischen der Stadtmauer und dem Johanniskloster). Auch in weiteren Urkunden des Johannisstiftes wird von nun an die Lage des Klosters als *„apud Halb."* oder auch *„extra morus Halberstadenses"* bezeichnet, was soviel bedeutet wie in der Nähe Halberstadts bzw. außerhalb des Gesetzes Halberstadts (hier wohl des Stadtrechtes).

Entstehungsgeschichte

Wie schon oben erwähnt, wurde das Johanniskloster mit großer Wahrscheinlichkeit als Kollegiatstift durch Bischof Brantog 1030 gegründet. Sein Todestag, der 27. August wurde noch in späteren Jahrhunderten feierlich in der Klosterkirche begangen. Als 1107 Bischof Reinhard sein Amt antrat, ist der Konvent des Johannisklosters schon nicht mehr kanonisch. Die Chorherren hielten sich nicht mehr an die Klosterregeln oder hatten sich ihre eigenen „Klostergesetze" geschaffen. Bischof Reinhard entfernt daraufhin die bisherigen Chorherren und richtet das Stift neu nach der Augustiner-Regel ein. Diese Maßnahme des Bischofs ist zeitlich nicht durch eine Urkunde nachweisbar, es sprechen jedoch verschiedene Indizien dafür, daß sehr schnell nach Amtsantritt Reinhards also ab 1108 bis spätestens 1116 das Kloster reformiert wurde. Aus dieser Zeit existiert eine Urkunde, in der Papst Paschalis II. Bischof Reinhard dafür lobt, daß er die Zucht in den Klöstern wieder hergestellt hat. Bischöfliche Förderung war den Augustinern nunmehr sicher und damit begann der Aufstieg des Stifts, das in kurzer Zeit an Ansehen und Einfluß gewann. Den eindeutigen Nachweis eines Propstes zu St. Johann (so werden die Vorsteher eines Klosters bei den Augustinern genannt) finden wir 1122, später sind häufig Adlige aus dem Bistum Halberstadt in dieser Funktion nachweisbar. Das Stift stand unter dem Patronat des heiligen Johannes dem Täufer und dem Evangelisten.

Baugeschichte und Ausstattung

Da das Kloster zwischen 1030 und seiner endgültigen Zerstörung 1631 vier Mal verwüstet worden ist und heute noch nicht einmal Reste vorhanden

Prospect des ehmaligen S. Johannis Klosters vor Halberstadt

Abb. 117: Dieses Bild läßt deutlich die seit 1631 nicht mehr vorhandene Klosteranlage mit den Klausurgebäuden und Häusern der Vorstadt erkennen. Abgebildet bei Johann Gottlieb Derling, Historische Nachricht von der Kirche. St. Johannis in Halberstadt, Halberstadt 1748.

sind, ist es nur sehr schwer möglich ein genaues Bild des Klosters aufzuzei-
gen. In alten Ansichten ist zumindest zu erkennen, daß die alte Klosterkirche eine zweitürmige Anlage romanischen Ursprungs war, deren Türme in
diesem Stil bis zur Zerstörung von 1631 erhalten blieben. An den anderen
Gebäuden sind Einflüsse der Gotik und Renaissance zu erkennen. Man
kann daraus schließen, daß nach den jeweiligen Zerstörungen Ausbesserungen vorgenommen wurden, die jedoch den alten Stil nicht nachahm-
ten, sondern den Stil der Zeit aufnahmen. Die Klostergebäude lagen überwiegend an der Nord- und Ostseite der Kirche, so wird beispielsweise das
Refektorium in verschiedenen Urkunden erwähnt. Der Kreuzgang befand sich
an der Nordseite der Kirche, nach Doering *„wohl noch alt, wogegen der
Convent, die nordöstlich gelegene Probsteikurie und die Gebäude im
Osten der Renaissance angehörten"*. Zwei Kapellen finden in den Annalen
Erwähnung: 1204 die St. Marienkapelle und 1320 die Kapelle St. Maria
Magdalena. Über die Lage der Klosterschule ist nichts bekannt, sie wurde
jedoch mehrfach zerstört und immer wieder aufgebaut. Das Kloster besaß
neben einer großen vier kleinere Glocken, mehrere Altäre, eine Orgel,
einen dreiarmigen Kandelaber in der Mitte des Chores, Reliquien, Bücher und
anderen Kirchenschmuck.

Das religiöse Leben

Die Regeln des heiligen Benedikt waren auch Grundlage für die Ordensregeln der Augustinerchorherren, doch dauerte es bei diesem Orden länger, bis er aus alten Elementen und nach verschiedenen Versuchen eine feste Gestalt annahm. Als eine besondere Aufgabe für die Kleriker sah der heilige Augustinus ein gemeinsames Leben, die feierliche Abhaltung des Gottesdienstes und die Seelsorge. Erst im 11. Jahrhundert gelang es, viele Domstifte zu bewegen, zum gemeinsamen apostolischen Leben zurückzukehren. Auf einer großen Lateransynode im Jahr 1059 wurde gefordert, daß die Geistlichen, welche die Keuschheit bewahrten, bei den Kirchen, für welche sie geweiht waren, gemeinsam speisen und schlafen, die Einkünfte gemeinsam haben und ein apostolisches Leben führen. Viele Kanonikerstifte kamen dieser Verordnung nach, in Halberstadt dauerte es jedoch bis zum Amtsantritt Bischof Reinhards im Jahre 1107. Sie führten vollkommene Gemeinsamkeit ein und hielten sich an die Regeln, die der heilige Augustinus mit jenen Klerikern lebte, die er um sich versammelt hatte. Aus den Schriften dieses Heiligen wurde dann die sogenannte „Regel des heiligen Augustinus" oder „Augustinerregel" zusammengestellt. In der Lebensführung unterschieden sie sich nicht viel von den Benediktinern. Sie pflegten insbesondere den feierlichen Gottesdienst und übten eine systematische Seelsorge aus. Die Kleidung der Augustinerchorherren war ursprünglich der schwarze Talar, eine darüber befindliche Albe, ein weißes liturgisches Untergewand, ferner im Winter das Almutium, das ist ein Gewandstück aus Pelz, welches den Kopf und die Schultern bis zum Ellenbogen bedeckte. Im Sommer trugen sie die ähnlich geformte Mozzetta aus Wolle. Außerdem hatten sie die Kappa, ein nach allen Seiten geschlossener Mantel, der nur Öffnungen hatte, um die Hände durchzustecken und mit einer Kapuze versehen war.

Besondere Feste

Im Stift St. Johann wurden die kirchlichen Feiertage würdig begangen. Über einen langen Zeitraum wurde noch dem Todestag des Klostergründers Bischof Brantog am 27. August gedacht und mit einer Feierlichkeit gewürdigt. Im Jahr 1284 bestimmte Bischof Volrad, daß die Parochialen von St. Johann an den Tagen Johannis Enthauptung und Johannis *ante portam latinam* die Arbeit bis nach der Messe ruhen lassen und nicht baden sollen.

Beziehungen zum Papst, Bischof und anderen Einrichtungen

Mit der Regulierung des Johannisklosters waren die Augustinerchorherren nun auch in der Bischofsstadt Halberstadt. Bischof Reinhard nahm St. Johann ganz aus dem Zusammenhang der Kollegiatstifte der Stadt heraus. Eine Urkunde Reinhards zu St. Johann ist nicht erhalten, aus anderen Urkunden ist jedoch zu ersehen, daß das Kloster neben der Übertragung von Grundbesitz vom Bischof die Pfarrkirche in Watenstedt und den archidiakonalen Bann in den Sprengeln von Watenstedt und Gehringsdorf erhielt. Dies garantierte das Mitspracherecht in der Bistumsverwaltung. Die Verfassung des Stiftes entsprach der anderer Augustinerchorherren. An der Spitze stand ein vom Konvent gewählter Propst, welcher eine bedeutende Stellung im gesamten Bistum besaß. Er war der Repräsentant der Kanoniker beim Abschluß von Rechtsgeschäften und mit seiner Würde war die Ausübung des Archidiakonats verbunden. Weiterhin waren die Pröpste von St. Johann gefragte Schiedsrichter bei Auseinandersetzungen und oft auch Vollstrecker päpstlicher Aufträge. In der Funktion des Propstes von St. Johann sind sehr häufig Adlige aus dem Bistum nachweisbar. Als sicher gilt, daß als erster Propst ein Geistlicher namens Gerhard dem Stift vorstand. Sein Name taucht immer dann in den Urkunden des Bistums auf, wenn die dargestellten Ereignisse mit den Regularkanonikern in Zusammenhang zu bringen sind. Eine Besonderheit, von den Augustinerregeln allgemein abweichend, ist der Umstand, daß dieser Propst Gerhard im Jahr 1108 ein *beneficium* (Lehen) besaß. Dies scheint der Vorstellung von der persönlichen Eigentumslosigkeit der regulierten Chorherren zu widersprechen. Für St. Johannes in Halberstadt ist allerdings überliefert, daß es schon Anfang des 12. Jahrhunderts einzelne Pfründe gab, so in einer Urkunde des Hochstiftes vom 15. Juni 1150 in der es heißt, *„decimam quandum ... quam fratres s. Johannis ex longa institutione in distributione prebendarum suarum habuerunt"* (= sie erhielten den Zehnten als Brüder von St. Johannes nach einer schon lange bestehenden Anordnung in Bezug auf die Verteilung des von ihren Pfründen Abzugebenden). Das politische Gewicht St. Johannes in der Entwicklung des Bistums und auch in der Meinungsbildung in Rom war sehr groß. Der jeweilige Papst sicherte dem Stift Schutz zu und bestätigte ihm seine Besitztümer und Rechte. Erstmals tat dies Papst Honorius II., er bestätigte zudem die Augustinerregeln und gestattete dem Stift Weltgeistliche (*seculares clerici*) bei sich aufzunehmen. Das Ansehen von St. Johannes wird auch darin deutlich, daß die Päpste den Propst des Stiftes häufig als Schiedsrichter einsetzten, nachzulesen beispielsweise in einer Urkunde des Jahres 1235. Auch mit anderen Aufgaben werden die Augustinerchorherren betraut, so beauftragt Papst Bonifaz VIII.

den Propst zu St. Johannes dafür Sorge zu tragen, daß die neu gewählte Äbtissin Ermengardis zu Gernrode *per aliquem catholicum episcopum* das *munus benedictionis* empfängt und daß ihr von ihren Untertanen die schuldige *Obedienz* geleistet wird, weiterhin soll er ihr den dem päpstlichen Stuhl zu leistenden Treueid abnehmen.

Die Kanoniker übten auch einen nicht zu unterschätzenden Einfluß bei der Bischofswahl aus, so waren sie maßgeblich an dem Absetzungsverfahren gegen Bischof Otto beteiligt. Sie beschuldigten Otto der nichtkanonischen Wahl und ungültigen Weihe sowie der Simonie. Nach der Absetzung Ottos 1135 erzwangen sie sogar, den Bischofsstuhl mit dem Propst Gerhard von St. Johannes zu besetzen. Dieser konnte seine Stellung wegen des Gegensatzes zum deutschen Kaiser nur ein Jahr behaupten. Die Klosterschule war zudem Ausbildungsstätte späterer Halberstädter Bischöfe wie zum Beispiel Rudolf und Hermann. Unter der Leitung eines Rektors, der zugleich Kantor war, wurde hier Wissenschaft und Kunst gepflegt. Die Augustinerchorherren von St. Johannes waren maßgeblich an der frühen Anwendung des römischen Rechts im mitteldeutschen Raum beteiligt.

St. Johannes und die Bürger Halberstadts
Aber auch für die Stadt hatten die Chorherren eine große Bedeutung, so übten sie die *cura animarum* (Seelsorge) für alle Häuser außerhalb des *ius fori* (Marktrechtes) aus. Durch die Seelsorge vermittelten sie ihre Vorstellungen an die Laien. Weiteren Einfluß in der Stadt erlangte das Stift durch die Schenkung Bischof Albrechts I. Er überträgt dem Stift St. Johannes das Patronat der Martinikirche in Halberstadt. Diese Schenkung ist darauf zurückzuführen, daß die Kanoniker von St. Johannes wiederholt einen beträchtlichen Beitrag zur Schuldentilgung des Hochstiftes leisteten. So haben sie laut Urkunde 65 des Klosters vom 12. November 1261 als Beihilfe zur Schuldenabtragung des Hochstiftes dem Dompförtner Rudolf auf Lebenszeit den Zehnten von den dem Stift gehörigen Hufen zu Ditfurt überlassen.

Das Johanniskloster verfügte über gesicherte ökonomische Verhältnisse. So besaß das Stift neben den Besitzungen im Umland auch einen großen städtischen Besitz, zu dem Häuser *extra ius fori* (außerhalb des Marktrechtes), eine Mühle am Stadtgraben, Verkaufsstände, Wirtschaftsgebäude, Rechte an Häusern von Krämern und Schneidern und Höfe zur Viehhaltung gehörten. Für seinen Besitz in Halberstadt nahm das Stift bestimmte Vorrechte in Anspruch, so die Schoßfreiheit (Steuerfreiheit) und die Immunität.

Wie auch in vielen anderen Städten des 13. und 14. Jahrhunderts erlangte die Stadtgemeinde Halberstadts politische Bedeutsamkeit und ökonomische

Stärke. Dies war nun nicht mehr mit dem Selbstverständnis der Sonderstellung klösterlicher Besitzungen in der Stadt zu vereinbaren und es kam zu Auseinandersetzungen zwischen dem Rat der Stadt und den Stiften. Der Konflikt spitzte sich bis Ende des 14. Jahrhunderts zu, wovon auch das Johannisstift betroffen war. So war es Probst Heinrich von St. Johannes, der als Mitinitiator 1369 ein Bündnis gründete, welches das Domkapitel und die Klöster und Stifte Halberstadts einte, und damit die Grundlage für ein gemeinsames Vorgehen auch nach 1389 schuf. Das Stift trug auch wesentlich dazu bei, daß es Absprachen über die Regelung von Auseinandersetzungen und Streitigkeiten zwischen der Geistlichkeit und dem Rat gab.

Erstaunlich ist auch, daß das Johannisstift trotz mehrfacher Zerstörung, Krisensituationen, Naturkatastrophen und Bränden seine wirtschaftliche Stärke behielt und gesicherte ökonomische Verhältnisse vorweisen konnte. Erst mit der Reformation wurde der Untergang des Klosters und seiner Bewohner eingeleitet. Als die neue Lehre Luthers auch in Halberstadt Einzug hielt, kam es zu tiefen inneren Auseinandersetzungen des Konventes. Der damalige Probst Wiedensee bekannte sich offen zur Lehre Luthers und war auch bemüht, diese aktiv in Halberstadt zu verbreiten. Dies fand im Konvent, der sich weiterhin dem Katholizismus verschrieb, keine Zustimmung. Die Gemeinde jedoch folgte Probst Wiedensee in den Protestantismus. Die schlimme Zeit des Dreißigjährigen Krieges brachte dem Kloster nach wiederholter Plünderung und Brandschatzung im Jahr 1631 die endgültige Zerstörung durch schwedische Truppen. Bis 1804 konnte sich der Konvent, nun im Lüderschen Hof, gegen Auflösungsbestrebungen wehren, mußte aber nach 800 Jahren das Halberstädter Stift aufgeben. Die protestantische Johannisgemeinde fand eine neue Heimstätte in der 1648 erbauten Fachwerkkirche im Westendorf, in der vielleicht auch noch einige Relikte aus dem alten Johanniskloster zu finden sind.

Literatur:

Dieter Berg (Hrsg.), Bürger, Bettelmönche und Bischöfe in Halberstadt, Werl 1997.

Hermann Boettcher, Neue Halberstädter Chronik, Halberstadt 1913.

Karlotto Bogumil, Das Bistum Halberstadt im 12. Jahrhundert, Köln/Wien 1972.

Johannes Bühler, Klosterleben im Mittelalter, Frankfurt/M. 1989.

Adolf Diestelkamp, Urkundenbuch des Stifts St. Johann bei Halberstadt 1119-1804, Weimar 1989.

Oskar Doering, Beschreibende Darstellung der älteren Bau- und Kunstdenkmäler der Kreise Halberstadt Stadt und Land, Halle/S. 1902.

Barbara Tuchman, Der ferne Spiegel – Das dramatische 14. Jahrhundert, dtv 1990.

Athanasius Polag

Die Benediktiner in Halberstadt

Im Unterschied zu anderen Städten gibt es in Halberstadt keine Kirche einer Benediktinerabtei oder irgendwelche Spuren einer solchen. Doch war dieser Orden der Stadt und ihren Bürgern nicht fremd. Denn die Benediktinermönche begegnen uns bereits in der Gründungszeit von Halberstadt und später als gute Nachbarn.

Als Karl der Große das Gebiet der Sachsen mit dem Herrschaftsgebiet der Franken vereinigte, war er um die Christianisierung der Sachsen bemüht und organisierte sie. Die Männer, die die Mission tatsächlich trugen, waren überwiegend Benediktinermönche.

Was hat man darunter zu verstehen? Diese Mönche nannte man Benediktiner, weil sie nach der Klosterordnung des Abtes Benedictus (480-547) lebten. Er hatte in der ersten Hälfte des 6. Jahrhunderts das Kloster Montecassino gegründet. Damals war das Mönchtum im Westen des römischen Reiches schon etwa 200 Jahre verbreitet. Die Mönche gestalteten ihr Leben nach dem Evangelium und den Überlieferungen der Väter in sehr unterschiedlicher Weise. Benedikt nun gab der Gemeinschaft in seinem Kloster einen bestimmten Charakter, der die Traditionen mit den Anforderungen der veränderten Zeitverhältnisse in Einklang brachte. Dies faßte er in eine Klosterordnung, die man „Regel" nannte. Sein Kloster Montecassino wurde bald nach seinem Tod von den Langobarden zerstört. Die Mönche flohen nach Rom. Dort lernte Papst Gregor († 604) sie und ihre Lebensordnung kennen. Als er Missionare nach England sandte, gab er ihnen die „Benediktusregel" mit. So entstanden in England Klöster nach der Lebensordnung und den Weisungen Benedikts. Kennzeichnend war für diese Klöster, daß sie nicht nur Stätten des Lobpreises Gottes und eines Lebens in Stille und Zurückgezogenheit waren, sondern daß die Gemeinschaften sich um die Menschen des Landes kümmerten. Zu ihrem Programm gehörten die Verkündigung des Evangeliums, die Hilfe für Notleidende und die kulturelle Entwicklung des Landes. Darum unterhielten die Klöster Schulen, Krankenhäuser und Höfe für Landwirtschaft und Obstbau. Aus England kamen später solche Mönche ins Frankenreich. Zur Unterscheidung von

Abb. 118: Die Huysburg. Blick durch das Eingangstor auf die romanische Klosterkirche mit der angrenzenden Klausur.

263

anderen Formen des Mönchtums und zur Bezeichnung des Neuen gegenüber den seit langem bestehenden Klöstern nannte man sie „Benediktiner". Sie wurden von den Herrschern sehr geschätzt, besonders wegen ihrer Bildung und der Methode ihres Unterrichts. Herausragende Persönlichkeiten wie die Missionare Willibrord († 739) und Bonifatius († 754) und der Gelehrte Alkuin († 804) sind in die Geschichte des werdenden Europa eingegangen. Karl der Große war von den Benediktinern geradezu begeistert und hatte den Wunsch, daß alle Klöster seines Reiches deren Klosterordnung annehmen sollten. So ist es verständlich, daß überall dort, wo er Gebiete eroberte und deren Bewohner zur Annahme des christlichen Glaubens bewegen wollte, Benediktiner auftauchten.

Schon im Jahre 777 teilte Karl der Große auf einer Reichsversammlung in Paderborn das Stammesgebiet der Sachsen einzelnen Bischöfen im fränkischen Reich und bedeutenden fränkischen Klöstern zu, damit sie für die Missionierung Sorge tragen sollten. Das Gebiet nördlich des Harzes wurde dem Bischof von Châlons-sur-Marne anvertraut, dem Abt des Klosters Hersfeld dagegen das Gebiet südlich des Harzes. Viel ereignete sich zwar in jenen Jahren nicht, aber nach dem Aufstand des Widukind 784/785 wurden die Bemühungen um die Ausbreitung des christlichen Glaubens intensiviert. Nach 792 kam das Brüderpaar Liudger und Hildegrim im Auftrag des Bischofs Bovo von Châlons in unsere Gegend. Es waren Friesen, die in bedeutenden Klosterschulen (Utrecht und York) ihre Bildung erhalten und zunächst in ihrer Heimat missioniert hatten. Als ihnen das nicht mehr möglich war, gingen sie 784 nach Rom und Montecassino. Auf ausdrücklichen Wunsch von Karl dem Großen kehrten sie zurück zur Mission im Südergau und im Harzgebiet.

Im Jahr 799 gründeten sie das Kloster Werden an der Ruhr (heute Essen) als Basis für ihr Wirken. Dieses Benediktinerkloster entwickelte sich zu einem bedeutenden Missionszentrum mit großem Einfluß auf die Harzregion. Später wurde von Liudger auch das Kloster Helmstedt gegründet, das stets mit Werden verbunden blieb. Als 802 Bischof Bovo von Châlons starb, wurde Hildegrim Bischof dieser Stadt, aber als Leiter der Mission unter den Sachsen hielt er sich mehr in unserer Gegend auf als an der Marne. Schon 802 verlegte er das Zentrum der Mission von Osterwieck nach Halberstadt, und 804 errichtete Karl der Große das Bistum Halberstadt. Die Siedlung am Übergang über die Holtemme war eine wichtige Position an einer Nord-Süd-Straße, die die Verbindung zwischen den großen West-Ost-Straßen südlich und nördlich des Harzgebietes herstellte. Sein älterer Bruder Liudger wurde 804 Bischof von Mimigardeford (heute Münster). Doch blieb für beide Brüder das Kloster Werden die Basis ihres Wirkens, und beide wurden dort begraben.

Sehr wahrscheinlich hatte Hildegrim in Halberstadt weitere Mönche in seiner Begleitung für verschiedene Aufgaben, aber ein eigentliches Kloster gründete er nicht. Die Beziehung zu Werden war für die nächste Zeit bestimmend. Sein Neffe Thiadgrim wurde 827 sein Nachfolger; auch er war zuvor Mönch in Werden. Der nächste Bischof, Haimo (840-853), kam aus dem Kloster Hersfeld, das die Mission im Hassegau südlich des Harzes trug. Dann kam wieder ein Bischof aus dem Kloster Werden, Hildegrim II. (853-886), der 859 die Weihe des ersten Domes in Halberstadt vornahm. So ist also die Gründungszeit von Bistum und Stadt Halberstadt wesentlich beeinflußt vom Geist und der Lebensart der Benediktiner.

Unter den Bischöfen in der Folgezeit findet sich immer wieder ein Mönch aus einem Benediktinerkloster. In Halberstadt selbst aber wurde kein solches Kloster gegründet. Allerdings gründete man um Halberstadt herum Klöster. Wendhusen (870) war das älteste Frauenkloster; es folgten Hadmersleben (961) und Stötterlingenburg (995). Zusätzlich zum Männerkloster Helmstedt entstand Gröningen (936). Es blieb auch nicht ohne Einfluß auf Halberstadt, daß die Anfänge von Magdeburg stark benediktinisch geprägt waren. Als Kaiser Otto I. Magdeburg ausbaute, gründete er dort 937 das Kloster St. Mauritius und holte dazu Benediktinermönche aus dem Kloster St. Maximin in Trier. Später wurde dieses Kloster nach Berge vor die Mauern von Magdeburg verlegt (heute Magdeburg Süd). Trotz der Spannungen zwischen Halberstadt und Magdeburg unterhielten die Mönche von Berge rege Beziehungen nach Halberstadt.

Das Kloster Ilsenburg verdient in diesem Zusammenhang besondere Beachtung. Bischof Arnulf (996-1023) war Hofkaplan von Kaiser Otto III. und wurde von diesem sehr gefördert. Der Kaiser schenkte ihm die Reichsburg Ilsenburg. Dort gründete er um 1010 ein Benediktinerkloster mit Mönchen aus der berühmten Abtei Fulda. Unter Bischof Burchard II. schloß sich das Kloster 1060 der Reformbewegung von Gorze an und wurde zu einem einflußreichen kulturellen Zentrum. Von dort kamen starke Anregungen für das kirchliche Leben in Halberstadt. Das Kloster ist mit den Zerstörungen im Bauernkrieg 1525 untergegangen.

Als außerordentlich widerstandsfähig erwies sich unter den Benediktinerklöstern in der Nachbarschaft von Halberstadt das Kloster Huysburg. Seine Entstehung im 11. Jahrhundert verdankt es der Initiative einiger Frauen. In den großen Frauenklöstern in Quedlinburg, Drübeck, Gandersheim und anderen gab es immer wieder einzelne Frauen, die nach Jahrzehnten eines Lebens in der Gemeinschaft als Einsiedlerinnen leben wollten. Sie brauchten dazu die Erlaubnis des Bischofs, der auch für ihren Unterhalt sorgte. So baute Bischof Burchard II. neben dem Bischofshof auf dem Huy,

Abb. 119: Bei Bauarbeiten der letzten Jahre wurde diese Wandmalerei im Ostbereich des Kirchenbaues entdeckt. Sie stammt aus dem 13. Jahrhundert und zeigt in einer nahezu originalen Farbigkeit einen rotgewandeten Engel zwischen heiligen Gestalten.

den sein Vorgänger Bischof Burchard I. mit einer kleinen Kirche versehen hatte, im Jahr 1070 für die Nonne Pia von Quedlinburg ein Haus als Einsiedelei. Ihr schlossen sich weitere Frauen an, darunter Adelheid von Gandersheim. Die kleinen Häuser wurden mit einer Mauer umgeben, so daß sich ein geschlossener Bering ergab. Die Nonnen waren als Ratgeberinnen tätig. Um die Anforderungen besser bewältigen zu können, bewogen sie den Domherrn Ekkehard, der für ihre Versorgung zuständig war, mit seinen Freunden ein Männerkloster auf dem Huy zu gründen. Die Gründung hatte Erfolg. 1084 wurde die Abtei errichtet und 1121 die Kirche eingeweiht.

Von den Umständen der Entstehung her gab es intensive Beziehungen zu den Bischöfen und zu dem Domkapitel in Halberstadt. Ein Zeichen dafür ist, daß Bischof Ulrich (1151-1180) die letzte Lebenszeit im Kloster Huysburg verbrachte und dort begraben wurde. Von der Mitte des 13. Jahrhunderts bis zur Mitte des 14. Jahrhunderts war das Gemeinschaftsleben sehr geschwächt, aber dann trat wieder eine Verlebendigung ein trotz der weit verbreiteten Mißstände und Unsicherheiten im kirchlichen Leben der damaligen Zeit. Nach den Konzilien von Konstanz und Basel griffen die Mönche der Huysburg die Bemühungen um eine Reform der Klöster auf. Als im Jahr 1446 eine Reformkongregation der Benediktinerklöster, Bursfelder Kongregation genannt, gegründet wurde, war die Huysburg eines der vier Gründungsklöster.

Wenn man nach den Ursachen für die Lebensfähigkeit dieses im Wald gelegenen Klosters fragt, wird man feststellen, daß ein wichtiges Element die Bemühung der Äbte um die Bildung in ihrem Kloster gewesen ist. Die Klosterschule fand immer wieder eine besondere Förderung. Das wird auch nicht ohne Einfluß auf die städtische Gesellschaft in Halberstadt gewesen sein.

Die Einzelheiten der Beziehung zwischen Kloster und Stadt bedürfen noch der Erforschung und Darstellung. Das Kloster hatte natürlich einen Stadthof. Das war notwendig für die verschiedenen wirtschaftlichen Maßnahmen. Die Mönche brauchten aber auch ein sicheres Quartier, wenn die häufigen kriegerischen Ereignisse sie mal zur Flucht zwangen. Dieser Stadthof war der „Abtshof" in der Unterstadt. Bezeichnenderweise war er unmittelbar dem Wohnviertel der jüdischen Bevölkerung benachbart. Es gibt verschiedene Hinweise darauf, daß die Beziehungen der Äbte zu den Juden in Halberstadt sehr gut waren.

Im Jahr 1451 besuchte Kardinal Nikolaus Cusanus die Huysburg und bestätigte die Bursfelder Reform. In der Folgezeit engagierte sich die Huysburg in vielen anderen Klöstern. Im Gelingen dieser Bewegung ist eine der Ursachen dafür zu sehen, daß das Kloster in der Reformationszeit „im Papsttum" blieb, wie man damals sagte. Man unterhielt gute Beziehungen zum Domkapitel, auch zu den Kapitularen, die sich der Reformation zugewandt hatten. Das Kloster wurde im Bauernkrieg 1525 niedergebrannt, aber von den Mönchen nicht aufgegeben.

Im Dreißigjährigen Krieg mußte man zwar 1631 vor den Schweden fliehen, kehrte aber schon 1635 wieder zurück, auch wenn die Verhältnisse sehr schwierig waren. Erst der Friede 1648 brachte Klarheit. Halberstadt kam als Fürstentum an Brandenburg, alle katholischen Klöster aber, die am 12. November 1627 nicht aufgegeben waren, sollten erhalten bleiben. Es waren im ganzen zwölf Männer- und Frauenklöster, darunter auch die Huysburg.

Nun begann eine Zeit des Aufbaus und einer reichen Tätigkeit. Unter dem Abt Nikolaus von Zitzewitz (1676-1704) wurde das Kloster St. Mauritius in Minden mit der Huysburg vereinigt und dadurch dessen Lebensgrundlage erweitert. Abt Nikolaus kam aus einer evangelischen Familie, war erst Jurist und später Benediktiner in Corvey geworden. Auch als katholischer Theologe bewahrte er sich ein positives Verhältnis zur lutherischen Theologie und führte intensive ökumenische Gespräche mit evangelischen Theologen. Die Nachfolger von Abt Nikolaus erneuerten die Ausstattung der Kirche und ersetzten einige Gebäude der Huysburg durch Neubauten. Auf sie geht die barocke Ausgestaltung der Huysburg zurück.

Mit der brandenburgisch-preußischen Regierung gab es von Zeit zu Zeit beträchtliche Spannungen. Bei diesen Verhandlungen war der Abt der Huysburg der Vertreter für die 12 katholischen Klöster und immer wieder Repressalien ausgesetzt. So kam ihm auch innerhalb der katholischen Kirche im Raum Halberstadt eine führende Position zu, die er zur Zufriedenheit der anderen Klöster ausübte. Innerhalb von Halberstadt gab es außer den Franziskanern in St. Andreas, den Dominikanern in St. Katharinen und den Dominkanerinnen in St. Nikolaus noch das Johanniskloster mit den Augustinern, die Zisterzienserinnen im Burchardikloster und die Cellitinnen in St. Ursula. Der Abt der Huysburg hatte also für eine recht starke katholische Minderheit in Halberstadt zu sorgen, die gewiß als ein wahrnehmbares Element im Stadtbild in Erscheinung trat.

Als in der Nachwirkung der Französischen Revolution fast überall in Europa die Klöster aufgehoben wurden, in der sogenannten Säkularisation, kam für die Huysburg wie für die Klöster in Halberstadt das Ende. Der preußische König hob 1804 die katholischen Klöster auf und zog ihr Vermögen ein. Die Huysburg wurde Pfarrkirche; der letzte Prior, Carl van Eß, wurde Pfarrer. Später wurde ihm die Zuständigkeit für alle Katholiken im Raum Halberstadt und Magdeburg übertragen. Damit behielt die Huysburg ihre Bedeutung als Zentrum für den katholischen Anteil der Bevölkerung. Das änderte sich auch nicht, als der König die Domäne Röderhof mit der Huysburg Karl Friedrich von dem Knesebeck schenkte. Selbst als der Sitz des bischöflichen Kommissars nach Magdeburg verlegt wurde, war die Huysburg mit Halberstadt für die katholischen Christen ein Ort der Sammlung. So war es naheliegend, daß nach dem zweiten Weltkrieg der Erzbischof von Paderborn auf der Huysburg ein Priesterseminar einrichtete und den Anstoß zu Wallfahrten gab.

Die Geschichte der Benediktiner als Nachbarn von Halberstadt ist noch nicht zu Ende. Denn am 14. September 1972 wurde eine benediktinische Neugründung auf der Huysburg begonnen. Bischof Johannes Braun von Magdeburg und Abt Placidus Galinski von Tyniec/Krakau übernahmen dafür die Verantwortung. 1993 wurde dem Kloster die Neugestaltung der

Huysburg zu einem kirchlichen Zentrum des Bistums Magdeburg anvertraut. Im Verbund mit dem Benediktinerkloster St. Matthias in Trier bemühen sich die Mönche, diese Aufgabe zu erfüllen. Im Einklang mit der Tradition der Mönche in den Jahrhunderten zuvor geht es ihnen nicht nur um diesen durch eine lange Geschichte geprägten Ort, sondern mehr noch um die kulturelle, geistige und religiöse Dimension des Lebens der Menschen in diesem Land. So kann man die Hoffnung haben, daß nach der verhältnismäßig kurzen Unterbrechung die gute Nachbarschaft zu Halberstadt wieder auflebt.

Karlheinz Rohde

St. Katharinen und St. Barbara Halberstadt

Am 1. Mai 1924 feierte die Gemeinde die 700 Jahrfeier der Katharinenkirche und des früheren Dominkanerklosters. 700 Jahre waren es, daß die Dominikanermönche in Halberstadt eine Niederlassung gründeten.

Die *Annales conventus Halberstadtiensis* des Dominikanerpriors Pater Raymundus Bruns berichten, daß die Dominikanermönche 1224 von Magdeburg nach Halberstadt kamen. Bischof Friedrich II. gab ihnen Wohnsitz und eine Kapelle an derselben Stelle, an der heute noch das Kloster steht. Von hohen kirchlichen Behörden unterstützt, durch zahlreiche Schenkungen, besondere Vergünstigungen und außergewöhnliche Bevollmächtigungen, gewinnt die junge Niederlassung bald Ansehen und Bedeutung. Doch die Stürme der Reformation, der Bauernkriege, die wilden Aufstände bringen dem Kloster schwierige Zeiten. Die in den Jahren 1550 bis 1565 wütende Pest reißt große Lücken in die Reihen der Mönche. Mit Einwilligung des Administrators Erzbischof Sigismund von Magdburg sehen sich deshalb im Jahre 1566 die beiden letzten Konventualen gezwungen, ihr zerfallenes Kloster dem Domkapitel zur Verfügung zu stellen, mit dem Vorbehalt, daß das Gebäude jederzeit dem Orden wieder zurückgegeben werden muß, sobald dieser es wieder beziehen will. Das Domkapitel richtet darin eine Schule ein. Die beiden letzten Ordensleute bleiben darin wohnen. Erst nach dem Tod des Priors, geht das gesamte Kloster 1597 in den Besitz des Hochstiftes über, das es aber in den nächstfolgenden Jahren vollständig dem Ruin anheimfallen läßt.

Am 15. August 1628 wird es wieder zwei Mönchen aus Osnabrück mit allen Rechten und Pflichten und Privilegien übergeben. Die Zahl der Konventualen wächst bald wieder an. Eine kurze Blütezeit beginnt. Beim Einfall der Schweden 1632 wird das Kloster völlig zerstört. Die Mönche müssen wieder auswandern. Nach dem Westfälischen Frieden siedeln sie sich zum 3. Mal in dem wiederhergestellten Kloster an. 1719 kann eine Ausweisung durch den Preussenkönig Friedrich Wilhelm abgewendet werden. Ihre Tätigkeit breitet sich fast 300 Jahre über Mittel- und Norddeutschland aus, Mission in Berlin und Potsdam, Mission in Stettin und Magdeburg. Pater Raymundus Bruns kann unter Friedrich dem Großen, der den Bau der Hed-

Abb. 120: Blick in den gotischen Chor der St. Katharinenkirche mit der Kanzel des 17. Jahrhunderts und dem spätbarocken Hochaltar von 1737.

wigkirche 1747 begonnen hatte, 1773 vollenden. Die Kirche in Potsdam kann 1738 geweiht werden. Es folgt die Gründung der Mission in Stettin 1737. Überall erfolgt segensreiche Arbeit in der Seelsorge, die selbst vom König gelobt wird.

Der Reichsdeputationshauptschluß vom 25. Februar 1803 sprach die Klöster nebst ihrem Vermögen den Fürsten zu. Die Dominikanerkirche und St. Katharinen blieb weiterhin als Pfarrei bestehen. Die Klosterräume wurden vom Staat militärischen Zwecken dienstbar gemacht. Das Kloster war zeitweise Lazarett, Gefängnis, Kleiderkammer, Geschirrkammer. Der Remter Pferde und Reitstall. 1870/71 lagerten darin gefangene Franzosen.

Am 24. Februar 1910 kaufte der Kirchenvorstand von St. Katharinen unter Vorsitz des Herrn Dechant White dem Staat das Klostergebäude für 18 000 Mark wieder ab. Im August 1920 stellte die Katharinengemeinde das ganze Klostergebäude, ausschließlich der Kirche, den Karmelitinnen vom göttlichen Herzen Jesu zur Verfügung, die es als Kinderheim einrichteten. Am 15. August 1923 konnte das Kloster neu eingeweiht werden.

Einen zusammenhängenden, lückenlosen Überblick über die Baugeschichte der Kirche und des Klosters zu geben, ist in Ermangelung der Quellen nicht gut möglich. Die Klosterkirche ist ein spätgotischer mit Strebepfeilern besetzter Hallenbau aus Sandsteinen, der im wesentlichen wohl aus dem 14. Jahrhundert stammen dürfte. Welche Teile des heutigen Gesamtbaus sich auf den ursprünglichen Grundbau zurückführen lassen, ist infolge der vielfach erlittenen Zerstörungen und Verwüstungen mit Bestimmtheit kaum festzustellen. Eine Erweiterung der Kirche wurde 1510 vorgenommen. Nach dem Westfälischen Frieden 1648 wurden Kirche und Kloster wiederhergestellt. Später begann der Prior Pater Reginaldus den Bau einer größeren Kirche, die nach und nach mit Hilfe zahlreicher Spenden immer mehr ausgestattet werden konnte. Neue Chorgestühle wurden angeschafft, neue Fenster eingebaut. 1750/51 wurden weitere Renovierungsarbeiten vorgenommen. 1770 wurden italienische Fachleute mit der Ausmalung der ganzen Kirche beauftragt, 1852 Ausbesserungen ausgeführt. Danach erfolgten kaum erwähnenswerte Erneuerungen bis in die Neuzeit.

Das frühgotische Portal der Dominikanerstraße entstammt noch aus der Zeit der Gründung des Klosters. Die Kirche ist dreischiffig mit 6 achteckigen Pfeilern. Das Mittelschiff ist etwa 2 Meter höher als die Seitenschiffe. Überdeckt sind die Schiffe mit flachen, 1897 mit ganz glücklich in gotischer Form erneuerten Holzdecken. Der schöne lange Chor weist Kreuzgewölbe aus spätgotischer Zeit auf. Die Fenster mit spätgotischen Maßwerk sind erhalten geblieben. Der spätbarocke Hochalter stammt aus dem Anfang des 18. Jahrhunderts (Unter einer Muschel steht: *1737 illuminavit, Dominus Heine, sub priore Berendes*). Auf der einen Seite die Figuren: St. Dominikus, St. Pius V. und St. Antonius, auf der anderen Seite: St. Petrus von Verona, sel. Benedikt XI und St. Albertus Magnus. Hoch oben die Patroninnen der Kirche: St. Katharina und St. Barbara. Ihnen zur Seite: St. Thomas von Aquin und Johannes von Köln. Der Altar mit seinen Darstellungen soll lebendige Predigt sein. Restauriert wurde der Hochaltar 1983 durch den Restaurator Herrn Bens aus Jävenitz. Am 7. Oktober 1984 fand die feierliche Einweihung durch Bischof Braun aus Magdeburg statt.

Neben den Altären ist die Kanzel erwähnenswert, ein Werk aus der 2. Hälfte des 17. Jahrhunderts. Die Orgel, einen Prospekt aus der Wende

des 17. Jahrhunderts mit kräftigen Schnitzereien, mit den Figuren des Königs David und zweier Engel, verdient ebenso Aufmerksamkeit wie der Lichthalter in Gestalt eines Chorknabens aus dem Jahre 1430. An der Nordwand befindet sich eine Kreuzigungsgruppe. Die Figuren von Maria und Johannes sind aus dem 15. Jahrhundert. Der Kruzifixus dürfte älter sein. Er wurde 1992 durch Herrn Bens restauriert. Eine Pieta aus der Wende des 15. Jahrhunderts ist ebenso zu erwähnen.

Die mittelalterlichen Glasfenster sind im letzten Krieg zerstört worden. Nur die Chorfenster wurden in DDR-Zeit erneuert. 1990 schuf Herr Hans Georg Losert neue Farbfenster mit der Legende der Heiligen Katharina und Heiligen Barbara, und ersetzte danach die Fenster im Kirchenschiff mit „Altglas".

Abb. 121: Eine Kostbarkeit der älteren Ausstattung ist dieser Lichthalter in Gestalt eines Chorknaben, Holz, bemalt, 1430.

Literatur:

Hermann Boettcher, Neue Halberstädter Chronik von der Gründung des Bistums im Jahr 804 bis zur Gegenwart, Halberstadt 1913.

Raymundus Bruns, Annales conventus Halberstadtiensis, Manuskript des Kaufmanns Josef Breidenhain in Köln.

Chronik St. Katharinen - Halberstadt.

Valentin Arnrich

Zur Geschichte des Franziskanerkonventes zu Halberstadt

Sehr schnell breitete sich die Gemeinschaft der Franziskaner zu Beginn des 13. Jahrhunderts aus. Im Jahre 1219 schickte Franziskus zum erstenmal Brüder unter anderem nach Deutschland. Dieses Vorhaben war unvorbereitet, keiner der Brüder sprach die Sprache des Landes, somit war der Versuch zum Scheitern verurteilt. Die Erfahrungen, die die Brüder in Deutschland machten – schnell galten sie als Häretiker – ließen Deutschland so grausam erscheinen, daß später nur Brüder *„die von der Begierde nach dem Martyrium beseelt waren"*[1], dorthin zurückzugehen wagten.

Im Jahre 1262, am Sonntag Jubilate (30. April), fand in Halberstadt ein Provinzkapitel statt. Im Anschluß an dieses Kapitel blieb Bruder Jordan von Giano in Halberstadt, um seine Erinnerungen aufzuschreiben. Im Vorwort zu seiner Chronik[2] erklärt Bruder Jordan, daß er auf vielfachen Wunsch der Brüder seine Erinnerungen an die Anfänge der Bruderschaft in Deutschland festhalten wollte. Bruder Jordan war zu diesem Zeitpunkt ein alter Mann, der sich selbst als *„gebrechlicher Greis"* bezeichnet. Er kannte Franziskus noch persönlich und gehörte zu den ersten Brüdern, die 1221 nach Deutschland kamen. Unter den Brüdern hatte Jordan ein großes Ansehen und galt als glaubwürdiger Zeitzeuge.

Heute besitzen wir in den in Halberstadt entstandenen Erinnerungen des Bruders Jordan eine Chronik von hoher Bedeutung für die Anfänge der Bruderschaft in Deutschland. Jordan selbst sagt, wir werden sehen, *„wann, wie und durch welche Brüder der Orden zu uns kam"*[3]. Die Chronik belegt die Ausbreitung der Gemeinschaft in Deutschland bis zur Entstehung der Ordensorganisation im 13. Jahrhundert. Aus Bruder Jordans Chronik erhalten wir auch Nachricht über die Ankunft der Brüder in Halberstadt. Auf dem Generalkapitel des Ordens zu Pfingsten 1221 beschloß man erneut, nach Deutschland zu ziehen. Diesmal war der Zug viel besser vorbereitet. Unter der Leitung des Bruders Caesar von Speyer, einem Deutschen, zogen 12 Kleriker und 15 Laien nach Deutschland, wo sie dann am Fest des Heiligen Gallus (16. Oktober) ihr erstes Kapitel in Deutschland, und zwar in Augs-

Abb. 122: Der Komplex des Franziskanerklosters mit der St. Andreaskirche und den sich südlich daran anschließenden Klausurgebäuden, dahinter der Verlauf eines Teiles der Stadtmauer, durch den Baumbestand verdeckt.

275

burg, feierten. Die ersten Konvente wurden in Süddeutschland gegründet.[4]

Ein Jahr später, am Fest Maria Geburt (8. September 1223), feierten die Brüder ihr Kapitel in Speyer, und zwar bei den Aussätzigen außerhalb der Mauer. Hier erhalten wir einen wichtigen Hinweis darüber, wo die Brüder anfangs gewohnt und gearbeitet haben. Das Kapitel bestimmte Bruder Johannes von Piano de Carpine zum Kustos von Sachsen, der mit verschiedenen Brüdern zunächst nach Hildesheim zog. Bruder Jordan beschreibt die Ankunft der Brüder in Hildesheim und schließt das Jahr mit: *„Im Jahr des Herrn 1223 breitete Bruder Johannes von Piano de Carpine den Orden weiter aus und sandte mehrere ausgewählte Brüder nach Hildesheim, nach Braunschweig, nach Goslar, nach Magdeburg und nach Halberstadt".*[5] Sicher sind die Brüder erst nach dem Kapitel in Speyer gen Halberstadt gezogen, so daß mit der Ankunft in Halberstadt frühestens im Oktober 1223 zu rechnen ist.

Im Gegensatz zu Hildesheim fehlen für Halberstadt alle Angaben zu den Anfängen, zu ihrer Tätigkeit und zu ihrer Aufnahme. Sicher werden sie mit dem Bischof Verbindung aufgenommen haben, wie es u.a. für Worms und Hildesheim überliefert ist. Bischof zu dieser Zeit ist Friedrich II. Burggraf von Kirchberg (1209-1236).[6] Ein späterer Chronist schreibt 1746 zu dem Halberstädter Konvent und seiner Geschichte über die Anfänge: *„Auch wenn sie nicht gleich einen dauernden Wohnort erhielten, sondern hier und da zuerst als Gäste lebten, danach vorübergehend in der Nähe des Marktes neben einem großen Gebäude lebten, das man heute Kommisse nennt - dort verharrten sie, von Bürgerhäusern eingeschlossen mit einem ziemlich engen Garten – so dienten sie (doch) indessen Gott und den Nächsten."*[7]

Der erste Guardian (Obere) der Halberstädter Franziskaner war Bruder Rodeger. Rodeger stammte aus Deutschland und war als Laienbruder 1221 in die Gemeinschaft aufgenommen worden. Unter anderem war er als Ratgeber der Heiligen Elisabeth von Thüringen tätig.[8]

Die Chronik von 1746 berichtet zum Jahre 1246 von einer großen Schenkung der Regensteiner Grafen an die Franziskaner: *„Im Jahre 1246 schenkte der betagte Graf Heinrich von Reinstein, andere fügen noch hinzu: und von Blankenburg, zusammen mit seiner Ehefrau Elisabeth Hoya den großen Hof unweit von Halberstadt, den er in der Stadt besaß, mit einem Garten und anderen Zugaben, als beständige Wohnung."*[9]

Die erste urkundliche Erwähnung des Halberstädter Konventes stammt aus dem Jahre 1284.[10] In dieser Urkunde wird bezeugt, daß Bischof Volrad ein Word–Stück dem Hospital St. Spiritus schenkt, welches dafür dem Barfüsser – Kloster ein Stück Grund und Boden überläßt. Außerdem erfahren wir aus der Urkunde die Lage des Klosters: *„quod pertinebat curie dicti hospitalis vicinum curie fratrum Minorum in occidentali parte de consensu partium".* Das Kloster befindet sich demnach westlich vom Hospital, also an dem Standort, wo später die St. Andreaskirche gebaut wird und an dem das Kloster heute noch steht.

1288/89 erweitert Heinrich III. von Regenstein durch weitere Stiftungen das Areal des Klosters und läßt die Andreaskirche errichten. Als Graf Heinrich III. 1311 stirbt, wird er im Chor der Andreaskirche im Franziskanerhabit begraben. Im Jahre 1722 wird der Grabstein erneuert, in der angebrachten Inschrift wird Heinrich III. als *„Fundator"* des Konventes und des Klosters bezeichnet.[11] Zur gleichen Zeit mit der Erneuerung des Grabsteines entsteht eine Tradition, die das Jahr 1289 als Jahr des Umzuges der Franziskaner vom Markt zum heutigen Standort annimmt.[12] Eindeutig erweist aber die Urkunde von 1284, daß 1289 kein Umzug erfolgte, sondern die Franziskaner schon an dieser Stelle wohnten und 1289 ein Um- bzw. Neubau an Ort und Stelle durchgeführt wurde.

In der Frühzeit der Gründung der Niederlassung der Franziskaner in Halberstadt haben die Brüder viel der Regensteiner Grafenfamilie zu verdanken. Ein Mitglied der Familie trat selbst der Gemeinschaft bei: Otto von Regenstein war in den Jahren 1279 bis 1282 Provinzial der sächsischen Franziskanerprovinz.[13] In der Fortsetzung der Chronik des Bruder Jordan heißt es dazu: *„Im Jahre des Herrn 1282 oder ungefähr um diese Zeit*[14] *wurde Bruder Otto von Regenstein, Sohn eines Grafen, edel durch seine Herkunft, noch edler aber durch seinen Wandel ... auf dem Kapitel in Halberstadt gewählt."*[15]

Innerhalb der Provinz hatte Halberstadt eine besondere Bedeutung, was sich auch darin ausdrückte, daß Halberstadt einer der wichtigen Versammlungsorte der Provinz war. Zwölf Provinzkapitel lassen sich nachweisen (1244/45, 1250, 1262, 1279, 1293, 1306, 1318, 1324, 1430, 1498, 1559, 1562).[16] Schon sehr früh (1226), von dem Leben der Brüder beeindruckt, schloß sich der Domherr Otto den Brüdern an. Er verzichtete auf seine Privilegien und führte ein vorbildliches Leben, so daß nach seinem Tode Wunder geschehen sein sollen und er als Heiliger verehrt wird.[17]

Durch geistliche Stiftungen erhielten die Franziskaner Renten- und Immobilienbesitz. Im Oktober und November 1427 schenkte der Graf Heinrich von Wernigerode dem Barfüsserkloster das kleine Dillenthal, den Auwesberg und einen Holzflecken (*holtbleke*). Dafür sollten die Brüder regelmäßig Messen feiern, außerdem wird das Wernigeröder, das Stolberger und das Gleichensche Haus in die Brüderschaft des Klosters aufgenommen.[18]

Der Guardian, Bruder Heinrich Bortfelde, gibt 1466 der Brüderschaft der Schneidergesellen die Teilnahme der guten Werke, da sie dem Kloster einen Altar gestiftet haben.[19] Diese beiden Beispiele mögen genügen. Aber nicht nur Adlige, sondern auch Bürger stifteten Geld, Immobilien oder Naturalleistungen für Seelenmessen und ewige Gedächtnisse. Es entstanden Bruderschaften, Berufsvereinigungen wie die der erwähnten Schneidergesellen, und die 1436 erwähnte Liebfrauenbruderschaft[20], die regelmäßig Jahresgedächtnisse für die Verstorbenen der Bruderschaft in der Andreaskirche feierten.

Als die Franziskaner in Halberstadt ankamen, fanden sie feste Strukturen der Seelsorge vor. Die Organisation der Pfarreien war abgeschlossen, womöglich mit der Errichtung der Stadtmauer. In Halberstadt bildeten sich vier selbständige Pfarreien: St. Martin, St. Peter und Paul, St. Johannes und St. Moritz.[21] Das Kloster lag im Gebiet der Johannispfarrei.

In diese Situation mußten sich die Ordensleute mit ihrer Seelsorge einfügen. Wie in anderen Städten auch, geschah das in Halberstadt nicht ohne Spannungen mit dem Weltklerus. Die Seelsorge der Franziskaner, ähnliches gilt für die Dominikaner, war auch in Halberstadt nur möglich, weil sich die Bettelorden auf eine Reihe päpstlicher Privilegien und Schutzbriefe stützen konnten.

Regelmäßig haben die Franziskaner im Wechsel mit den Dominikanern und den Augustiner-Eremiten als Domprediger gewirkt. Der letzte Franziskaner, der vor der Reformation als Domprediger gewirkt hat, war der Bruder Petrus von Utrecht. Als dieser das Amt aufgeben mußte, berief das Domkapitel 1590 Jesuiten nach Halberstadt, die jedoch nur bis Januar 1591 als Domprediger wirken konnten und im März 1591 die Stadt verlassen mußten. Am 21. September 1591 berief dann das Domkapitel mit Dr. Martin Mirus den ersten reformierten Domprediger.[22]

Aber nicht nur in der Stadt wirkten die Franziskaner als Seelsorger, sondern auch im Umfeld. Dazu dienten die sogenannten Termineien. In diesen Termineien lebten meist zwei Brüder, die in der Seelsorge aushalfen und Gaben für das Kloster sammelten.[23] Bis nach der Einführung der Reformation besaßen die Halberstädter Franziskaner zum Beispiel eine Terminei in Wernigerode, die sie 1542 für 28 Gulden an die Stadt verkauften.[24] 1520 verbot Kardinal Albrecht, Erzbischof von Magdeburg und Bischof von Halberstadt, den Franziskanern das Terminieren. Er habe gehört, *„wie Brüder aus dem Franziskanerkloster (Halberstadt) die meiste Zeit des Jahres sich auf sogenannten Termineien in Städten und Flecken außerhalb des Klosters herumtrieben, daß sie den Pfarrern und dem Volke vielfach Nachteile gebracht.“*[25] Ob der Anlaß des Verbotes Beschwerden der Pfarrer waren, oder ob die volkstümliche Art der Franziskaner den Grund gab, mag ich nicht zu beurteilen. Zumindest wirft das Verbot ein Licht auf das nicht einfache Verhältnis zwischen Weltklerus und Bettelorden.

Im 15. Jahrhundert wandelte sich bei allen Orden, besonders aber bei den Bettelorden, das Regelverständnis. Es kam zu einem Verfall der früheren Strenge. Für die Franziskaner kam zum Ende des 14. Jahrhunderts eine Reformbewegung, die eine strengere Regelbeobachtung forderten und deshalb als Observanzbewegung in die Geschichte einging. Die Einzelheiten der Reform des Halberstädter Konventes sollen hier nicht untersucht werden. Im Jahre 1541 übergab der Halberstädter Konvent alles Grundeigentum dem Domkapitel und schloß sich ganz der Observanz an.[26] In diesem Zusammenhang wird eine Urkunde des Johannisstiftes überliefert, die uns die Konsequenz der Observanz zeigt. Am 25. Mai 1540 bittet der Propst Henning Lange den Kardinal Albrecht erneut darum, *„dem Minoriten Valtin Cleman, der nachdem die Observanten nach Halberstadt gekommen sind, und unter ihnen eine reformation agericht, die ehr beschwerlich angesehen und derhalb darein nicht hab willigen und fulborden wollen, sein Kloster verlassen hat ... den Übertritt in das Stift St. Johannes zu gestatten."* Am 7. August erneuert der Propst nochmals die Bitte:, *„dweil ethliche fremde Barfusser anher gein Halberstadt kommen und eine reformatio unter sich auffgericht, darinne er als junge Person nicht hat willigen wollen"*.

Die Reformation traf die Franziskanerprovinz durch die internen Auseinandersetzungen geschwächt. Auch im Halberstädter Konvent neigten einige Brüder der neuen Lehre zu. Für 1529 wird Francisco der Wiedeman, *„gewesenen Franciscaner zu Halberstadt"*, als Prediger zu Einbeck genannt.[27]

In der Regierungszeit Bischof Johann Albrechts (1545-1550) begannen auch die Angriffe auf das Kloster. *„Am 10. Januar 1547, ist unser Kloster durch Bürgermeister und Ratsherren mit Gewalt eingenommen worden, aus den Altargewändern weltliche Kleider gemacht und kein Mittel gespart, die Brüder zum Abfall zu bringen."* Da die Brüder aber die Reformation nicht annehmen wollten, mußten sie die Stadt verlassen. Den Gottesdienst in der Andreaskirche übernahmen Prediger; Kelche, Monstranzen und Urkunden wurden von der Stadt beschlagnahmt. Der Guardian Heinrich Helm (geboren in Halberstadt, 1548-1451 Provinzial) erwirkte bei Kaiser Karl V. am 2. Januar 1548 ein Pönal–Mandat. In diesem Mandat befahl der Kaiser der Stadt, Kirche, Kloster und alles Eigentum zurückzugeben. Der Rat befolgte zwar das Mandat, jedoch die Kelche und die Akten bekamen die Brüder nicht zurück.[28]

Im Jahre 1567 mußten die Brüder das Kirchenschiff an die evangelische Johannisgemeinde abtreten. Die Johannisgemeinde entfernte alles, was an katholischen Gottesdienst erinnerte, aus dem Kirchenschiff. Die Brüder benutzten für ihren Gottesdienst den Chor der Kirche. Als 1587 durch einen Brand auch die Kirche im Johanniskloster zerstört wurde, verlangte die Johannisgemeinde nun die ganze Andreaskirche. Die Brüder hielten ihren Gottesdienst in der St. Anna-Kapelle, die sich am Eingang zur Kirche befand, die Zugänge zum Kloster wurden vermauert.[29] Als 1569 das Kloster in Gandersheim aufgegeben wurde, waren von der einst großen Franziskanerprovinz nur noch die Klöster Halberstadt und Eger übrig. Seit 1603 gehörte Eger zu der Provinz Argentina, somit war Halberstadt nur noch alleine übrig. Dort lebten 1596 noch drei Brüder und 1603 noch einer.[30]

Nun tat man etwas, was man heute sicher so nicht mehr tun würde, was sich aber letztlich als fruchtbringend erwies. Den letzten lebenden Bruder ernannte der Generalminister zum Provinzkommissar und verlieh dem Halberstädter Kloster den Provinznamen „Vom Heiligen Kreuz", damit der Name nicht untergehe. Franziskanerbrüder aus der Kölner Provinz kamen nach Halberstadt. So konnte der Konvent in Halberstadt noch 200 Jahre bestehen und von Halberstadt aus die Sächsische Provinz wieder erblühen, die 1714 schon wieder 18 Konvente zählte.[31]

Zu Beginn des 19. Jahrhunderts begannen neue Stürme auf das Kloster loszubrechen. Die Regierung des Königreiches Westfalen verfügte 1810 die Aufhebung aller Stifte und Klöster, worunter auch das Franziskanerkloster in Halberstadt fiel. Wie sich die Aufhebung des Klosters gestaltete, bedarf noch der Klärung. Der letzte Guardian, Pater Bonaventura Zurborg, er war von 1807 bis 1813 Guardian des Klosters, starb am 2. August 1813. Damit war das Kloster endgültig aufgehoben, nur noch ein Franziskaner, Pater Flavian Ostendorf, war in der Stadt, der bis zu seinem Tode am 16. März 1821 als Pfarrer an der St. Andreaskirche wirkte. Die Pfarrei wurde nun von Weltpriestern bis zum Jahre 1920 betreut. Pfarrer Franz Goller verzichtete 1920 auf die Pfarrei, und es kamen wieder Franziskaner nach Halberstadt, die eine alte Tradition, die in Halberstadt bis in die Zeit des heiligen Franziskus reicht, wieder aufnahmen. Der erste Franziskaner als Pfarrer an der St. Andreaskirche war 1920 Pater Servatius Schittly.[32]

Anmerkungen:

1 Chronik Bruder Jordan 5, 43; S. 39-114, In: Hardick, Nach Deutschland und England, Coelde, Werl, 1957.

2 Chronik Bruder Jordan Prolog.

3 Ebd.

4 Ebd. 18-23.

5 Ebd. 33-37.

6 Grote, Stammtafeln, 512, Leipzig 1877.

7 Chronologia Almae Provinciae, cap. 13, Provinzarchiv der sächsischen Franziskaner Werl, Nc 108.

8 Chronik Bruder Jordan, 25, 34.

9 Vgl. oben Anm. 7; Der Chronist irrt sich in der Person der Gräfin Elisabeth v. Hoya. Sie war die Frau von Heinrich III.; Schwennicke, Europäische Stammtafeln, Bd. XVII, Tafel 117. Desweiteren führte zu dieser Zeit Siegfried I. die Grafschaft. (1212-1251) Lösen läßt sich das Problem, wenn man Lentz Landeshistorie folgt. Demnach war der Beschluß zur Gründung des Franziskanerklosters ein Familienbeschluß unter Führung Siegfrieds I. „nach ihrer Wiederkunft aus dem heiligen Land".

10 Urkundenbuch der Stadt Halberstadt I., bearb. Gustav Schmidt, Halle 1878, Geschichtsquellen der Provinz Sachsen und angrenzender Gebiete, 7, 1-2.

11 Inschrift bei Woker, Geschichte der Norddeutschen Franziskaner-Mission der Sächsischen Ordensprovinz vom heiligen Kreuz, Freiburg 1880, 9, 73.

12 Abel, Stiffts-, Stadt- und Landchronik des jetzigen Fürstenthums Halberstadt, Bernburg 1754, 65f, Joppen, Das Erzbischöfliche Kommissariat Magdeburg, Leipzig 1965, 76.

13 Verzeichnis der Provinziäle, im Verzeichnis der Brüder und Häuser der Provinz.

14 Das richtige Jahr ist 1279.

15 Chronik des Bruder Jordan 95, 5.

16 Ulpts, Franziskanerkonvent, In: Bürger, Bettelmönche und Bischöfe in Halberstadt, Saxonia Franciscana 9, 222.

17 Martyrologium Franciscanum in quo Sancti, 14. Feb., Venedig 1879; Schlager, Aus Halberstadts franziskanischer Vergangenheit 1223-1923, Werl 1923, 6.

18 UB Halberstadt II, 816, 817.

19 UB Halberstadt II, 1024.

20 UB Halberstadt II, 878.

21 Schrader, Gestalt und Entstehung der mittelalterlichen Pfarrorganisation der Stadt Halberstadt, Studien zur kath. Bistums- und Klostergeschichte, 29, Leipzig 1988.

22 Woker, Geschichte, 78.

23 Schlager, Vergangenheit, 7.

24 Urkunde bei Ulpts, Franziskanerkonvent, 248.

25 Woker, Geschichte 31.

26 Chronologia Almae Provinciae cap. 13.

27 UB des Stifts St. Johann, Weimar, 1989. 522.

28 ebd.

29 Winnigstedt, Chronicon Halberstadense, 398.

30 Notanda de Conventu Halberstadensis, 36.

31 ebd. 57, Doelle, St. Anna im Kloster Dorsten.

32 Schlager, Vergangenheit, 13.

Valentin Arnrich

Die St. Andreaskirche zu Halberstadt

Nähert sich der Besucher Halberstadt, so sieht er von allen Seiten die prächtigen Türme des Domes, der Liebfrauenkirche und von St. Martini. Etwas versteckt findet man die beiden Bettelordenskirchen der Stadt, die ehemalige Dominikanerkirche St. Katharinen und die Franziskanerkirche St. Andreas.

Bei der Ankunft der Bettelorden in Halberstadt, 1223 die Franziskaner und 1224 die Dominikaner, war die Besiedlung und die Umfriedung der Stadt nahezu abgeschlossen. Die Dominikaner bauten in der stärker bevölkerten Unterstadt ihr Kloster, die Franziskaner bekamen ein Haus mit Garten in der Innenstadt und zogen erst im Jahre 1246 an den heutigen Standort des Klosters. Eine große Aufgabe für die Brüder war, bedenkt man die rasche Ausbreitung des Ordens, geeignete Wohneinheiten und einen Kirchentyp zu entwickeln, der die Gesprächspartner der Brüder, die einfachen Leute, die sie erreichen wollten, fesseln und fassen konnte. Auf dem Generalkapitel in Narbonne 1260 wurden zum ersten Mal die Gebräuche aufgeschrieben, dazu gehörten auch die Normen für einen Kirchenbau. Demnach sollten die Kirchen nicht gewölbt sein, außer über dem Hauptaltar, Glockentürme sollten nicht als einzelne Türme, sondern als Dachreiter errichtet werden. Bei der Ausstattung wurde auf äußerste Einfachheit Wert gelegt. Alles, was sich bei diesen Vorschriften auf Architektur und Ausstattung bezieht, ist eigentlich negativ formuliert. Die Kirchen sollten gerade für den Zweck der Verkündigung des Wortes Gottes ausreichen und möglichst viele Menschen fassen, die dann auch durch nichts abgelenkt werden konnten.

Über den Baubeginn der St. Andreaskirche sagt uns der Grabstein des Erbauers der Kirche, des Grafen Heinrich III. von Regenstein: „[Er] *hat im Jahre 1289 hier am Orte seiner Residenz, im Volksmund Klein Blankenburg genannt, diesen großen Convent und diese Kirche aus Quadern erbaut für den Orden der Minderbrüder des heiligen Franziskus. Er weihte Kirche und Kloster dem heiligen Apostel Andreas"*. Über die Fertigstellung der Kirche hat sich keine Nachricht erhalten. Möglich ist eine Bauzeit von

Abb. 123: Blick durch das wiederaufgebaute und 1985 geweihte Kirchenschiff in den erhalten gebliebenen gotischen Chor. Links das von dem Halberstädter Glasgestalter Hans Losert geschaffene Burchard-Fenster, vor dem Chor der Zelebrationsaltar mit einem Standreliquiar, das Reliquien des hl. Burchard I. enthält. Im Chor der geöffnete Hochaltar, ehemals in der Moritzkirche (um 1420/30), rechts ein Altaraufsatz, eine italienische Arbeit von 1456.

10 bis 12 Jahren anzusetzen, wie es bei ähnlichen Kirchen bezeugt ist (Soest 1320-1330, Frankfurt/Oder 1516-1525).

Die Kirche wurde in den typischen Formen der Bettelorden aus dem ziemlich weichen Regensteiner Sandstein erbaut. Sie zeigt außen eine einfache Gestalt. Die Strebepfeiler lockern die Fläche nicht auf und sind selbst einfach gestaltet mit leicht abgeschrägter Abtreppung und oberem Gesimsschluß. Der Westgiebel wird durch drei Strebepfeiler und einen an der Nordwestecke schräg gestellten Strebepfeiler kräftig geteilt. Die Fläche wird aufgelockert durch ein hohes Spitzbogenfenster in der Mitte, zwei kleinere Fenster und durch das Portal. Der Außenbau der Andreaskirche ist ganz ohne Schmuck. Bis zur Zerstörung der Kirche (1945) bildete der ganze Baukörper eine Einheit unter Betonung des horizontal durchgehenden Daches. Das Dach war zwischen Schiff und Langchor von einem Dachreiter gekrönt. Beim Wiederaufbau der Kirche (1981-85) wurden leider beide Stilelemente außer acht gelassen.

In Halberstadt haben bzw. hatten wir zwei schöne Beispiele, wie die Bettelordensarchitektur andere Kirchbauten beeinflussen konnte. Die Scheitelkapelle im Chorschluß des Domes wurde nach der Fertigstellung der St. Andreaskirche gebaut (1354-1362). Die Strebepfeiler der Kapelle entsprechen denen am Chor der Andreaskirche und widersprechen der Architektur des übrigen Baukörpers des Domes. Beim Betrachten eines Fotos des Chores der heute leider nicht mehr vorhandenen Stiftskirche Peter und Paul, der nach 1380 gebaut wurde, meint man den Chor der Andreaskirche zu sehen.

Die Andreaskirche wurde als dreischiffige Hallenkirche gebaut, wobei das Mittelschiff leicht überhöht war (Staffelhalle). Trotz des gut 40 Jahre vorher erlassenen Wölbeverbotes wurden die Schiffe mit einem Kreuzrippengewölbe gedeckt. Das Gewölbe ruhte auf achteckigen Pfeilern und vorgekragten kurzen Diensten mit schlichten Blattkapitellen am Treffpunkt von Stütze und Last. Die Dienste endeten auf Konsolen, die mit Köpfen oder Blattwerk geziert waren.

Der einschiffige Chor der Kirche wurde als dreijochiger Langchor errichtet und ist polygonal mit fünf Seiten eines Achtecks geschlossen. Im Chorschluß sind die Dienste durchgehend. Die Fenster im Chorschluß zeigen eine Unterbrechung durch einen eingelegten Kreis. Heute sind in dem Kreis Bilder von Überlieferungen aus dem Leben des Heiligen Franziskus zu sehen, die Carl Crodél 1959/60 geschaffen hat.

Im Gegensatz zu den Kathedralen hatte die Kunst in den Bettelordenskirchen eine andere Funktion. Gehörte in der Kathedrale die Kunst, einschließlich der farbigen Glasfenster, zum Gesamtprogramm, so waren die Ausstattungsstücke in den Bettelordenskirchen eher in den Raum gestellte Einzelstücke. Dazu gehörten:

- Der Hochaltar, ein spätgotisches Schnitzwerk aus Italien, kam nachdem er neogotisch ergänzt und restauriert wurde, 1890 an die Andreaskirche. Der Altar wurde 1945 nur wenig zerstört und 1985/86 restauriert. Heutiger Standort ist das Kirchenschiff.
- Zwei kleinere Altäre von 1784. Sie stammten aus dem 1810 aufgehobenen Burchardikloster und sind beide zerstört.
- Ein Altar mit der Alabastermadonna und polychromiertem Alabasterrelief aus dem 15. Jahrhundert, der die Anbetung der drei Könige zeigt. Der Altar wurde zerstört. Die Madonna wurde nach dem Krieg mit den gefundenen Resten restauriert, das Relief blieb erhalten. (Abb. 125).
- Das gotische Chorgestühl war einfach beiderseits in zwei Reihen aufgestellt. Die Rückwand über den einzelnen Plätzen zeigte in den Füllungen barocke Ölgemälde aus dem Leben des Heiligen Franziskus. Zerstört.

Abb. 124: Altarkruzifix, um 1225, Höhe des Corpus 60 cm, heute in der Kreuzkapelle.

Abb. 125: Alabastermadonna, um 1467, fast lebensgroß, Kreuzkapelle.

– Eine thronende Madonna aus dem 17. Jahrhundert. Die polychromierte Holzschnitzerei zeigt Maria als Thronsitz der Weisheit. 1920 und 1986 restauriert, steht sie heute im Chor der Kirche.
– Ein Opferstock aus dem 15. Jahrhundert aus Eichenholz war reich mit Ornamenten verziert, zerstört. Und ein reich geschnitzter, mit Fialen verzierter Kronleuchter, aus dem 15. Jahrhundert, zerstört.

Mit einem großen Teil der Stadt wurde die St. Andreaskirche am 8. April 1945 zerstört. Ich lasse hier den Eintrag des damaligen Pfarrers in der Chronik folgen: *„1945, 8. April Zerstörung ... Durch Sprengbomben auf der Südseite der Kirche ein 10 m breiter Teil der Kirchenmauer von oben bis unten niedergerissen. Eine weitere Sprengbombe riß in der Westseite den Giebel über dem Eingang und Teile der Mauer herunter. Das alte Kloster, zu diesem Zeitpunkt Schule, steht in Flammen und brannte bis auf die Umfassungsmauern vollständig aus. Das Feuer griff auf die Kirche über. Das Kirchendach brannte vollständig ab und das halbe Gewölbe stürzte herunter. Fast alle Holzteile der Kirche sind durch Brand vernichtet. Die Orgel, die Bänke, die Seitenaltäre, die Kanzel, die Beichtstühle, die Kommunionbank, das Chorgestühl, alles dahin. Der wertvolle Hochaltar blieb unversehrt. Das war die schöne Andreaskirche, von der der Konservator sagte, sie sei eine Perle der Baukunst, die architektonisch keine Fehler aufweist. Als die Flammen der Kirche emporschlugen, habe ich bitter geweint. Der Schmerz der Gemeinde über den Verlust der Kirche ist überaus groß."*

Schon sehr bald nach der Zerstörung der Kirche begann die Gemeinde mit dem Aufbau von Kirche und Kloster. In über 51 000 freiwilligen Arbeitsstunden wurde der Schutt beräumt. Man begann mit dem Aufbau des Chores. Am 14. Oktober 1951 war der Chor der Andreaskirche in alter

Form wiedererrichtet und konnte eingeweiht werden. Das Kirchenschiff ist bis 1981 als Ruine offen stehen geblieben. Erst 1981 wurde mit dem Wiederaufbau des Kirchenschiffes begonnen, welches dann am 6. Oktober 1985 durch Bischof Johannes Braun eingeweiht werden konnte. (Abb. 123)

Heute zeigt sich das Kirchenschiff als eine flachgedeckte, stützenlose, weite und lichtdurchflutete Halle. Damit entspricht die rekonstruierte Andreaskirche ziemlich genau den Bauvorschriften der Franziskaner von 1260. Auf eine übertriebene Ausstattung wurde verzichtet im Sinne, daß Ausstattungsstücke in den Raum gestellte Einzelstücke sind.

Der neue Altar befindet sich vorgezogen vor dem Chor. Er ist aus Sandstein gefertigt und steht auf vier Füßen, die nach innen abgeschrägt sind. Unter dem Altar erhebt sich aus einer flachen Pyramide ein Reliquiar für die Reliquien des heiligen Bischofs Burchard I.

Das kleinere nordöstliche Fenster ist mit 26 farbigen Glasbildern geschlossen, die das Leben dieses heiligen Bischofs erzählen. Das Fenster wurde 1985 von Hans Georg Losert aus Halberstadt entworfen und gefertigt. Der große Kirchenraum wird durch sieben große Radleuchter gegliedert. Sie unterstreichen die Strenge des Raumes. Faszinierend am Inneren der St. Andreaskirche ist wohl die Spannung zwischen dem hellen, weiten Kirchenschiff und dem original wiederhergestellten schmalen, gotischen Langchor mit seinen hochaufstrebenden Linien.

Das mag eine Einladung sein, sich einmal selbst davon zu überzeugen!

Literatur:

Schurer, Kirche und Klöster der Franziskaner und Dominikaner in Thüringen. Ein Beitrag zur Kenntnis der Ordensbauweise, 1910.

Pfarrchronik, St. Andreas, Halberstadt, S. 160 ff.

Oscar Doering, Beschreibende Darstellung der älteren Bau- und Kunstdenkmäler der Kreise Halberstadt Stadt und Land, Halle 1902, S. 410 ff.

Kirchenführer der St. Andreaskirche, Peda Verlag, Passau 1996, S. 14 ff.

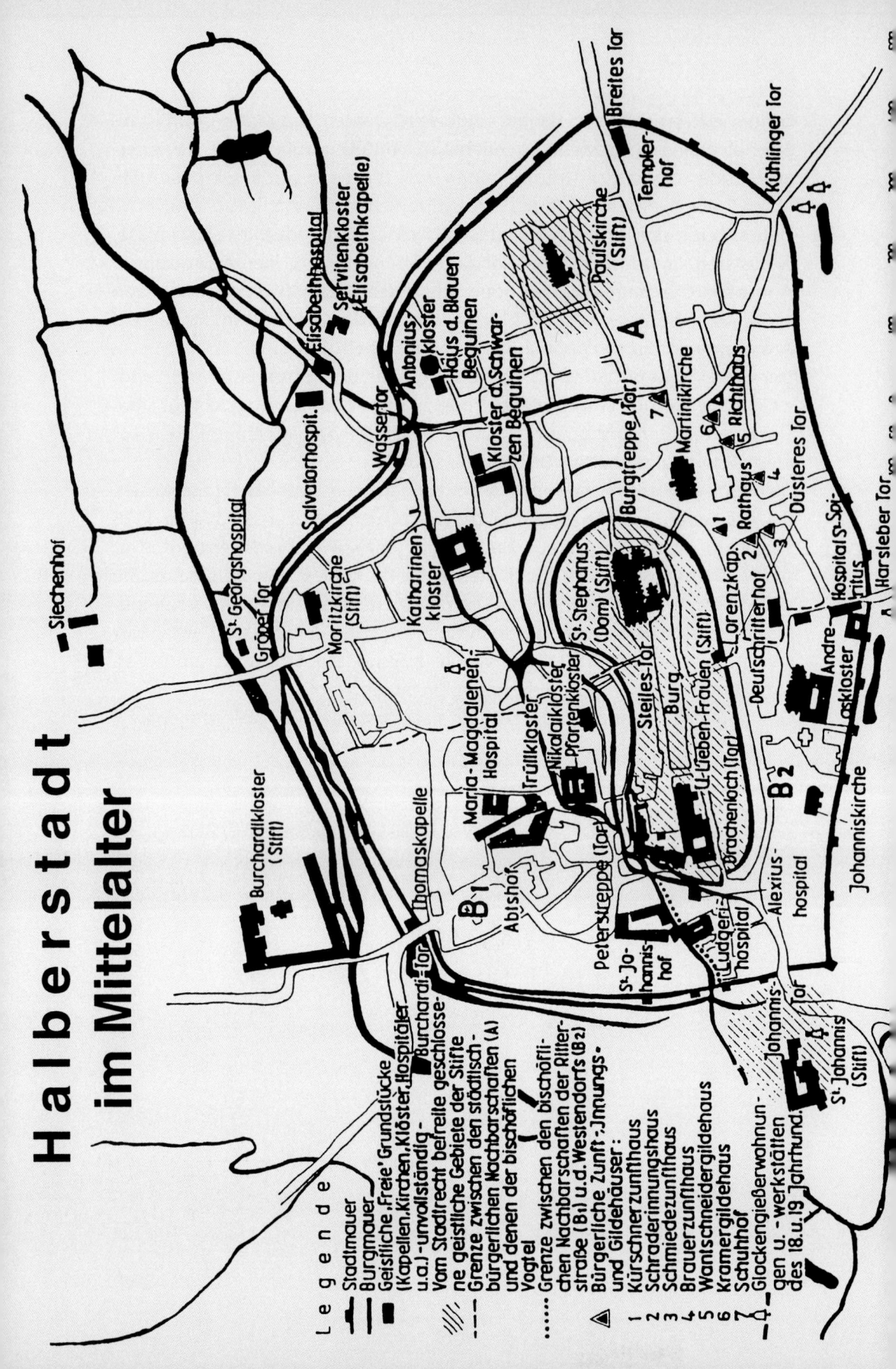

Halberstadt
im Mittelalter

Legende:

Stadtmauer
Burgmauer
Geistliche „Freie" Grundstücke
(Kapellen,Kirchen,Klöster,Hospitäler
u.a.) –unvollständig–
Vom Stadtrecht befreite geschlossene geistliche Gebiete der Stifte
Grenze zwischen den städtisch-
bürgerlichen Nachbarschaften (A)
und denen der bischöflichen
Vogtei
Grenze zwischen den bischöflichen Nachbarschaften der Ritter-
straße (B1) u.d.Westendorfs (B2)
Bürgerliche Zunft-,Innungs-
und Gildehäuser:
1 Kürschnerzunfthaus
2 Schraderinnungshaus
3 Schmiedezunfthaus
4 Brauerzunfthaus
5 Wantschneidergildehaus
6 Kramergildehaus
7 Schuhhof
⌂ Glockengießerwohnun-
gen u.-werkstätten
des 18.u.19.Jahrhund.

Slechenhof

Burchardkloster
(Stift)

St. Georgshospital
Gröper Tor

Moritzkirche
(Stift)

Katharinen-
kloster

Thomaskapelle

Burchardi-Tor

Maria-Magdalenen-
Hospital

Trüllkloster

Nikolaikloster
Pfortenkloster

Peterstreppe (Tor)

St. Jo-
hannis-
hof

St. Johannis
(Stift)

Johannis-
Tor

Ludgeri-
hospital

Alexius-
hospital

Drachenloch(Tor)

U. Lieben-Frauen (Stift)

Steiles Tor

Burg

St. Stephanus
(Dom)(Stift)

Abtshof

Burgtreppe (Tor)

Salvatorhospit.

Wassertor

Antonius-
Kloster

Haus d. Blauen
Beguinen

Kloster d. Schwar-
zen Beguinen

Elisabethhospital

Servitenkloster
(Elisabethkapelle)

Breites Tor

Templer-
hof

Paulskirche
(Stift)

A

Martinikirche

Richthaus

Rathaus

Düsteres Tor

Lorenzkap.

Deutschritterhof

Hospital S.Spi-
ritus

Andre-
askloster

B 2

Johanniskirche

Harsleber Tor

Kühlinger Tor

B 1

1
2
3
4
5
6
7

Adolf Siebrecht

Daten

768 – 814	**Karl der Große (800 Kaiser)**
772 – 804	Sachsenkriege und Sachsenmission Karls des Großen, Errichtung von Missionsstützpunkten in Halberstadt und Osterwieck,
um 800	Bau einer großen Taufkirche auf dem befestigten Domplatz in Halberstadt.
802	Hildegrim wird Bischof von Châlons sur Marne
804	Gründung des Bistums Halberstadt durch Karl den Großen.
804	***Bischof Hildegrim von Châlons sur Marne*** wird mit der Leitung dieses Bistums beauftragt. Ausbau des Bischofssitzes in Halberstadt.
814 – 840	**Kaiser Ludwig der Fromme**
814	Ludwig der Fromme bestätigt das Bistum Halberstadt.
827	Tod Bischof Hildegrim I.
827 – 840	***Thiatgrim, 1. Bischof der Halberstädter Kirche*** Erweiterung der großen Taufkirche, Ausbau der Residenz, Verstärkung der Befestigungen der Domburg durch Wall und Graben.
840 – 853	***Haimo, Bischof von Halberstadt*** Beginn umfangreicher Bauarbeiten für einen repräsentativen neuen Kirchenbau.
840 – 843	**Machtkampf zwischen den Söhnen Ludwig des Frommen**
841 – 843	Stellingaaufstand. Der Aufstand sächsischer Bauern gegen die fränkische Feudalherrschaft und Herrschaft des sächsischen Adels ergreift vermutlich auch Teile des Bistums Halberstadt.
843 – 876	**König Ludwig II., der Deutsche**
853 – 888	***Hildegrim II., Bischof von Halberstadt***
859	Vollendung und Weihe des ersten Halberstädter Domes.
876 – 882	**König Ludwig III., der Jüngere**
882 – 887	**Kaiser Karl der Dicke,** alleiniger Herrscher im Ostreich
889 – 894	***Agiulf, Bischof von Halberstadt***
887 – 899	**König Arnulf von Kärnten**
895 – 923	***Sigismund, Bischof von Halberstadt***
900 – 911	**König Ludwig IV., das Kind**
900	Alljährlich Einfälle der Ungarn.
902	Bischof Sigismund erhält von König Ludwig dem Kinde für das Bistum Halberstadt das Privileg der freien Bischofswahl durch das Domkapitel und die Bestätigung der bisherigen Privilegien.
911 – 918	**König Konrad I.**

Abb. 126: Diesen informativen Plan über das mittelalterliche Stadtgebiet von Halberstadt verdanken wir dem damaligen Direktor des Städtischen Museums, Herrn Gerhard Ruhe, angefertigt für die Beiträge von Wilfried Fritz (Die innerstädtischen Auseinandersetzungen in Halberstadt...) und Werner Hartmann (Die Glocken und Glockengießer der Stadt Halberstadt) im Nordharzer Jahrbuch 1964, S. 180. Entwurf und Zeichnung Gerhard Ruhe.

919 – 936	**König Heinrich I.**
936 – 973	**Otto I., der Große (König 936, Kaiser 962)**
923 – 968	*Bernhard, Bischof von Halberstadt*
	Bedeutender Gegner der Pläne Kaiser Otto I. zur Gründung eines Erzbistums in Magdeburg, Gründer des Pfortenklosters in Halberstadt.
924	Ungarn fallen in das Bistum ein.
932	Bernhard nimmt an einer Synode in Erfurt teil (u.a. Organisationsfragen zur Abwehr der Ungarneinfälle).
937	König Otto I. bestätigt die Privilegien des Bistums.
965	Einsturz des ersten Halberstädter Domes. Baubeginn für einen Nachfolgebau.
966	Zum Osterfest in Quedlinburg protestiert Bischof Bernhard vor dem Kaiser, vor Erzbischöfen und Bischöfen des Reiches gegen die Pläne Otto I. zur Errichtung eines Erzbistums in Magdeburg.
968	Februar, Tod von Bischof Bernhard. Er wurde in einem steinernen Sarkophag beigesetzt, der sich im Hohen Chor des Domes befindet.
968	Oktober, auf der Synode in Ravenna erklärte der für das Bistum Halberstadt designierte Hildeward seine Zustimmung zur Errichtung des Erzbistums Magdeburg, verbunden mit Gebietsverlusten für das Halberstädter Bistum.
968	Oktober, Gründung des Erzbistums Magdeburg.
968 – 996	*Hildeward, Bischof von Halberstadt*
973 – 983	**Otto II. (König 961, Mitkaiser 967)**
983 – 1002	**Otto III. (König 983, Kaiser 996)**
983	Bischof Hildeward beteiligt sich an der Niederschlagung des Liutizenaufstands an der Tanger.
989	Bischof Hildeward erhält von König Otto III. das Markt-, Münz- und Zollrecht sowie den Bann für den Ort Halberstadt. Dieses Privileg kann als die „Geburtsurkunde" für die spätere Stadt Halberstadt bezeichnet werden.
992	Vollendung und Weihe des zweiten Halberstädter Domes durch Bischof Hildeward unter Teilnahme von König Otto III. mit 12 Bischöfen und Erzbischöfen des Reiches.
992	König Otto III. bestätigt die Privilegien des Bistums.
996 – 1023	*Arnulf, Bischof von Halberstadt*
	Er beginnt mit der Erweiterung der Domburg.
997	Von König Otto III. erhält Bischof Arnulf die Waldgebiete Hakel, Huy, Fallstein, Asse, Elm und den Nordwald einschließlich dem Jagdbann für diese Wälder.
1002–1024	**Heinrich II. (König 1002, Kaiser 1014)**
1002	König Heinrich II. bestätigt Arnulf die Privilegien des Bistums.
1003	Pfingsten, König Heinrich II. besucht Bischof Arnulf in Halberstadt.
1003	König Heinrich II. schenkt Bischof Arnulf Ilsenburg.
1005	Bischof Arnulf gründet in der Domburg das Liebfrauenstift.
1005	Vasallen Bischof Arnulfs nehmen am Polenfeldzug teil.
1010	Bischof Arnulf verwüstet zusammen mit Bischof Meinwerk von Paderborn und anderen den Schlesiergau.

1011	Arnulf führte zeitweise bei Erkrankung des Königs die Truppen im Kampf gegen die Slawen.
1017	Bischof Arnulf weilte mit anderen Fürsten an der Mulde, um mit dem polnischen Herzog Boleslav Chrobry zu verhandeln.
1018	Arnulf ist in Bautzen an Verhandlungen zum Friedensschluß mit Boleslav beteiligt.
1018	Arnulf gründet das Benediktiner - Mönchskloster Ilsenburg.
1018	Weihnachten, Bischof Arnulf weiht die erweiterte Domburg, sie umfaßte jetzt das Areal des heutigen Domplatzes.
1023–1036	***Branthog, Bischof von Halberstadt***
1024 – 1039	**Konrad II. (König 1024, Kaiser 1027)**
1024	Pfingsten, König Konrad II. besucht Bischof Brantog in Halberstadt.
1030	Bischof Branthog stiftet westlich der Domburg auf dem Gelände der Hartingauburg (nicht nachgewiesen, heute Gebiet der jüdischen Friedhöfe und des katholischen Katharinenfriedhofes) das Johanniskloster und auf dem Bullerberg das Bonifaziusstift.
1036 – 1059	***Burchard I., Bischof von Halberstadt***
1036	Vermutlich in diesem Jahr bestätigt Burchard I. den Halberstädter Kaufleuten die von seinen Vorgängern Bischof Branthog und Bischof Arnulf mündlich verliehenen Privilegien.
1039 – 1056	**Heinrich III. (König 1028, Kaiser 1046)**
1052	Bischof Burchard I. weiht die neue bischöfliche Residenz, den Petershof und beginnt mit der Errichtung von 24 Kurien, den Häusern der Domherren, auf dem Domplatz.
1052	Burchard I. wird Graf im Harzgau und gewinnt damit die Grundlage zur Ausbildung territorialer Rechte.
1056 - 1106	**Heinrich IV. (König 1053, Kaiser 1084)**
1059 – 1088	***Burchard II., Bischof von Halberstadt*** (auch als Buko bzw. Bucco bezeichnet).
1059	Vermutlich in diesem Jahr bewilligt Bischof Burchard II. den Halberstädter Kaufleuten besondere Rechte, die Freiheit vom Fleischzehnten.
1060	Ostern, König Heinrich IV. feiert mit seiner Familie und einer großen Zahl weltlicher und geistlicher Fürsten das Osterfest in Halberstadt.
1060	17 Tage nach Ostern vernichtet ein großer Brand den nördlichen Teil der Marktsiedlung und erfaßt auch den Dom und seine Kapellen.
1063	Papst Alexander II. schenkt Bischof Burchard II. die Insignien der Erzbischöfe, das Pallium sowie das Recht, bei Aufzügen auf einem weißen Roß zu reiten und ein Kreuz vor sich hertragen zu lassen.
1063	Burchard II. erhält von König Heinrich in Goslar die Bestätigung aller seiner Privilegien.
1068	Bei einem Feldzug gegen die Redarier erobert Burchard II. die Burg Retra, erbeutet das heilige weiße Roß der Wenden und ritt darauf in Halberstadt ein. Der Sage nach brachte Burchard II. einen gefangenen Wendenhäuptling mit, der in Ströbeck seinen Wächtern das Schachspiel lehrte.

1068	König Heinrich IV. bestätigt den Kaufleuten von Halberstadt die ihnen von seinen Vorgängern verliehenen Rechte und Privilegien und bewilligt zollfreien Handel auf allen königlichen Märkten.
1071	Pfingsten, Weihe des wiederhergestellten Domes in Gegenwart König Heinrich IV. und zahlreicher Fürsten.
1083	Burchard II. gründet das Paulsstift.
1084	Burchard stiftet das Kloster Huysburg.
	In Quedlinburg versammelte Erzbischöfe und Bischöfe, an der Spitze Burchard II. von Halberstadt, erneuern den Bannspruch gegen Heinrich IV. auf einer Synode.
1088	Burchard II. wird bei Unruhen in Goslar schwer verletzt, stirbt im Kloster Ilsenburg und wird hier beigesetzt.
1089 – 1105	*Friedrich I., Bischof von Halberstadt*
1105	Bischof Friedrich bestätigt den Bewohnern der Halberstädter Marktsiedlung die ihnen von seinen Vorgängern mündlich verliehenen Aufsichtsrechte über den Lebensmittelhandel, über die Gemeindeversammlung (burmal) sowie über Maße und Gewichte; darüber hinaus verleiht er ihnen die Marktgerichtsbarkeit.
1106 – 1125	**Heinrich V. (König 1098, Kaiser 1111)**
1106 – 1123	*Reinhard, Bischof von Halberstadt*
1112	Sächsische Fürstenerhebung unter Herzog Lothar, Bischof Reinhard von Halberstadt, den Grafen von Sommerschenburg, den Grafen Siegfried von Ballenstedt gegen Kaiser Heinrich V. In diesen Auseinandersetzungen wird Halberstadt von kaiserlichen Truppen erobert, ebenso Hornburg.
1113/1115	Zerstörung der Domburg bzw. der Stadt Halberstadt durch Kaiser Heinrich V.
1123 – 1135	*Otto von Schkeuditz, Bischof von Halberstadt*
1125 – 1137	**Lothar III. (König 1125, Kaiser 1133)**
1133	Bischof Otto setzt gegenüber dem Großvogt Werner die Immunität des Klerus in Halberstadt durch und verbietet gerichtliche Zweikämpfe innnerhalb der Mauern der Domburg.
1133	Erste Erwähnung der Domburgmauer.
1134	Ostern, auf dem Reichstag in Halberstadt belehnt Kaiser Lothar III. Albrecht den Bären mit der Nordmark (Altmark).
1136 – 1149	*Rudolf I., Bischof von Halberstadt*
1137	Bischof Rudolf bestattet Kaiser Lothar III. in der Kirche des Benediktinerklosters von Königslutter.
1138 – 1152	**Konrad III. (König 1138)**
1140	Die Burg Withecke östlich des Warmholzberges bei Wehrstedt wird im Zuge von Auseinandersetzungen zwischen den Welfen (Heinrich der Löwe) und den Askaniern (Albrecht der Bär) zerstört.
1146	Bischof Rudolf weiht die erweiterte Liebfrauenkirche.
1149 – 1160,	*Ulrich, Bischof von Halberstadt*
1151	Bischof Ulrich nimmt am Reichstag zu Würzburg teil.
1152 – 1190	**Friedrich I. -Barbarossa- (König 1152, Kaiser 1155)**

1152	Bischof Ulrich nimmt am Reichstag zu Merseburg teil.
1153	Ulrich bestätigt auf einer Synode in Gatersleben dem Johannis-kloster seine Besitzungen.
1153	kam es zu einer *coniuratio civium Halberstadensium contra Odalricum episcopum,* einer Verschwörung, zu Unruhen der Bewohner Halberstadts unter Beteiligung von Angehörigen der Geistlichkeit und der Ministerialität gegen Bischof Ulrich.
1154	Ulrich versagt dem König die Heeresfolge gegen Rom und verliert dadurch dessen Gunst.
1155	Bischof Ulrich bestätigt dem Kloster Huysburg dessen Besitzungen.
1156	Ulrich beteiligt sich gemeinsam mit dem Magdeburger Erzbischof Wichmann an einem Feldzug den Albrecht der Bär zur Eroberung von Brandenburg durchführte.
1157	Bischof Ulrich unternimmt eine Wallfahrt nach Jerusalem.
1160	Offensichtlich auf Betreiben Heinrich des Löwen erfolgt die Absetzung Bischof Ulrichs durch Papst Viktor IV. Heinrich der Löwe zog die vom Bistum lehnsabhängigen Grafen an sich und läßt in Gatersleben eine Burg erbauen.
1160 – 1177	*Gero von Schochwitz, Bischof von Halberstadt*
1162	Papst Viktor erlaubte dem Bischof und den Domherren an Sonn- und Festtagen bei der Messe die Dalmatika, ein langes weißes Oberkleid mit Ärmeln, zu tragen und bewilligte den Äbten von Ilsenburg und Wimmelburg die Mitra.
1162	Bischof Gero nimmt am Konzil von Lodi teil und erhält vom Papst eine Bestätigungsurkunde seines Rechts auf Pallium und Kreuz, wie es bereits 1063 an Bischof Burchard II. verliehen war.
1177 – 1181	*Ulrich ist wieder Bischof von Halberstadt*
1177	Papst Alexander III. setzte Bischof Gero ab und den ihm ergebenen Anhänger Ulrich als Bischof in Halberstadt ein.
1177	Bischof Ulrich forderte die Halberstädter Lehngüter von Heinrich dem Löwen zurück. Er begann die Burg Langenstein als Stützpunkt gegen die Burgen des Herzogs von Braunschweig, den Regenstein, die Blankenburg und die Heimburg aufzubauen.
1179	23. September, Zerstörung der Stadt und der Domburg durch Heinrich den Löwen, schwere Beschädigungen an Dom, Liebfrauenkirche und den anderen Kirchen der Stadt, viele Tote. Gefangenschaft Bischof Ulrichs.
1180	30. Juli, Bischof Ulrich stirbt auf der Huysburg und wird hier beigesetzt.
1180 – 1193	*Dietrich von Krosigk, Bischof von Halberstadt*
1181	Bischof Dietrich erobert Blankenburg und nimmt den Vasallen von Heinrich dem Löwen, Graf Siegfried von Blankenburg, gefangen.
1184	In Halberstadt findet das Goslarer Stadtrecht Anwendung.
1186	Gründung des Prämonstratenserklosters St. Thomas, aus dem das Burchardikloster hervorging.
1190 – 1197	**Heinrich VI. (König 1169, Kaiser 1191)**
1193 – 1201	*Gardolf von Harbke, Bischof von Halberstadt*

1194	Bischof Gardolf nimmt am Fürstentag in Tilleda teil, wo die Versöhnung zwischen Kaiser Heinrich VI. und Herzog Heinrich dem Löwen stattfand.
1195	Bischof Gardolf zieht nach Apulien, um am Kreuzzug teilzunehmen.
1198	Bischof Gardolf führt eine Wallfahrt nach Tours zum Grab des heiligen Martin, um dort Reliquien für die im Bau befindliche Martinikirche zu erwerben.
1198 – 1208	**Philip von Schwaben (König 1198)**
1198 – 1215	**Otto IV. (König 1198, Kaiser 1209)**
1199	Erste Erwähnung einer Mauer (Stadtmauer) am Breiten Tor.
1201 – 1208	*Konrad von Krosigk, Bischof von Halberstadt*
1202 – 1204	Konrad reist nach Venedig, um am 4. Kreuzzug teilzunehmen, und weilt 1203/1204 in Konstantinopel (Byzanz).
1205	16. August, Bischof Konrad kehrt nach Halberstadt zurück und präsentiert der Öffentlichkeit die mitgebrachten Kostbarkeiten, vor allem Reliqiuen.
1206	Bischof Konrad bestätigt die Innung der Krämer in Halberstadt.
1208	Bischof Konrad schenkt die aus Byzanz mitgebrachten Schätze dem Dom, von denen sich noch ein großer Teil im Domschatz befindet.
1208	Erwähnung des Gröpertors.
1209 – 1236	*Friedrich II. von Kirchberg, Bischof von Halberstadt*
1212 – 1250	**Friedrich II. (König 1196/1212, Kaiser 1220)**
1214	Bischof Friedrich bestätigt die „Leinwandschneidergilde" in Halberstadt.
1220	Weihe des 1179 schwer beschädigten und nun rekonstruierten Domes durch Bischof Friedrich in Gegenwart der Bischöfe Siegfried von Hildesheim, Konrad von Minden, Wilhelm von Havelberg und Christian von Preußen.
1223	Friedrich bestätigt die Besitzungen des Siechenhofes, stellte ihn unter seinen Schutz und legte eine „Hausordnung" fest.
1223	In einer Urkunde erscheint erstmals das Stadtsiegel.
1223	Franziskanermönche kamen nach Halberstadt.
1224	Bischof Friedrich eximiert das Heiligegeist Hospital von der Martinipfarre und nimmt es in seinen Schutz.
1225	Erwähnung des Harsleber Tores (Stadt).
1225	Dominikanermönche kamen von Magdeburg nach Halberstadt und erhalten von Friedrich das Gebiet, in dem heute noch die Gebäude des Klosters und die St. Katharinenkirche stehen.
1230	Bischof Friedrich bestätigt erneut die Innung der Schuhmacher in Halberstadt und vereinigt mit ihr die Filzmacher.
1230	Bischof Friedrich bestätigt die Innung der Bäcker in Halberstadt.
1236 – 1241	*Ludolf I., Graf von Schladen, Bischof von Halberstadt*
1237	Die Stiftsherren von St. Bonifazius auf dem Bullerberg siedeln in die Stadt über und erhalten die Moritzkirche.
1239	Baubeginn für den dritten und heutigen Dom.
1241	Dompropst Johannes Semeca förderte den Domneubau und unterstützte den Bau der Stadtbefestigung, indem er Mauern durch Türme und Brustwehren verstärkte und der Stadt zur Förderung des Baues zwei Lastwagen mit Zubehör schenkte.

1241	Das erste Rathaus *(domus consulum)* wird am Martinikirchhof erbaut. Bei Ausgrabungen dicht nördlich des heutigen Rathauses wird 1996 ein Stützpfeiler davon entdeckt und in der Einkaufspassage Krebsscheere aufgestellt.
1241 – 1252	*Meinhard von Kranichfeld, Bischof von Halberstadt*
1247 – 1256	**Wilhelm von Holland (König 1247)**
1250 – 1254	**Konrad IV. (König 1237)**
1250	Bischof Meinhard überließ den Bürgern von Halberstadt den Wortzins *(census arearum)*.
1252 – 1255	*Ludolf II., Graf von Schladen, Bischof von Halberstadt*
1253	Bischof Ludolf gewährt den Bürgern von Halberstadt und Oschersleben Zollfreiheit auf den Märkten von Oschersleben und Halberstadt.
1255 – 1296	*Volrad von Kranichfeld, Bischof von Halberstadt*
1258	Bischof Volrad bestätigt die Innung der Krämer in Halberstadt und eximiert sie von dem Gericht des Rates.
1261	Rat und Bürgerschaft versprechen den Juden Schutz.
1273 – 1291	**Rudolf I. von Habsburg (König 1273)**
1274	Bischof Volrad erneuert und bestätigt die Innung der Wollenweber in Halberstadt.
1275	Erwähnung des Holzmarktes.
1278	Erwähnung der Peterstreppe (Domburg).
1283	Bischof Volrad bestätigt die Innung der Leineweber in Halberstadt und erlaubt einem jeden von ihnen den Besitz von vier Webstühlen, um wollenes Tuch herzustellen.
1284	Bischof Volrad bestätigt die neugegründete Innung der Hutmacher in Halberstadt.
1285	Unter Erzbischof Erich von Magdeburg, dem Bischof Volrad von Halberstadt und den Grafen des Harzes kommt es mit dem Erzbischof Siegfried von Köln zu einem Landfriedensbündnis, mit dem Ziel, in organisierter Form gegen das Fehdeunwesen vorzugehen.
1287	Erzbischof Erich schließt zwei Landfriedenssonderbündnisse, auf 10 Jahre fixiert, mit den Bischöfen von Halberstadt und Brandenburg, um sich gemeinsam gegen Räuber und Störenfriede zu helfen.
1289	Bischof Volrad erneuert und bestätigt die Innung der Schuhmacher in Halberstadt und vereinigt mit ihr die Filzmacher.
1289	Gründung des Nikolaiklosters (Dominikanerinnen).
1290	Bischof Volrad bestätigt, daß kein Weber, der nicht in der Innung der Kaufleute ist, Tuch schneiden darf.
1290	Erwähnung des Burcharditores (Stadt).
1292 – 1298	**Adolf von Nassau (König 1292)**
1296 – 1303	*Graf Hermann von Blankenburg, Bischof von Halberstadt*
1298 – 1308	**Albrecht I. von Habsburg (König 1298)**
1302	Das Statut des Beginenhauses wird vom Domkellner Gebhard als Archidiakonus der Stadt bestätigt.
1304 – 1324	*Albrecht I., Graf von Anhalt, Bischof von Halberstadt*
1306	Die Marienknechte oder Servitenmönche erwerben den Antoniushof.
1308 – 1313	**Heinrich VII. von Luxemburg (König 1308, Kaiser 1312)**

1309	Erwähnung eines Stadtschreibers.
1311	Der Bischof schenkt dem Johanniskloster die Martinikirche.
1311	Erwähnung des Johannistores (Stadt).
1311	Erwähnung des Hohen Weges.
1314 – 1347	**Ludwig IV. der Bayer, von Wittelsbach (König 1314, Kaiser 1328)**
1314 – 1330	**Friedrich der Schöne von Habsburg (König 1314)**
1315	Die Städte Magdeburg und Halberstadt schließen ein Bündnis zu gegenseitigem Schutz.
1322	Das Halberstädter Bistum erwirbt das bis 1315 askanische Aschersleben. Daraus entsteht ein jahrhundertlanger Streit zwischen den Bernburger Anhaltern und dem Bistum.
1323	Bischof Albrecht verpfändet sein Vogteirecht in Halberstadt dem Domkapitel.
1325 – 1358	*Albrecht II., Herzog von Braunschweig, Bischof von Halberstadt*
1325	In einer „Vernehmelassung" werden die Ansprüche des Bischofs Albrecht von Halberstadt über die Juden hervorgehoben, ihre Gerechtsame im Ort und die Rechtssprechung über sie.
1326	Abschluß eines ewigen Bündnisses zwischen den Städten Halberstadt, Quedlinburg und Aschersleben.
1336	Die Stadt Halberstadt ist an einer Verschwörung gegen ihren Bischof Albrecht II. beteiligt. Erst nach drei Jahren können die Auseinandersetzungen geschlichtet werden.
1337	Erwähnung des Breiten Tores (Stadt).
1339	Erwähnung des Tränketores (Domburg).
1342	Errichtung einer Bürgerschule in Halberstadt.
1346 – 1378	**Karl IV. von Luxemburg (König 1346, Kaiser 1355)**
1351	Zerschlagung des Besitzes der Grafen vom Regenstein durch den Bischof von Halberstadt.
1357 – 1366	*Ludwig, Markgraf von Meißen, Bischof von Halberstadt*
1361	Erwähnung des Düsteren Tors (Domburg).
1363	Bischof Ludwig überläßt dem Domkapitel und der Stadt die Münze.
1364	Urkundlicher Nachweis des Judendorfes in Halberstadt.
1366 – 1390	*Albrecht III. von Rickmersdorf, Bischof von Halberstadt*
1368	Im Februar fertigt man die letzte in der Burg Langenstein ausgestellte bischöfliche Urkunde.
1369	Im März werden im Schloß Gröningen, der neuen bischöflichen Residenz, bereits vom Bischof Urkunden ausgestellt.
1370	Der Bischof verpfändet die Vogtei für 10 000 Goldgulden an die Stadt.
1377	Erwähnung der Burgtreppe (Domburg).
1378 – 1400	**Wenzel von Luxemburg (König 1376)**
1382	Erwähnung des Breiten Weges.
1385	Erwähnung des Tores bei unser Frauen, später als Drachenloch bezeichnet (Domburg).
1386	war die Ummauerung der Stadt abgeschlossen.
1387	Beitritt Halberstadts zur Hanse.
1390 – 1400	*Ernst I., Graf von Honstein, Bischof von Halberstadt*
1394	Das Dorf Holtemmen-Ditfurt war wüst geworden und der

Bischof gestattete dem Johanniskloster die große Glocke aus dem verwahrlosten Kirchturm abzunehmen und in die Klosterkirche zu hängen.

1400 – 1410　　　**Ruprecht von Wittelsbach (König 1400)**

1400　　　Zu dieser Zeit erste urkundliche Erwähnung vom Abtshof, der Harsleber Straße und der Kühlinger Straße.

1401 – 1406　　　*Rudolf II., Fürst von Anhalt, Bischof von Halberstadt*

1401　　　Bischof Rudolf bestätigt die Privilegien der Stadt. Papst Bonifaz IX. bestätigt die Immunität der Domburg. In den innerstädtischen Auseinandersetzungen (Pfaffenkrieg!) werden das Domkapitel und die Stifte gezwungen, die Stadt zu verlassen. Folge ist das Interdikt über die Stadt (1401-1407).

1401　　　Papst Bonifaz IX. beauftragt den Bischof von Havelberg und die Dekane von St. Moritz von Hildesheim und U.L. Frauen in Erfurt, den Rat in Halberstadt zur Rückgabe der Voigtei zu veranlassen.

1403　　　Erzbischof Günter von Magdeburg verbündet sich mit den Städten Halberstadt, Quedlinburg und Aschersleben.

1404　　　Die Landgrafen von Thüringen und Markgrafen von Meißen verbinden sich mit Halberstadt auf vier Jahre.

1406　　　Der Graf Ulrich von Regenstein und der Graf von Wernigerode verbünden sich auf Lebenszeit mit der Stadt Halberstadt.

1407 – 1410　　　*Heinrich von Werberge, Bischof von Halberstadt*

1407　　　Bischof Heinrich bestätigt die Privilegien der Stadt.

1407　　　Die Fürsten Bernhard V. und Bernhard VI. von Anhalt verbünden sich mit der Stadt.

1408　　　Eine Apotheke im Lichtengraben wird urkundlich erwähnt, Erderschütterung in Halberstadt und Umgebung. Ein Kind kommt zu Tode, was man den Juden zuschreibt. Durch Bischof Heinrich wird deren Unschuld ermittelt. Bischof Heinrich schließt einen sogenannten „Landfrieden" mit den benachbarten Fürsten, so mit Erzbischof Günter, Bischof Johann von Hildesheim und den Herzögen von Braunschweig auf 10 Jahre.

1410　　　Matthias von Hadeber, genannt der „Lange Matz", versucht Veränderungen im Halberstädter Rat vorzunehmen.

1410 – 1417　　　Innerstädtische Auseinandersetzungen in Halberstadt. Der zum Patriziat gehörende Hans von Hadeber rebelliert gegen den patrizisch - diktatorischen Rat unter Gebhard von Ammendorf.

1410 – 1437　　　**Sigismund von Luxemburg (König 1410, Kaiser 1433)**

1411 – 1419　　　*Albrecht IV., Graf von Wernigerode, Bischof von Halberstadt*

1411　　　Bischof Albrecht bestätigt die Privilegien der Stadt.

1415　　　Die Stadt Braunschweig verbündet sich mit der Stadt Halberstadt.

1417 – 1423　　　In Halberstadt bilden sich zwei um die Macht rivalisierende Gruppen unter Gerhard von Ammendorf und Matthias von Hadeber heraus.

1419 – 1422　　　Dreijähriger Krieg mit Hildesheim.

1420 – 1437　　　*Johann von Hoym, Bischof von Halberstadt*

1420　　　Bischof Johann bestätigt die Rechte und Privilegien der Stadt Halberstadt.

1423	„Halberstädter Schicht". Es kommt zu einer Verschwörung der städtischen Oberschicht wegen der Erhebung einer Steuer, die zur Deckung der Unkosten einer Fehde gezahlt werden soll. Die Verschwörung wird entdeckt. Vier Mitglieder der städtischen Oberschicht werden mit Hilfe der Schuhmacher und unbeschäftigten Gesellen gefangengenommen und hingerichtet.
1425	Die Truppen der Hansestädte Magdeburg, Braunschweig, Halle, Quedlinburg, Aschersleben und des Halberstädter Bischofs belagern die Stadt Halberstadt, die sich ergeben muß. Der von Matthias Hadeber geführte Aufstand bricht zusammen, Matthias von Hadeber wird hingerichtet. Es folgt eine Reformierung des Rates.
1426	Bündnis der Städte Halberstadt, Goslar, Magdeburg, Braunschweig, Hildesheim, Göttingen, Quedlinburg, Aschersleben, Osterode, Einbeck, Hannover, Helmstedt und Northeim auf drei Jahre.
1427	Rat und Stadt Halberstadt kündigen König Erich von Dänemark wegen der Hansestädte die Fehde.
1430	Fehde mit den Rittern von Veltheim.
1431	König Sigismund spricht das Urteil in dem Ammendorfschen Streit, das die Acht über Halberstadt für ungerechtfertigt erklärt und deshalb aufhebt.
1433	Errichtung des Rolands.
1434	Bischof Johann und die Städte Halberstadt, Quedlinburg und Aschersleben verbinden sich mit Graf Ulrich von Regenstein.

1437 – 1458 *Burchard III. von Werberge, Bischof von Halberstadt*
1438 – 1439 Albrecht II. von Habsburg (König 1438)
1440 – 1493 Friedrich III. von Habsburg (König 1440, Kaiser 1452)

1437	Bischof Burchard bestätigt die Privilegien der Stadt. Die Grafen Heinrich, Ernst und Elger von Honstein unternehmen häufig Raubzüge im Halberstädtischen. Bei den Auseinandersetzungen mit den Grafen von Hohnstein wird die Armee des Bischofs im Harz überfallen. Neben vielen Toten bleiben 300 Gefangene zurück, der Bischof wird verwundet.
1438	Beständiger Landfrieden zwischen dem Herzog von Sachsen, dem Landgrafen von Hessen, den Grafen von Schwarzburg, Stolberg und Mansfeld mit dem Bischof von Halberstadt.
1440	Ein großer Stadtbrand fordert viele Menschenopfer. Man hält den Brand für eine Strafe Gottes, da die Juden in der Stadt geduldet werden.
1441	Bündnis Bischof Burchards mit Bischof Magnus von Hildesheim und der Stadt Goslar. Halberstadt ist mit Bischof und Domkapitel im Bund gegen die Markgrafen von Meißen.
1442	König Friedrich III. fordert von den Halberstädter Juden die „Krönungssteuer". Die Juden haben freies Geleit. Durch den Weißenburger Frieden wird der Kriegszustand zwischen Sachsen und Halberstadt beendet. Burchard erhält die Lehnshoheit über Hettstedt zurück.
1443	Erwähnung der „Stupa Alberti", der Badestube der Domherren.
1444	Urkundliche Erwähnung der Schuhstraße, Errichtung des Wassertortorms als Teil der Stadtbefestigung von Halberstadt.

298

1446	Von Papst Eugen kommt eine *confirmation* (Bestätigung) der von Bonifaz VIII. erteilten Privilegien an das Stift Halberstadt, daß nur Adlige und graduierte Personen in die Zahl der *canicorum* (Geistlichen) aufgenommen werden sollten.
1446	Bischof Burchard läßt im Einvernehmen mit der Stadt Aschersleben die Selke in die bruchige Gegend von Gatersleben umleiten, wodurch der Aschersleber See entsteht.
1448	Bischof Burchard schließt einen Bund mit Erzbischof Friedrich zu Magdeburg und Bischof Magnus zu Hildesheim auf 20 Jahre.
1450	Zu dieser Zeit lebt ein Meister der Glockengießerkunst, Hans Blume, in Halberstadt. Er gießt die Glocke „Osanna" für den Nordwestturm des Domes und die große Martinikirchenglocke.
1454	Ein Blitzeinschlag im Domturm zerstört das Dach und die große Glocke „Donna".
1456	„*schona metken stoven*"- Badestube der „schönen Mädchen" in der Domikanerstraße erwähnt.
1456	Bestrafung des angesehenen Juden Isaak durch Stiftshauptmann Siegried von Hoym und den Rat. Es wohnen 11 jüdische Familien in der „Göddenstraße" = Judenstraße, dicht östlich des mittleren Teils des Hohen Weges, etwa dem Eingang zum Lichtengraben gegenüber. Hier dürfen sie eine Synagoge einrichten, die von zwei Rabbinern betreut wird.
1457	Bischof Burchard verpfändet die Einnahmen aus dem weltlichen Gericht an den Rat für 500 Goldgulden, neuer Guß der großen Domglocke „Donna".
1457	Die Juden kommen unter die Botmäßigkeit des Rates.
1458 – 1479	***Gebhard von Hoym, Bischof von Halberstadt***
1458	Bischof Gebhard bestätigt die Privilegien der Stadt.
1459	Feuersbrunst in der Voigtei.
1461	02.06. Vollendung des „Ratskellers", damals als „Spielhus" bezeichnet. Er galt bis zu seiner Zerstörung am 8.4.1945 als eines der schönsten Fachwerkhäuser in Halberstadt und befand sich an der Nordwestecke der Gasse „Krebsscheere".
1462	Urkundliche Erwähnung des Rosenwinkels. Bischof Ernst von Hildesheim verbindet sich mit Herzog Friedrich dem Jüngeren von Braunschweig und den Städten Halberstadt, Goslar, Magdeburg, Braunschweig, Halle, Quedlinburg und Aschersleben.
1462	Einziehung des „goldenen Opferpfennigs" der Halberstädter Juden durch Markgraf Albrecht im Auftrag des Kaisers Friedrich III.
1463	Die Pest wütet in Halberstadt.
1465	Rat und Bürgerschaft kündigen im Bund mit den Städten Magdeburg, Braunschweig und Northeim, Herzog Friedrich dem Jüngeren von Braunschweig und Lüneburg die Fehde an.
1467	Die Stadt erkennt handelspolitisch die Freiheit der Domburg an. Sie erlaubt Krämern und Handwerkern der Burg, den Jahrmarkt zu beziehen. Den Streit zwischen dem Rat und dem Klerus schlichtet Bischof Gebhard. Die Versöhnung der beiden Parteien bleibt aber ohne den erhofften Erfolg.

1468	Der Klerus verläßt die Stadt, um den Auseinandersetzungen mit den Bürgern zu entgehen. Bei diesen Auseinandersetzungen wird ein Priester von der Burgmauer in den Düsterngraben gestürzt und dabei getötet.
1469	Bischof Gebhard bringt einen Vertrag zustande, der es dem Klerus erlaubt, in die Stadt zurückzukehren und der seine Sicherheit regelt. Der Rat muß die Privilegien der Geistlichkeit erneut anerkennen.
1471	Bündnis der Städte Halberstadt, Goslar, Magdeburg, Braunschweig, Halle, Hildesheim, Göttingen, Einbeck, Northeim und Helmstedt auf sechs Jahre.
1474	Erneut grassiert die Pest in Halberstadt.
1475	Erwähnung des Elisabeth-Hospitals (heute Salvator Krankenhaus)
1476	Bündnis der Städte Halberstadt, Goslar, Magdeburg, Braunschweig, Halle, Hildesheim, Göttingen, Stendal, Hannover, Northeim und Helmstedt auf 10 Jahre.
1478	Kaiser Friedrich III. verhängt die Acht über die Bäckerinnung in Halberstadt. Bischof Gebhard dankt freiwillig ab. Er erhält Schloß Wegeleben als erbliches Eigentum und 300 Goldgulden Ruhegeld.
1478	Erwähnung des Kornmarktes, jetzt Fischmarkt.
1479-1513	**Ernst II. von Sachsen, Administrator des Bistums Halberstadt**
1479	Förmlicher Vertrag mit dem Stift, in dem Erzbischof Ernst zum Administrator des Stifts Halberstadt angenommen wird. Er nennt sich darin: *„Ernst von Gottes Gnaden postulierter Bischof zu Halberstadt, Ertz - Bischof zu Magdeburg".*
1479	Papst Sixtus IV. bestätigt Ernst II. als Administrator des Bistums.
1479	Ernst II. weist sämtliche Juden aus der Stadt, bezahlt von ihren Gütern Schulden und verschenkt ihre Häuser an die Bürger. Den Juden bleibt nur ihre bewegliche Habe.
1480	Vom Rat der Stadt wird eine neue Behörde geschaffen, die der „drei Grabenherren". Ihr obliegt die Beaufsichtigung der Stadtgräben einschließlich der Fischzucht als Einnahmequelle. Administrator Ernst II. bestätigt die Privilegien der Stadt.
1481	Erste urkundliche Erwähnung der Woort.
1482	Bündnis der Städte Magdeburg, Braunschweig, Lüneburg, Goslar, Hildesheim, Halberstadt, Göttingen, Stendal, Hannover, Einbeck und Uelzen auf vier Jahre.
1482	Beginn des Streites zwischen Ernst II. und dem Rat. Das Kapitel will die versetzte Voigtei und das Stadtgericht wieder einlösen.
1483	Erste urkundliche Erwähnung eines Halberstädter Arztes, Michael Hamburger.
1485	Der Rat muß gegen den Empfang der Pfandsumme von 500 Gulden das Gericht herausgeben.
1486	01.08., Ernst II. und sein Vater ziehen mit 12 000 Mann vor Halberstadt. Die Stadt wird vier Wochen und zwei Tage belagert und beschossen. Mauern, Neustadt und Klöster werden zerstört. Die Geistlichkeit verläßt bis auf Domdechant Johannes von Querfurt, der den Belagerten beisteht und den Gottesdienst im Dom fortsetzt, die Stadt. Während der Belagerung tritt mehrmals *Scherbock* (Skorbut) auf, an dem viele sterben. Bis

	dahin war diese Krankheit in Deutschland unbekannt. Gleichzeitig wütete eine Seuche von Halberstadt bis Lüneburg, vermutlich infolge großer Hitze.
1486	06.08., Halberstadt ergibt sich. Der Erzbischof hält seinen Einzug. Die Stadt muß ihn als Landesherren anerkennen.
1486	28.08., Administrator Ernst II. erläßt eine Ordnung für das weltliche Gericht in Halberstadt.
1486	21.12., Ernst II. kündigt der Stadt die Einlösung der Voigtei an.
1486	Erwähnung des Kühlinger Tores (Stadt).
1488	werden die an den Rat verpfändete Voigtei und das Stadtgericht durch Ernst II. eingelöst. Richter und Schöffen setzt der Vater des Administrators ein. Dem Rat werden die Schlüssel von zwei Stadttoren genommen, somit war das Weichbild der Stadt wieder auf dem Stand von 1370.
1489	hält Ernst II. selbst die Hohe Messe im Dom zu Halberstadt, was seit 100 Jahren kein Bischof getan hatte.
1491	29.08., weiht Ernst der II. in Gegenwart der Äbte von Ilsenburg und Huysburg den dritten Halberstädter Dom (nach über 250 Jahren Bauzeit).
1493 – 1519	**Maximilian I. (König 1493, Kaiser 1508)**
1494	Administrator Ernst II. bestätigt den Rat.
1495	Ernst II. verbietet dem Klerus die Haltung von Konkubinen und ordnet an, daß Huren nur verhüllten Hauptes auf den Gassen gehen dürfen.
1513	Erzbischof Ernst von Magdeburg, Administrator von Halberstadt, verstirbt im Alter von 47 Jahren in der Moritzburg zu Halle. Er wird im Magdeburger Dom, in einem von Peter Vischer geschaffenen kunstvollen Metallsarkophag beigesetzt.

Literatur:

Dieter Berg, Bürger, Bettelmönche und Bischöfe in Halberstadt, In: Saxonia Franciscana, Band 9, Werl 1997.

Hermann Boettcher, Neue Halberstädter Chonik von der Gründung des Bistums im Jahr 804 bis zur Gegenwart, Halberstadt 1913.

Bärbel Bosse / Günter Maseberg, Chronologie der Stadt und des Bistums Halberstadt im 15. Jahrhundert, In: Nordharzer Jahrbuch Band XVI, Halberstadt 1991, S. 57-64.

Klaus Militzer und Peter Przybilla, Stadtentstehung, Bürgertum und Rat. Halberstadt und Quedlinburg bis zur Mitte des 14. Jahrhunderts, Göttingen 1980.

Der große Ploetz, Die Daten- Enzyklopädie der Weltgeschichte, 32. Auflage, Freiburg 1998.

Gerlinde Schlenker, Geschichte Sachsen Anhalts in Daten, München/Berlin 1993.

Gustav Schmidt, Urkundenbuch der Stadt Halberstadt, Zweiter Teil, Halle 1879, S. 513 ff.

Berent Schwineköper, Handbuch der historischen Stätten Deutschlands, 11. Band, Provinz Sachsen Anhalt, Stuttgart 1987, S. 556.

Maria-Magdalena
Laurentius

Viertelschlag
Stundenschlag

Micha
Osanna

Domina

Langhals,
Bratwurst,
Stimpimp

Lämmchen,
Sauerkohl,
Adämchen

Christoph Schulz

Zum Geläut des Halberstädter Domes und der Martinikirche

Am 3. September 1999 erfolgte mit einer großartigen Aktion der öffentliche Guß der größten Domglocke, der „Domina", auf dem Domplatz in Halberstadt. Die Vorbereitung und Durchführung dieser Aktion rückte das Geläut des Halberstädter Domes in den Blickpunkt der Öffentlichkeit. Es ist das große Verdienst von Dr. Harald Hausmann, die Wiederherstellung des Domgeläutes und den Neuguß der „Domina" initiiert zu haben. Dazu wurde vom Vorstand der Roland-Initiative am 4. Dezember 1995 mit Vertretern der evangelischen Stadt- und Domgemeinden und dem Domarchitekten ein Realisierungskonzept festgelegt und ein Arbeitskreis gebildet. Mit der erfolgreichen Wiederherstellung des Domgeläutes wuchs aber auch das Interesse an dem Geläut der anderen Halberstädter Kirchen. Dieses hat zwar durch Kriegsverluste und jahrzehntelange Vernachlässigung gelitten, stellt aber in der Substanz noch immer eine einmalig erhaltene mittelalterliche Glockenlandschaft dar. Diese gilt es zu erhalten und auch im Rahmen der Möglichkeiten schrittweise zu vervollständigen.

Ein erster Schritt dazu begann wieder auf Initiative von Dr. Hausmann und betrifft die Wiederherstellung des Geläutes der Martinikirche. Unter großer Anteilnahme der Bevölkerung wurden die noch vorhandenen drei Glocken am Samstag den 23. August 2003 vom Turm geholt und zum Abtransport in die Glockenschweißerei Nördlingen vorbereitet. Zum Bistumsjubiläum sollen die Glocken von den Halberstädtern und ihren Gästen am 27. Juni 2004 wieder auf den Turm gezogen werden und zum Jahreswechsel seit langer Zeit wieder gemeinsam mit dem Geläut des Domes und der anderen Halberstädter Kirchen erklingen.

Das Domgeläut

Das Geläut des Domes St. Stephanus und Sixtus zu Halberstadt verteilt sich auf das Hauptgeläut mit fünf Glocken (Domina, Osanna, Micha, Laurentius, Maria-Magdalena), das Chorgeläut mit sechs kleinen Glocken im Mittelbau und auf das Schlagwerk der Uhr mit zwei Glocken, die ursprünglich in den Türmen der Paulskirche hingen. Neun von diesen insgesamt 13 Glocken stammen aus vorreformatorischer Zeit. Dieser Bestand ist außergewöhnlich, weil durch die Vernichtungsaktionen der beiden Weltkriege im

Abb. 127: Die Verteilung der Glocken in den Türmen des Halberstädter Domes.

20. Jahrhundert fast alle vergleichbaren Geläute in Deutschland dezimiert wurden. Die Glocken, die alle Namen tragen, verteilen sich auf die Domtürme wie folgt:

Nordturm

Drittes Obergeschoß, im zweigeschossigen massiven Eichenstrebenstuhl:

Glocke *Osanna* mit dem Nominal b° -1, 1454 gegossen von Johannis Floris (= Hans Blume), Gewicht: 4820 kg, Durchmesser: 1985 mm,

darüber:

Glocke *Micha* mit dem Nominal d´ -7, 1997 gegossen von der Kunst- und Glockengießerei Lauchhammer, Gewicht: 2228 kg, Durchmesser: 1523 mm,

Viertes Obergeschoß, im zweifeldrigen massiven Eichenbockstrebenstuhl:

Glocke *Laurentius* mit dem Nominal e´-4, 1514 gegossen von Hinrik van Kampen, Gewicht: 1080 kg, Durchmesser: 1245 mm,

rechts daneben:

Glocke *Maria-Magdalena* mit dem Nominal fis´-9, 1514 gegossen von Hinrik van Kampen, Gewicht: 790 kg, Durchmesser: 1070 mm.

Mittelbau

Zweites Obergschoß, im dreifeldrigen, zweigeschossigen Stahlstuhl:

Glocke *Langhals* mit dem Nominal ges´´+7, um 1200 von einem unbekannten Gießer geschaffen, Gewicht: 228 kg, Durchmesser: 646 mm,

rechts daneben:

Glocke *Bratwurst* mit dem Nominal des´´-9, im 13. Jahrhundert von einem unbekannten Gießer gegossen, Gewicht: 291 kg, Durchmesser: 792 mm,

rechts daneben:

Glocke *Stimpimp* mit dem Nominal f´´ +6, im 13. Jahrhundert wahrscheinlich in der gleichen Werkstatt wie Bratwurst gegossen, Gewicht: 229 kg, Durchmesser: 696 mm,

darüber über Langhals:

Glocke *Lämmchen* mit dem Nominal d´´´, um 1200 von einem unbekannten Gießer geschaffen, Gewicht: 45 kg, Durchmesser: 388 mm,

rechts daneben:

Glocke *Sauerkohl* mit dem Nominal c´´-3, im 13. Jahrhundert wahrscheinlich in der gleichen Werkstatt wie Bratwurst gegossen, Gewicht: 199 kg, Durchmesser: 737 mm,

rechts daneben (ursprünglich im Dachreiter auf der Vierung):

Glocke *Adämchen* mit dem Nominal dis´´´, um 1300 von einem unbekannten Gießer geschaffen, Gewicht: 56 kg, Durchmesser: 402 mm.

Südturm

Drittes Obergeschoß, im einfeldrigen massiven Eichenbockstrebenstuhl:

Glocke *Domina* mit dem Nominal g°+6, 1999 von der Kunst- und Glockengießerei Lauchhammer auf dem Domplatz von Halberstadt gegossen, Gewicht: 8320 kg, Durchmesser: 2255 mm,

Viertes Obergeschoß, im zweigeschossigen Kastenholzstuhl:

Stundenschlagglocke mit dem Nominal gis´-7, 1908 gegossen vom Bochumer Gußstahlverein, Gewicht: 850 kg, Durchmesser: 1254 mm,

darüber:

Viertelschlagglocke mit dem Nominal a´+7, 1908 gegossen vom Bochumer Gußstahlverein, Gewicht: 460 kg, Durchmesser: 1015 mm.

Das Geläut der Martinikirche

Das Geläut der Martinikirche wird nach der Restaurierung 2004 wieder über drei Läuteglocken und zwei Schlagglocken verfügen. Nachweislich waren einmal insgesamt acht Glocken vorhanden, drei Läuteglocken sollten also im Lauf der nächsten Jahrzehnte neu gegossen werden, um so das Geläut wieder herzustellen.

Die noch vorhandenen Glocken werden sich wie folgt ab Mitte 2004 auf die Türme verteilen:

Nordturm, im neu zu errichtenden einfeldrigen Holzbockstrebenstuhl:

Apostelglocke, 1439 vermutlich gegossen von Johannis Floris, Gewicht: ca. 2000 kg, Durchmesser: 1500 mm.

Mittelbau, im neu zu errichtenden einfeldrigen, aber erweiterbaren Holzbockstrebenstuhl:

Arme Sünder Glocke, um 1300 von einem unbekannten Gießer geschaffen, Gewicht: ca. 250 kg, Durchmesser: 760 mm.

Südturm, im neu zu errichtenden einfeldrigen Holzbockstrebenstuhl:

Feuer- oder Bürgerglocke, 1511 gegossen von Hinrick van Kampen, Gewicht: ca. 6000 kg, Durchmesser: 2120 mm.

Literatur:

Erwin Hart, Glocken der Heimat, Sonderdruck aus dem „Heimatfreund", Mitteilungsblatt für alle in der Verstreuung lebenden Heimatfreunde aus Halberstadt, Oschersleben, Wernigerode und Quedlinburg. hrsg. v. Verein zur Förderung der Gemeinschaft der Halberstädter e. V, Göttingen 1982.

Carl Peter, Das Geläut des Domes St. Stephanus und Sixtus zu Halberstadt, in: Nordharzer Jahrbuch, Band 20/21, S. 121 – 181, Halberstadt 1999.

Jürgen Westphal/Jo. Lux, Der Glockenguss zu Halberstadt, Lampertswalde 1999.

Von Glockengießern und Glocken in Halberstadt, Herausgegeben anläßlich des Glockengusses der Domina, hrsg. v. Geschichtsverein für Halberstadt und das nördliche Harzvorland e.V., Halberstadt 1999.

Exkurs

zur Halberstädter Münzgeschichte

Ernst-Henri Balan

Einblicke in die 700-jährige Münzgeschichte Halberstadts

Die Halberstädter Münzgeschichte beginnt vor der Jahrtausendwende und endet mit der letzten Prägung im Auftrag der Stadt Halberstadt in Magdeburg durch den Brandenburgischen Münzmeister Johann Christoph von Sehlen unter kurfürstlicher Hoheit. Sie umfaßt die bischöfliche Zeit von (974) 989-1363, die domkapitularisch-städtische Zeit von 1363-1631 und die rein städtische von 1633/1634, 1663 und 1691. Hinzu kommen die Münzeinigung des Kardinals Albrecht von Brandenburg (1513-1545) für das Erzbistum Magdeburg und das Bistum Halberstadt mit dem Hause Sachsen in den Jahren 1519-1528 (1531) und die Kurbrandenburgische Münztätigkeit im Zeitraum 1651-1680. Im Westfälischen Frieden von 1648 war das Bistum Halberstadt als Fürstentum dem Großen Kurfürsten Friedrich Wilhelm von Brandenburg (1640-1688) zugesprochen worden und dieser versprach der Stadt bei Huldigung am Orte (3. April 1650), ihre Bürger nicht in ihren Privilegien zu verkürzen. Die nachstehenden Ausführungen behandeln wichtige Epochen dieser Münzgeschichte, geben aber keine umfassende Behandlung des Themas in allen Einzelheiten und enden zeitlich mit dem Auftreten der ersten Halberstädter „Guldengroschen" in Silber - den „Joachimsthalern", später kurz „Thaler" genannt - in den Jahren 1524-1531.

A. Frühe Zeugen der Halberstädter Münzgeschichte

Die ersten urkundlichen Nachrichten über das Münzwesen des Bistums Halberstadt sind 974 und 989 datiert. Sie stammen aus der Zeit Kaiser Ottos II. (973 - 983) und König Ottos III. (983 - ab 996 Kaiser - 1002). Unter deren Vorgänger Otto I. (936 - ab 962 Kaiser - 973) beginnt erstmals Münztätigkeit *„im Reich nördlich der Alpen überhaupt."*[1] In der Folgezeit wird die Entwicklung an Hand der Fundstatistik so gesehen: *„Es scheint, als habe es zwei Wellen in der Zunahme der Münzprägung gegeben: eine erste um 950 und eine zweite um 980. Ein starker Anstieg der Münztätigkeit unter Otto III.*

Titelblatt: Brakteat Bischof Konrad von Krosigk (1201-1208), vgl. Abb. 14.

ist jedenfalls eindeutig aus dem numismatischen Material abzulesen, wobei das vor den Ottonen münzlose Sachsen in den Mittelpunkt rückt."[2] Diese Münzen haben *„seit dem späten 10. Jahrhundert in Europa eine einzigartige Stellung inne. Aus den deutschen Münzstätten ergießt sich ein breiter Silberstrom in das Ostseebecken."*[3] Eine königlich-kaiserliche Münzprägung im Bistum Halberstadt ist im 10. Jahrhundert nicht festzustellen, wie auch die urkundlichen Nachrichten von 974 und 989 durch Münzen vor der Jahrtausendwende nicht zu belegen sind. Zum besseren Verständnis dieser Ausführungen sind drei erklärende Vorbemerkungen angebracht:

1. Halberstadt liegt in Ostfalen, im Land der „Sassen = Sachsen" und gehört sprachlich nach Niedersachsen. Mit dem Erwerb der Sächsischen Kurwürde 1423 durch das Haus Wettin, das die Landgrafschaft Thüringen und die Markgrafschaft Meißen inne hatte, wanderte der Begriff „Sachsen" endgültig nach Südosten in seine heutige Umgebung und ließ die ursprünglichen Namensträger als „Niedersachsen" in ihrer Heimat zurück.

2. Die mittelalterliche Gewichtseinheit war die Kölner Mark, die sich unterteilt in 4 Ferding oder 16 Lot. Jedes Lot hat 4 Quentin oder 18 Grän, so daß sich die Rechnung ergibt: 1 Mark = 4 Ferding = 16 Lot = 64 Quentin = 288 Grän. Nach der im 19. Jahrhundert festgelegten Norm wiegt 1 Mark 233,856 Gramm, ist aber im Mittelalter von Ort zu Ort unterschiedlich bis zu 5 Gramm und mehr leichter. Mit dem gleichen Gewichtssystem werden auch die Angaben über den Feingehalt des Silbers ausgedrückt: 12lötiges Silber ist mit dem Ausdruck unserer Zeit - auf 1000 bezogen - zu 750 Teilen feines Silber, das in Gramm gemessen wird. In der mittelalterlichen Urkundensprache finden sich daher häufig zwei Bezeichnungen vereint, z.B. „Mark Halberstädter Wichte und Halberstädter Witte" oder „Halberstädter Wichte und Braunschweiger Witte", wobei das örtliche Gewicht (Wichte) unverändert bleibt, während sich der Feingehalt (Witte = Weiße) laufend ändern kann.

3. Die mittelalterliche Münzkunde der Frühzeit nördlich der Alpen kann in die Ottonische (Sächsische) Zeit (919-1024) und in die Salische (Fränkische) Zeit (1024-1125) eingeteilt werden. Nach Lothar von Sachsen (1125 - ab 1133 Kaiser - 1137), in dessen Regierungszeit der Beginn der „Regionalen Pfennigperiode" gelegt wird, beginnt in der deutschen Kaiser- und Königsreihe die (Schwäbische) Zeit der „Staufer".

Das Münzprivileg König Ottos III. für Halberstadt

Am Anfang der Halberstädter Münzgeschichte steht ein im letzten Viertel des 10. Jahrhunderts verliehenes Königliches Privileg an Bischof Hildeward (968-996), die erste im Original überlieferte Urkunde: König Otto III. gibt dem Bistum Markt, *Münze*, Zoll und Bann - Kirchberg, 4. Juli 989 (UB Hochstift I, 50).

Aus dieser Zeit sind bisher keine Münzen bekannt geworden. Erst unter seinem Nachfolger, Bischof Arnulf (996-1023), läßt sich für Halberstadt die erste Münzprägung nachweisen. Es handelt sich hierbei um zweiseitig geprägte Münzen in Nachfolge der Karolingischen Denare, mit einem Gewicht von 1,5 abnehmend bis 1,25 Gramm. Die Abbildung 1 zeigt eine der ersten Münzen: Auf der Vorderseite ist der Kopf des Bischofs und die Umschrift: ARNOLFVS EPS (Episcopus = Bischof) und auf der Rückseite der Name des Heiligen Stephanus und des Stiftes Halberstadt zu sehen. Abb.2 und 3 zeigen Denare seiner Nachfolger Brantho und Burchard I. Diese frühen Münzen werden in Skandinavien, im Ostseeraum sowie in Osteuropa gefunden, hingegen relativ selten im Ursprungsland. Sie sind Zeugen früher Handelsbeziehungen.

Abb. 1: **Pfennig (Denar) Bischof Arnulf (996 - 1023)**

| Vs.: | Kopf mit Tonsur **ARNOLFVSEPS** | | | Rs.: | **·STE** (phanus) / **HALBER** (ste) / **+. DI** |

1000/1023   1,32 g   ø: 2,0 cm   Kluge (1983) Nr. 3[4] MK Berlin

Abb. 2: **Pfennig (Denar) Bischof Brantho (1023 - 1036)**

| Vs.: | Kopf mit Tonsur, davor **+** **+SS STEP** (hanus Proto)**M**(a)**R**(tir) | | | Rs.: | Kirchengebäude **+ BRANTHOCHVS ///** |

1023/1036   1,22 g   ø: 2,2 cm   Kluge (1983) Nr. 4[5] MK Berlin

Abb. 3: Pfennig (Denar) Bischof Burchard I. (1036 - 1059)

Vs.: Kopf mit Tonsur, davor +
+SS STE (phanus) (Proto)**M**(a)**R**(tir)

Rs.: Kirchengebäude
+BVR /// **RVDAEPC** (verderbt)

1036/1059 1,32 g ø: 2,2 cm Kluge (1983) Nr. 5[6] MK Berlin

Eine Besonderheit der Halberstädter Münzgeschichte muß noch erwähnt werden: In der Salierzeit (1024-1125) haben zwei Herrscher hier ihr Königliches Münzrecht auch nachweislich ausgeübt: später Heinrich IV. (1056 - ab 1084 Kaiser - 1105) und zuvor Heinrich III. (1039 - ab 1046 Kaiser - 1056), Prägezeit nach 1045 bis 1056.

Abb. 4: Pfennig (Denar) Kaiser Heinrich III. (1046 - 1056)

Vs.: Kopf des Kaisers en face
+HEINRICVS IMP (erator)

Rs.: Kopf des Heiligen im Portal
+SCS STEPHANVS

1046/1056 1,34 g ø: 1,9 cm Kluge (1983) Nr. 8[7] MK Berlin

Bernd Kluge faßte 1990 (1993) diesen numismatischen Zeitabschnitt mit folgenden Worten zusammen: *„Die Zeit der Ottonen und Salier ist eine münzgeschichtlich sehr eigene, klar von der vorausgehenden Karolingerzeit und der nachfolgenden Stauferzeit abgegrenzte Periode, unbeschadet einzelner fließender Übergänge."*[8]

B. Münzen aus der Zeit des „Regionalen Pfennigs" (1124-1330) – Höhepunkte der Halberstädter Münzgeschichte: Die Brakteaten

Abb. 5: Pfennig (Denar) Bischof Reinhard (1107 - 1123)

Vs.: Hüftbild des St. Stephanus mit   Rs.: Kopf des Heiligen
ausgebreiteten Armen   im Portal
SCS STEPHANS   **+REINHARVS**

1107/1123   0,93 g   Ø: 1,9 cm   Kluge (1983) Nr. 13[9] MK Berlin

In der zweiten Hälfte des 11. Jahrhunderts beginnt in Deutschland die Ausbildung unterschiedlicher landschaftlicher Besonderheiten in der Münzprägung, die um 1125 abgeschlossen ist. Wir befinden uns jetzt in der Zeit des „Regionalen Pfennigs", in der im Bistum Halberstadt in der Münzprägetechnik der Weg von der zweiseitigen zur einseitig hohl geprägten Münze gefunden wird.

Abb. 6: Pfennig (Brakteat) Bischof Rudolf I. (1136 - 1149)   **Abb. 7: Pfennig (Brakteat) Bischof Ulrich 1. Amtsperiode (1149 - 1160)**

Kopf des Heiligen im Portal   Bischof und St. Stephanus
RODVLP EPSI   **+STEPHANVS · OWDALPICVS EPC ·**

1136/1149   0,90 g   ø: 2,8 cm   1149/1160   0,82 g   ø: 3,4 cm
Kluge (1983) Nr. 22[10] MK Berlin   Kluge (1983) Nr. 23[11] MK Berlin

Es wurden zuerst Dünnpfennige geprägt, auf deren Abbildung verzichtet wird, da ihr Vorder- und Rückseitenbild wenig erkennen läßt. Die Abb. 6 zeigt einen noch sehr rohen Brakteaten der Anfangszeit (Brakteat - abgeleitet von *braktea* = dünnes Blech = Gelehrtenausdruck des Barock). Diese Abbildung läßt nicht erahnen, welche Höhen der Stempelschneidekunst in den kommenden Jahren in Halberstadt noch erreicht werden. Abb. 7 zeigt eine Etappe auf dem Weg zu höchster künstlerischer Vollendung der folgenden Beispiele.

Pfennige (Brakteaten) des Gegenbischofs Gero (1160 - 1177)

Abb. 8: Steinigungsszene des St. Stephanus
SCS / ST / E / PHAN / VS

1160/1177   0,86 g   ø: 3,1 cm
Kluge (1983) Nr. 25[12] MK Berlin

Abb. 9: Grablegung & Himmelfahrt d. St. Stephanus
S-S STEPHANVS PROT

1160/1177   0,84 g   ø: 3,1 cm
Freckl. Nr. 34a[13]   MK Berlin

Abb. 10: Empfang des Heiligen Stephanus im Himmel durch die Hand Gottes
S-S´STEPH – ANVS – PROTH – OHAP / TIR

1160/1177   0,82 g   ø: 3,1 cm   Freckl. Nr. 36[14]   MK Berlin

Das Gewicht der weiterhin aus feinem Silber ausgeprägten Pfennige (Brakteaten) lag in dieser Zeit schon unter einem Gramm. Auch die in Bischof Ulrichs zweiter Amtsperiode (1177-1180) geprägten Brakteaten gehören mit den schönen Pfennigen seines Rivalen, Bischof Gero (1160-1177), zu den Spitzenstücken der Brakteatenkunst. In dieser Zeit entstanden hier künstlerisch herausragende Prägungen mit charakteristischem Stil. Halberstadt war im Hohen Mittelalter in Deutschland eine Hochburg der Brakteatenkunst. *„Hier wirkte mit dem ‚Halberstädter Meister' ... ein bedeutender Künstler, der mit seinen Schöpfungen die Brakteaten weit über die nüchterne Zweckbestimmung eines Zahlungsmittels hinaus zu Zeugnissen romanischer Kleinkunst erhoben hat."*[15] Leider standen uns die Spitzenstücke dieser Zeit, die nur aus einem schwedischen Münzfund bekannt geworden sind, zur Abbildung nicht zur Verfügung.[16]

Aus der Zeit Bischof Geros (1160-1177) sind aber auch zweiseitige Denare bekannt geworden, die nicht als Dünnpfennige der erwähnten Übergangszeit zur Brakteatenprägung anzusehen sind, sondern für einen Währungsbereich der Halberstädter Diözese bestimmt waren, der an der Tradition der zweiseitigen Denare festhielt. Im Brakteatenfund von Freckleben fanden sich wenige doppelseitige Denare Bischof Geros in zwei Typen mit entstellter Umschrift beider Seiten. Ein versprengtes Exemplar enthielt der Fund von Schmochtitz. Dieses hat als hervorzuhebenden Unterschied auf der Vorderseite die korrekte Umschrift:

+SCS·STEPHANVS·GERO·EPISCOPVS.[17]

Abb. 11: **Pfennig (Denar) des Gegenbischofs Gero (1160 - 1177)**

Vs.: Unter einem zweibogigen Turmgebäude links der Heilige Stephan mit Nimbus dem Bischof (mit Mitra bicornis) auf der rechten Seite zugewandt, der ihm mit beiden Händen seinen Bischofsstab entgegen hält. Die Umschrift:
+ETSPEOPICSoEPTAVSHPEPIS (?)

Rs.: Kreuz; es ist durch Doppelschlag nicht zu erkennen, ob in den Winkeln Beizeichen sind. Die Umschrift:

+PIO /////////////////(verderbt)

1160/1177   0,90 g   ø: 2,3 cm   Freckl. o. Nr. MK Berlin[18]

Diese Besonderheit der Halberstädter Münzgeschichte - das Nebeneinander von Dicht- und Hohlmünzen zur Zeit des „Regionalen Pfennigs" (1160-1208) - wird am Ende dieses Abschnittes noch einmal zur Sprache kommen.

Aber auch unter den Nachfolgern im bischöflichen Amt gibt es bis 1210 immer wieder Gepräge von hoher Qualität. Erst in jüngster Zeit (1994) traten im „Erfurter Fund" zwei Brakteatentypen von besonderer Schönheit zu Tage (hier ohne Abbildung), die zudem auch noch Ereignisse der bischöflichen Amtstätigkeit zum Anlaß ihrer Prägung hatten: Bischof Gardolf von Harbke (1193-1201) begab sich 1196 im Rahmen der Kreuzzugbewegung über einen Hafen in Apulien in den Vorderen Orient und wurde auf der Rückreise über See aus Seenot gerettet. Hin- und Rückreise übers Mittelmeer sind die beiden Motive dieser Brakteatenprägung, wobei die Darstellung der Rückreise über See an Dramatik kaum zu überbieten ist, ein Geschichtsdenkmal ersten Ranges.[19] Im April 1197 ist Bischof Gardolf urkundlich schon wieder im Kloster Wimmelburg bei Eisleben nachzuweisen.[20] Für die Zeit von 1177 bis 1210 stehen die folgenden Abbildungen zur Verfügung:

Abb. 12: **Pfennig (Brakteat) des Bischof Dietrich v. Krosigk (1180 - 1193)**

Bischof und St. Stephanus
· TEODERICVS DEI GRACIA EPISCIS · *

1180/1193   0,78 g   ø: 4,3 cm
Kluge (1983) Nr. 33 [21] MK Berlin

Abb. 13: **Pfennig (Brakteat) des Bischof Gardolf v. Harbke (1193 - 1201)**

Bischof und St. Stephanus
· SC–S· STE–PANVS·· P·

1193/1201   0,76 g   ø: 4,3 cm
Kluge (1983) Nr. 36 [22] MK Berlin

Mit Abb.14 und 15 werden zwei ganz unterschiedliche Gepräge Bischof Konrads von Krosigk (1201-1208) aus der Grenzmünzstätte Hornburg beschrieben: Hohl- und Dichtmünzen. Sie sind zusammen mit Hohl- und Dichtmünzen des Bischofs aus seiner Hauptmünzstätte Halberstadt gemeinsam 1911 im Fund von Nordhausen aufgetaucht (Abb.16).

Wir kommen hier noch einmal - wie bei dem Pfennig (Denar) Bischof Geros (Abb.11) erwähnt - auf ein Phänomen der mittelalterlichen Münz-

Brakteaten und Denare Bischof Konrads von Krosigk (1201 – 1208)

Abb. 14: **Pfennig (Brakteat) Mst. Hornburg**

Bischof mit Kreuz- + Krummstab
CONRADVS · E – P-C · HORNEBV ·

1201/1208   0,60 g   ø: 2,8 cm
Kluge (1983)   Nr. 38 [23] MK Berlin

Abb. 15: **Pfennig (Denar) Mst. Hornburg**

Vs.:   Sitzender Bischof mit Krummstab   Rs.:   Torturm zwischen zwei Türmen
und Palmzweig v. vorn
CONRADVS · EP–C   **+HORNEBVRCH · EP—C**

1201/1208   0,70 g   ø: 2,0 cm   Fd. v. Nordh. Nr. 25b [24] MK Berlin

Abb. 16: **Pfennig (Brakteat) Mst. Halberstadt**
Der Heilige mit Stabkreuz u. Palmzweig

· – · SC-S · STE —— PHANVS – ·

1201/1208   0,70 g   ø: 2,9 cm   Fd. v. Nordh. Nr. 21 [25] MK Berlin

Abb. 17: **Pfennig (Denar) Mst. Halberstadt – Fd. Nordhausen, S. 28, Abb.1**

Vs.: Brustbild d. Bischofs im Tor eines Turmes   Rs.: St. Stephanus m. Palm- und Kreuzstab
+ CONRADVS · I · HALBE   **SC · S · — · – · .T · EPH /////**

1201/1208   0,90 g   ø: 1,9 cm   ZfN. XI (1884), T. III, Nr. 3[26] MK Berlin

geschichte des Bistums Halberstadt zurück. Unter dem Begriff „Regionale Pfennigzeit" finden sich in der Regel in der deutschen Münzgeschichte Abgrenzungen größerer Regionen gegeneinander, deren Gepräge sich durch die Münzform, das Gewicht und dann auch im Feingehalt unterscheiden, wobei weiterhin der Pfennig die alleinige Münzform ist. Die hier vorgestellten Münzen zeigen zwar klar die Entwicklung vom zweiseitigen Denar von etwa 1,5 Gramm, unter permanenter Gewichtsminderung unter ein Gramm, zum Dünnpfennig oder Halbbrakteaten und dann weiter zum Brakteaten (Hohlpfennig). Im Rahmen der Brakteatenprägung des Bistums lassen sich aber unter Bischof Konrad von Krosigk und seinen beiden Vorgängern unterschiedliche Brakteatentypen finden: eine bis 45 mm breite, flache Form und eine mehr erhabene, bis 30 mm breite Form, wenn nicht sogar noch eine dritte, 22 mm breite Form hinzu kommt. Es ist hier nicht der Ort, dieses Thema dahin zu vertiefen, ob dabei Helmstedt-Hildesheim-Braunschweiger Einfluß mit 30 mm, Thüringischer Einfluß mit 45 mm oder Magdeburger Einfluß mit 22 mm zu spüren ist. Vielmehr ist für die Halberstädter Münzgeschichte des Hohen Mittelalters von 1160-1208 durch Münzfunde belegt, daß die Münzschmieden des Bistums nicht nur für unterschiedliche Brakteatenregionen und deren Nachbarschaft einseitige Hohlpfennige prägten, sondern auch für die konservativen nordöstlichen Teile des Bistums und angrenzende Gebiete doppelseitige Pfennige (Denare) schufen.[27] Hierbei ist immer zu berücksichtigen, daß die territoriale Bistumsgrenze nicht der geistlichen Diözesangrenze gleichzusetzen ist.

In den folgenden drei Jahrzehnten beginnt der unaufhaltsame Niedergang der Prägekunst, der nach 1363 in Halberstadt zu einfachen, rohen Hohlpfennigen führt, den sogenannten „Sargpfennigen" auf „Lübschen Schlag". Drei Beispiele aus der Anfangsphase dieser Entwicklung – aus dem 1978 entdeckten Brakteatenfund von Oschersleben im Bistum Halberstadt – sind hier willkommene Zeugen.[28]

Pfennige (Brakteaten) aus der Zeit der Bischöfe Friedrich II., Burggraf von Kirchberg (1209-1236) und Ludolf von Schladen (1236-1241)

Abb. 18: **Pfennig (Brakteat) - Stephanspfennig**

Der stehende Heilige, mit Buch und Palmzweig, zu den Füßen bds. ein kleiner Turm

1209/1241   0,70 g   ø: 2,8 cm
Kluge (1985), Nr. 14 [28]

Abb. 19: **Pfennig (Brakteat) - St. Stephan u. Bischof**

Unter einem Doppelbogen mit 2 Türmen Heiliger u. Bischof im Brustbild v. vorn

1209/1241   0,60 g   ø: 2,7 cm
Kluge (1985), Nr. 15 [28]

Abb. 20: **Pfennig (Brakteat) - Bischofspfennig**

Der Bischof, auf einem Faltstuhl sitzend, hält li. einen Kreuzstab und re. einen Palmzweig

1209/1241   0,60 g   ø: 2,7 cm   Kluge (1985), Nr. 16 [28]

Bis zum ausgehenden 13. und in der ersten Hälfte des 14. Jahrhunderts werden diese Hohlpfennige nicht nur kleiner und unansehnlicher, auch ihr Gewicht geht weiter zurück und der Feingehalt verringert sich laufend. Hand in Hand mit der Verschlechterung der Bischöflichen Münze geht eine Verschuldung des Bischöflichen Stuhles, wobei Liegenschaften und Anderes – als Pfand verschrieben – dem Gläubiger als Sicherheit dienen, unter anderem auch Einnahmen aus der Bischöflichen Münze.

317

C. Krisenzeit der Bischöflichen Münze und deren Überwindung

Mit Bischof Ludwig (1357-1366), einem geborenen Markgrafen von Meißen und Landgrafen von Thüringen, erreichte die bischöfliche Verschuldung einen Höhepunkt. Der Bischof benutzte den Halberstädter Stuhl, um hoch in der geistlichen Hierarchie aufzusteigen, und war daher in permanenter Geldnot. Er wechselte 1366 als geistlicher Oberhirte ins Bistum Bamberg, wurde 1371 Erzbischof von Mainz und schließlich 1381 Erzbischof von Magdeburg, starb aber schon 1382. Seine beiden Brüder, Balthasar (1369-1406) und Wilhelm I. (1381-1407), werden uns noch als Münzherren der Meißner Kreuzgroschen begegnen, mit denen 1391 dem Halberstädter Bischof Ernst von Hohnstein (1390-1399) die Abgaben aus der allgemeinen Landbede zu zahlen sind.

Kauf der Münze 1363 durch das Domkapitel und die Stadt

Der chronische Geldmangel zwang Bischof Ludwig bei seinen hochfliegenden Plänen nach Luftveränderung, alle Mittel in Bewegung zu setzen, um neue Geldquellen zu erschließen, so auch aus der Münzgerechtigkeit: *„Bischof Ludwig, geborener Markgraf von Meißen und Landgraf von Thüringen, überläßt dem Domkapitel und dem Rat der Stadt Halberstadt zu gleichen Teilen am 23. August 1363 die Münze in Halberstadt, da sie zur Einlösung des verpfändeten Hettstedt und zu Bauten auf den Schlössern Oschersleben, Crottorf, Langenstein, Gatersleben, Lauenburg und Aschersleben beigesteuert haben."*[29]

Aus der Urkunde erfahren wir interessante Einzelheiten über die Verhältnisse im Halberstädter Münzwesen der vorangegangenen Jahrzehnte. Der schon traditionelle Geldmangel des Bischöflichen Stuhles hatte zu *„groten bedrepeliken* [bedeutendem] *unvorwintliken* [unwiederbringlichem] *schaden .... des ganzen Landes "* geführt, da *„de munte tho Halb. also gar bose unde vornichtet war mit sleischatte* [Schlagschatz] *tinze unde eweger gulde* [ewiger Gültigkeit des Pfennigs], *de dar ut ghing ..."*. Das heißt: Die bischöflichen Einkünfte aus der Münze flossen in die Taschen der Gläubiger und es gab schon vor 1363 keine jährliche Münzverrufung mehr! Die Gläubiger müssen also erreicht haben, daß die jährliche Münzerneuerung mit Devalvierung (Abwertung) des alten Pfennigs auf 75% von Seiten des Bischofs unterblieb, wann ist unbekannt. Weiterhin heißt es in der Abtretungsurkunde vom 23. August 1363: *„...ok was de slach van were* [der Münzschlag] *also snode* [verächtlich] *worden unde also valsch unde also sere vererghert mit koppere* [verfälscht mit Kupfer], *dat nen* [kein] *kopenschap* [Handel] *in unse lant unde stat tho Halb. equam* [nicht kam] *noch* *komen mochte.*" Das heißt: Die Gläubiger des Bischofs bestimmten, was in der Münze geschah und waren für die permanente Münzverschlechterung mit verantwortlich. Vor und nach diesem Vertrag waren begleitende Abmachungen mit Gläubigern des Bischöflichen Stuhles zu treffen. So verzichten zum Beispiel am 16. Mai 1363 - also vor Vertragsabschluß - der Ritter (?) Hans Thus und seine eheliche Hausfrau vor Hermann Brockenstede, Bürger in Halberstadt, auf eine jährliche Rente von 9 Pfund Halberstädter Pfennige (ein Pfund gilt 20 Schillinge, den Schilling à 12 Pfennige gerechnet) aus der Münze zu Halberstadt, die ihnen der Bischöfliche Stuhl verschrieben hatte.[30] Hier war also die städtische Seite die treibende Kraft. Aber mit der Vereinbarung vom 13. August 1363 waren noch nicht alle Verpflichtungen, die auf der Münze ruhten, gegenstandslos geworden. Erst am 13. November 1367 verzichteten die Grafen Friedrich und Poppo von Blankenburg gegenüber dem Domkapitel auf alle Rechte, die sie bisher an der Halberstädter Münze hatten.[31] Hier war es das Domkapitel – jetzt mit der Stadt zu gleichen Teilen Inhaber der Münzgerechtigkeit – das mit den Blankenburg-Regensteiner Grafen deren Einkünfte aus der Münze beendend regelt, während über ein Jahr vorher „Die von Neindorf" Bischof und Domkapitel schon bescheinigt hatten, auf ihre Rechte an der Halberstädter Münze verzichtet zu haben.[32] Zusammenfassend ist zu sagen, daß der „Ewige Pfennig" im Bistum Halberstadt vor der Zeit des Vertrages von 1363 eingeführt worden ist, aber in negativem Sinne und wohl ohne Beteiligung der Stadt. Der „Ewige Pfennig" im positiven Sinne für die Stadt - wie 1412 später in der Stadt Braunschweig - kann für Halberstadt in die Anfangszeit 1363 bis 1367 gelegt werden.

Nun werden in Halberstadt kleine Hohlpfennige auf „Lübschen Schlag" geprägt, im Gewicht von etwa 0,40 Gramm und einem Durchmesser von etwa 1,9 cm (Abb. 21 und 22). Die Initiative ging von der Stadt aus. Damit kommt der wirtschaftliche Einfluß der Hanse zum Ausdruck, der die Stadt Halberstadt mit den beiden anderen „Halberstädtischen Städten": Quedlinburg und Aschersleben, zeitweilig angehört hat. Diese „Sargpfennige" haben ihren Namen von der primitiven Darstellung des Heiligen Stephanus im Brustbild mit Stein und Palmzweig. Der rohe Stempelschnitt ist in diesen Jahren in Mittel- und Norddeutschland nicht ungewöhnlich.

Abb. 21: **„Sargpfennig"**
1363 bis 1385   0,34 g   ⌀: 1,9 cm

Abb. 22: **„Sargpfennig"**
1363 bis 1385   0,30 g   ⌀: 1,9 cm

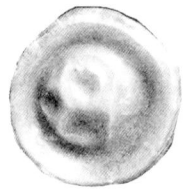

Abb. 23: **„Sargpfennig"**
1386 bis 1400   0,24 g   ⌀: 1,8 cm   Fd.-Nr. 7

Abb. 24: **Hälbling**
1386 bis 1400   0,16 g   ⌀: 1,4 cm   Fd.-Nr. 96

Um 1400 wird die Darstellung des Heiligen Stephanus auf den Halberstädter Hohlpfennigen etwas gefälliger: Der „Sarg", wie schon die Zeitgenossen diesen Brustbildteil bezeichneten, ist einer „Semmel" gewichen.

Abb. 25: **„Stephanspfennig"**
1400 bis 1423   0,22 g   ⌀: 1,8 cm   Fd.-Nr. 68

Abb. 26: **Hälbling**
1400 bis 1423   0,109 g   ⌀: 1,3 cm   Fd.-Nr. 139

Diese „Sargpfennige" ab 1363 und später die „Stephanspfennige" ab etwa 1400 bildeten über Generationen die Grundlage des städtischen Kleinhandels der Bürger untereinander. Die Hohlpfennige der Abbildungen Nr. 23 - 26 stammen aus dem Halberstädter Münzfund von 1973, der im Bereich der Grundstücke Holzmarkt 8 (Stelzfuß) / Schmiedestraße 36 und 37 – im Zentrum der Stadt - entdeckt wurde. Mit großer Wahrscheinlichkeit steht seine Verbergung im Zusammenhang mit den Unruhen des

22. November 1423, als „Halberstädter Schicht" bekannt.[33] Dieses ist eine willkommene Datierungshilfe, da die „Sarg- und Stephanspfennige" mit abnehmendem Gewicht und Feingehalt bis Anfang des 16. Jahrhunderts geprägt worden sind. Im Museumsheft von 1928 über die mittelalterlichen Münzen von Halberstadt heißt es: *„Das Museum besitzt davon annähernd 50 verschiedene Stempel."*[34]

Das Barrensilber der Niedersächsischen Städte

Bei größeren Geschäften – besonders über die Stadtgrenzen hinaus – bediente sich das wohlhabende Bürgertum der Niedersächsischen Städte im 14. Jahrhundert vermehrt des Barrensilbers mit vereinbartem Feingehalt, ein indirektes Zeichen unruhiger politischer und wirtschaftlicher Zeiten, aber auch der zunehmenden Bedeutung der städtischen Kräfte. Eine solche Übereinkunft trafen z.B. am 29. Juni 1382 die „Sächsischen Städte" Braunschweig, Goslar, Hildesheim, Einbeck, Hannover, Wernigerode, Osterode, Göttingen, Hameln und Halberstadt sowie Quedlinburg und Aschersleben.[35]

Abb. 27: **Silberbarren nach dem Vertrag vom 29. Juni 1382 der „Sächsischen Städte" – mit den Zeichen des Vertrages:**[36] **der Königlichen Krone, dem Halberstädter Stadtzeichen (Doppelhaken) und dem Zeichen des Silberbrenners (Lindenast).**
1382   195,4 g   ø: 6,1 cm   Höhe 1,2 cm   Suhle (1955) 274   MK Berlin

Der Feingehalt des Barrensilbers wurde auf 3 Ferding und 3 Quentin festgesetzt. Das Silber wurde gezeichnet mit einem allen gemeinsamen Vertragszeichen, der „Königlichen Krone". Darunter setzte man das Wahrzeichen der ausgebenden Vertragsstadt und das persönliche Merkzeichen des verantwortlichen Silberbrenners. Im Berliner Münzkabinett befindet sich der hier abgebildete Barren (Abb.27) aus einem in Halberstadt im letzten Viertel des 19. Jahrhunderts gemachten Funde, auf dem sich unter einer Krone neben dem Zeichen des Silberbrenners ein Doppelhaken (Wolfsangel) befindet: Die bisher älteste Überlieferung des Wahrzeichens der Stadt Halberstadt![36]

Gold bei Zahlungen an die Kurie

Abb. 28: **Goldgulden der Stadt Florenz**
1303   3,54 g   ø: 2,0 cm   MK Berlin[38]

Bei Zahlungen über weite Entfernungen – z.B. an den Päpstlichen Stuhl nach Avignon – waren Goldgulden erforderlich. Die Stadt Florenz in Norditalien prägte seit 1252 den nach dem Stadtzeichen „Flos" – „Lilie" – Florenus genannten Goldgulden. Der italienisch „Floren" wurde jenseits der Alpen ein beliebtes Zahlungsmittel und in der ersten Hälfte des 14. Jahrhunderts hier auch vielfach nachgeahmt. Vom Gewicht her und vom Feingehalt finden wir ihn mit anderen Münzbildern wieder in der zweiten Hälfte des 14. Jahrhunderts als „Rheinischen Gulden" – „florenus rhenensis" (fl. rh.). Anfang des 16. Jahrhunderts wird sein Wert in Silber ausgeprägt – wir kommen auf ihn als „Guldengroschen" am Ende dieser Ausführungen noch einmal zu sprechen.

In einer „Quittung über die für den päbstlichen Stuhl gesammelten Gelder. 1364 März 30" heißt es: *„...funfzig gulden guter und gewichtigir von Florenz, de sie uns geantwert und bezalt haben van unsis herrin wegin des*

Abb. 29: **Erzbistum Mainz – Adolph von Nassau (1373-1390)**
Vertragsgulden des Rheinischen Münzvereins ab 1385

ab 1386 Udenheim   3,5 g   ø: 2,2 cm   Suhle 260[39]   MK Berlin.

bischoffs van Halb. umme die sture [Steuer]*, die der selbe unser herre van Halb. gibit vor sich und syne pfafheit dem stule zu Rome...".*[37]

Aufkommen der Groschenmünze

Mit Aufkommen der „Böhmischen" oder „Prager Groschen"[40] – ab 1300 in Kuttenberg (Kutná Hora) geprägt – wurde der seit Mitte des 13. Jahrhunderts zu beobachtende Rückgang des Feingehaltes der anfangs hochhaltigen und allein zur Verfügung stehenden Pfennigmünze beschleunigt. Dieses führte im Endeffekt dazu, daß der Pfennig zur Scheidemünze degradiert wird.

Abb. 30: **König Wenzel II. von Böhmen (1278 - 1305)**
Böhmischer oder Prager Groschen

Vs.: Die Böhmische Krone, Umschrift – von innen nach außen gelesen:

**+WENCEZLAVS · SECVNDVS /
+DEI:GRATIA:REX·BOEMIE**

Rs.: Der Böhmische Löwe – „Zangen Böhmisch"– und die Umschrift:

x+xGROSSI:PRAGENSES

1300/1305 Kuttenberg   3,71 g   ⌀: 2,7 cm [40]

Ab 1338/1339 treten zu den „Böhmischen Groschen" aus Kuttenberg die Freiberger „Kreuzgroschen" Friedrichs II. (1323-1349) und die seiner Nachfolger, alle Landgrafen von Thüringen und Markgrafen von Meißen.[41]
Diese um 1391 auch in Halberstadt alles beherrschende Groschenmünze ist erst unter Bischof Ludwig (1357-1366) hier urkundlich zu fassen. Dabei vermutete Zusammenhänge seien eine mögliche Erklärung dafür, daß mit der Wahl eines Wettiners auf den Halberstädter Bischofsstuhl auch die Meißner Groschen in das Bistum kamen, haben etwas für sich, sind aber nicht zu beweisen. Die erste Erwähnung von nicht näher bezeichneten Groschen findet sich in einer im Halberstädter Generalkapitel am 11. Mai 1360 ausgestellten Urkunde, die u.a. aufzählt: *„...et viginti et unam marcas grossorum in pondere...",* ohne daß deren Art näher erläutert wird.[42] In einer Urkunde vom 14. Juli 1362 wird die zur Verhandlung stehende Summe schon näher bezeichnet: *„...dritusend schok guter breiter grosschen...".*[43] Der Ausdruck „Guter breiter Groschen" weist darauf hin, daß man in dieser Zeit neben Meißner auch mit

Abb. 31: **Markgraf Friedrich II. von Meißen und Landgraf von Thüringen (1323-1349)**
Breiter Meißner Kreuzgroschen (1339-1349)

Vs.: Blumenkreuz, Umschrift: Rs.: Der Meißnische Löwe und die Umschrift:

·+·FRID'oD'loGRAo   **CR**   ∗∗∗ **GROSSVS:MARCh'**
TVRInG'oLAnGRAV   **XV**   **MYSnENSIS**

1339/1349   Freiberg   2,46 g   ø: 2,9 cm   Krug 3/9 [41]

breiten Böhmischen Groschen rechnete und sich die schmalen Böhmischen Groschen verbat, die mit den gleichen Stempeln auf schmalerem Schrötling geprägt wurden. Im Gegensatz zu den „Prager Groschen" mit der Böhmischen Krone in der Mitte der Vorderseite findet sich auf der Vorderseite der „Meißner Groschen" nach französischem Vorbild ein Blumenkreuz.

Die zeitgenössische Bezeichnung der Freiberger Groschen findet sich im Halberstädter Urkundenwesen aber erst 15 Jahre später: *„…vor vertich scok und vor veirhundert schock cruescrossen…"* – 1375 – und 1391 dann ganz genau: *„…schal gheven unde betalen tweyhundirt schok crutzecrossen Friberger muente…".*[44]

Der Ausdruck „Kreuzgroschen" für den „Breiten Groschen Freiberger Münze" ist im Ursprungsland im 14. Jahrhundert nicht gebräuchlich, taucht dagegen schon nachweislich 1365 das erste Mal im Erzbistum Magdeburg in der urkundlichen Überlieferung auf: *„item V sexagen. grossen crucifer."* [45]

Der Halberstädter Bischof Ernst von Hohnstein (1390-1400) legt ein Jahr nach Regierungsantritt seinem Bistum eine allgemeine Landbede auf. Aus seiner Verordnung vom 10. November 1391 – am 11. November, am Martinstag, waren im bäuerlichen Wirtschaftsjahr, aber auch anderswo, Abgaben und Zins fällig – ergibt sich, daß diese Steuer in „Kreuzgroschen" zu bezahlen war:
„…eyne ghemeyne landbede [Landesabgabe] *over al unse papheyd* [Geistlichkeit] *unde manschop* [Mannschaft] *unde over al unse riddere unde knechte, burghere unde bure alle wonaftich in unsem vorbenomden Halb. lande in desser wise, dat se uns … gheven erer iowelk* [ein jeder] *pape ridder unde knecht van eyner … hove* [Hufe], *de sin is, ses cruzecrossen* [sechs Kreuzgroschen] *unde van eyner iowelken* [jeweiligen] *lodighen* [lötigen] *mark gheldes iarliker* [jährlicher] *ghulde, …, io van der mark neghen* [neun] *cruzecrossen. unde des ghelik*

schal [desgleichen soll] *eyn iowelk borgher unde bur ok gheven van sinen hoven unde van syner iarliken ghulde, wur he de heft.* "[46]

Kreuzgroschen

Abb. 32 a: **Landgraf Balthasar von Thüringen (1369- (1381)-1406)**

Vs.:	·+·BALTh·DI·GRACIA· TVRING·LANG	XC VR	Rs.:	·+·GROSSVS·MARCh MISNENSIS

1390/93 Freiberg   3.06 g   2,8 cm   Krug 456/1 [47]

Abb. 32 b: **Markgraf Wilhelm I. von Meißen (1381-1407)**

Vs.:	o+o WILhoDIoGRACIAo TVRINGoLANGRAVIS	CR XV	Rs.:	o+oGROSSVSoMARCho MISNENSIS

1382/95 Freiberg   3,03 g   2,8 cm   Krug 347/19 [47]

Abb. 32 c: **Markgraf Friedrich IV. (1381-1428, ab 1423 Kurfürst F.I.)**

Vs.:	o+o FRIDoDIoGRAo TVRINGoLANGRAVIS	CR XV	Rs.:	o+o GROSSVSoMARCho MISNENSIS

1390/93 Freiberg   2,75 g   2,7 cm   Krug 640/3 [47]

Die Abbildungen 32. a., b. und c. zeigen „Kreuzgroschen" dieser Zeit der damals regierenden Fürsten aus dem Hause Wettin, der Brüder Balthasar und Wilhelm I. sowie ihres Neffen Friedrich IV. aus der Freiberger Gemeinschaftsmünze.[47] Die Meißnisch-Thüringische Groschenmünze bildete am Ende des 14. Jahrhunderts auch im Bistum Halberstadt den im weiteren Sinne alles bestimmenden Hintergrund, vor dem sich der städtische Kleinhandel mit eigener guthaltiger Pfennigmünze abspielte. Verschlechterungen im Gehalt dieser Groschenmünze ab 1395 haben auch indirekte Auswirkungen auf nachbarliche Gebiete, wie das Bistum Halberstadt oder das Erzbistum Magdeburg. Die „Magdeburger Schöppenchronik" schildert die Entwicklung der Währungsverhältnisse um die Jahrhundertwende 1400/1401 im Erzbistum wie folgt: *„In dussem sulven jare erhoven de vorsten* [Fürsten] *und heren nie schattinge* [neue Schatzung], *also dat se al or* [ihre] *stede und or armen lude* [Leute] *in den landen up den tegeden* [zehnten] *penninge schatteden* [besteuerten]." Es heißt dann rückblickend weiter: *„des was ein anhever de einogede* [einäugige] *markgreve Wilhelm* [I.] *van Missen* [1381-1407], *de ok ein anhever was der quaden* [bösen] *cruzegroschen, dar alle disse land mede geldes und gudes berovet* [beraubt] *worden."*[48]

326

D. Die Reformschritte der Sächsischen Groschenmünze, die Stellung des „Rheinischen Guldens" in der 1. Hälfte des 15. Jahrhunderts und deren Auswirkung auf benachbarte Münzstände

In den ersten Jahren des neuen Jahrhunderts waren der „Quade" Herzog Wilhelm I. (gest. 1407) und sein Bruder Balthasar (gest.1406) zu einer neuen, hochhaltigen Groschenmünze gedrängt worden, die von ihren Neffen, dem späteren Kurfürsten Friedrich I. (IV.) (1381 – 1423 – 1428) und Herzog Wilhelm II. (1393-1425) - Gebrüder - geplant und 1405 gemeinsam in die Tat umgesetzt worden ist. Dieses ist die Geburtsstunde der gemeinsamen „Hohen Währ", der „Oberwähr", deren zwanzig neue Groschen – später 21 Stück – auf einen „Rheinischen Goldgulden" gerechnet werden. Die auf ein Drittel devalvierten „Meißner Kreuzgroschen" wurden jetzt zu 60 Stück – einem Schock (ß), daher nach 1400 der Name „Schockgroschen" – auf einen „Rheinischen Gulden" gerechnet und bildeten die „Beiwähr" zur hochhaltigen „Oberwähr". Der bis 1395 hochhaltige „Kreuzgroschen" – alleinige Meißner Groschenmünze seit Einführung 1338/1339 – wurde zwar zu einer minderhaltigeren Scheidemünze devalviert, aber in dieser Form im täglichen Zahlungsverkehr weiterhin dringend gebraucht. Auch im schon erwähnten Münzfund von 1973 aus dem Halberstädter Marktbereich, der im Zusammenhang mit dem Höhepunkt der innerstädtischen Unruhen – der sogenannten „Halberstädter Schicht" vom 22./23. November 1423 – zu sehen ist, kamen drei dieser geringhaltigeren „Kreuzgroschen" vor.[49]

Geringhaltiger Kreuzgroschen aus dem Fund von 1973

Abb. 33: **Markgraf Wilhelm I. von Meißen (1382-1407)**

Vs.:	o+oWILhoDIoGRA	CR	Rs.:	+GROSSVS+MARCh+
	TVRINGoLANGRAVIS	XV		MISNENSIS

1400/05 Freiberg   2,42 g   ø:2,8 cm   Krug 366/10[49] Fd.-Nr. 283

Abbildung 33 zeigt aus diesem Fund einen „Quaden Cruzegroschen" des einäugigen Markgrafen „Wilhelm van Missen".[49] Die urkundliche Überlieferung zu den innerstädtischen Auseinandersetzungen aus der Zeit von 1410 bis 1442 ist von Wilfried Fritz im Anhang zu seiner Arbeit über die „Halberstädter Schicht" umfassend zusammengestellt.[50] In diesem urkundlichen Material – vor allem in den Klageschriften über erlittene Schäden und zugefügte Verluste sowie den von bischöflicher und kaiserlicher Seite verhängten Strafen – finden sich vielfach Angaben über Zahlungsmodalitäten und verlorene oder geforderte Summen in wertbeständigem Gelde: Es wird deutlich, daß es sich in der Regel um Zahlungen in „Rheinischen Gulden", also in Gold handelt. Der „Rheinische Gulden" ist in der ersten Hälfte des 15. Jahrhunderts im „Heiligen Römischen Reich Deutscher Nation" die Bezugsgröße in Gold, auf die sich die darunter liegenden Währungsangaben in Silber beziehen. Aus direkter Halberstädter urkundlicher Überlieferung sind mir keine detaillierten Angaben über das Verhältnis der dortigen Pfennigmünze zum „Rheinischen Gulden" in den Jahren 1420/1430 bekannt. Hier liefern Angaben aus den „Göttinger Statuten" für diesen Zeitraum willkommene Aufklärung und werden in der folgenden Tabelle kommentierend zusammengestellt.[51] Die begleitenden Münzabbildungen zu dieser Tabelle ermöglicht wiederum der Münzfund von 1973 (Abb. 34-39), dessen Datierung in das Jahr 1423 unter Berücksichtigung aller Zeitumstände gesichert und dessen numismatische Veröffentlichung vorgesehen ist.

Hierzu geben die „Göttinger Statuten" Bewertungs- und Datierungshilfen:

Nr. 140 (1429)	1 Mark = 48 Schilling,	1 Schilling = 12 Gött. Pf. gerechnet;
Nr. 119 (1421)	1 Gulden = 15 Schilling,	1 Schilling = 12 Gött. Pf. gerechnet;
Nr. 119 (1421)	1 Gulden = 15 Schilling,	1 Schilling = 12 Halb. Pf. gerechnet;
Nr. 119 (1421)	1 Gulden = 15 Schilling,	1 Schilling = 12 Gosl. (Schwert-) Pf;
Nr. 132 (1428)	1 Gulden = 15 Schilling,	1 Schilling = 12 Gosl. Schwertpf.;
Nr. 132 (1428)	1 Gulden = 15 Schilling,	1 Schilling = 12 neue Goslarer Pf.;
Nr. 119 (1421)	1 Gulden = 10 Schilling,	1 Schilling = 12 alte Braunschw. Pf.;
Nr. 140 (1429)	1 Gulden = 7 ½ Schilling,	1 Schilling = 12 neue Braunschw. Pf.;
Nr. 119 (1421)	1 Gulden = 20 neue Meißner Groschen	1 Groschen = 9 Gött./Halb.Pf.;
Nr. 119 (1421)	1 Gulden = 60 alte Meißner Groschen	1 Groschen = 3 Gött./Halb.Pf.;

Halberstadt: 1 Mark = 48 Schilling, 1 Schilling = 12 Halb. Pf. gerechnet = wie Göttingen
UB Stadt Halberstadt, 2. Band, Nr. 843 vom 30. November 1430 = 1 lötiger Ferding
= 12 Schilling = eine Viertelmark

Fundmünzen von 1973 und ihre Bewertung nach den „Göttinger Statuten"

Abb. 34: **Göttinger Pfennig**
vor 1423
Bode (1847), Taf. VIII/1
Gew. ausgebr. O,230 g,
ø: 1,7 cm
Fd.-Nr. 168 [51]

Abb. 35: **Halberstädter Pfennig**
vor 1423
Vorbild für die Goslarer Nachprägung
0,260 g
ø: 1,8 cm,
Fd.-Nr. 56 [51+52]

Abb. 36: **Goslarer Schwertpfennig**
vor 1423
mit „borstbelde, swert unde eyn semele"
0,295 g
ø: 1,8 cm,
Fd.-Nr. 141 [51+52]

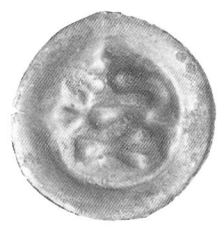

Abb. 37: **Braunschweiger Pfennig**
vor 1412
Beizeichen: „puster"
0,44 g
ø: 2,0 cm
Fd.-Nr. 175 [51+53]

Abb. 38: **Braunschweiger Pfennig**
1412
Beiz.: „grote busse"
0,48 g
ø: 2,0 cm
Fd.-Nr. 177 [51+53]

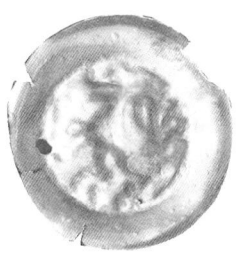

Abb. 39: **Braunschweiger Pfennig**
nach 1412
„eyn slicht lauwe"
0,55 g
ø: 2,2 cm
Fd.-Nr. 197 [51+53]

Über die Hälfte - 151 der 297 beschreibbaren Münzen des Fundes - stammte aus Halberstadt und seiner näheren Umgebung: 43 sogenannte „Sargpfennige" jüngeren Typs (Abb. 23), 47 „Stephanspfennige" nach 1400 (Abb. 25) und 50 Exemplare der so selten überlieferten Hälblinge (Abb. 24 + 26)! Hinzu kommen 11 Nachprägungen der Halberstädter „Stephanspfennige": Goslarer „Schwertpfennige", deren Vorbild in der Nachbarstadt verblüffend gut nachgemacht worden ist.[52]

Mit den Angaben aus den „Göttinger Statuten" und dem mit großer Sicherheit in das Jahr 1423 zu datierenden Halberstädter Münzfund von 1973 werden zehn Jahre der vielfach im Dunkeln liegenden Halberstädter Münzgeschichte aufgehellt. Die Valvationen aus den Jahren 1421 bis 1429, die Halberstädter Münzen betreffen, sind eine wichtige Quelle zur Münzgeschichte der Stadt, da die Göttinger Mark zu vier Ferding = 16 Lot = 64 Quentin = 288 Grän zu dieser Zeit nicht nur mit der Halberstädter gleiche Schwere hatte, sondern auch beide Zahlmarken übereinstimmten: 1 Mark = 48 Schilling = 576 Pfennige, der Schilling zu 12 Pfenningen gerechnet.[51]

In der Valvationsaufstellung werden auch zwei unterschiedliche Bewertungen des Braunschweiger Pfennigs aufgeführt. Die Erläuterungen geben die drei dazu abgebildeten Braunschweiger Pfennige: Die beiden Beispiele mit Beimarken, darunter der letzte Pfennig mit der Beimarke „Grote Busse", liegen vor der endgültigen Erwerbung der Braunschweiger Münze durch die Stadt von den Braunschweiger Herzögen im Jahre 1412. An letzter Stelle ist mit dem dritten Bild der besserhaltige „Ewige Pfennig" aufgeführt (Abb. 37, 38, 39).[53] Hinzugefügt sind in dieser Valvationsaufstellung (Nr. 119: S. 135/136) die Bewertung von *„gude nige missensche grossen to 9 pfennige, olde missensche grossen to 3 pfennige"*, bei einer Relation von 15 Schillingen Göttinger Pfennige – den Schilling zu 12 Pfenningen gerechnet – auf den „Rheinischen Gulden".

Dieses führt uns wieder zur Meißnisch-Thüringisch-, ab 1423 Sächsischen Groschenmünze zurück, die weiterhin den Hintergrund für die doch begrenzte Halberstädter domkapitularisch-städtische Münztätigkeit und Münzpolitik bildet. Alle Veränderungen und Störungen der Sächsischen Groschenmünze wirken sich auch auf die diese benutzende Nachbarschaft aus. Die Tendenz ist seit Ende der zwanziger Jahre des 15. Jahrhunderts wieder zunehmend zu spüren. Die wiederholten Versuche der Sächsischen Münzpolitik, die „Oberwähr" mit 20 Groschen pro „Rheinischen Gulden" auf Dauer zu halten, wurden in immer kürzeren Abständen durch das Eindringen fremder, geringhaltiger Münze unmöglich gemacht, so daß zur Zeit der gemeinschaftlichen Prägung 1428 bis 1436 des Landgrafen Friedrich des Friedfertigen (1406-1440) mit Kurfürst Friedrich II. (1428-1464) und dessen Bruder, Herzog Sigismund (1428-1436/37), das jahrzehntlang gewohnte Münzbild der „Hohen Währ" mit dem Löwenschild der Rückseite und der Umschrift „GROSSVS MARCh(ionis) MISNENSIS" verändert wurde. Es lebte wieder auf die bereits von Wilhelm I. (gest. 1407) und Wilhelm II. (gest. 1425) bekannte Form der "Pfahlschildgroschen": auf der Vorderseite ein Blumenkreuz mit kleinem Landsberger Wappenschild oben in der Umschrift und auf der Rückseite, bei schon mitgeteilter Umschrift, die Darstellung des Löwen, den Landsberger "Pfahlschild" vor sich haltend. Als „Beiwähr" wird für kurze Zeit erneut der *olde missensche grossen to 3 pennige"* von den drei beteiligten Fürsten ausgegeben.

Von 1437 bis 1443 wird die „Hohe Währ" erneut unter Druck gesetzt in der schon geschilderten Weise, so daß erst mit der neuen Münzordnung von 1444 vorübergehend Beruhigung eintritt. Die jetzt regierenden Fürsten - Kurfürst Friedrich II. (1428-1464) und Herzog Wilhelm III. (1439-1482) - verfügten in dieser Ordnung die Ausgabe folgender neuer Münze, unter Beibehaltung der alten Bewertungsmaßstäbe der „Oberwähr" und der „Beiwähr": den sogenannten „Judenkopfgroschen" – 20 Stück auf den Gulden; den „Neuen Schock- oder 6-Heller-Groschen" – 60 Stück auf den Gulden; den „Landsberger Pfennig" – 9 Pfennige auf den „Judenkopfgroschen" und den „Heller" – 18 Stück auf den letztgenannten Groschen.[54]

Die Regelung bestand aber nur für kurze Zeit, da im sogenannten „Bruderkrieg" von 1446-1451 die Vereinbarungen nicht immer eingehalten worden sind. Der in dieser Münzordnung nicht mehr vorgesehene Pfahlschildgroschen der zurückliegenden Jahre – jetzt zu 26 Stück auf den „Rheinischen Gulden" gerechnet – wurde von Wilhelm III. wieder eingeführt und dann von beiden Brüdern bis 1456 ausgegeben. Mit veränderter Wappenschilddarstellung in der Umschrift der Vorderseite wurde dieser Groschentyp ab 1457 als „Schwert- und Rautenkranzschildgroschen" bis 1465 Sächsische Leitmünze. Er verschlechterte aber dann bis zu diesem Datum seinen Silbergehalt derartig, daß 42 Groschen auf den Gulden gerechnet werden mußten. Dies war die Ursache für die im folgenden Abschnitt behandelte Gegenstempelung der guthaltigen Groschen durch die Niedersächsischen und anderen Städte.

E. Die Reformschritte der Sächsischen Groschenmünze und die Stellung des „Rheinischen Guldens" in der 2. Hälfte des 15. Jahrhunderts - Halberstadts Gegenstempelung der Sächsischen und Hessischen Groschenmünze ab 1464 und der „Rheinischen Raderalbi" (Weißpfennige) ab 1477/1478

Kurfürst Friedrich II. von Sachsen (gest. 1464) und sein Bruder, Herzog Wilhelm III. (gest. 1482), teilten am 10. September 1445 die bisher gemeinschaftlich verwalteten Lande – die Kurlande um Wittenberg natürlich ausgenommen – und hatten schon in der Münzordnung des vorangegangenen Jahres vereinbart, daß neben der Gemeinschaftsmünze in Freiberg zusätzlich in zwei weiteren Münzstätten geprägt wird, für Kurfürst Friedrich II. in Zwickau und für Herzog Wilhelm III. in Sangerhausen. In der Zeit des „Bruderkrieges" (1446-1451) setzte Herzog Wilhelm III. weitere Münzstätten in Betrieb: Gotha, Jena und Weimar. Kurfürst Friedrich II. richtete zusätzlich Münzen in Leipzig und Kolditz ein. Der Versuch der beiden Brüder, in Meißen – Thüringen – Sachsen erneut eine „Oberwähr" mit hochhaltigen Groschen einzuführen, deren 20 einem „Rheinischen Gulden" gleichzusetzen sind, war auf Dauer – wohl auch bedingt durch die zeitweiligen brüderlichen Zwistigkeiten – kein Erfolg beschieden.[55]

Abb. 40: **Herzog Wilhelm III., Landgraf von Thüringen (1439-1482)**
Judenkopfgroschen nach dem Vertrag von 1444

Vs.: · **WoDEIoGRACIAo**   Rs.:   **GROSSVSoMARCho**
       TVRINGEoLAG ·   **MISNENSIS**

     1444/46 Sangerhausen   2,78 g   ø: 2,7 cm   Krug 1219/4[41]

Ein erneuter Versuch der wieder geeinten Fürstenbrüder in dieser Richtung erfolgte 1456/1457 und führte zur Prägung der ersten datierten Groschen der Sächsischen Münzgeschichte.

Abb. 41: **Herzog Wilhelm III., Landgraf von Thüringen (1439-1482)**
Judenkopfgroschen nach dem Vertrag von 1444
Halberstädter Gegenstempel 1477/1478: h mit Krone

Vs.: · WoDEIoGRACIAo   Rs.: **GROSSVSoMARCho**
oTVRINGEoLANG ·   **MISNENSIS**

1444/46 Sangerhausen   2,57 g   ø; 2,8 cm   Krug 1218/4
Dieser Groschen von 1444/1446 trägt einen Gegenstempel, der ihm erst bald 35 Jahre später hinzugefügt worden ist und zeigt die langlebige Gültigkeit der hochhaltigen Sächsischen „Oberwähr".[41]

Schon 1455 hatte hier Kurfürst Friedrich II. ein Novum eingeführt: Seit diesem Jahr prägte der bisher in Bingen am Rhein für den Mainzer Erzbischof Dietrich von Erbach (1434-1459) tätige Goldmünzmeister Hans Stockart aus Mainz in Leipzig Goldgulden.

Alle Groschen von 1457 sind überaus selten und diese Tatsache führt zu der Schlußfolgerung, daß es sich hier um Versuchsprägungen der beiden Fürsten gehandelt hat, die auf dieses Jahr beschränkt geblieben sind und auf die hier nicht näher eingegangen werden kann. Die von Wilhelm III. nicht aufgegebenen Pfahlschildgroschen wurden ab 1451 von beiden Fürsten als „..itzund die hochste werunge in unsir gn. hern furstenthum..." öffentlich angesehen und mit 26 Groschen auf den „Rheinischen Gulden" bis zur Einführung der neuen Schwert- und Rautenkranzschild-Groschen im Jahre 1456/1457 ausgegeben. Sie konnten anfangs mit den nun als „alt" zu bezeichnenden Pfahlschildgroschen diesen Kurs halten. Aber schon 1460 gingen 32 1/2 Groschen auf den „Rheinischen Gulden", und der Kurs fiel laufend. Bei einem Kurs von 42 Schwert- und Rautenkranzschild-Groschen auf den „Rheinischen Gulden" wurde ihre Prägung 1465 eingestellt. Diese Groschen dienten dann der im April 1465 wieder eingeführten „Hohen Währ"– 20 der neuen „Horngroschen" mit verändertem Münzbild auf den „Rheinischen Gulden" – als „Beiwähr", 40 auf den „Rheinischen Gulden" gerechnet.[56]

Schwert- und Rautenkranzschild-Groschen

Abb. 42: Kurfürst Friedrich II. von Sachsen (1428-1464)

Vs.: Lilie **FoDIoGRACIAo TVRINGEoLANG**   Rs.: Lilie **GROSSVSoMARCho MISNENSIS**

1462 Leipzig   1,83 g   2,7 cm   Krug Nr. 916/1[41]

Auch in der zweiten Hälfte des 15. Jahrhunderts spielte die Sächsische Gro-schenmünze im nördlichen Harzvorland wie auch in der weiteren Umge-bung im täglichen Zahlungsverkehr eine beherrschende Rolle. Die nach der Sächsischen Münzordnung von 1456/1457 bis zum Jahre 1465 geprägten Schwert- und Rautenkranzschild-Groschen des Kurfürsten Friedrich II. (1428-1464), seiner Söhne Ernst (1464-1486) und Albrecht (1464-1500) sowie seines Bruders Herzog Wilhelm III. (1439-1482), aus den Münzstät-ten Freiberg, Leipzig, Kolditz und Gotha, fanden in kurzer Zeit ihren Weg in unsere Gegend. Mit ihnen schlichen sich auch unterwertige Nachahmun-gen ein, die hauptsächlich aus Münzstätten der Herzöge von Braun-schweig – Lüneburg kamen. Auf die fürstliche „Falschmünzerei" wird noch zurückzukommen sein.

Abb. 43: Herzog Wilhelm III. (1439-1482)

Vs.: **+WoDIoGRACIAoTVRINGEoLANG**   Rs.: **+GROSSVSoMARChoMISNENSIS**

1457/58 Gotha   2,33 g   ø: 2,9 cm   Krug 1318/9[41]

334

Nachahmung Sächsischer Groschen

Abb. 44: **Herzog Friedrich der Unruhige von Mittel-Braunschweig (um 1465-1496)**
Heckenmünzstätte auf Schloß Moringen

Vs.: **+FoDIoGRACIAo**
DVXoBRVNSVI

Rs.: **+GROSSVSo**
FRIDERICIoDVCIS

1468/69 Moringen   2,22 g   ø: 2,6 cm   Welter 310

Der Sächsische Groschentyp der Jahre 1457-1465 war aber auch Vorbild für die Prägungen der Hessischen Landgrafen, die sich mit den Wettinern in Münzvereinigung befanden und für die Groschen der Äbtissin im nahen Quedlinburg. Hier hatte die Tochter Hedwig (1458-1511) des Sächsischen Kurfürsten Friedrich II. (1428-1464), den Äbtissinenstuhl inne und nahm die Schwertgroschen ihres Vaters zum Vorbild für ihre Quedlinburger Nachprägungen, die anfangs noch in Sachsen geduldet wurden. Später findet sich jedoch im Bericht der Räte Herzog Wilhelms III. über den Probationstag in Leipzig vom 30. Mai bis zum 2. Juni 1469 die folgende Bemerkung des kurfürstlichen Marschalls: *„Die eptissin von Qwedelnburg hett auch groschen lassen slahen, uff der ein sieten im gebrege einen adaller und uff der andern sieten ein krutze, und oben am rande zwei dischmesser*

Abb. 45: **Hedwig von Sachsen, Abtissin von Quedlinburg (1458-1511)**
Nachahmung eines Schwertgroschen ihres Vaters Friedrich II. Kurfürst von Sachsen

Vs.: **+hoDoGRACIAo**
DVCISAoNATA.SAX

Rs.: **+GROSSVSo**
QWEDELEBVRGENSIS

1458/66 Quedlinburg   2,20 g   ø: 2,7 cm   Cappe 173/5

335

uber einander. Das wer gnug underschieden gewest, doch hetten ir gna-
den sovil darin gethan, das sie dii muntze uwer [euer] *gnaden vettern zu libe*
wollt abstellen." Demnach wurden diese Nachprägungen auf Betreiben
des Herzogs Wilhelm III. - Euer Gnaden Vetter - eingestellt.[57]

Im benachbarten Bistum Halberstadt sind im 15. Jahrhundert von Domkapitel
und Stadt - gemeinschaftlich Inhaber der 1363 erworbenen Münzgerechtigkeit - Groschen nicht geschlagen worden! Im Gegensatz zur Stadt
Braunschweig war in der Stadt Halberstadt die eigene Pfennigmünze
nicht die Richtschnur allen währungspolitischen Handelns, da in der Stadt auf
das Domkapitel immer Rücksicht genommen werden mußte. In der Stadt
Braunschweig dagegen war diese Unabhängigkeit erst fast 50 Jahre später, im Jahre 1412, mit großer Mühe erkämpft worden und erklärt das
zähe Festhalten der Stadt an ihrer hochwertigen Pfennigmünze. Der
„Ewige Pfennig" von 1412 war als beständige Hohlmünze (Brakteat) bei
den Ratsverantwortlichen, die auf keinen Vertragspartner mehr Rücksicht
nehmen mußten, bis zum Ende des 15. Jahrhunderts „Richtpfennig". Erst
1499 mußte sich Braunschweig mit der Ausgabe von Groschenmünzen ein-
gestehen, daß sie den Kampf „Hohle gegen Dichte Münze" endgültig verloren hatte.

Die erste Gegenstempelung der Stadt Halberstadt
Auf dem Weg dahin treffen wir Braunschweig und Halberstadt 1464 und später bei dem Versuch, sich die minderwertigere und auch falsche Groschenmünze vom Leibe zu halten, die sich mit Schwert-, Rautenkranzschild- und
Hessen-Groschen einschlichen, und zwar mit Gegenstempelung der guthaltigen Exemplare. Zur Orientierung der Pfennig-/Groschenrelation: In
Magdeburg wurde 1460 ein Braunschweiger Pfennig drei Halberstädter
oder zwei Magdeburger Pfennigen gleich gesetzt.[58] Immer häufiger fanden sich minderwertige oder falsche Nachahmungen Sächsischer Groschen, die hauptsächlich aus den Herzoglich Braunschweig-Lüneburgischen Münz- und Heckenmünzstätten Osterode, Salzderhelden sowie
Moringen, Hardegsen und Stockhausen, im Braunschweigischen Fürstentum Göttingen gelegen, kamen.[59] Aus diesem Grund stellten ja auch die
Sächsischen Fürsten die Prägung ihrer Schwert- und Rautenkranzschild-
Groschen im Jahre 1465 ein. Die Braunschweig-Lüneburgischen Hecken-
münzen enden aber erst 1470/1471.

Abb. 46: Der Halberstädter „Ratskeller" von 1461, am 8. April 1945 bei der Zerstörung der Stadt untergegangen, trug die folgende Inschrift:
„anno domini MCCCCLXI in die Dorathee."

Aus dem Vernehmungsprotokoll eines Freiberger Boten aus dem Jahre 1469, der zwischen Freiberg, den genannten Braunschweigischen Münzstätten und den Abnehmern des minderwertigen Groschengeldes pendelte, erfahren wir die für Halberstadt interessante Nachricht: *„Einer gnant Beeke wonet zcu Halb...* [Halberstadt?] *und helt des rats keller doselbst, der hat auch grosen handel mit lefern"* [Lieferer minderwertiger und falscher Münze, die die gesammelte guthaltige Münze (Pagament) wiederum auf die Heckenmünzstätten brachten].[60]

Zum Glück sind wir aus der Sicht der Stadt Braunschweig durch das „Schichtbuch des Zollschreibers Hermen Bote" auch gut über die Halberstädter Gegenstempelung informiert.[61] In der Zeit von 1444 bis 1464 gewinnen die *„myssenchen unde hessenschen krossen"*[62] auch in Braunschweig die Oberhand: *„Unde myt dussen nigen krossen wart gekoft unde verkoft hir to Brunswick..., alle by krossen, unde by* [k]*neynen pennigen noch by schillingen edder by marken unde gulden, alle by den nigen krossen."*[62]

Und dann weiter: *„To dussen nigen krossen mengeden sick andere krossen, besunderen krossen dat heten de Sterneberger, unde dat so galt mede dre pennigk, unde weren nicht driddehalven* [zweieinhalb] *pennigk gewerd."*[63]

Am 10. November 1464 beschloß der Rat der Stadt Braunschweig die Groschen probieren zu lassen und diejenigen gegenzustempeln *„myt eynem b."*, die in ihrem Wert 3 Braunschweigischen Pfennigen entsprachen. Die ungestempelten Groschen werden auf 2 Pfennig gesetzt und müssen vor Weihnachten 1464 ausgegeben worden sein. *„Dusse krossen worden getekend myt dem* b *uppe dre brunswicksche pennigk, alse de krossen*

Nachahmung der Sächsischen Schwertgroschen

Abb. 47: Herzog Albrecht III. von Braunschweig-Herzberg (1464-1486)
Sogen. „Sterneberger" aus der Heckenmünzstätte Osterode

Vs.: ***ALBERTVSoDIo**   Rs.: **+GROSSVSoDVX**
     GRACIAoDVX   **oBRVNSWIGENS**

1464/68 Osterode   2,25 g   ø: 2,6 cm   Welter 318

Der kleine Schild mit den sogenannten „Wallstäben" der Vorderseite des Groschen Albrechts ahmt täuschend ähnlich den „Kurschild" mit den gekreuzten Kurschwertern des folgenden „Schwertgroschens" nach.

myt den rudenkrensen unde myt den swerden[64]. *... unde de ungeteken-den krossen kemen hirover enwach, dat neymet* [k]*neynen ungetekenden krossen mer hebben wolde, wente dar konde neymet* [k]*neyn vordell mer ane rasselen* [herausschütteln]. *"*[65]

Im „Schichtbuch" folgt dann die für die Halberstädter Münzgeschichte so wichtige Nachricht - die einzige zeitgenössische Überlieferung - über die Gegenstempelung Sächsischer Schwert- und Rautenkranzschild- sowie Hessengroschen durch die Stadt Halberstadt: *„Over de Halverstedeschen tekenden* [zeichneten] *ock dusse sulven krossen myt eynem h, unde se*

Die erste Gegenstempelung der Stadt Halberstadt auf Schwertgroschen

Gegenstempel-
Vorbild

Abb. 48: Kurfürst Friedrich II. von Sachsen (1428-1464)
Gegenstempel der Stadt Braunschweig von 1464: „b"

Vs.: Lilie **FoDIoGRACIA:**   Rs.: Lilie **GROSSVSoMARCh**
     TVRINGEoLAN   **oMISNENSIS**

Vor 1462 Leipzig   2,28 g   ø: 2,7 cm   Kr. 941/10

Gegenstempel-
Nachahmung

Abb. 49: **Kurfürst FRIEDRICH II. von SACHSEN (1428-1464)**
Gegenstempel der Stadt HALBERSTADT nach Braunschweiger Vorbild

Vs.: Lilie **FoDIoGRACIA:**   Rs.: Lilie **GROSSVSo**
       TVRINGEoLANG   **MARChoMISNENSIS**

Vor 1462 Leipzig   2,20 g   ø: 2,7 cm   Krug 916/4

*tekenden ock mede in to dem [s]lage de snoden [schlechten] myt de
guden, ock de Sterneberger medde, also dat de tekenden krossen to Halverstad worden geuter [ausgesondert], unde me nam se nicht durer wan
vor driddehalven [zweieinhalb] pennigk. Ock was dut teken bina [beina-
he] allein, we de de bockstave nicht en kande, alse dat b unde dat h. dar de
bur mede sere bedrogen ward, unde nam de halverstedeschen up gelick
den brunswickschen. Ock weren itlike, de vunden dusse boverige [Bübe-
rei] unde nemen eyn scherp iseren unde slogen dat h unden to, dat yd
dem brunswickschen b gelick wart, unde darmede wart de wiseste (schlau-
este) myt dem dullen [einfältigen] bedrogen."* [nach 1464 November
10].*„Van dussem underschede, b unde h, uppe dat de arme unde dumme
unde de ungelerde dar nicht mer mede scholde bedrogen werden, so kam
de ersam Rad to Brunswick unde vant dusse voge [Lösung] unde tekende de
krossen van stunt do se dusses inspichtich [gewahr] worden, myt eynem
grekeschen [griechischen] B, dat de Halverstedeschen nicht nateken kon-
den. unde darmede wart or tekent [Geld?] vornichtet, unde de to Brunswick
getekent worden myt dem grekeschen B, de bleven unde kregen dar den
namen aff, dat se darna worden geheten ´tasschenkrossen´ [Tasche mit
2 Fächern]. Alse nu den van Halverstad or tekent [Zeichen] wart vernichtet, do leten se de untekenden krossen wedder ghan unde gelden – XX
krossen dat was or schock – so dat de ungetekenden krossen worden ock
wedder gangkhaftich hir to Brunswick, unde dar wedder bi koft unde vor-
koft...."*[66] [vor 1466 September 22].
Von diesem Datum an war es in Braunschweig Pflicht, nur gegengestempelte
Groschen zu benutzen und darauf mußten die Bürger einen Eid leisten.
*„Dusse ungetekenden krossen de bleven vor dem Harte [im nördlichen
Harzvorland] unde to Megdeborch [Magdeburg], unde de borger myt den*

Rautenkranzschild-Groschen

Abb. 50: **Herzog Wilhelm III. von Sachsen (1439-1482)**
Braunschweig mit Gst. „B" statt „b" und Erfurt: ¹/₂ Rad!

Vs.:   **+WoDIoGRACIA**   Rs.:   **+GROSSVSo**
          oDVXoSAXONIE   **MARChoMISNENSIS**

1457/65 Gotha   2,23 g   ø: 2,7 cm   Krug 1314/1

Schwertgroschen

Abb. 51: **Kurfürst Ernst und Herzog Albrecht (1464-1465)**
Gegenstempel der Stadt Halberstadt nach Braunschweiger Vorbild

Vs.:   ***EoAoDEIoGRACIA**   Rs.:   ***GROSSVSoMARCho**
          oTVRINGEoLAN   **MISNENSIS**

1464/65 Leipzig   2,11 g   ø: 2,7 cm   Krug 1351/8

inwoners dreven ore handelinge mede buten [draußen vor] *der lantwere: dar nemen se se up unde geven se wedder uth. Dat lechtvorige* [leichte] *gelt dat galt dar na der werde* [je nach seinem Werte], *unde dat gude sulvergelt dat stech* [stieg] *darna in de hoghe* [Höhe] *na siner werde...".*[67]

In den folgenden zehn Jahren wurde Braunschweig überschwemmt mit minderwertiger und auch falscher Groschenmünze und versuchte vergeblich, durch gesetzgeberische Maßnahmen der Situation Herr zu werden. Auch hier ist das „Schichtbuch" eine zuverläßliche Quelle, ebenso wie für die zweite Gegenstempelung der Stadt Halberstadt in den Jahren 1477/1478.

Ab 1466/1468 werden in Braunschweig *„de kollensche witte* [Weißpfennige - Raderalbi]*, de galt hir to Brunswick iiii pennigk"* das erste Mal erwähnt, die sich rasch ausgebreitet haben müssen und wiederum die Nach- und Falschmünzer auf den Plan riefen.[68]

Wie bereits erwähnt vermochte der Rat der Stadt Braunschweig schon in den 60er Jahren die permanenten Währungsprobleme nicht zu lösen, auch nicht später mit radikalen Maßnahmen, wie der folgenden:

Am 14. Oktober 1475 verkündeten die Stadtoberen, *„dat de nige* [neue] *brunswicksche pennigk gelden schal viff verling..."*[69], was bei innerer Beständigkeit (Silbergehalt) einen äußeren Wertzuwachs von 25% bedeutete, der sich aber für den Rat wiederum in einer Minderung der Einnahmen aus dem Schoß und anderer Einkünfte um 25% äußerte. Viele bezahlten nun mit bisher Erspartem, um den Vorteil auszunützen. So kam viel guthaltige Münze in die Hände der Aufkäufer und Wechsler[70], minderhaltigere nahm ihren Platz ein und der Gulden stieg weiter. Hierzu äußert sich das „Schichtbuch" im Anschluß an die Verordnung vom 14. Oktober 1475: *„Jo besunderen mangk de rederwitte unde kollenschen witte pennigk dar mengeden sick welck krossen manget, dat heten de Surruger*[71] *, de gaff me uth to viff pennigk, unde weren nicht driddehalven wert, unde weren gestalt na den kollenschen witten. so dat de Rad echt leyt anslan dat teynde bot to holdende umme des snoden geldes willen. Unde de guden kollenschen witte myt dem rade, der korfursten slach, worden getekent, de anderen plat vorboden."*[72]

Die zweite Gegenstempelung der Stadt Halberstadt

Diese Entwicklung hatte in Braunschweig die Verordnung vom 16. Oktober 1477 zur Folge: Das zehnte *„gesette"* besagt, daß der Rat die Weißpfennige auf Kurfürstenschlag[73] – „Raderalbi" - *„kollensche witte"*– je nach Wert zeichnen will, zu 4 Braunschweigischen Pfennigen *„myt eynem lauwen* [Löwen]"[74] und zu 3 Pfennigen *„myt eynem* b". Alle minderwertigeren „Weißpfennige" werden glatt (*„plat"*) verboten.

Nach dieser Braunschweiger Maßnahme vom 16. Oktober 1477 reagierte Halberstadt wieder ähnlich wie 1464. Auch hierüber sind wir allein durch das „Schichtbuch" informiert. Glücklicherweise findet sich der uns interessierende Abschnitt - nach dem Originalmanuskript als Foto wiedergegeben - im Korpuswerk über „Die Münzen der Stadt Hildesheim" (1937) von H. Buck und M. v. Bahrfeldt und wird hier wiederholt.[75] Dadurch sind wir in der Lage, eine sinnentstellende Interpunktion der gedruckten Ausgabe des Schichtbuches von 1880, S. 422, zu berichtigen[76]:

„*So fro* [sobald] *alse dusse kollenschen witte worden getekend myt dem lauwen uppe veer brunswicksche pennigk, dat was in dem gelden viff penigk, na deme de brunswicksche viff ferling galt, do tekeden de van Hildessem ock desulften krossen, de guden kollenschen, na der acht alse here to brunswick, unde tekeden se myt eynem kronden h. de anderen krossen deme uppe dre penigk scholde teken, de warde gevaret. to Halverstad, to Quelingborch unde to Wernigrode, dare begunden se ock dusse sulven krossen, de kollensche witte, to teken, de guden myt dem quaden. unde tekende se to Halverstad myt eynen h: de galt veer penigk. was darboven eyne krone, so galt he viff penigk. desgeliken de Quelingborgeschen ock so: de tekende se myt eynen q. de Werninghrodesschen, myt eynen w. so dat de rad darecht moste eyn gesette to maken, unde satten dat bot to holdede tighen de krossen de so vor dem Harte getekent warden.*"*

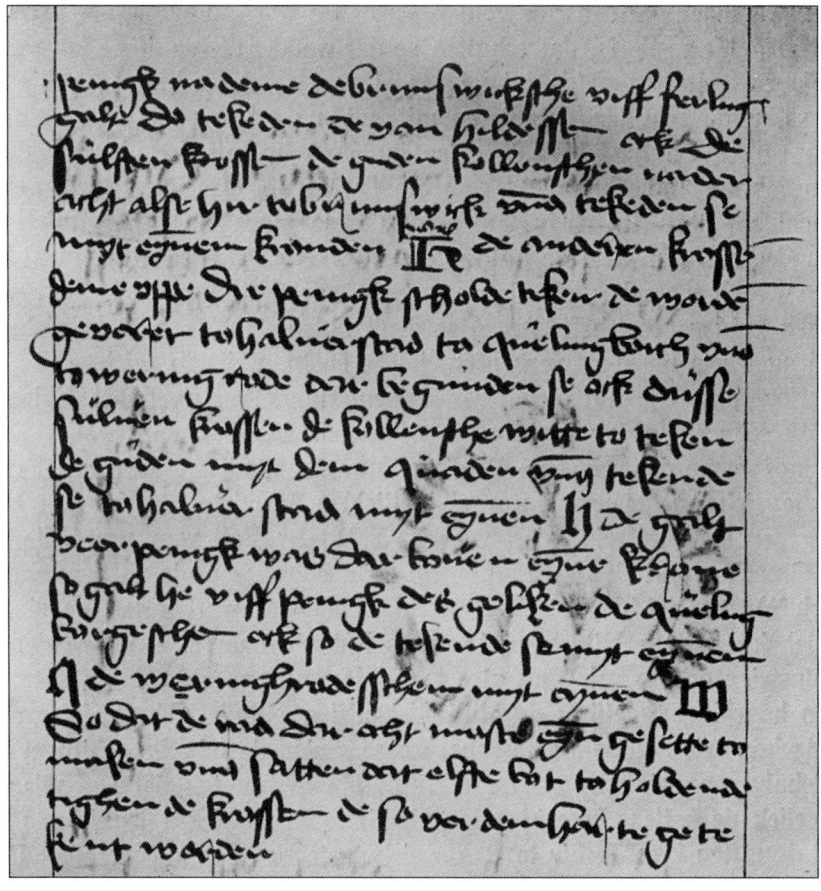

Abb. 52: Nachricht über die zweite Gegenstempelung der Stadt Halberstadt.[75+76]

Die Groschen mit Gegenstempel der Stadt Halberstadt der ersten Stempelperiode aus Sachsen und Hessen sind relativ häufig in den Sammlungen anzutreffen, wie auch Groschen mit Gegenstempel der Stadt Braunschweig ab 1464. Hier ist die frühe und damit seltenere Form mit der Minuskel „b" von der nachfolgenden häufigeren Form mit dem „grekeschen B" zu unterscheiden, die die Zeitgenossen „Taschengroschen" genannt haben. Gegenstempel aus der zweiten Stempelperiode beider Städte sind dagegen sehr selten. Wir finden sie in der Regel auf „Weißpfennigen" = „Raderalbi" = „Kollenschen Witten" – auf Groschen nach „Rheinischem Kurfürstenschlag".

Abb. 53: **Pfalzgr. Ludwig d. Schwarze von Pfalz-Zweibrücken (1459-1489)**
Rheinischer „Raderalbus" oder „Kollescher Wittepfennig"
Veldenzer Raderalbus mit Gegenstempel „h" HALBERSTADT nach 1476
In Braunschweig 1478: „twey pennigk unde eyn scherf"[77]

Vs.: ***LVDWIG`C`- P*R*DVX*B`**          Rs.: **\*MONE\*-\*NOVA\*-\*FELL`**

Nach 1476   1,71 g   ø: 2,5 cm   Peus 256, Nr. 322[78]

Abb. 54: **Kur - Pfalz Friedrich I. (1449-1476)**
Rheinischer „Raderalbus" oder „Kollescher Wittepfennig"
Heidelberger Raderalbus mit Gst. „Gekröntes h" HALBERSTADT nach 1476
In Braunschweig 1477/78: „vor dre pennigk" und nicht mehr[79]

Vs.: ***FRID`C`P – R'DVX'BA***   Rs.: ***MONE'-*NOVA*-*HEIDEL**

Nach 1476   1,87 g   ø: 2,4 cm   Peus 255, Nr. 192[80]

Halberstadt unterschied zwei gegengestempelte Sorten „Rheinischer Weißpfennige" – zu 4 Braunschweigischen Pfennigen mit der Minuskel „h" und zu 5 Pfennigen mit dem gekrönten Buchstaben. Ganz vereinzelt tragen auch hochwertige Gepräge aus lange zurückliegender Zeit einen der hier vorgestellten Stempel, wie Abbildung 41 demonstriert.[81] Daraus kann nur der Schluß gezogen werden, daß die 1464 beginnende erste Stempelperiode in Braunschweig wie in Halberstadt relativ lange gedauert hat, die zweite 1477 beginnende Gegenstempelung der Weißpfennige mit zwei unterschiedlichen Stempeln in beiden Städten dagegen nur von kurzer Dauer gewesen sein kann. Während Halberstadt die beiden Sorten durch eine Krone von einander unterschied, wurden in Braunschweig die besseren mit einem Löwen gestempelt, die anderen mit der Minuskel „b". Der Grund für diese Tatsache ist wohl darin zu sehen, daß sich der Bergbau im Rammelsberg, der seit etwa 1360 für lange Zeit mehr oder minder darnieder lag, erholt hatte, nachdem der Goslarer Rat Meister Claus von Gotha zur Trockenlegung der Gruben mit Hilfe seiner Wasserkunst am 27. Dezember 1453 verpflichtet hatte.[82] Die Arbeit des 1458/59 verstorbenen Meisters Claus wurde mit Hilfe seiner Nachfolger ein voller Erfolg. Ausdruck dieses Erfolges ist aber auch die in der zweiten Hälfte des 15. Jahrhunderts langsam aber stetig zunehmende Münzprägung Goslars, die mit der 1471 beginnenden Ausgabe des massenhaft geprägten Matthiasgroschen belegt ist.[83] Hierdurch wurde die Rheinische Münze zunehmend durch die Goslarer Matthiasgroschen verdrängt, so daß die Gegenstempelung der fremden Groschen gegenstandslos wurde. Braunschweig und Halberstadt waren wieder nahe einer heimischen Silberquelle, die sie wohl auch mit Geld unterstützten.

Abb. 55: **Reichsstadt Goslar Matthiasgroschen ab 1471**

Vs.: **MONETAoNOVA GOSLARIENSIS**   Rs.: **oSANCTVS —— MAThIAS**

nach 1471 Goslar   1,73 g   ø. 2,5 cm   Buck/Büttner/Kluge 9/17[84]

F. Die erste Halberstädter Groschenprägung im Jahre 1507

Abb. 56: **Domkapitel und Stadt Halberstadt Schilling von 1507**

Vs.:   **SOLIDVS+NOVVS& HALB&+I507**   Rs.:   **+S'tSTEFA'+ – +PRO'+MAR&**

1507 Halberstadt   2,25 g   ø: 2,7 cm   Tornau (1929) Tafel I./5 [85]

Das häufig wiederholte Mißverständnis: *„Im Jahre 1477 wurden in Halber-stadt Groschen geprägt, die aber sehr geringhaltig gewesen zu sein schei-nen."* geht auf Bode (1847) zurück[86] , der dieses in einem Atemzug mit der Gegenstempelung der „Rheinischen Raderalbi" (1477/1478) durch die Stadt nennt. Spät, im Jahre 1507, haben Domkapitel und Stadt gemein-schaftlich die erste Groschenmünze - den „SOLIDVS+NOVVS+HALBERSTADENSIS"– durch den Münzmeister der benachbarten Reichsstadt Goslar, Meister Veit Reiche, ausprägen lassen.[85]

Abb. 57:   Abb. 58:   Abb. 59:
Domkapitel und Stadt Halberstadt Stephanspfennige und Hälbling

Pfennig nach 1450?   **Pfennig nach 1460?**   **Hälbling um 1507**
0,30 g   ø: 1,7 cm   0,23 g   ø: 1,7 cm   0,18 g   ø: 1,4 cm [85]

Über die dazu gehörigen Pfennige sind wir nicht informiert und lediglich auf Vermutungen angewiesen. Im Oktober 1511 finden wir in einer Sächsi-schen Verordnung: *„...alte und neue Halberstädter Pfennige sind zu 16 Stück für einen Zinsgroschen einzuwechseln."*[87] Abb.57 und 58 zeigen „Stephanspfennige" des späten Mittelalters, die zu diesen alten Pfenni-gen gehört haben können. Zu den neuen Pfennigen gehört möglicherweise der von Tornau (1929)[85] abgebildete Hälbing mit dem Stiftsschild unter dem Kreuz, ehemals in der verschollenen Sammlung des Städtischen Museums in Halberstadt (Abb.59). Vorbild für den Halberstädter Schilling=Groschen von 1507 war der erstmals 1505 von der Reichsstadt Goslar geprägte „Mariengroschen".[88]

Abb. 60: **Reichsstadt Goslar Mariengroschen (Schilling) 1506**
1505/1506: 18 Groschen auf den „Rheinischen Gulden"

Vs.: **MONETA*NOVA* GOSLARIEN*I706**
Rs.: **MARIA*MA – T'GRACIE**

1506 Goslar   2,905 g   ø: 2,7 cm   Buck/Büttner/Kluge Nr. 112A[88]

In einer Nachricht Goslars an Herzog Georg von Sachsen vom 26. Januar 1506 werden die neuen Groschen der Stadt als zu achtzig aus der achtlötigen Mark geschlagen, 18 entsprechen einem „Rheinischen Goldgulden", vorgestellt und um deren Zulassung in Sachsen gebeten.[89] Vier Jahre später bemerkt das „Braunschweiger Schichtbuch"[90] zum Kurs des Goslarer Mariengroschen: „...neggenteyndehalven [18 1/2] uppe den gulden, anno int jar unses heren m º v ᶜ unde neggen jar." An dieser Stelle wird der „schilling" als „...geheten eyn marienkrossen,..." das erste Mal bezeichnet. Vorausgegangen auf dieser Seite des „Schichtbuches" war eine für die Halberstädter Münzgeschichte wichtige Nachricht über den Guldenwert ihres Schillings von 1507: „Ock slogen de Halverstedeschen ock nige munte, twintich up den gulden, dar so stunt inne sunte Steffen. over der wart nicht vele ganckheftig."[91]

Der Verfasser des „Braunschweiger Schichtbuches", Hermann Bote (um 1467-1520), hat auch die kurzweiligen Geschichten des „Till Eulenspiegel-Volksbuches" 1510/1511 zusammengestellt und ihren Druck in Straßburg mit in die Wege geleitet.[92] „Die XXXVI. Histori sagt / wie Eulenspiegel zu Quedlinburg Hühner kauft / und der Bäurin ihren eignen Hahn zu Pfand ließ für das Geld." Und hier finden wir den ersten Halberstädter Groschen von 1507 erwähnt: „Also saß ein Landfrau da zu Markt und hätt einen Korb voll guter Hühner mit einem Hahn feil. Also fragt Eulenspiegel, was das

Paar gelten sollt. Sie antwort ihm:...das Paar um zween Stefansgroschen."[93]
Die einleitend zitierte Erwähnung des Groschens, angeblich schon 1477, die als Beweis dafür galt, daß das Volksbuch vor 1500 entstanden sei, ist daher hinfällig.

Abb. 61: Herzog Albrecht von Sachsen allein (1485-1500)
Sächsischer Goldgulden – „fl(orenus) .rh(enensis)."

Vs.:	Der Reichsapfel im Dreipaß und die Umschrift: **+ALBERTVS:D:G:DVX.SAXONI**	Rs.:	St. Johannis über Rautenschild und die Umschrift: **MO:AVREA — LIPCENS:**

ab 1488 Leipzig   3,201 g   ø: 2,2 cm   Krug 1654/1[94]

Auch im ersten Viertel des 16. Jahrhunderts war der „Rheinische Gulden" die allgemein anerkannte Bezugsgröße in Gold, nach der sich die Bewertung der Münze in Silber richtete, die um diese Zeit immer noch vornehmlich aus Sächsischen Groschen bestand: den seit 1496 ausgegebenen sogenannten „Zinsgroschen", 21 Groschen auf den Gulden gerechnet.

Die Wettiner haben selten Gold geprägt – ihren Reichtum verdanken sie dem Silberbergbau – und so ist es erklärlich, daß sie mit dieser „Gottesgabe" versuchten, dem Golde Konkurrenz zu machen, was mit Hilfe der Joachimsthaler Ausbeute ab 1520 aus dem Böhmischen Teil des Erzgebirges nach 1530 endgültig gelang. Mit der Entwicklung der „Meißnisch-Sächsischen Währung" wird sich der abschließende Teil dieser Arbeit befassen, bei der die Beteiligung Halberstadts ab 1519 an einer von den Sächsischen Fürsten angestrebten Münzunion mit den Mansfelder Grafen, dem Magdeburger Erzbischof und Halberstädter Landesherren sowie den Grafen Schlick im Böhmischen Teil des Erzgebirges zur Sprache kommt. Sachsen hatte endgültig den doppelgleisigen Weg der „Oberwähr" zu 20 Groschen und der „Unterwähr" mit variabler Beziehung zum „Rheinischen Gulden" verlassen.

Verwirrend ist die in diesem Abschnitt geschilderte unterschiedliche Bewertung des Guldens in Groschen Sächsischer, Goslarer und Halberstädter Münze. Der 1905 beschriebene „Groschenfund in Dorndorf bei Jena"[95] schließt mit dem Jahre 1522 ab und enthielt in seiner Hauptmasse Sächsische „Zinsgroschen" (Abb.62 und 69), aber auch die uns in diesem Abschnitt interessierenden Goslarer „Mariengroschen" (Abb.60) von 1508, 1519, 1520, 1521 und zwei Halberstädter „Schilling=Groschen" von 1507 (Abb.56). Im Fund fanden sich zusätzlich in größerer Zahl die für die Datierung wichtigen Mansfelder, Magdeburger und Halberstädter Groschen nach Sächsischem Fuß der Münzunion von 1518/1519 (Abb.70 und 71). Der Fund zeigt die nivellierende Kraft der vorherrschenden Sächsischen Groschenmünze – der sogenannten „Zinsgroschen" – auf die Münzstände der Nachbarschaft.[96]

G. Die Reform des Sächsischen Münzwesens und die Beteiligung Halberstadts an der von Sachsen angestrebten Münzunion von 1519-1531

Wie wir gesehen haben waren die Reformversuche am Münzwesen der Wettiner im 15. Jahrhundert nicht von durchgreifend langer Dauer. Erneute Versuche einer ungeteilten „Silberwähr" erfolgten am Ende des Jahrhunderts.
Die währungspolitischen, langfristig geplanten Maßnahmen begannen 1496[97] mit der Ausgabe der ersten „Zinsgroschen", nach dem Silberfundort auch „Schneeberger" genannt und unter diesem Namen in Niedersachsen weit verbreitet.

Abb. 62: **Kurfürst Friedrich III., die Herzöge Albrecht und Johann (1486-1500)**
Sächsischer "Zinsgroschen" aus dem Jahre 1496

Vs.: **FRIoALoIOoDoGo DVCESoSAXOI'E:*** Rs.: **GROSSVSoNOVVSo DVCVMoSAXOIE96**

Leipzig 1496   2,55g   Ø: 2,7 cm   Krug Ø (vgl. 1892)

Abb. 63: **Kurfürst Friedrich III., die Herzöge Albrecht und Johann (1486-1500)**
Sächsischer „Schreckenberger" aus dem Zeitraum 1498-1500

Vs.: **Blatt FRIDERICVS:**   Rs.: **Blatt GROSSVS:**
ALBERTVS:IOHANNES   **NOVVS:DVCVM:SAXONI**

1498/1500 Annaberg   4,15 g   ø: 2,9 cm   Krug 2109[94+98]

Als zweiter Schritt folgte ab 1498 die Prägung einer größeren Silbermünze – im Werte von drei „Zinsgroschen" – deren 7 Exemplare auf den „Rheinischen Goldgulden" gerechnet wurden: Der sogenannte „Schreckenberger", ebenfalls weit verbreitet und nach dem Silberfundort benannt.[98]

Als dritten und letzten Schritt der Sächsischen Münzreform kündigten die genannten Sächsischen Fürsten für den 4. Juli 1500 die Ausgabe einer Großsilbermünze im Werte eines „Rheinischen Goldgulden" an: *„Ein groschen fur einen gulden / Zwen Groschen fur ein gulden / Siben groschen fur einen gulden / Ein vnd ztwentzig groschen / fur einen gulden / Zcwen vnd viertizig Groschen / fur einen Gulden...".*[100]

Abb. 64: **Kurfürst Friedrich III., die Herzöge Albrecht und Johann (1486-1500)**
Silberner Guldengroschen im Werte eines Goldguldens

Vs.: **.FRIDERICVS - *ALBERTV -**   Rs.: **.MONETA. - .ARGENTIN -**
S (Zier) **IOH - ANNES** (Zier)   **DVCVM** (Zier) **- SAXONIE***

1500 Annaberg (?)   25,94 statt 29,23 g   ø: 4,3 cm   Strupp 872[99]
(Fassungsspuren erklären fehlende 3,3 g und 1 mm am Durchmesser)

Von diesen fünf Sorten sind der „Halbe Zinsgroschen" und der „Halbe Guldengroschen" nur in geringem Umfang geprägt worden. Nicht erwähnt sind Viertel- oder Ortsgulden, wie diese später von Magdeburg und Halberstadt laut Probationsakten in den Jahren 1526, 1527 und 1528 ausgegangen sind. Es fehlt noch der Pfennig – 12 auf den „Zinsgroschen", 36 auf den „Schreckenberger" zu 3 Groschen und 252 auf den „Guldengroschen" gerechnet.[101]

Abb. 65: **Friedrich III., Johann, Georg**
„Löwen" – Pfennig 1507-1525
FIG / Kur- und Rautenkranzschild / Mz. Lilie
1507/25 Freiberg? 0,32 g
ø: 1,5 cm Keil./K.ø [101]

Abb. 66: **Der Grafen von MANSFELD**
„Löwen" – Pfennig 1518-1530
·**M·** / vierfeldiges Mansfelder Wappen
1518/30 Eisleben 0,26 g
ø: 1,6 cm Tornau 53f [102]

Diese neue Sächsische Münze setzte sich langsam, aber stetig in Mitteldeutschland durch und wurde mit dem „Guldengroschen" und dem nach Sächsischem Fuß in Verabredung mit den Wettinern ab 1520 von den Böhmischen Grafen Schlick geprägten „Joachimsthaler Guldengroschen" – dann verkürzt „Joachimsthaler" und schließlich nur noch „Thaler" genannt – nicht allein für die Deutsche Münzgeschichte bestimmend, sondern ist heute noch mit dem „Dollar" Markenzeichen der Weltwirtschaft.

Abb. 67: **„Zinsgroschen" der Grafen von Mansfeld (1518-1526)**
nach der Münzvereinbarung mit den Sächsischen Fürsten
vom 14. Juli 1518

Vs.: (*GROSoNOVoCOMo
DOoDoMAN

Rs.: GROSoNOVoCOMo
DOoDoMANSzo

1520 Eisleben 2,18 g ø: 2,6 cm Tornau Nr. 38a/c[103]

Die Wettiner versuchten schon früher ihre Nachbarn zu einem gemeinsamen Vorgehen im Münzwesen zu bewegen. 1518/1519 wurden diese Bemühungen dann erstmals mit mehreren Münzständen erfolgreich dadurch abgeschlossen, daß die Sächsischen Fürsten ihren Vertragspartnern im Gegenzug jährliche Silberlieferungen zu einem Vorzugspreis zusagten.

Abb. 68: „Guldengroschen" der Grafen von Mansfeld (1518-1526)
nach der Münzvereinbarung mit den Sächsischen Fürsten vom 14. Juli 1518

Vs.:	* MONE:ARGEN: COM:DO DE:MANS· 4 feld. Wappen zwischen **I5 — zz**	Rs.:	SANCTVS:GE — ORGIVS: P — A:DOM · DE:MAN · St. Georg m. d. Drachen **ORA — PR — O — N** (obis)

1522 Eisleben   28,915 g   Ø: 4,2 cm   Tornau Nr. 58f[104]

Die ersten Verhandlungen um einen gemeinsamen Münzfuß wurden am 14. Juli 1518 mit den Mansfelder Grafen erfolgreich abgeschlossen (Abb. 66 bis 68). W. Pückert teilt die Einzelheiten dieses Vertrages mit: *„...durch welchen Sachsen sich anheischig machte, viermal des Jahres 500 Mark, zusammen 1000 von Freiberg und 1000 von Schneeberg gegen baare Bezahlung von 8 1/4 fl. für die Brandmark, also um den Preis den die eigenen Münzstätten zahlten, vom Berge ab den Grafen zur Vermünzung zu liefern, hinwieder die letztern sich den Grundsätzen des sächsischen Münzwesens anschlossen, d.h. innerhalb ihrer Herrschaften die fremde, den selben nicht entsprechende Münze zu verbieten und mit ihrer eignen das Schrot und Korn der Fürsten zu halten, auch zur Probe Stücke aller Gattungen jeden Oster- und Michaelismarkt nach Leipzig einzusenden gelobten."*[105]
Es folgten Verhandlungen mit Kardinal Albrecht von Brandenburg, Erzbischof von Magdeburg und Mainz, Bischof von Halberstadt und dessen Bruder Joachim I., Kurfürst von Brandenburg (1499-1535), letztere im Mai 1519 ergebnislos abgebrochen.[106] Die Vereinbarungen der Sächsischen Räte mit Kardinal Albrecht von Brandenburg wurden nach längeren Verhandlungen

schließlich am 29. Januar 1519 besiegelt.[107] Wie die Mansfelder Grafen bekam auch der Kardinal als Gegenleistung jährlich 2000 Mark Brandsilber (über 467 ¹/₂ Kilogramm) zu drei Terminen in Leipzig zum Vorzugspreis: *„...die marck vor acht guldenn vnndt eyn ort,*[108] *an Muntze, Inmassen wir das in vunser muntz selbst vorkauffenn...".* Die erste Silberlieferung war für den kommenden Ostermarkt 1519 in Leipzig vorgesehen. *„Es sall auch sein lieb* [der Kardinal] *alle Jharr zu zweyenn malhn als vff denn Oster vnnd michels marcht. Ire probirer vnd muntzmeister zu der Probirung Kegen leyptzgh* [gegen Leipzig] *vorordnenn."*[109] Unter anderem war vorgesehen: *„Nehmlich die Zinßgroschenn achtundachttzig, schrot auff die Marck. soll die marck halden acht lott minus funff gren...die lawennpfening* [Löwenpfennige = jetzt die Halberstädter und Magdeburger Pfennige mit Doppelschild von 1519 = Abb.72, 73 und 74] *sechs vnnd dreissig auff ein lott – sall die gemischte marck vier lott ein Quinten haltenn."*[110]

Die ersten „Zinsgroschen" nach dem Vertrag des Kardinals Albrecht von Brandenburg, Erzbischof von Mainz und Magdeburg – Administrator des Stiftes zu Halberstadt – mit dem Kurfürsten und den Herzögen von Sachsen vom 29. Januar 1519

Abb. 69: **Kurfürst Friedrich III., die Herzöge Johann und Georg (1500-1525)**
Sächsischer „Zinsgroschen" aus dem Zeitraum 1507-1525

Vs.: **FRIoIOoGEoDoG**   Rs.: **+GROSSVSoNOVVSo**
      oDVCESoSAXO   **DVCVMoSAXON**

1507/25 Annaberg   2,46 g   ø: 2,7 cm   Götz ø (vgl. 4336)

Abb. 70: Kardinal Albrecht (1513-1545)
Der erste Halberstädter „Zinsgroschen" von 1519

Vs.: Unter Kardinalshut Wappen mit
Halberst. Mittelschild; Umschrift:

ALBARToCARoADMIo
HALBERSTAT8

Rs.: St. Stephan m. Palmzweig,
Steinen, Buch; Umschrift:

oSoSTEFNVSoo — P(ro-
to)**oMAR**(tir)**ol5l9 — o**

1519 Halberstadt   2,605 g   ø: 2,6 cm   Tornau Ø[111]

Abb. 71: Kardinal Albrecht (1513-1545)
Der erste Magdeburger „Zinsgroschen" o.J. (1519)

Vs.: Unter Kardinalshut Wappen mit
Magdeburg Mittelschild; Umschrift:

ALBARToCARoARChI
EPoMAGDEo

Rs.: St. Mauricius in Rüstung mit
Fahne und Schild; Umschrift:

SANT9oMA – V –
RICIV9oDVXo – o8o

1519 Magdeburg   2,68 g   ø: 2,7 cm   v. Schrötter Nr. 122[112]

Halberstädter und Magdeburger Löwenpfennige von 1519

Der im Münzvertrag vom 29. Januar 1519 vorgesehene „Halbe Groschen"
wurde wohl nicht in das Programm aufgenommen, aber um so mehr sind die
Pfennige geprägt worden, über deren häufige Unterwertigkeit bis 1531
auf den zweimal jährlich in Leipzig abgehaltenen Probationstagen laufend Klage geführt wird.[113] Unter den drei hier vorgestellten Pfennigen
des ersten Jahrganges ist der mittlere von besonderem Interesse, da er das
erste Mal das Halberstädter Stadtzeichen auf einer Münze zeigt, aufge-

legt auf den Stiftsschild. Die drei Pfennige werden als „Löwenpfennige" bezeichnet, was daher rührt, daß vor 1500 ihre Vorgänger bei gleicher Mache einen einfachen Löwenschild zeigten und der Volksmund den eingebürgerten Name auf Gepräge gleicher Pfennigform übertrug.

Abb. 72: **Domkapitel und Stadt Halberstadt mit Kardinal Albrecht Pf. mit Stiftswappen** 0,23 g Ø: 1,6 cm Tornau (1929) Nr. 6[114]	Abb. 73: **Domkapitel und Stadt Halberstadt mit Kardinal Albrecht Pf. mit Stadtwappen** 0,27 g Ø: 1,6 cm Tornau (1929) Nr. 19[115]	Abb. 74: **Erzbistum Magdeburg Kardinal Albrecht Pf. mit Adler- u. Stiftswappen** 0,34 g Ø: 1,5 cm v. Schrötter Nr. 257 b[116]

Der Pfennig mit dem Halberstädter Stadtwappen hat sicher das Mißfallen des Domkapitels erregt – des Vertragspartners von 1363 – und findet sich daher selten und nur in diesem Jahr. Auf die Rolle Kardinal Albrechts in Bezug auf die Halberstädter Münzrechtsverhältnisse wird am Ende dieses Abschnittes zurückzukommen sein.

Abb. 75: **Joachimsthaler „Guldengroschen" (Typ III[118]) 1520 - 1525
aus der Zeit des Grafen Stephan Schlick (1487-1526)
und des Böhmischen Königs Ludwig I. (1516-1526)**

Vs.: Im Zierkreis der gekrönte Böhmische Löwe; die Umschrift: Rs.: Der Heilige Joachim über dem Wappenschild, seitl. **S** — **I**. die Umschrift:

*LVDOWICVS·PRIM:D: GRACIA·REX·BO   **AR·DOMI·SLI·ST — E – 7· FRA·COM·D·B**

1522/25 Joachimsthal   28,955 g   Ø: 4,1 cm   Münzmstr. Hans Weichselmann

Im Jahre 1520 wurden die Böhmischen Grafen Schlick von den weit in die Zukunft schauenden Sächsischen Fürsten dazu bewegt, ihre reiche Joachimsthaler Silberausbeute nach Sächsischem Fuß in „Guldengroschen" zu vermünzen.[117] Erst durch die massenhafte Ausprägung des Böhmischen Silbers in „Joachimsthaler Guldengroschen" verlor der „Rheinische Goldgulden" seine Vormachtstellung und der Siegeszug des „Thalers" war nicht mehr aufzuhalten.

Diese repräsentativen „Guldengroschen" regten sicher Kardinal Albrecht von Brandenburg – einer der einflußreichsten Kunstmäzene der Deutschen Renaissance – an, bei dem berühmten Stempelschneider Melchior Peuerlein in Leipzig 1524 Stempel für „Guldengroschen" in Auftrag zu geben, die für Magdeburg auf der einen Seite das von Albrecht Dürer geschaffene Kupferstichportrait des Kardinals zur Vorlage hatten.[119] Diese schönen Münzen sind aber noch in anderer Art ungewöhnlich. Die Münzumschriften geben keinen Hinweis auf ihre Herkunft, aber auf den geistigen Horizont ihres Auftraggebers. Die Bildnisseite verrät nicht ohne Humor: SIC OCULOS, SIC ILLE GENAS, SIC ORA FEREBAT (Solche Augen, solche Wangen, solchen Mund hatte jener - nach Vergils Aeneis 3, 490). Die Wappenseite dagegen drückt inschriftlich die geistige Glaubensfestigkeit des Auftraggebers aus: DOMINUS MIHI ADIUTOR, QUEM TIMEBO? (Der Herr ist mein Helfer, vor wem sollte ich mich fürchten? - Psalm 27,1). Die Umschrift der

Abb. 76: **Magdeburger „Guldengroschen" 1524 Abschlag auf Birkenrinde Kardinal Albrecht (1513-1545)**[119]

Vs.:	Im Zierkreis zwischen I5–Z4 Brustbild des Kardinals im Profil; die Umschrift: **‡SIC·OCVLOS·S·ILLEG·S·ORA·FEREBAT·**	Rs.:	Unter dem Kardinalshut das 4feldige Brandenburger Wappen etc.; Umschrift: **DO·MIHI·A – DI – VT · - QVEM·TIME·**

P. Bamberg: Der Leipziger Stempelschneider Melchior Peuerlein in: DM. Jg. 54, 1934, S. 9 flg. und Tafel 137. Kein geprägtes Original von diesem Stempelpaar bisher bekannt.

Vorderseite des „Guldengroschens" mit dem Profilbild des Kardinals befindet sich auch auf der Vorlage, dem Kupferstich Albrecht Dürers aus dem Jahre 1523 – dem „Großen Kardinal" – als Inschrift über dem Dargestellten.[120] Schon bei der Vorstellung des ersten Sächsischen „Guldengroschen" aus dem Jahre 1500 fiel Dürers Name im Zusammenhang mit den Forschungen des Direktors des Berliner Münzkabinettes, Alfred von Sallet (1842-1897): *„Mit Hilfe des Brustbildes der Vs. dieses berühmten Talers hat v. Sallet seinerzeit das Dürersche Bildnis Friedrichs des Weisen als solches erkannt."*[99]

Abb. 77: Kardinal Albrecht (1513-1545) Halberstädter „Guldengroschen" 1525

Vs.:	Unter dem Kardinalshut das 4feldige Brandenburger Wappen etc.; Umschrift: **·DO·MIHI·AD – IV – TO – QVEM·TIME·**	Rs.:	Im Zierkreis der Heilige Stephanus mit seinen Attributen; Umschrift: **‡SANCTVS·STEFF – I5Z5 – ANVS·PROTO·MAR**

1525 Halberstadt   28,5 g   Ø: 4,2 cm   Schulthess.-R.Nr. 4250 [121]

Als Administrator des Bistums Halberstadt nennt sich der Kardinal mit Beginn der „Zinsgroschen"- Prägung im Jahre 1519: ALBERTUS CARDINALIS ADMINISTRATOR HALBERSTADENSIS auf der wappengeschmückten Vorderseite. Auf der Rückseite beherrscht der Stiftsheilige das Feld: SANCTUS STEFFANUS PROTOMARTYR, der erste Märtyrer der Christlichen Kirche. Wie in Magdeburg – hier aber auf die Vorderseite beschränkt – tragen die ebenfalls von dem Leipziger Stempelschneider Melchior Peuerlein geschnittenen Münzeisen zu den Halberstädter „Guldengroschen" in der Umschrift der ersten beiden Jahrgänge keinen direkten Hinweis auf den Kardinal. Das Zitat DOMINUS MIHI ADIUTOR, QUEM TIMEBO? (Psalm 27.1) ist uns schon von seinen Magdeburger „Guldengroschen" der Jahre 1524 bis 1526 her bekannt. Auch die Halberstädter „Guldengroschen" der Jahre 1524 und 1525 sind von besonders schönem Stempelschnitt, wie denn die Halberstädter Münzen von 1523 bis 1531 Peuerleins Hand erkennen lassen.

Nicht ohne Grund tragen die „Zinsgroschen" der Jahre 1519 bis 1530 (1531) für Halberstadt den Namen Kardinal Albrechts, wie auch die grobe Münze aus diesem Zeitraum, obwohl Domkapitel und Stadt zu gleichen Teilen seit 1363 Inhaber der Münzgerechtigkeit waren. Kardinal Albrecht allein war in der Lage gewesen, auf höherer Ebene – von Kurfürst zu Kurfürst – die Voraussetzungen dafür zu schaffen, daß das Halberstädter Stift mit guter Münze nach Sächsischem Fuß versorgt wurde. Allein das zählte. Die Halberstädter Vertragspartner von 1363 waren 1523 mit der Zusicherung des Kardinals beruhigt worden, daß durch die zur Zeit bestehenden Münzverhältnisse die Münzrechtsverhältnisse nicht beeinträchtigt noch auf Dauer verändert würden.[122] Die Münzvereinbarungen Kardinal Albrechts mit dem Hause Wettin unter der Führung des jeweiligen Kurfürsten Ernestinischer Linie enden mit der Probation im Leipziger Ostermarkt 1531. Das letzte Werk Halberstädter „Guldengroschen" wurde am 27. April 1531 geprägt. Paul Bamberg[123], dessen Forschungen wir all diese Nachrichten verdanken, bemerkte dazu: *„Die ordnungsgemäß geschriebe-ne Probationsliste trägt folgenden Vermerk: ‚Nachdem zu Halberstadt die muntz ein zeitlang mit dem hamer zu muntzen still gehalten und letztlich auf befehell eins hochwirdigen Cappittels und Erbaren Radts hat der muntz-meister widderumb angefangen zu muntzen wie folget anno MDXXX.'"*. P. Bamberg fährt nach Mitteilung der Liste fort: *„Die letztvorhergehende Pro-bation Halberstädter Münzen fand im Michaelismarkt 1528 statt. Zwi-schen dem 2. Oktober 1528 und dem 2. August 1530 ist nach Ausweis der Listen nicht gemünzt worden."*

Die letzte Abbildung dieser Arbeit zeigt einen „Halben Guldengroschen" Kardinal Albrechts, 1528 datiert, und markiert nicht nur den Beginn einer Halberstädter Prägepause von einem Jahr und 10 Monaten, *„...weyl die Silber itzt szo tewer sindt..."*, sondern auch an deren Ende den Beginn erneuter Münztätigkeit vom 2. August 1530 bis zum 27. April 1531, jetzt aber wieder unter der Regie von Domkapitel und Stadt Halberstadt, den eigentlichen Inhabern des Münzrechtes. Wir befinden uns im Zeitalter der Reformation mit ihren weltbewegenden Veränderungen, die den einst übermächtigen Kirchenfürsten 1540 zwangen, Magdeburg–Halle und Halberstadt endgültig zu verlassen und sich in das ihm verbliebene Erzbistum Mainz und in das Schloß Aschaffenburg zurückzuziehen. Kennzeichnend für diese Entwicklung ist die Tatsache, daß die Halberstädter „Zinsgroschen" von 1527-1531 zwar das Patriarchenkreuz als Zeichen des verantwortlichen Münzmeisters Valentin Stockheim (1523-1531), aber keine Jahreszahlen mehr tragen, bis auf eine bisher bekannt gewordene Ausnahme: Der „Zinsgroschen" von 1530 aus der Sammlung Emil Bahrfeldt (1921) Nr. 2653.[125]

Abb. 78: Kardinal Albrecht (1513-1545) Halberstädter „Halber Guldengroschen" 1528

Vs.: Unter dem Kardinalshut das 4feldige Bran-
denburger Wappen etc.; Umschrift:
·ALBERT · CARDI · ADMI · HALBR·

Rs.: Im Zierkreis der Heilige Stephanus mit
seinen Attributen; Umschrift:
‡·SANCT · STE – FFAN · PRO · MAR I5 – Z8

1528 Halberstadt   14,62 g   Ø: 3,4 cm   TornauØ[124]

Abschließend muß noch erwähnt werden, daß die Münzvertragspolitik
des Sächsischen Kurfürsten Friedrich III. des Weisen (1486-1525) von seinem Bruder und Nachfolger – Kurfürst Johann (1486-1525-1532) – und seinem Vetter – Herzog Georg (1500-1539) – uneingeschränkt nur bis zum
Jahre 1529 fortgesetzt worden ist. Der letzte von beiden Fürsten ausgehende „Zinsgroschen" aus der Münzstätte Buchholz trägt die Jahreszahl
1529, der erste allein von Herzog Georg „Nach altem Schrot und Korn"
ausgehende Groschen der Münzstätte Freiberg die Jahreszahl 1530.[126] Die
Groschen Kurfürst Johanns aus dem Zeitraum 1530 bis 1532 tragen keine Jahreszahl und wurden in Zwickau geprägt. Im Gegensatz zu Herzog Georg
vertrat der Kurfürst den Standpunkt, daß der Silbermünzfuß in seiner Ver-
ringerung als Anpassung an den sinkenden Goldgehalt des „Rheinischen
Gulden" zu sehen sei, daß seine Groschen also nicht „Nach altem Schrot
und Korn" ausgegangen sind! Nach dem 1532 erfolgten Tode des Kurfürsten
Johann traf sein Nachfolger Johann Friedrich (1532-1554) mit Herzog
Georg *„1533 eine kompromissartige Verständigung über den Münzfuß
sowie über die Wiederaufnahme einer gemeinsamen Münzprägung ab
1534"*[127], so daß die „Meißnische Münze" wieder in geregelte Bahnen
kam. Die 1536 wieder aufgenommene Halberstädter Münzprägung behält
bei den groben Sorten das gewohnte Münzbild mit Wappen und Titel des
Kardinals bei und folgt dem neuen Meißnischen Gulden - oder Talerfuß,
dagegen im Groschenbereich dem Fuß des Goslarer Mariengroschen und
eines Teilstückes, dem Körtling zu vier Pfennigen. Im Gegensatz zu Magdeburg fehlt hier jeglicher Hinweis auf den geistlichen Landesherren. Dort
sehen wir eine ähnliche Entwicklung mit einem kleinen Unterschied. Ab
1536 werden Taler und Teilstücke sowie Körtlinge unter dem Namen des

Kardinals ausgegeben. Offen bleibt die Frage, ob die Münzunion des Kardinals mit dem Hause Wettin im Jahre 1536 noch Bestand hatte. Hiermit überschreiten wir aber die Grenzen, die sich die Arbeit zeitlich gesetzt hatte.

Zum Abschluß

Das Anliegen dieser Ausführungen ist es deutlich zu machen, welcher mühevollen Anstrengungen es bedarf, der Aufgabe gerecht zu werden – unter Zugrundelegung zweier ungedruckter Manuskripte zur mittelalterlichen und neuzeitlichen Münzgeschichte von Otto Tornau (1861-1945) aus den Jahren 1925 bis 1937 – eine wissenschaftlichen Ansprüchen genügende Halberstädter Münz- und Geldgeschichte vorzulegen.[128]

Der hier vorgelegte Exkurs in der Abschlußveröffentlichung für die "Bosch-Stiftung" wurde im Mai 2000 in die Planung für dieses Buch aufgenommen und in der zweiten Hälfte des Jahres 2001 im Wesentlichen abgeschlossen. Aus diesem Grunde finden sich hier auch keine Hinweise auf das Ende November 2001 erschienene Werk: "Halberstadt Münzen und Medaillen - Im Spiegel der Geschichte" von Rolf Besser/ Hermann Brämer/ Volker Bürger.

Danksagung ist gerichtet an die "Robert Bosch Stiftung", die dieses Buch ermöglicht hat; an Dr. Adolf Siebrecht, Halberstadt und seine Tochter Uta Siebrecht, Magdeburg, für die aufopfernde redaktionelle Tätigkeit, besonders auch bei diesem Beitrag, ohne deren Engagement dieses Buch nicht hätte verwirklicht werden können; an Prof. Dr. Bernd Kluge, Münzkabinett Berlin, und Mitarbeiter für die Abbildungen aus den Sammlungsbeständen; an das "Halberstädter Druckhaus GmbH." für seine Arbeit und an meine Frau Helga Balan, die nicht nur einen Großteil der photographischen Aufnahmen machte, sondern auch viel Geduld mit mir hatte.

Anmerkungen:

1 Kluge (1999/2001), Symposium, S. 86.
2 Kluge (1999/2001), Symposium, S. 91.
3 Kluge (1999/2001), Symposium, S. 86.
4 Kluge (1983), Nr. 3.
5 Kluge (1983), Nr. 4.
6 Kluge (1983), Nr. 5.
7 Kluge (1983), Nr. 8.
8 Kluge (1990/1993), Kolloquium, S. 1.

9   Kluge (1983), Nr. 13.

10 Kluge (1983), Nr. 22.

11 Kluge (1983), Nr. 23.

12 Kluge (1983), Nr. 25.

13 Cahn (1931), Nr. 49 = Stenzel (1862/1924) Nr. 34 a.

14 Cahn (1931), Nr. 29 = Stenzel (1862/1924) Nr. 36

15 Kluge (1985/86=1991), S. 84.

16 Kluge (1985); Kluge (1987), Nr. 23 - 32; Kluge (1985/86=1991), Nr. 35 – 49.

17 Spehr (1999), Nr. 16 = Arnold, P. und W. Hollstein (2001), Nr. 38.

18 Münzkabinett Berlin.

19 Steguweit (1996), Nr. 1 und 2. = Noll/Pollmann (1997) Nr. 17 und 18.

20 UB Hochstift Halberstadt I (1883), Nr. 377 (1197 IV 26).

21 Kluge (1983), Nr. 33.

22 Kluge (1983), Nr. 36.

23 Kluge (1983), Nr. 38 = Fd. v. Nordhausen Nr. 24.

24 Fd. v. Nordhausen Nr. 25 b = MK Berlin.

25 Fd. v. Nordhausen Nr. 21 = MK Berlin.

26 Kluge (1983), Nr. 39. = Fd. v. Nordhausen, S.28 = ZfN. XI (1884), T.III, Nr.3 = MK Berlin.

27 Die Halberstädter Hohl- und Dichtmünzen des von E. Mertens 1929 veröffentlichten Fundes von Nordhausen haben durch ihre Fundgemeinschaft besondere wissenschaftliche Bedeutung, verstärkt noch dadurch, daß sie in dem kurzen Zeitraum von 1201 bis 1208 geprägt worden sind, in dem Bischof Konrad v. Krosigk im Amte war und seinen Namen auf diese Gepräge setzte, so daß für zweifelnde wissenschaftliche Diskussionen in der Frage der Gleichzeitigkeit der Boden fehlt (vgl. E. Mertens; „Der Brakteatenfund von Nordhausen" (1929), S. 168-170: „I. Exkurs. Über die Gleichzeitigkeit der Brakteaten- und Denarprägung."). Die Halberstädter Münzgeschichte liefert in dieser Frage aber schon mit den doppelseitigen Denaren des Bischof Gero (1160-1177) die klärenden Fakten – siehe die Bemerkung zu Nr. 11 und die Anmerkung Nr. 16 bis 18 dieser Arbeit.

28 Kluge (1985), Nr. 14, Nr. 15 und Nr. 16.

29 UB Hochstift Halberstadt IV, Nr. 2653 = UB Stadt Halberstadt I., Nr. 527.

30 UB Stadt Halberstadt I., Nr. 526 = fehlt UB Hochstift Halberstadt IV.

31 UB Stadt Halberstadt I., Nr. 538 = fehlt UB Hochstift Halberstadt IV.

32 UB Hochstift Halberstadt IV., Nr. 2710 = fehlt UB Stadt Halberstadt I.

33 Über den Münzfund vom 25. Mai 1973 berichtete A. Siebrecht am 29. Juni 1974 in der „Volksstimme", Nr. 153, 28. Jahrgang 1974.

34 Tornau (1928), S. 18. Der auf Tafel III. abgebildete „Viertel-Hohlpfennig" ist ein Hälbling (Nr. 30) und entspricht unserer Abb. 26.

35 UB Stadt Halberstadt I., Nr. 604.

36 Suhle (1955), S. 165, Abb. 274.

37 UB Hochstift Halberstadt IV., Nr. 2664.

38 Münzkabinett Berlin: Nach der Literatur aus dem Jahre 1303.

39 Münzkabinett Berlin – Suhle (1955), S. 157, Abb. 260.

40 Castelin (1967), S. 671, Nr. 6.

41 Krug (1974), S. 112, Nr. 3/9; alle weiteren Groschenzitate beziehen sich auf dieses Buch von G. Krug.

42 UB Hochstift Halberstadt III., Nr. 2569.

43 UB Hochstift Halberstadt IV., Nr. 2625.

44 UB Hochstift Halberstadt IV., Nr. 2852 und 3047.

45 Geschichts-Bl. f. Stadt & Land Magdeburg, 15. Jg., 1880, S. 110.

46 UB Hochstift Halberstadt IV., Nr. 3058 und Nr. 3059.

47 Krug (1974), Nr. 465/3, Nr. 347/19 und Nr. 640/3.

48 „Die Magdeburger Schöppenchronik." (1869=1962), S. 304: zu 1401.

49 Krug (1974), Nr. 366/10.

50 Fritz (1964), S. 103-179.

51 „Göttinger Statuten" (1907), Nr. 119 (1421), Nr. 132 (1428), Nr. 140 (1429); UB Stadt Halberstadt, 2. Band, Nr. 843 v. 30. November 1430 = wie Göttingen.

52 Als ich 1973 – nur mit dem „Wendischen Münzverein" (1928) v. Wilhelm Jesse in der Hand – durch die Vermittlung meines alten Freundes Adolf Siebrecht diesen Fund in Halberstadt bestimmen konnte, erinnerte ich mich sofort an Nr. 132 der „Göttinger Statuten" von 1428: *„Olde gosleresche, dar eyn borst-belde, eyn swert unde eyn semele uppe stan, ..."*, eine täuschend ähnliche Nachahmung der Halber-städter „Stephanspfennige". Hierauf habe ich den Herausgeber des 1995 erschienenen Standard-werkes über „Die Münzen der Reichsstadt Goslar 1290 bis 1764", Prof. Dr. B. Kluge, in der Sitzung der Numismatischen Gesellschaft zu Berlin am 24.IV.1995 bei Vorstellung der Probeseiten des Werkes aufmerksam gemacht, so daß der bisher herrenlose „Schwertpfennig" noch rechtzeitig unter die Goslarer Münzen eingereiht werden konnte.

53 Schönemann (1852), Tafel X/65, 69 und 70.

54 Vgl. Abb. 40 und Abb. 41. Alle Angaben, wenn nicht anders vermerkt, aus: Geheimes Preußisches Staatsarchiv Berlin, I. HA Rep. 92 NL Bamberg – Vgl. E.-H. Balan, Paul Bamberg (1876-1946) – Wegbe-reiter einer modernen sächsisch-thüringischen Münzgeschichte, in: Dresdner Numismatische Hefte, Nr. 2, 2000, S. 80-98, hier S. 89.

55 Wie Anm. 54.

56 Wie Anm. 54.

57 P. Bamberg, Beiträge aus sächsischen Archiven zur Münzgeschichte des Landes Braunschweig und seiner Städte, und ders., Weiteres über die braunschweigischen Beischläge zu sächsischen Groschen im 15. Jahrhundert, S. 5, siehe Anm. 89.

58 P. Bamberg, Magdeburgische Münzordnung von 1460, in: BM. 53. Jg. 1933, S. 117-120.

59 Wie Anm. 57, S. 16/17.

60 Wie Anm. 57, S. 16.

61 Die Chroniken der niedersächsischen Städte, Braunschweig, 2. Band (1880) – S. 269 f.: Das Schicht-buch – S. 409 f. „Von der pagemunte", S. 414/416.

62 Wie Anm. 61, S. 413.

63 Wie Anm. 61, S. 414.

64 Wie Anm. 61, S. 414.

65 Wie Anm. 61, S. 415.

66 Wie Anm. 61, S. 415.

67 Wie Anm. 61, S. 416.

68 Wie Anm. 61, S. 416.

69 Wie Anm. 61, S. 421.

70 Vgl. die Bemerkung zu Abb. 41 dieser Arbeit: Hier erklärt sich auch die späte Gegenstempelung des „Judenkopfgroschens", über 30 Jahre nach seiner Prägung!

71 Ungeklärter Ausdruck.

72 Wie Anm. 61, S. 421.

73 Wie Anm. 61, S. 421.

74 Wie Abb. 41 zeigt, wurden auch hochwertige Sächsische Groschen in diese Maßnahme mit einbezogen.

75 Wie Anm. S. 422 = Abb. 52 dieser Arbeit, aus: H. Buck und M. v. Bahrfeld, Die Münzen der Stadt Hil-desheim (1937), S. 85, Abb. 2 nach dem Orginal: „Dat schichtboick" in der Herzog August Bibliothek zu Wolfenbüttel, Cod. Guelf. 120 Extra.

76 Wie Anm. 61, S. 422, Zeile 5: *„De anderen krossen **de me** uppe dre pennig scholde teken, de wor-den gev**o**ret to **H**alverstad, to **Q**uelingborch unde to **W**ernigrode. dar begunden se ock dusse sulve**n** krossen, de kollensche**n** witte, to teken, de guden myt de**n** quaden. Unde..."*. Dem Herausgeber war die Bedeutung dieser Zeilen nicht klar, so daß er folgerte: *„Die anderen Groschen, die man auf drei Pfen-nige zeichnen sollte* (nämlich in Braunschweig - die Nachricht betrifft Hildesheim), *die wurden geführt nach Halberstadt, nach Quedlinburg und nach Wernigerode - vor den Harz wie nach 1464."* Die drei Ortsbezeichnungen sind aber der Anfang des nächsten Satzes: *„to Halverstad, to Quelingborch unde to Wernigrode, dare begunden se..."*. Das Ende des vorangegangenen Satzes: *„...., de warde gevaret"* bedeutet, daß in Hildesheim nur die hochwertigen Weißgroschen mit einem gekrönten h gegenge-stempelt und alle anderen niederwertigen nicht zugelassen, *„gevaret"* - verworfen - verboten, waren.

77 Wie Anm. 61, S. 422: „Dat elfte gesette", Z. 16/18.

78 Busso Peus Verst.-K. Nr. 256 v. 14. Juni 1957, Nr. 322.

79 Wie Anm. 61, S. 422: „Dat elfte gesette", Z. 14/16.

80 Busso Peus Verst.-K. Nr. 255 v. 8. Oktober 1956, Nr. 192.

81 Abb. 41 dieser Arbeit zeigt einen Judenkopfgroschen von 1444/46 mit Gegenstempel „gekröntes h", ungewöhnlich, denn die Gegenstempel der Zeit 1477/78 finden sich in der Regel auf Weißgroschen - Raderalbi - Köllenschen Witten. Diese Münze unterstreicht aber die Bemerkung des „Schichtbuches": Als der Wert des „Braunschweigischen Pfennigs" um 25% bei Steuer und Abgaben erhöht wurde, „...do kemen der vele hervore dede sick gehut hadden." (14. Oktober 1475) - Anm. 61, S. 421, Z 9/10.

82 Ursula Schmidt, Die Bedeutung des Fremdkapitals im Goslarer Bergbau um 1500" (1970), S. 60- 68:f. Claus von Gotha (1453-1458/59).

83 Wie Anm. 61, S. 419, Z. 20/23.

84 Buck/Büttner/Kluge (1995), Nr. 9 (17).

85 Tornau (1929) Tafel I/5 var. und I/7 bzw. S.8.

86 Bode (1847), S.151.

87 Bamberg (1932), Zur Münzgeschichte von Mansfeld, Magdeburg und Halberstadt, Erweiterter Sonderabdruck aus den Berliner Münzblättern 51./52. Jahrg. (1931/32) Nrn. 339/351, S. 1. und: R. Schildmacher, Ein Münzer der Halberstädter Sargpfennige, in: Frankfurter Münzzeitung, Neue Folge, II. Band,4. Jg. (1933), S.5/6. Bei dem dort erwähnten Halberstädter Münzmeister Bartholomäus Münter, der am 4.V. 1511 verpflichtet wird, handelt es sich um den berüchtigten Helmstedter Münzmeister Bartold (Berthold) Lücke oder Lucke aus Braunschweig.

88 Buck/Büttner/Kluge (1995), Nr. 111.

89 Bamberg (1940), Beiträge aus sächsischen Archiven zur Münzgeschichte des Landes Braunschweig und seiner Städte. Weiteres über die braunschweigischen Beischläge zu sächsischen Groschen im 15. Jahrhundert, Sonderabdruck aus den Deutschen Münzblättern 59. Jahrg. (1939) Nrn. 439/440, 441, 442, 444, S. 11.

90 Wie Anm. 61, S. 449, Z. 19/21.

91 Wie Anm. 61, S. 449, Z. 3/5.

92 Vgl. Niedersächsische Lebensbilder, 9. Bd. (1976), 1. Beitrag: „Hermann Bote" v. Bernd Ulrich Hucker.

93 Die deutschen Volksbücher, herausgegeben von Richard Benz, Jena bei Eugen Diederichs (1912): „Till Eulenspiegel", S. 77/79; vgl. Lit. 42.

94 Goldgulden wie Krug (1974), S.185, Nr.1654/1, Schreckenberg wie Krug (1974), S.198, Nr.2109, Zinsgroschen 1496 – Krug (1974) ø; vgl. Nr. 1892.

95 Heinrich Buchenau: „Der Groschenfund in Dorndorf bei Jena." in BfM. 40. Jg. 1905, No. 2, Sp. 3271/3277.

96 Wie Anm. 95. Siehe auch Abb.56, 60, 62, 67, 69, 70, 71.

97 Zu den währungspolitischen Maßnahmen 1490 bis 1500 vgl. Pückert (1862), S. 7: „Im Grossen und Ganzen erlangte das sächsische Münzwesen erst gegen Ende des 15. Jahrhunderts eine in sich übereinstimmende und zugleich reichere Gliederung, eine Gestaltung, deren Hauptzüge dann auch Jahrhunderte überdauerten...". „Als Erstes in der zeitlichen Reihe, wenn auch nicht der wesentlichen Bedeutung nach, haben wir die Bestimmung der einem rheinischen Gulden gleichzusetzenden Groschenzahl anzuführen. Dieselbe erfolgte nach einer Beratung von Räthen beider Fürstenhäuser im August und September 1490 durch das Gebot, den Gulden zu 21 Groschen der Fürstenmünze zu nehmen und zu geben: sie ist die Begründung der s. g. meissnischen Guldenwährung als eines Zählsatzes von 21 Groschen, wie denn gleich im Entwurf der hessisch-sächsischen Münzeinung von 1492 statt 40 42 halbe Schwertgroschen auf den Gulden gerechnet und seitdem, wie wir sehen werden, die Ausmünzung in den verschiedenen Gattungen des Silbergeldes an dieses Verhältnis gebunden wurde." S. 8: „Das Zweite ist die Einführung völlig neuer Groschen, ganzer Groschen, deren eben 21 einem rheinischen Gulden gleichgestellt worden...". Die ab 1496 in Freiberg, Schneeberg und Leipzig bis 1500 geprägten sogen. „Zinsgroschen" sind bei Krug (1974) unter Nr. 1887 bis 2089 beschrieben; danach findet man bei Götz (1827), Bd.2, Nr. 4109-4155 und 4234-4354 die von 1500 bis 1525 geprägten Groschen.

98 Pückert (1862), S. 11: „..., so ordneten die sächsischen Fürsten im August 1498, da die Fundgruben am Schreckenberge Ausbeute erreichten, die Prägung solcher Groschen an, deren einer drei Zinsgroschen und sieben einem rheinischen Gulden gleichgestellt werden könnten: 52 dieser Art sollten eine Mark wiegen und die Mark zu 13 Loth 15 1/2 grän fein sein".

99 Verst.-K. Nr. I von Robert Ball Nachf., Berlin, 1. Oktober 1917 flg., a.a. Slg. L. Strupp, Gotha - „Spezialsammlung von Klappmünzentalern...", Nr. 872. „Mit Hilfe des Brustbildes der Vs. dieses berühmten Talers hat v. Sallet seinerzeit das Dürersche Bildnis Friedrich des Weisen als solches erkannt."

100 Pückert (1862), S. 12; Krug (1972), Die ersten ab 1500 auf innerdeutschem Boden als Währungsgeld geschlagenen Talergepräge, in: Hamburger Beiträge zur Numismatik, Band VII, Heft 22/23, 1968/69 (1972), S. 492/493.

101 C. Keilitz und Chr. Kohl: „Talerteilstücke des Kurfürstentums Sachsen, 1996. Das Münzzeichen „Lilie" wird mit Vorbehalt nach Freiberg verwiesen.

102 Tornau (1937), Das Münzwesen und die Münzen der Grafschaft Mansfeld ..., S. 67, Nr. 53 f.

103 Tornau (1937), S. 62, Nr. 38 a/c.

104 Tornau (1937), S. 69, Nr. 58f.

105 Pückert (1862), S. 31/32.

106 Pückert (1862), S. 33/34.

107 Pückert (1862), S. 32. Staatsarchiv Weimar, Reg. U pag. 111-114 Cap. IV. N: (1-5) Verhandlungen mit dem Erzbischof von Magdeburg, besonders 1510, 1518, 1519. Bl. 92 „Vertrag mit dem Erzbischof zu Magdeburgk etc. der Muntz vnd Silber halben Anno etc. XIXo" (= 8.I.1519). (Das endgültige Datum dieses Vertrages ist Sonnabend nach Pauli Bekehrung = 29. Januar 1519, unter diesem Datum gleichlauten-de Abschrift im H. St. A. Dresden Loc. 4489, Alte Bergwerks- und Münzhändel 1478 - 1530, Bl. 130 - 132.) Dort die Ausfertigung durch Kardinal Albrecht Bl. 123 - 124. Abschrift auf breitem Pergamentblatt, aber ohne Unterschrift und Siegel. Abschrift von Paul Bamberg in: Rep.92 (Bamberg) im Geh. Staats-Archiv Berlin.

108 „eyn ort" = ein viertel Gulden = 5 Groschen und 3 Pfennige, den Groschen zu 12 Pfennigen gerechnet.

109 Wie Anm. 107, „Vertrag mit dem Erzbischoff Zu Magdburgk etc. der Muntz vnd Silber halben Anno etc. XIX", Bl. 92 - vgl. dazu P. Bamberg (1932) wie Anm. 87: „Zur Münzgeschichte von Manfeld, Magdeburg und Halberstadt", S. 5: *Auf Grund der Münzverträge von 1518 und 1519, auf die ich noch näher eingehen werde, haben die Grafen von Manfeld und der Kardinal Albrecht für die Stifter Magdeburg und Halberstadt ihre Räte und Münzmeister zu den in Leipzig stattfindenden Probationstagen zu entsenden und ihre Münzen probieren zu lassen.* Ergänzend hierzu P. Bamberg: *„Beiträge zur Münzgeschichte der Grafen von Mansfeld, der Stifter Magdeburg und Halberstadt sowie der Grafen Schlick."* Sonderdruck aus den Deutschen Münzblättern 61. Jahrg. (1941) Nr. 467/468, S. 1-7.

110 Wie Anm. 107, Bl. 90: „Niederschrift über die Vereinbarung zwischen den Fürsten von Sachsen und dem Kardinal Albrecht, wieviel Silber dieser zu Pfennigen vermünzen soll", Leipzig im Neujahrsmarkt 1519 (Sonnabend nach Epiphanias = 8.I.1519).

111 Tornau (1929) ø. Fehlt auch in der Zusammenstellung der sogen. „Breitgroschen" bei G. A. v. Mülverstedt, Die Halberstädter Groschen des Cardinals Albrecht, Erzbischof zu Mainz und Magdeburg, Administrator des Hochstifts Halberstadt, in: Zeitschrift des Harz-Vereins für Geschichte und Alterthumskunde, 7. Jg., 1874, S. 386-407. Verst.-K. E. Rappaport (1909) - (Slg. Schwanecke) ø.

112 Fr. Frh. v. Schröter, Beschreibung der neuzeitlichen Münzen des Erzbistums und der Stadt Magdeburg 1400 bis 1682., (1909), Nr. 122.

113 Schon bald werden Klagen über die Unterwertigkeit der Pfennigmünze beider Stifter laut (1522) - vgl. Anm. 87, S. 6 - die nicht enden wollen.

114 Tornau (1929), S. 8 und Abb. Tafel I./6.

115 Tornau (1929), S. 12 und Abb. Tafel III./19.

116 Wie Anm. 112, v. Schrötter Nr. 257 b.

117 Vgl. P. Bamberg, Beiträge zur Münzgeschichte der Grafen Schlick, in: Monatsschrift „Der Münzensammler" (Budweis 1931), Jahrgang 4, Beilage zu Nr. 40 (4), S. 6: *Die Vollziehung des Vertrages durch Kurfürst Friedrich und die Herzöge Johann und Georg zu Sachsen erfolgte erst am Dienstag nach „unser lieben Frauen Tag irer Besuchung" (3. Juli 1520)* ...".

118 A. Jäger, Die Münzprägung der Grafen Schlick, Sonderdruck aus Heft Nr. 17 und 18 (1954) der „Berliner Numismatischen Zeitschrift", Band II, 1953 - 1958 (Nr. 13 - 24) und Tafel III.

119 Vgl. P. Bamberg, Der Leipziger Stempelschneider Melchior Peuerlein, in: Deutsche Münzblätter, Jg. 54, 1934, S. 9 flg. und Tafel 137, Abb. 2.

120 Ausstellungskatalog: Zum 500. Geburtstag eines deutschen Renaissancefürsten Albrecht von Brandenburg. Kurfürst - Erzkanzler - Kardinal 1490-1545, Landesmuseum Mainz, 26. Juni 1990 bis 26. August 1990, S. 134 Nr. 40: Bildnis des Kardinals von Brandenburg (Der „Große Kardinal") 1523 Albrecht Dürer (Nürnberg, 1471-1528, Nürnberg), Kupferstich auf Papier 17,4 x 12,6 cm, Landesmuseum Mainz.

121 Ritter v. Schulthess-Rechberg'sche Münz- und Medaillen-Sammlung (1868/69), Nr. 4250.

122 Revers Kardinal Albrechts dem Halberstädter Domkapitel und der Stadt gegenüber, das den letzteren kein Nachteil dadurch entsteht, daß auf den Halberstädter Münzen die Vorderseite Namen, Titel und Wappen des Kardinals trägt (vgl. Zepernick, Ergänzungen und Berichtigungen..., S.29, 1825): *„Wyr*

Albrecht etc. etc. Bekennen offentlich mit diessem unszerem brieve, Nachdem die wyrdigen Erhaftigen und Ersamen vorsichtigen unsser besunders lieben andechtigen und getrawen Herr Thumprobst, Techande, Eldister und Capittel samptt dem Rathe unsser Stadt Halberstadt die Muntzey an sich gebracht, auß crafft und macht siegel und brieffe, unsserer vorfaren gebrauchen und sie itzundt uff die groschen, so sie der muntzen, unsser wapen unnd schilld schlagen lassen, das ynen und yren nachkommen dasselbig an yren gebrauch und gerechtigkeyt, so vihl sie der von rechte haben, gantz unschedelisch seyn und cew keynen nachteyl und abbruck kommen sall, alles getrewlich und sonder geverde, des wir auch zew urkund unsser Ingesiegell an diessen brieff wissentlich haben hangen lassen, der (ge)geben ist zu Halberstadt Nach Christi unsers Herren geburdt funffzehenhundert dornach Im dreyundzcwentzigsten Jahr am dornstag nach Francisci. " (8.Oktober 1523)

123 Bamberg (1941), Beiträge zur Münzgeschichte der Grafen von Mansfeld, der Stifter Magdeburg und Halberstadt sowie der Grafen Schlick, in: Deutsche Münzblätter 61. Jahrg. (1941) Nr. 467/468; Sonderdruck S.4.

124 Tornau Ø; das Tornau einzig bekannte Exemplar eines Halbtalers aus dem Jahre 1528 der verschollenen Sammlung des Städtischen Museums Halberstadt hatte bei gleicher Rs.-Umschrift eine andere Vs.-Umschrift: Vs.: ALBERT·CARDI·ADMI·HALBERS; Rs.:‡SANCT·STE-FFAN·PRO·MAR I5-Z8.

125 Kat. A. Hess Nachf. (Nr.171) = R. Kube Nachf. (Nr.16) = Inhaber: Dr. Tassilo Hoffmann (Nr.4) : Slg. Dr. Emil Bahrfeldt vom 21. VI. 1921 flg. in Frankfurt/Main: Nr. 2653. Es handelt sich wohl um das Exemplar der Sammlung Saurma – Jeltsch = Kat. L.&L. Hamburger (Nr.13), vom 21. II. 1898 in Frankfurt/Main: Nr. 2838 auf S. 145: (breiter Groschen) „desgl. 1530, ALBERT'oCARoADMIoHALBERST I530 Rv. SANCToSTEF – FANoPoMA – 8 S.g.e." Da keine Abbildung vorliegt, kann nicht ausgeschlossen werden, daß die 3 in der Jahreszahl I530 durch Doppelschlag aus Z entstanden und korrekterweise **I5Z0** zu lesen ist.

126 G. Krug, Einige Betrachtungen zur Meißnisch-Sächsischen Münzgeschichte III., „Nach altem Schrot und Korn", in: Hamburger Beiträge zur Numismatik, Band VII, Heft 21, 1967, S.160, Absatz 2.

127 Wie Anm.126, S.160, Absatz 4.

128 Manuskript I: "Das Münzwesen und die Münzen des Hochstiftes Halberstadt im Mittelalter" von Otto Tornau in Halberstadt; Manuskript II: "Das Münzwesen und die Münzen des Hochstiftes und der Stadt Halberstadt von Beginn der neueren Zeit an" von Otto Tornau in Halberstadt. Beide Manuskripte befinden sich in der Bibliothek des Städtischen Museums Halberstadt.

Literatur:

P. Arnold / W. Hollstein, Der Brakteatenfund von Schmochtitz, in: Arbeits- und Forschungsberichte zur Sächsischen Bodendenkmalpflege, Band 42, Dresden 2001, S. 141-169.

P. Bamberg: vgl. E.-H. Balan, Paul Bamberg (1876-1946) – Wegbereiter einer modernen sächsisch-thüringischen Münzgeschichte, in: Dresdner Numismatische Hefte Nr. 2, Dresden 2000, S. 80 bis 98 mit Bibliographie.

W. J. L. Bode, Das ältere Münzwesen der Staaten und Städte Niedersachsens, Braunschweig 1847.

H. Brämer, Die Münzen und das Münzwesen von Halberstadt, in: Halberstädter Historische Hefte, Heft 2/1988 (10 u. 2 Seiten).

ders., Wenn eine Münze erzählen könnte... Halberstädter Zinsgroschen von 1523, in: Zwischen Harz und Bruch, neue Folge, Nr. 7, 1988, S. 24 - 26.

ders., Das Münzwesen von Halberstadt, in: Zwischen Harz und Bruch, Heimatzeitschrift des Landkreises Halberstadt/Harz, dritte Reihe, Heft 19, Mai 2000, S. 19 - 24.

H. Buck / M.v. Bahrfeld, Die Münzen der Stadt Hildesheim, Hildesheim und Leipzig 1937.

H. Buck / A. Büttner / B. Kluge, Die Münzen der Reichsstadt Goslar 1290 bis 1764, in: Berliner Numismatische Forschungen, Neue Folge, Band 4, Berlin 1995.

H. Ph. Cappe, Beschreibung der Münzen des vormaligen Kaiserlichen freien weltlichen Stifts Quedlinburg, Dresden 1851.

J. Cahn, Der Brakteatenfund von Freckleben in Anhalt, Frankfurt/M. 1931.

K. Castelin, Grossus Pragensis, in: Arbeits- und Forschungsberichte zur Sächsischen Bodendenkmalpflege, Band 16/17, 1967.

A. Fink, Die zeitliche Folge der Braunschweiger Löwenpfennige im vierzehnten Jahrhundert, in: Jahrbuch des Braunschweigischen Geschichtsvereins, Band I., Braunschweig 1927, S. 17-39.

W. Fritz, Die innerstädtischen Auseinandersetzungen in Halberstadt zu Beginn des 15. Jahrhunderts – Der Lange Matz von Halberstadt, in: Nordharzer Jahrbuch 1964, S. 75 - 180.

Chr. J. Götz, Beyträge zum Groschen=Cabinet Zweiter Theil ..., Dresden, 1827.

L. Hänselmann, Die Chroniken der niedersächsischen Städte Braunschweig Zweiter Band (Zweite, unveränderte Auflage) Leipzig 1880 = Göttingen 1962, in: Die Chroniken der deutschen Städte vom 14. bis ins 16. Jahrhundert, 16. Band. – darin: „VII. ‚Das Schichtbuch. 1514‘", S. 269-566.

K. Janicke, Die Chroniken der niedersächsischen Städte Magdeburg. Erster Band: Die Magdeburger Schöppenchronik (Zweite, unveränderte Auflage), Leipzig 1869 = Göttingen 1962, in: Die Chroniken der deutschen Städte vom 14. bis ins 16. Jahrhundert, 7. Band.

W. Jesse, Der Wendische Münzverein, Lübeck 1928. Neudruck Braunschweig 1968 mit Ergänzungen; 1. Auflage erschienen in: Quellen und Darstellungen zur Hansischen Geschichte, Neue Folge Bd. VI.

H. Kleinau, Otto Tornau zum Gedenken, in Numismatische Beiträge 1971/II, Arbeitsmaterial für die Fachgruppe Numismatik des Deutschen Kulturbundes, S. 74 – 80; ab S. 76 – 80: Bibliographie.

B. Kluge, Zur Münzgeschichte Halberstadts und des nördlichen Harzvorlandes von ca. 1000 bis um 1250, in: Veröffentlichungen des Städtischen Museums Halberstadt 17, Teil 2, Halberstadt 1983, S. 5-20, T. 1-3.

ders., Der Brakteatenfund von Oschersleben - Zur Halberstadt – Helmstedt - Hildesheimer Brakteatengruppe in der ersten Hälfte des 13. Jahrhunderts, in: Nordharzer Jahrbuch Bd. X, Veröffentlichungen des Städtischen Museums Halberstadt 18, Halberstadt 1985, S. 6-37, T. 1-7.

ders., Schriftbrakteaten der Halberstädter Bischöfe Gero und Ulrich 1170 - 1177/78, in: hikuin 11, Sonderdruck aus der Festschrift zum 60.Geburtstag von Brita Malmer , 1985, S. 215–226, 11 Abbildungen.

ders., Die Halberstädter Münzen des 11. und 12. Jahrhunderts in Schweden, in: Nordisk Numismatisk Arsskrift 1985-86 (1991), S. 57-96 Abbildung 1-49 im Text.

ders., Deutsche Brakteaten des 12. Jahrhunderts aus dem Fund von Kämpinge in Schweden, in: Berliner Numismatische Forschungen, Bd. 1, 1987, S. 21-34 Abbildungen T. 2-5.

ders., Die Anfänge der Münzprägung in Halberstadt, in: Nordharzer Jahrbuch Bd. XIV (Veröffentlichungen des Städtischen Museums Halberstadt 22), Halberstadt 1989, S. 16-28, mit Abbildungen.

ders., Die Halberstädter Münzprägung unter den Bischöfen Brantho (1023-1036) und Burchard I. (1036-1059). Eine stempelkritische Untersuchung, in: Berliner Numismatische Forschungen, Bd. 3, 1989, S. 13-27 mit 4 Tafeln.

ders., Deutsche Münzgeschichte von der späten Karolingerzeit bis zum Ende der Salier (ca. 900 bis 1125), in: Die Salier, Monographien Band 29. Römisch-Germanisches Zentralmuseum Forschungsinstitut für Vor- und Frühgeschichte in Verbindung mit den Staatlichen Museen zu Berlin, Münzkabinett, Sigmaringen 1991.

ders., Umrisse der deutschen Münzgeschichte in Ottonischer und Salischer Zeit, S. 1-16, in: Die Salier, Monographien Band 31. Römisch-Germanisches Zentralmuseum Forschungsinstitut für Vor- und Frühgeschichte in Verbindung mit den Staatlichen Museen zu Berlin, Münzkabinett. Dieser Band ist zugleich Band 1 der Berliner Numismatischen Forschungen, Neue Folge: Bernd Kluge (HG), Fernhandel und Geldwirtschaft Beiträge zum deutschen Münzwesen in Sächsischer und Salischer Zeit, Ergebnisse des Dannenberg-Kolloquiums 1990, Sigmaringen 1993.

ders., OTTO REX / OTTO IMP. Zur Bestandsaufnahme der Ottonischen Münzprägung, in: Ottonische Neuanfänge, Symposium zur Ausstellung „Otto der Große, Magdeburg und Europa", hrsg. v. B. Schneidmüller und St. Weinfurter, Mainz 2001, S. 85-112.

ders., Sachsenpfennige und Otto - Adelheid – Pfennige, Anfänge und Dimensionen der Münzprägung in Magdeburg und Sachsen zur Zeit der Ottonen, in: Katalog zur Ausstellung „Otto der Große, Magdeburg und Europa" Band I Essays, Seite 417-426 und Band II. Katalog S. 32/33 ff., hrsg. v. M. Puhle, 27. Ausstellung des Europarates und Landesausstellung Sachsen-Anhalt, Magdeburg 2001.

G. Krug, Einige Betrachtungen zur Meißnisch-Sächsischen Münzgeschichte III. „Nach altem Schrot und Korn", in: Hamburger Beiträge zur Numismatik, Band VII, Heft 21, 1967, S. 159-161.

ders., Die ersten ab 1500 auf innerdeutschem Boden als Währungsgeld geschlagenen Talergepräge, in: Hamburger Beiträge zur Numismatik, Band VII, Heft 22/23, 1968/69, S. 491-506 und Abbildung auf Tafel 22.

ders., Die meißnisch-sächsischen Groschen 1338–1500, Veröffentlichungen des Landesmuseums für Vorgeschichte Dresden, hrsg. v. W. Coblenz, Band 13, Berlin 1974 .

R. Kube, Versteigerungskatalog Nr. 11, Collektion Hauswaldt, Bedeutende Sammlung Magdeburger Münzen und Medaillen, u.a., 18.-23. November 1912.

E. Mertens, Der Brakteatenfund von Nordhausen, in: Münzstudien VI, Halle/S. 1929.

G. Noll / H.-O. Pollmann, Der Erfurter Brakteatenfund, Erfurt, 1997, S. 51, Nr. 17 und Nr. 18.

Busso Peus, Versteigerungskatalog Nr. 255, Sammlung Prof. Dr. Alfred Noss, Münzen der Pfalz, 1. Teil: Die Kur – Linie, Nr. 192. 8. Okt. 1956, Frankfurt/M.

ders., Versteigerungskatalog Nr. 256, Sammlung Prof. Dr. Alfred Noss, Münzen der Pfalz, 2. Teil: Die Nebenlinien, Nr. 322, 14. Juni 1957, Frankfurt/M.

W. Pückert, Das Münzwesen Sachsens 1518 - 1545, Leipzig, 1862.

G. Frhr. v. d. Ropp., Göttinger Statuten, in: Quellen und Darstellungen zur Geschichte Niedersachsens, Bd. XXV, Hannover und Leipzig 1907.

G. Schmidt, Urkundenbuch des Hochstifts Halberstadt und seiner Bischöfe. 3. Theil (1304-1361) und 4. Theil (1362-1425), Leipzig 1887 und 1889, in: Publicationen aus den K. Preußischen Staatsarchiven, 27. und 40. Bd.

ders, Urkundenbuch der Stadt Halberstadt. 1. und 2. Theil, Halle/S. 1878 / 1879, in: Geschichtsquellen der Provinz Sachsen., 7. Bd.

E. Schröder, Die Halberstädter Stephansgroschen, in: Blätter für Münzfreunde, 52. Jg. 1917, Nr.8, S. 317/318.

C. Ph. Chr. Schönemann, Zur vaterländischen Münzkunde vom zwölften bis zum fünfzehnten Jahrhundert..., Wolfenbüttel 1852, IV. Der Gandersheimer Münzfund und die Löwenpfennige der Stadt Braunschweig.

Fr. Frhr. v. Schrötter, Beschreibung der neuzeitlichen Münzen des Erzbistums und der Stadt Magdeburg 1400 bis 1682, Magdeburg 1909.

R. Spehr, Der Brakteatenschatz von Schmochtitz, Schmochtitz 1999.

W. Steguweit, Der heilige Stephan als Bootsmann und Lebensretter ?, in: Geldgeschichtliche Nachrichten, 31. Jg. Mai 1996, Nr. 173, S. 108-110.

Th. Stenzel, Der Brakteatenfund von Freckleben im Herzogthum Anhalt, Berlin 1862, Neudruck Halle/S. 1925.

A. Suhle, Deutsche Münz- und Geldgeschichte von den Anfänge bis zum 15. Jahrhundert, Berlin 1955.

O. Tornau, Ein Halberstädter Brakteatenfund, in: Blätter für Münzfreunde, 60. Jg., 1925, Nr.9, S. 328-322 und Tafel 302.

ders., Die mittelalterlichen Münzen von Halberstadt, Städtisches Museum zu Halberstadt, Nr.2, Museumsverlag (1928), 18 S. und 3 Tafeln.

ders., Die Halberstädter Münzen der neueren Zeit, Städtisches Museum zu Halberstadt,Nr. 6 Museumsverlag (1929), 18 S. und 4 Tafeln.

ders., Halberstädter Halbbrakteaten und Brakteaten gleichen Stils vom Bischof Gero von Schermcke, 1160-1177, in: Berl. Münzbl. 53. Jg. 1933, Nr. 366, S. 80-82, Abb. 1-3.

ders., Münzgeschichtliches aus der Zeit des Halberstädter Reichstages von 1134, in: 1134 – 1934 Achthundert – Jahrfeier der Belehnung Albrechts des Bären mit der Nordmark auf dem Reichstag zu Halberstadt. Festschrift mit Festfolge 2. und 3. Juni 1934, S. 9- 13, Abb. auf Tafel I,III und IV.

ders., Ein Halberstädter Gemeinschafts-Dünnpfennig des Bischofs Gero von Schermcke und des Schutzvogt des Bistums Halberstadt, in Blätter für Münzfreunde, 69. Jahrgang (1934), Nr. 3, S. 233-35, 1 Abb. im Text.

ders., Halberstädter Münzmeister, Vortrag, gehalten am 8. April 1935 im Familienkundlichen Abend Halberstadt, in: Halberstädter Zeitung und Intelligenzblatt erschienen; Sonderabdruck aus der „HZ", S. 1.-8. Vergl. BfM. 70. Jahrg. (1935) Nr. 5/6, S.279.

ders., Unbekannte Halberstädter Münzen im Domschatz zu Halberstadt, in: BfM. 71. Jahrg. (1936) Nr. 7/8, S. 467 – 468, mit 5 Abb. auf Taf. 25 (Aus der Slg. des Superintendenten Nebe).

ders., Die Halberstädter Gepräge mit Wahlspruch oder Namen und Titel sowie Wappen des Administrators, Kardinal-Erzbischof Albrecht von Brandenburg (1513-1545), in: Deutsche Münzbl. 58. Jg., 1938 Nr. 422, S. 19-23.

ders., Halberstädter Groschen, in: Hilariusblätter, Heimatkundliche Beilage der Halberstädter Zeitung und Intelligenzblatt, 4. Jahrgang Nr. 24, Mai 1940, S. 17 f.

ders., Die Taler des Hochstifts Halberstadt, in: Hilariusblätter, ohne nähere Angaben

ders., Geldsorten und Währungen in früheren Zeiten, Vortrag, gehalten von Zolldirektor i. R. Tornau an dem „Halberstädter Familienkundlichen Abend" vom 14. Dezember 1932. Private, vorderseitig bedruckte, hektographische Vervielfältigung (25 Blatt) in gebundener Form, 29,5, x 21 cm.

H. Wege, Zur Münzkunde des Bistums Halberstadt I,II, Zeitschrift des Harz-Vereins für Geschichte und Altertumskunde, 16. Jahrgang 1883 (1884), S.358-363, und 17. Jahrgang 1884 (1885), S.257-260.

G. Welter, Die Münzen der Welfen seit Heinrich dem Löwen, Bd. 1,Braunschweig 1971.

C.F. Zepernick, Die Münzen und Medaillen der ehemaligen Capitel und Sedisvacanzen bei den Cathedralen und Kirchen der Deutschen Erz-, Hoch- und unmittelbaren Reichs-Stifter (1822), Halle 1848, Tafel I - XVI.

ders., Ergänzungen und Berichtigungen des Versuchs über die Capitels- und Sedisvacanzmünzen und Medaillen der Deutschen Erz-, Hoch- und freien ReichsStifter, Halle 1825, Tafel XVII-XVIII.

ders., Nachträge zu den Ergänzungen und Berichtigungen des Versuchs über die Capitels- und Sedisvacanzmünzen und Medaillen der Deutschen Erz-, Hoch- und freien ReichsStifter, Halle 1834, Tafeln XIX-XX.

Bildnachweis für Exkurs:

Münzkabinett Berlin: Abb. 1-17, 27-29

Städtisches Museum Halberstadt: Abb. 18-20, 23-26, 33-39

Sammlung Balan, Berlin: Abb. 21, 22, 30-32, 40-45, 47-51, 53-58, 60-75, 77, 78

Gegenstempelnachweis nach H. Krusy, Gegenstempel auf Münzen des Spätmittelalters (1974): Abb. 41 (H1, 13), Abb. 48 (B5, 2), Abb. 49 (H1, 5), Abb 50 (B5, 4 + E3, 14), Abb. 51 (H1, 8), Abb. 53 (H1, 7), Abb. 54 (H1, 9)

Abbildungen aus der Literatur:

1. H. Buck / M. v. Bahrfeldt (1937), Abb.2: hier Abb. 52
2. Deutsche Münzblätter, Jg. 54, (1934), Tafel 137/2: hier Abb. 76
3. O. Doering, Alte Fachwerkbauten der Provinz Sachsen,
   1903, Taf. 39: hier Abb. 46
4. B. Kluge (1985) Abb. 14, 15 und 16: hier Abb. 18, 19 und 20
5. E. Mertens (1929) Taf. II/21 und 25b sowie im Text Abb. 1: hier Abb. 16, 15 und 17
6. A. Suhle (1955) Abb. 260 und 274: hier Abb. 29 und 27
7. O. Tornau (1929) Tafel I / 7: hier Abb. 59

Bildnachweis:

Archiv Domschatzverwaltung: Abb. 87

Benediktinerpriorat Huysburg: Abb. 119

Foto Studio Mahlke, Halberstadt: Abb. 23, 29-31, 33, 50-53, 56, 57, 59-61, 63, 64, 67, 74, 76, 79, 81, 83, 84, 95, 97, 102, 103, 106-109, 112-115, 118, 120-125, 27

Udo Glathe: Abb. 46

Landesamt für Denkmalpflege Sachsen-Anhalt, Gunar Preuß: Abb. 16, 85, 86, 88-91, 98, 99

Hans Losert: Abb. 92-94

Ralf–Jürgen Prilloff: Abb. 69, 71

Peter Schulze: Abb. 65

Adolf Siebrecht: Abb. 11, 13, 18, 19, 26, 37, 38, 75

Uta Siebrecht: Abb. 100, 101, 104, 105

Stadtarchiv Halberstadt: Abb. 110, 111

Städtisches Museum Halberstadt: Vorsatz, Abb. 20, 21, 22, 24, 25, 34, 39, 40, 44, 55, 77, 78, 80, 96

Städtisches Museum Halberstadt / Foto Studio Mahlke: Nachsatz, Abb. 1-10, 12

Abbildungen aus der Literatur:

Bastei, Galerie der großen Maler, Rembrandt, Bergisch - Gladbach, 1964, Tafel IV: Abb. 68

Hanse, Städte, Bünde. Ausstellung, Band 1 Aufsätze, Magdeburg 1996, S. 398: Abb. 62

Günter Maseberg, in: Landkreis Halberstadt, Natur, Geschichte, Gegenwart. Braunschweig 1992: Abb. 17

Adolf Siebrecht, Halberstadt aus stadtarchäologischer Sicht, Halle 1992, Abb.5: Abb. 15

Frank Neidhart Steigerwald, Das Evangeliar Heinrichs des Löwen, Braunschweig 1985, S. 47: Abb. 43

Urkundenbuch des Hochstifts Halberstadt, Erster Theil, Leipzig 1883, Taf. I, 6: Abb. 32 und Taf. III, 14: Abb. 42

Urkundenbuch des Hochstifts Halberstadt, II. Taf. XVI, 127: Abb. 47

Urkundenbuch der Stadt Halberstadt, Erster Theil, Halle 1878, Titelblatt: Abb. 35

Urkundenbuch der Stadt Halberstadt, Zweiter Theil, Halle 1879, Taf. III, 3: Abb. 48

Willi Varges, Zeitschrift des Harzvereins, 29, 1896, Tafel zu S. 158: Abb. 41

Autoren:

Valentin Arnrich OFM, geb. 1952, Franziskaner in Paderborn.

Dr. Dr. med. Ernst-Henri Balan, geb.1938, Vorstandsmitglied der Numismatischen Gesellschaft zu Berlin, wohnhaft in Berlin.

Thomas Fricke, geb.1981, Student, wohnhaft in Halle.

Udo Glathe, geb.1951, Angestellter, Mitglied der Heraldischen Gesellschaft „Schwarzer Löwe" in Leipzig und der Heraldischen Gesellschaft „Zum Kleeblatt" in Hannover, wohnhaft in Quedlinburg.

Thoralf Johl, geb. 1967, Gymnasiallehrer für Geschichte und Sport, wohnhaft in Schwanebeck.

Wolfgang Lauwigi, geb. 1951, Angestellter, Vorstandsmitglied des Geschichtsvereins für Halberstadt und das nördliche Harzvorland e.V., wohnhaft in Halberstadt.

Hans Georg Losert, geb. 1939, Glasgestalter und Restaurator, wohnhaft in Halberstadt.

Günter Maseberg, geb. 1947, Museologe, Dipl. Historiker, Fachdirektor des Städtischen Museums Halberstadt, Vorstandsmitglied des Geschichtsvereins für Halberstadt und das nördliche Harzvorland e.V., wohnhaft in Hedersleben.

Dr. Stefan Pätzold, geb. 1966, wissenschaftlicher Archivar am Stadtarchiv Pforzheim.

Dr. theol. Athanasius Polag, geb.1939, Prior des Benediktinerklosters Huysburg, wohnhaft im Benediktinerpriorat Huysburg, Dingelstedt.

Dr. Dieter Pötschke, geb. 1946, Studium der Mathematik, Psychologie und Geschichte, Regierungsdirektor bei der Brandenburgischen Landesregierung, Vorstandsmitglied des Harzvereins, der Landesgeschichtlichen Vereinigung für die Mark Brandenburg und der Brandenburgischen Historischen Kommission, wohnhaft in Langeln b. Wernigerode und in Potsdam.

Dr. rer. nat. Ralf-Jürgen Prilloff, geb. 1951, Museologe, Dipl. Prähistoriker, Archäozoologe, freiberuflich tätig, wohnhaft in Farsleben.

Karlheinz Rohde, geb. 1925, Pfarrer i.R. , Geistl. Rat, wohnhaft in Halberstadt.

Helga Scholz, geb. 1938, Sekundarschullehrerin i.R., wohnhaft in Halberstadt.

Christoph Schulz, …………

Peter Schulze, geb. 1947, Schlosser, wohnhaft in Ilsenburg.

Dr. Adolf Siebrecht, geb. 1937, Museologe, Dipl. Prähistoriker, Museumsdirektor i.R., Ehrenmitglied des Harzvereins und Mitglied im Kuratorium für Stadtentwicklung Halberstadt e.V., wohnhaft in Halberstadt.

Uta Siebrecht M.A., geb. 1971, Kunsthistorikerin, wohnhaft in Magdeburg.

Dr. Petra Sevrugian (verh. Janke), geb. 1957, Kunsthistorikerin/Theologin, Lehraufträge an der Universität Heidelberg, Freie Universität Berlin, Martin-Luther-Universität Halle, bis Mai 2003 Kustodin des Halberstädter Domschatzes, wohnhaft in Köln.

Susanne Wichart, geb. 1963, Gymnasiallehrerin für Sport, Geschichte und Ethik, wohnhaft in Halberstadt.

Dr. Gudrun Wittek, geb.1944, Historikerin, wohnhaft in Magdeburg.

Halberstadt um 1700. Gemälde, Öl auf Leinwand, 1,45 x 2,25 m. Ursprünglich im alten Rathaus, seit 1905 im Städtischen Museum.

In der Beschreibung werden die heute üblichen Bezeichnungen verwendet. Blick von Norden über den Siechenhof (26), links davon Anlagen zur Salpetergewinnung, über die Holtemme bis zur Stadtbefestigung mit dem Gröpertor. Rechts der Komplex des Burchardiklosters.

Von links nach rechts das Breite Tor (18), das Kühlingertor (19), die Paulskirche (5), davor das Wassertor, die Martinikirche (4), das Rathaus (16), die Kommisse (17), der Dom (1), davor die Katharinenkirche, das Harsleber Tor (21), die Dompropstei (15), davor die Moritzkirche (6), die Andreaskirche (10), die Liebfrauenkirche (2), Petershof (13 u. 14), Turm des Stedernschen Hofes (9), das Johannistor (22), das Johanniskloster (7) und das Burcharditor (23).

Halberstadt um 1700. Gemälde, Öl auf Leinwand, 1,45 x 2,25 m. Ursprünglich im alten Rathaus, seit 1905 im Städtischen Museum.

In der Beschreibung werden die heute üblichen Bezeichnungen verwendet. Blick von Norden über den Siechenhof (26), links davon Anlagen zur Salpetergewinnung, über die Holtemme bis zur Stadtbefestigung mit dem Gröpertor. Rechts der Komplex des Burchardiklosters.

Von links nach rechts das Breite Tor (18), das Kühlingertor (19), die Paulskirche (5), davor das Wassertor, die Martinikirche (4), das Rathaus (16), die Kommisse (17), der Dom (1), davor die Katharinenkirche, das Harsleber Tor (21), die Dompropstei (15), davor die Moritzkirche (6), die Andreaskirche (10), die Liebfrauenkirche (2), Petershof (13 u. 14), Turm des Stedernschen Hofes (9), das Johannistor (22), das Johanniskloster (7) und das Burcharditor (23).